Con gusto A2

Lehr- und Arbeitsbuch Spanisch

von
Eva María Lloret Ivorra
Rosa Ribas
Bibiana Wiener
Pilar Pérez Cañizares

Ernst Klett Sprachen
Stuttgart

Con gusto A2

Lehr- und Arbeitsbuch Spanisch

von
Eva María Lloret Ivorra
Dr. Rosa Ribas
Bibiana Wiener
Dr. Pilar Pérez Cañizares

Beratende Mitarbeit:
Dr. Margarita Görrissen
Dr. Marianne Häuptle-Barceló

Illustrationen
Jani Spennhoff, Barcelona

Für die Mitwirkung bei den Fiesta-Seiten danken wir Javier Aparicio, Carmen Barrio de Alarcón, Nieves Castells Fernández, Silvia Colina, Pilar Klewin, Leonor Lemp, Begoña Sáenz, Eva Martínez, Blanca Alicia Merino, Charo Torres Calderón, Virginia Zepeda Villagra.
Ebenfalls danken wir den Autoren des Films "El Sistema", Paul Smaczny und Maria Stodtmeier, für die Fotos von Orchestermitgliedern, die sie uns freundlicherweise für Lektion 9 zur Verfügung gestellt haben.

1. Auflage 1 [6] | 2015

Alle Drucke dieser Auflage können im Unterricht nebeneinander benutzt werden, sie sind untereinander unverändert. Die letzten Zahlen bezeichnen jeweils die Auflage und das Jahr des Druckes.

Internetadresse: www.klett-sprachen.de

Redaktion Mónica Cociña Iglesias, Dr. Susanne Schauf, Beate Strauß
Gestaltung Marion Köster, Stuttgart
Umschlaggestaltung Koma Amok, Stuttgart
Reproduktion Meyle + Müller, Medien-Management, Pforzheim
Druck Interak, Poland

ISBN 978-3-12-514990-8

9 783125 149908

Audio-CDs
Aufnahmeleitung Ernst Klett Sprachen GmbH, Stuttgart
Tontechnik, Schnitt und Mischung Tonstudio Bauer GmbH, Ludwigsburg
Presswerk Osswald GmbH & Co., Leinfelden-Echterdingen
Laufzeit CD zum Lektionsteil ca. 75 Minuten, CD zum Übungsteil ca. 35 Minuten
Sprecher José María Bazán, Mónica Cociña, Miguel Freire, Pilar Klewin, Lucía Palacios, Ernesto Palaoro, Carmen de las Peñas, Pilar Rolfs, Carlos Segoviano, Teresa Staigmiller, Julia Vigo

Índice

Índice

Liebe Spanischlernerinnen, liebe Spanischlerner,

mit Freude werden Sie auch im zweiten Band von **Con gusto** die spanischsprachige Welt entdecken und lernen, sich in vielen Situationen des Alltags zu verständigen. Am Ende erreichen Sie das Niveau A2 des Gemeinsamen europäischen Referenzrahmens.

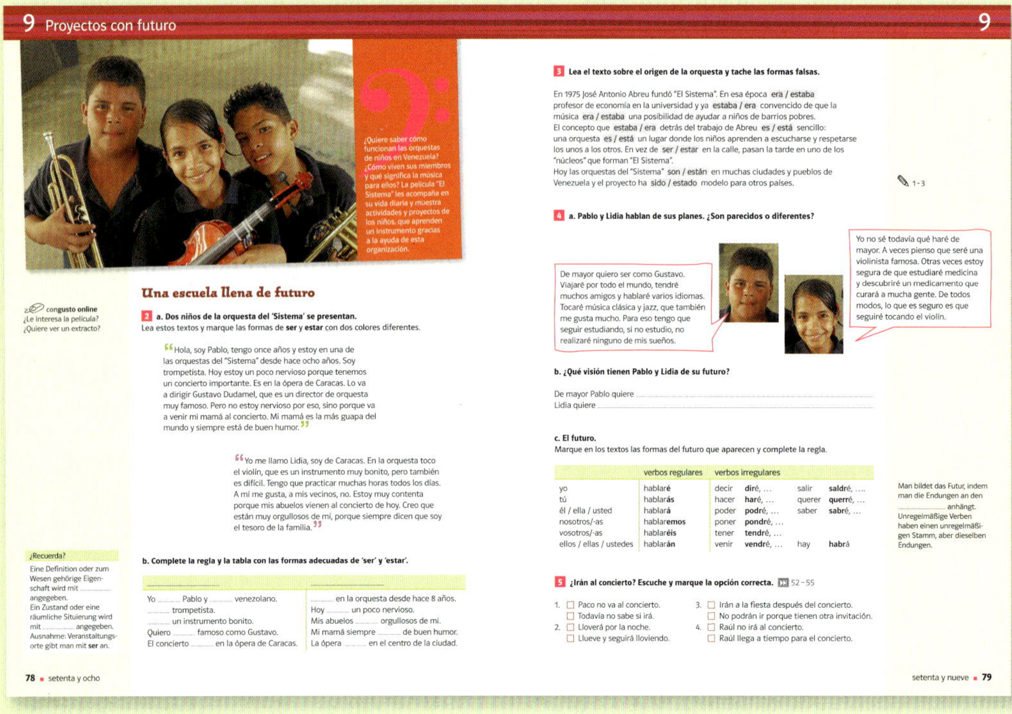
9 Proyectos con futuro

¿Quiere saber cómo funcionan las orquestas de niños en Venezuela? ¿Cómo viven sus miembros y qué significa la música para ellos? La película "El Sistema" les acompaña en su vida diaria y muestra actividades y proyectos de los niños, que aprenden un instrumento gracias a la ayuda de esta organización.

Una escuela llena de futuro

congusto online
¿Le interesa la película? ¿Quiere ver un extracto?

2 a. Dos niños de la orquesta del 'Sistema' se presentan.
Lea estos textos y marque las formas de **ser** y **estar** con dos colores diferentes.

"Hola, soy Pablo, tengo once años y estoy en una de las orquestas del "Sistema" desde hace ocho años. Soy trompetista. Hoy estoy un poco nervioso porque tenemos un concierto importante. Es en la ópera de Caracas. Lo va a dirigir Gustavo Dudamel, que es un director de orquesta muy famoso. Pero no estoy nervioso por eso, sino porque va a venir mi mamá al concierto. Mi mamá es la más guapa del mundo y siempre está de buen humor."

"Yo me llamo Lidia, soy de Caracas. En la orquesta toco el violín, que es un instrumento muy bonito, pero también es difícil. Tengo que practicar muchas horas todos los días. A mí me gusta, a mis vecinos, no. Estoy muy contenta porque mis abuelos vienen al concierto de hoy. Creo que están muy orgullosos de mí, porque siempre dicen que soy el tesoro de la familia."

¿Recuerda?
Eine Definition oder zum Wesen gehörige Eigenschaft wird mit .... angegeben.
Ein Zustand oder eine räumliche Situierung wird mit .... angegeben.
Ausnahme: Veranstaltungsorte gibt man mit **ser** an.

b. Complete la regla y la tabla con las formas adecuadas de 'ser' y 'estar'.

....	....
Yo .... Pablo y .... venezolano.	.... en la orquesta desde hace 8 años.
.... trompetista.	Hoy .... un poco nervioso.
.... un instrumento bonito.	Mis abuelos .... orgullosos de mí.
Quiero .... famoso como Gustavo.	Mi mamá siempre .... de buen humor.
El concierto .... en la ópera de Caracas.	La ópera .... en el centro de la ciudad.

3 Lea el texto sobre el origen de la orquesta y tache las formas falsas.

En 1975 José Antonio Abreu fundó "El Sistema". En esa época **era / estaba** profesor de economía en la universidad y ya **estaba / era** convencido de que la música **era / estaba** una posibilidad de ayudar a niños de barrios pobres. El concepto que **estaba / era** detrás del trabajo de Abreu **es / está** sencillo: una orquesta **es / está** un lugar donde los niños aprenden a escucharse y respetarse los unos a los otros. En vez de **ser / estar** en la calle, pasan la tarde en uno de los "núcleos" que forman "El Sistema". Hoy las orquestas del "Sistema" **son / están** en muchas ciudades y pueblos de Venezuela y el proyecto ha **sido / estado** modelo para otros países.

1–3

4 a. Pablo y Lidia hablan de sus planes. ¿Son parecidos o diferentes?

De mayor quiero ser como Gustavo. Viajaré por todo el mundo, tendré muchos amigos y hablaré varios idiomas. Tocaré música clásica y jazz, que también me gusta mucho. Para eso tengo que seguir estudiando, si no estudio, no realizaré ninguno de mis sueños.

Yo no sé todavía qué haré de mayor. A veces pienso que seré una violinista famosa. Otras veces estoy segura de que estudiaré medicina y descubriré un medicamento que curará a mucha gente. De todos modos, lo que es seguro es que seguiré tocando el violín.

b. ¿Qué visión tienen Pablo y Lidia de su futuro?

De mayor Pablo quiere ....
Lidia quiere ....

c. El futuro.
Marque en los textos las formas del futuro que aparecen y complete la regla.

	verbos regulares	verbos irregulares			
yo	hablaré	decir	diré, ...	salir	saldré, ...
tú	hablarás	hacer	haré, ...	querer	querré, ...
él / ella / usted	hablará	poder	podré, ...	saber	sabré, ...
nosotros/-as	hablaremos	poner	pondré, ...		
vosotros/-as	hablaréis	tener	tendré, ...		
ellos / ellas / ustedes	hablarán	venir	vendré, ...	hay	habrá

Man bildet das Futur, indem man die Endungen an den .... anhängt. Unregelmäßige Verben haben einen unregelmäßigen Stamm, aber dieselben Endungen.

5 ¿Irán al concierto? Escuche y marque la opción correcta. 52–55

1. ☐ Paco no va al concierto.
☐ Todavía no sabe si irá.
2. ☐ Lloverá por la noche.
☐ Llueve y seguirá lloviendo.
3. ☐ Irán a la fiesta después del concierto.
☐ No podrán ir porque tienen otra invitación.
4. ☐ Raúl no irá al concierto.
☐ Raúl llega a tiempo para el concierto.

78 ■ setenta y ocho — setenta y nueve ■ 79

Lektionen Den Kern jeder Lektion bildet eine Auftaktseite gefolgt von drei Doppelseiten, die in kurze Lernsequenzen unterteilt sind. Anhand von lebendigen und informativen Texten erweitern Sie Ihre Spanischkenntnisse und wenden das Gelernte in echten Gesprächssituationen unmittelbar an.

Miradores Die Lektionen 4, 8 und 12 dienen der Wiederholung. Hier können Sie sich einen Überblick über das erworbene sprachliche und kulturelle Wissen verschaffen, Lernstrategien erproben und Ihre Fehler „therapieren".

8 Mirador

Ahora ya sabemos...

Aquí tiene la posibilidad de valorar lo que ha aprendido en las últimas lecciones. Marque los símbolos según el nivel que cree tener en cada tema. Luego haga las tareas y compare los resultados con su compañero/-a o pregunte a su profesor/a si no está seguro/-a.

1 En un mercadillo o en una tienda.
¿Qué dice el vendedor o la vendedora? ¿Y qué dice el cliente o la clienta?

1. Es una buena oferta, paga dos y se lleva tres, ¿qué le parece?
2. Lo siento, no tenemos tallas más grandes.
3. Me pruebo las dos, ¿dónde están los probadores?
4. ¡No puede ser! ¡Pregunté hace una hora y había todavía dos!
5. Me encantan, pero me quedan un poco estrechos.
6. Las camisetas están allí, al lado de las camisas.
7. Quería unos pantalones de algodón para el verano.
8. ¿Me los pueden reservar durante dos horas, por favor?
9. ¡Pantalones, chaquetas de caballero, de señora, de niño! ¡Todo barato, muy barato!
10. Le queda muy bien. También lo tenemos en amarillo, si lo prefiere.

3 Informarse para una excursión. 50
Lea estas respuestas. Después escuche las preguntas 1–4 y ponga el número en la respuesta adecuada.

☐ Soy Felipe Herrera, de la agencia de viajes "TodoTurismo".
☐ Sí, pero reservar por teléfono es mucho más seguro.
☐ 230 euros, e incluye las dos comidas.
☐ Sí, tiene dos posibilidades: en inglés o alemán. ¿Cuál le interesa a usted?

Ahora haga lo mismo con las preguntas 5–8. 51

☐ Del aparcamiento principal, directamente delante de la empresa.
☐ En este momento no está. ¿Quiere dejarle un recado?
☐ Para esos días no, lo siento, sólo quedan para el día siete y ocho.
☐ Entre 5 y 6 horas si hace el camino al lago, o dos días si recorre también los bosques.

4 Hablar de un parque o un paisaje.
En parejas. Elija un parque o un paisaje y descríbalo. Su compañero/-a lo dibuja. Luego, al revés. ¿Reconocen "sus" parques o paisajes?

5 Escribir una invitación.
Usted quiere invitar a sus compañeros/-as de clase a una fiesta. Escriba la invitación mencionando estos aspectos.

- motivo de la fiesta
- lugar, fecha, hora
- colaboración para la fiesta (ensalada, pastel, vino...)
- confirmación de asistencia

Terapia de errores

6 a. Errores visibles e invisibles.
Lea los dos textos y marque en ellos los errores.

Querido señor Conde:
Quería informarme sobre las excursiones a Sierra Nevada que organiza suya empresa. Me gustaría saber si se quedan plazas libres en el agosto y cuál oferta hay para grupos numerosos.
Un abrazo,
Jorge Palacios

Estimados amigos:
Tengo el placer de invitarvos a mi cumpleaños el jueves. Si alguién puede llevar música, genial ☺. Yo tengo nada. Mis discos regalé a mi ex-novia. No os olvidéis: jueves en la casa mía a las 22.00 en punto.
Atentamente,
Fernando

b. ¿Cuántos errores ha encontrado?
¿Ha notado que no todos son de gramática o de ortografía? A veces decimos cosas que son correctas, pero no son adecuadas en esta situación. Vuelva a leer las cartas. ¿Qué errores de "tono" encuentra? Luego reescriba las dos cartas en su estilo adecuado. Ahí tiene un modelo para su portfolio.

Un cuadro que da que hablar

7 a. Mire el cuadro. ¿Qué título le puede poner?
Luego en parejas, escriban un diálogo entre dos personas del cuadro. Sus compañeros/-as adivinan quiénes están hablando.

José Morillo: Merengue, República Dominicana 2009

b. ¿Cómo se imagina usted la fiesta?
Tome notas, teniendo en cuenta los siguientes aspectos. Después describa la fiesta. Tiene que hablar por lo menos dos minutos.

¿Cuál es el motivo de la fiesta?
¿Quién es el anfitrión?
¿Qué tipo de música tocan los músicos?
¿Qué hay para comer y beber?
¿Qué comentarios hacen las personas cuando se van de la fiesta?

congusto online
¿Quiere ver más cuadros de este pintor?

74 ■ setenta y cuatro — setenta y cinco ■ 75

congusto online Unter www.klett-sprachen.de/congusto finden Sie ein Angebot an ergänzenden Materialien (Tests, Links in die spanischsprachige Welt, Kopiervorlagen und vieles mehr).

2 ¡Qué descanso!

Tarea final Remedios caseros

Portfolio
Guarde el artículo en la carpeta de su portfolio.

La revista 'Vida y salud' les ha pedido un artículo sobre tratamientos tradicionales.

1. En grupos de tres, intercambien ideas. ¿Qué tratamientos caseros para enfermedades conocen? Tomen notas y hagan una lista. Pueden usar el diccionario para buscar las palabras nuevas o preguntar a su profesor/a.
   - Para la tos, mi madre mezclaba zumo de cebolla con miel. Se tomaba caliente y muy despacio.
2. Busquen más información. Cada persona del grupo entrevista a un/a compañero/-a de otro grupo para recoger información sobre otros remedios caseros.
3. Vuelvan a su grupo original y escriban juntos un pequeño artículo usando la información que han recogido de sus compañeros/-as.

En la actualidad tenemos muchos medicamentos para las enfermedades, pero existen remedios tradicionales muy eficaces que ya usaban nuestros abuelos. Por ejemplo, para la tos usaban zumo de cebolla...

La clave está en el pasado

¿Se acuerda de la historia misteriosa? Aquí sigue.

Capítulo 2: ¿Qué pasó?

Mi entrevista con el director del Museo de la Ciencia fue así:
- Creemos que el documento desapareció ayer por la noche, entre las tres y las tres y media de la mañana. El ladrón o los ladrones desconectaron la alarma y entraron por una ventana. Después fueron a la oficina del director, abrieron la vitrina de documentos valiosos y robaron el documento. Pensamos que salieron del museo sólo una hora más tarde.
- ¿Quién lo descubrió?
- Antonio, el vigilante. A las cuatro, por eso sabemos las horas aproximadas. Me llamó a mi casa y media hora más tarde llegué al museo.
- ¿Qué hizo usted?
- Llamar a la policía. Un cuarto de hora después de mi llamada llegaron aquí y lo controlaron todo. Estuvieron tres horas en el museo y después se marcharon.
- Si la policía ya investiga el caso, ¿por qué me llamó también a mí?
- Porque creo que es un caso especial. Y porque es usted la mejor…
¡Oh, no! Justo aquí descubrí que mi grabadora no tenía pilas.

¿Me puede usted ayudar y escribir el protocolo del caso? Muchas gracias.

TE VEO. DETECTIVES

Protocolo del caso:
Museo de la Ciencia. Robo de "la fórmula".

3.00 – 3.30 de la mañana: *El ladrón...*
4.00: ……
4.30: ……
Jueves, 7.30: *El director del Museo...*
Jueves, 8.00: *La detective Alba Serrano...*

26 ▪ veintiséis

De fiesta

El carnaval de Oruro (Bolivia)
Hola, me llamo Pilar Klewin y soy boliviana, de La Paz, pero hoy les voy a hablar de Oruro, la ciudad de mi padre, y de una de las tradiciones más hermosas de mi país: el carnaval. Oruro no es muy grande, creo que tiene unos 340.000 habitantes, pero en las fiestas del carnaval pueden ser casi un millón. Es una de las fiestas más espectaculares de América Latina. La UNESCO le dio el título de *Patrimonio de la Humanidad*.
Yo estuve allí varias veces y siempre me impresionó. Cada vez descubro cosas nuevas, pero lo que más me impresiona son las máscaras. Son fascinantes. El carnaval, con sus bailes y sus máscaras, representa una fusión de tradiciones y creencias prehispánicas y cristianas. En su origen la fiesta simboliza los peligros del trabajo en las minas.
En Oruro se vive para el carnaval. Siete meses antes del carnaval los participantes empiezan a preparar los disfraces y las coreografías que se hacen en honor a la Virgen de la Candelaria. El festejo principal es un desfile de cuatro kilómetros. Los bailes son importantísimos en esta fiesta. Mi baile favorito es "la Diablada", que representa la lucha del bien y del mal. Participan más de cuatrocientos bailarines vestidos de rojo y con máscaras. También hay otros grupos con otros temas. Todos me gustan, pero "la Diablada" tiene algo, no sé… No lo puedo describir. Hay que verlo y vivirlo.

la Diablada

El carnaval de Cádiz (España)
Hola, soy Carmen Barrio y soy de Cádiz. ¿Saben dónde está? En Andalucía, en la puntita de la península. Cádiz es una ciudad muy, muy bonita, de verdad.
En Cádiz hay muchas cosas atractivas, pero quizás la más espectacular es el carnaval. Aquí vivimos medio año preparando la próxima fiesta y medio año recordando la fiesta anterior. ¿Por qué es especial? Por su ambiente y su música.
En el carnaval hay varios tipos de grupos. Los más típicos son "los coros", que cantan canciones serias, y "las chirigotas", que cantan canciones críticas y satíricas. Los grupos escriben los textos y componen la música de las canciones y compiten entre ellos en concursos.
También se hacen los disfraces que se llevan esos días. Cada año uno distinto, claro. Yo tengo un armario lleno de mis viejos disfraces: pirata, princesa, mosquito…
En carnaval todos nos disfrazamos y salimos a la calle. Los bares están llenos, se come "pescaíto frito" a todas horas. Los gaditanos, así se llama la gente de Cádiz, somos simpáticos por naturaleza y nos encanta hablar y conocer gente. Es muy fácil, cualquier comentario sobre el disfraz es suficiente para empezar a hablar.

el carnaval de Cádiz

▪ *¿Cómo se celebra el carnaval en su país? ¿Se ha disfrazado alguna vez?*

veintisiete ▪ 27

Tarea final Bei der Abschlussaufgabe setzen Sie die erworbenen Kenntnisse „wie im richtigen Leben" in die Praxis um. Gemeinsam erarbeiten Sie ein „Produkt", das Sie im Dossier Ihres Portfolios aufbewahren können.

La clave está en el pasado
In diesem Fortsetzungskrimi am Lektionsende trainieren Sie das Leseverstehen und können als „Hilfsdetektiv/in" aktiv an der Aufklärung eines Museumsraubs mitwirken.

De fiesta Eine Magazinseite am Lektionsende führt Sie anhand der wichtigsten Fest- und Feiertage durch das Jahr. Hier kommen reale Personen zu Wort und erzählen, wie die Feste in ihrem Land begangen werden. Den Abschluss bildet eine **Übersichtsseite** mit den wichtigsten Redemitteln und Grammatikinhalten der Lektion auf einen Blick.

An die Lektionen schließt sich ein **Übungsteil** zur Festigung von Wortschatz und Grammatik an. Dort erhalten Sie auch Aussprachetipps und haben die Möglichkeit, im **Portfolio** Ihren Lernfortschritt selbst einzuschätzen.

Ein ausführlicher **Anhang** erleichtert Ihnen die selbstständige Arbeit. Hier finden Sie eine systematische Grammatik mit Verbtabelle, die Transkription der Hörtexte sowie ein lektionsbegleitendes Wörterverzeichnis. Zum schnellen Nachschlagen enthält die alphabetische Wortliste auch das Vokabular des ersten Bandes.

Zusatzmaterialien Das fakultative **Trainingsbuch** bietet mit weiteren Übungen – auch im beruflichen Kontext – und einer lektionsbegleitenden Lerngrammatik die Möglichkeit zum Wiederholen und Vertiefen.
Ein vielseitiger **Vokabeltrainer** (zum Lesen, zum Hören und zum Üben am Computer) erleichtert die individuelle Wortschatzarbeit.

Wir wünschen Ihnen viel Freude und Erfolg bei der Fortsetzung Ihrer Reise in die Welt des Spanischen.

Erklärung der Symbole:
- ⏭ Hörtexte auf CD mit Tracknummer
- ✎ ergänzende Übung im Übungsteil
- Aufgabe, bei der Sie umhergehen und mit mehreren Kursteilnehmern sprechen
- Links in die spanischsprachige Welt

Un bingo para conocernos

1 **a. Números en mi vida.**
En cinco minutos cada persona piensa qué relación tienen estos números, animales y colores con su vida y marca todas las casillas que puede relacionar. Por ejemplo:

12: Entre mi casa y mi trabajo hay 12 kilómetros.
9: El cumpleaños de mi hija es en septiembre.

b. Los números de sus compañeros/-as.
Ahora todos/-as se levantan y preguntan a sus compañeros/-as por las informaciones que les faltan en las casillas sin marcar. Escriben el nombre de la persona que da la información.

- ¿Tiene/s el número 21?
- ○ Sí, me casé el 21 de junio.

c. ¿Lo recordamos todo?
El juego termina cuando una persona ha completado todas las casillas. Entonces se controlan los resultados del grupo haciendo preguntas sobre las casillas.

- ¿Qué tiene/s en la casilla 70?
- ○ Es la edad de la abuela de Julia.

- ■ ¿Y en la casilla "azul"?
- ○ Markus tiene un coche azul.

d. ¿Qué sabemos ahora de los compañeros? ¿Recordamos los nombres de todos?

Mi equipaje 1

über Erfahrungen, Vorlieben und Schwierigkeiten beim Spanischlernen sprechen + + Charaktereigenschaften benennen + + Vermutungen und Wünsche äußern + + das Material und die Funktion angeben + + etwas hervorheben

Gwyneth Paltrow, actriz estadounidense

Umberto Eco, escritor y filósofo italiano

Doris Dörrie, directora de cine alemana

"Creo que lo aprendí porque me gusta mucho como suena el idioma y me gustan las personas que lo hablan... En el colegio, con sólo 15 años, tuve la oportunidad de ir a estudiar a España. Para mis padres fue una sorpresa, pero me dejaron ir.
Estudié en Talavera de la Reina, una pequeña ciudad en la provincia de Toledo, cerca de Madrid. Viví con una familia española, gente sensacional. Hasta hoy tengo contacto con ellos. Los visito todos los años.
Aquella época fue muy feliz, aprendí a conocer y a amar el carácter de los españoles y los latinos en general. También me gusta mucho América Latina, especialmente nuestro país vecino, México. He estado varias veces allí y es un país precioso.
Me gustan el español y los hispanohablantes porque son gente muy abierta, muy cariñosa y sobre todo muy espontánea. Esa naturalidad, el saber vivir, es para mí algo maravilloso."

Adaptado de "Vanidades"

1 a. Estas personas han aprendido español. ¿Las conoce?

b. ¿Quién habla en este texto? ¿Qué información le ha ayudado a identificar a la persona? ¿Por qué le gustan los hispanohablantes? ¿Piensa usted lo mismo?

c. Y usted, ¿por qué estudia español? ¿Dónde ha estudiado español hasta ahora? ¿Qué espera hacer en este curso?

Mi 'maleta' del español

2 a. ¿Sabe cuántas personas hablan español en el mundo?
¿Y cuánta gente estudia esta lengua? ¿En qué países viven más hispanohablantes? Lea el texto y complete los datos.

El español en el mundo			
Hispanohablantes		Estudiantes de español	
en el mundo:	....	en el mundo:	....
en España:	....	en EE. UU.:	....
en México:	....	en Brasil:	....
en EE. UU.:	....	en Alemania:	....

El valor del español

El español ocupa un lugar muy importante como lengua de comunicación internacional: es la cuarta lengua más hablada en el mundo después del chino, el inglés y el hindi. Pronto el número de hispanohablantes va a ser de 500 millones. El país con el mayor número de hispanohablantes es México, con más de 90 millones. ¿Y el segundo? Los Estados Unidos, donde ya viven 45 millones de hispanohablantes. Sigue España con 40 millones.
En la actualidad unos 14 millones de alumnos en el mundo estudian español como lengua extranjera. El mayor número está en el continente americano con cerca de siete millones de estudiantes en total, seis millones en Estados Unidos y uno en Brasil.
En el resto del mundo el número de estudiantes es cada día mayor. Por ejemplo, en Alemania estudian español unas 450.000 personas. Es comprensible si pensamos que el español es el vehículo para llegar al rico patrimonio cultural de España y Latinoamérica.

"Enciclopedia del español en el mundo" del Instituto Cervantes

congusto online
¿Quiere más información sobre el español en el mundo?

b. Un poco de matemáticas.
¿Cuántos millones de personas en el mundo hablan y estudian español en total?
¿Cuántas personas hablan español en los tres países con más hispanohablantes?

3 a. Experiencias con el español.
Todos llegamos al curso con una maleta de conocimientos sobre el español.
¿Qué traemos en ella? Pregunte a tres compañeros/-as.

¿En qué año empezó usted a estudiar español? ¿Dónde?
¿Recuerda las primeras palabras que aprendió?
¿Qué palabras le parecen difíciles de pronunciar en español?
¿Ha aprendido alguna vez una frase de memoria?
¿Cuál es el aspecto gramatical más difícil para usted?
¿Puede mencionar un aspecto cultural interesante?
¿Practica español también fuera de la clase?
¿Cuándo fue la última vez que habló con un/a hispanohablante?

¿Recuerda el indefinido?	
habl**é**	aprend**í**
habl**aste**	aprend**iste**
habl**ó**	aprend**ió**
habl**amos**	aprend**imos**
habl**asteis**	aprend**isteis**
habl**aron**	aprend**ieron**

b. Ahora presente algunas respuestas interesantes a la clase.

4 a. Mis preferencias.
Ordene las actividades de clase según sus preferencias de 1 (más) a 9 (menos).

- ☐ hablar con mis compañeros/-as
- ☐ hacer ejercicios de gramática
- ☐ actividades con movimiento
- ☐ escuchar el cedé
- ☐ trabajar en parejas
- ☐ buscar una regla
- ☐ escribir textos
- ☐ leer textos
- ☐ hacer juegos

b. Presente ahora sus preferencias según el modelo. Sus compañeros/-as reaccionan.

expresar preferencias y dificultades	
Me gusta...	Lo que más me gusta es leer textos.
Me aburre...	Lo que me aburre es hacer ejercicios.
Me cuesta...	Lo que me cuesta son los pronombres.
Me parece fácil / difícil...	Lo que me parece fácil es escribir.

- Me cuesta mucho leer en voz alta.
- ○ Pues a mí no. Lo que me parece difícil es entender el cedé.

¿Recuerda?
- Me gusta...
- ○ A mí también. / A mí no.
- No me gusta...
- ○ A mí tampoco. / A mí sí.

lo que
Mit **lo que** *(das, was)* kann man etwas hervorheben:
Lo que (más) me cuesta son los pronombres.

✎ 1–3

Dime dónde estudias y te digo cómo eres

5 a. ¿Cómo se llaman estos objetos?
Ponga los números en las casillas correspondientes.
¿Cuáles tiene en su escritorio o usa usted para estudiar?

- ☐ bolígrafo
- [6] lápiz
- ☐ marcador
- ☐ clip
- ☐ cuaderno
- [1] tijeras
- ☐ libros
- ☐ goma de borrar
- ☐ hojas de papel
- ☐ diccionario
- [2] carpeta

b. Describir objetos. Complete con un ejemplo para cada material y función.

Es...		Sirve para...			
de papel	....	escribir	bolígrafo	guardar papeles	....
de metal	....	cortar	....	buscar palabras	....
de plástico	....	borrar	....	marcar textos	....
de madera	....	dibujar	....	tomar notas	....

✎ 4

c. Elija tres objetos de la foto y descríbalos. Su compañero/-a adivina cuáles son.

d. ¿De quién puede ser el escritorio?
¿Hombre o mujer? ¿Cómo cree que es la persona que trabaja en esta mesa?

Vermutungen äußern
Puede ser...
Creo que...
Pienso que...
Me imagino que...

6 **a. Escuche a tres personas. ¿De quién cree que es el escritorio de la foto?** ⏭ 1–3

b. Escuche otra vez. ¿Cómo son las personas? Escriba tres adjetivos para cada una.

caótico | creativo | comunicativo | desordenado | disciplinado | espontáneo | hablador | impulsivo | ordenado | sistemático | paciente | perfeccionista | trabajador | tranquilo | reservado

Adjektive auf **-or** bilden die weibliche Form auf **-ora**:
trabajador/a *fleißig*
hablador/a *geschwätzig*

El hombre es ....
La mujer mayor es ....
La mujer joven es ....

c. ¿Qué tipo de estudiante es usted?
Marque con una cruz cómo se ve usted y coméntelo después con un/a compañero/-a.

paciente		x			impaciente
ordenado					desordenado
sistemático				x	caótico
comunicativo					reservado

Soy [demasiado / muy / bastante / un poco] impaciente.

No soy nada impaciente.

✎ 5, 6

- Yo creo que soy bastante paciente, pero no muy sistemático.

7 **a. ¿Dónde y cómo estudia usted español?**
Describa su lugar de estudio y elija tres adjetivos que caracterizan su forma de estudiar.

b. Para tener éxito.
No existe la receta mágica para aprender español, pero sí conocemos algunos de sus ingredientes. ¿Qué porcentaje piensa que tiene usted de estas cualidades? Si quiere, puede añadir más ingredientes.

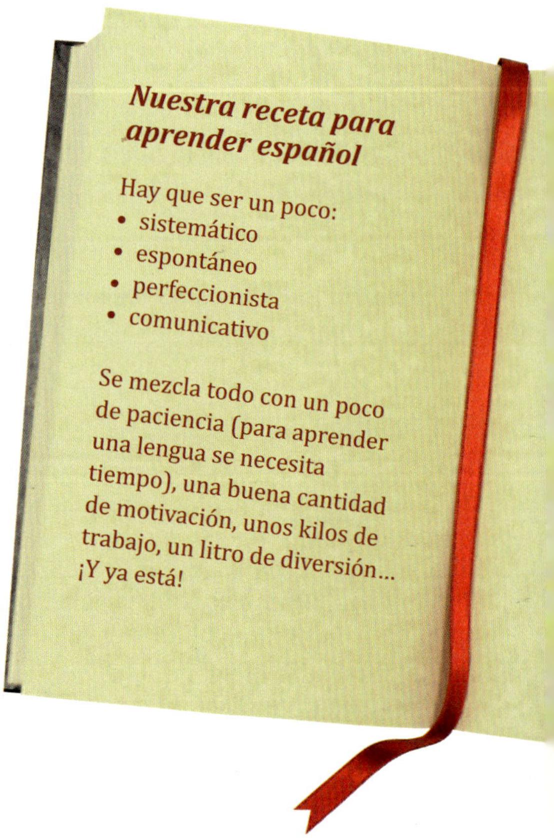

8 **a. Una canción de desamor.**
"Noche, pasión, gramática, amor, guitarra, sol, verbo". Sin leer el texto, ¿cuáles de estas palabras cree que van a aparecer en la canción?

b. Escuche y complete la canción con las palabras que faltan. ⏭ 4

Fue amor desde el primer día.
Te conocí y me apasioné.
Te di mis días, mis ...., mis horas.
Todo, todo esto te di.

Cada noche vine a verte
Y trabajé sólo para ti,
Quise estudiarte y conocerte,
Y ahora te ríes de mí.

Todo, todo, todo esto te di.
Ahora me dices que hay otros.
Pero yo voy a seguir.
Todo, todo, todo esto te di.
No tengo miedo al pasado
Por eso voy a seguir.

Puse todo mi ....
Para poderte comprender
Y ahora me dices que hay otros
Otros .... que aprender.

Porque es que sin ti, ...,
Yo ya no puedo vivir
Con o sin ....
Lo tengo que conseguir.

Todo, todo, todo esto te di.
Ahora me dices que hay otros.
Pero yo voy a seguir.
Todo, todo, todo esto te di.
No tengo miedo al pasado
Por eso voy a seguir.

c. ¿Quién es el / la amante? ¿Puede poner un título a la canción?

d. En la canción hay algunas formas irregulares del indefinido. ¿Cuáles son?
La tabla le sirve de ayuda. ¿Cuál es el infinitivo?

	tener
yo	tuv**e**
tú	tuv**iste**
él / ella / usted	tuv**o**
nosotros/-as	tuv**imos**
vosotros/-as	tuv**isteis**
ellos / ellas / ustedes	tuv**ieron**

Infinitiv	Stamm	Endung
estar	**estuv-**	e
poder	**pud-**	iste
poner	**pus-**	o
hacer	**hic-**	imos
querer	**quis-**	isteis
venir	**vin-**	ieron

decir: dije, dijiste, dijo…
dar: di, diste, dio…
ver: vi, viste, vio…
ser / ir: fui, fuiste, fue…
hacer: hice, hiciste, hi**z**o…

Bei den unregelmäßigen Formen ändert sich der Wortstamm, die Endungen sind für alle gleich.

e. Gimnasia verbal de indefinidos irregulares.
En cadena. Uno/-a dice una de estas expresiones en infinitivo y un pronombre. La persona siguiente la dice en indefinido y luego elige otra expresión.

tener miedo | dar un paseo | estar cansado | poner la mesa | hacer la maleta | decir la verdad | ver la tele | venir a clase | no poder dormir | ir de vacaciones

- Tener miedo, vosotros.
- ○ Tuvisteis miedo. Decir la verdad, tú.

✎ 7

9 **En parejas. Una entrevista a su compañero/-a.**
Formule las preguntas y al final elija dos informaciones para presentarlas.

- hacer un examen el curso pasado
- aprender a hacer algo nuevo el año pasado
- estar en un país hispanohablante el año pasado
- ver una película en español el mes pasado

● ¿Hiciste un examen el curso pasado?

congusto online
¿Busca un curso de español en España?

Lo aprendí hace poco tiempo

10 **a. Escuche y relacione los textos con las fotos.** ⏭ 5–7
Luego escuche otra vez y complete la tabla.

	¿Qué aprendió?	¿Cuándo lo aprendió?	¿Con quién?	¿Dónde?
1. Ana				
2. Eric				
3. Eva				

¿Recuerda?

hace	dos días un mes unos años

b. Con ayuda de la tabla, resuma en una frase la experiencia de cada persona.

c. Marque las informaciones correctas y corrija las falsas.
Luego subraye en estas frases las expresiones de tiempo. ¿Cómo se traducen al alemán?

1. ☐ Ana practica su deporte favorito desde hace cinco años.
2. ☐ Ana está casada con su entrenador desde hace un año.
3. ☐ Eric toca la guitarra desde 2009.
4. ☐ Hace seis meses Eva decidió aprender a utilizar el ordenador.

desde + Zeitpunkt *(seit)*	desde + hace + Zeitraum *(seit)*
desde + el martes 2006	desde + hace dos días hace unos años

Desde bezieht sich auf einen Zeitpunkt der Vergangenheit, seit dem etwas andauert. **Desde** kann auch mit **hace** + der seitdem vergangenen Zeit stehen:
Desde abril 2008.
Desde hace dos años.

✎ 8–10

d. Me gustaría aprender a bailar.
En la infancia aprendemos muchas cosas, pero también de adultos podemos aprender cosas nuevas. Además del español, ¿qué otras cosas le gustaría aprender?

tocar un instrumento | jugar al ajedrez | conducir una moto | cocinar | bailar flamenco o salsa | pintar | esquiar | bucear | …

Me gustaría…
Ich würde gern …
Me gustaría aprender a pintar.

"Aprendí a nadar a los 30 años y hoy gano medallas"

José Mujika Eizagirre es bombero en San Sebastián y además un gran deportista. En los campeonatos mundiales de bomberos del año 2008 en Liverpool ganó tres medallas de oro en natación.

José, todos sabemos que los bomberos están muy en forma, pero ganar medallas ya es algo especial, ¿no?
Bueno, yo siempre he practicado mucho deporte, pero curiosamente aprendí a nadar muy tarde. La mayoría de la gente lo aprende en la infancia, pero yo lo hice a los 30 años cuando entré en los bomberos en 1993.
¡No me digas! ¿Cómo fue la experiencia?
Fue un poco difícil: tuve que superar el miedo al agua y, claro, la vergüenza. Pero encontré un profesor excelente que me ayudó mucho. Con su ayuda aprendí muy rápido.
Me sentí muy orgulloso porque muchas veces se piensa que los adultos no pueden aprender estas cosas, pero nunca es demasiado tarde.
Ahora me encanta nadar y desde hace tres años nado tres horas todos los días para entrenarme.
¿El campeonato en Liverpool fue tu primer campeonato?
No, el primero fue en 2006 en Australia y el segundo en 2007 en Canadá.
Tienes una anécdota simpática. ¿Nos la cuentas?
Sí. Como mi apellido suena un poco extraño, cuando gané una de las medallas escribieron como nacionalidad Afganistán.

Adaptado del "Diario Vasco"

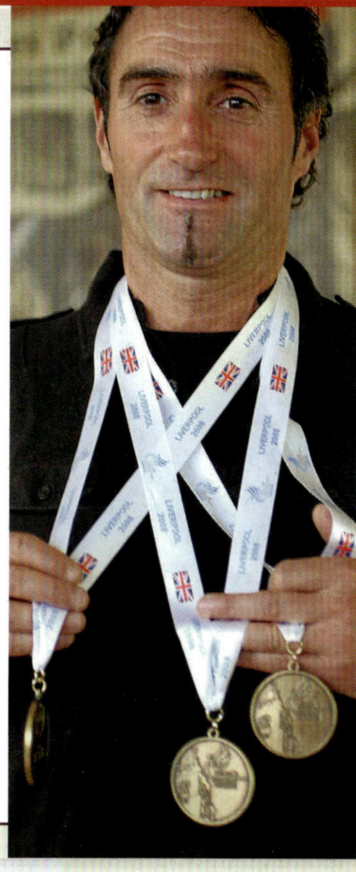

11 **a. Lea la entrevista y marque la respuesta correcta.**

1. José Mujika participó por primera vez en un campeonato…
   - ☐ en 1993. ☐ en 2006. ☐ en 2008.
2. Los mundiales de natación en Liverpool fueron su … campeonato.
   - ☐ primer ☐ segundo ☐ tercer
3. Ganó tres medallas de oro en…
   - ☐ Australia. ☐ Inglaterra. ☐ Afganistán.

b. Marque en el texto todas las expresiones que se refieren al tiempo y complete estas informaciones con las expresiones adecuadas.

1. José Mujika es bombero .... 1993.
2. Aprendió a nadar muy tarde, ... años.
3. .... 2006 participa todos los años en campeonatos de bomberos.
4. Ganó tres medallas de oro en 2008, es decir, ... años.
5. .... tres años nada todos los días unas tres horas.

c. Usted tiene un amigo de 40 años que quiere aprender a nadar.
Para motivarlo, escríbale un correo contando en cinco frases la experiencia de José.

12 **Piense en dos experiencias de aprendizaje. Después se comentan entre todos.**

- algo que aprendió muy joven
- algo que aprendió muy tarde
- algo que aprendió muy rápido
- algo que le costó mucho aprender

✎ 11, 12

Tarea final El equipaje de la clase

Portfolio
Guarde su perfil y el resumen en la carpeta de su portfolio.

El perfil de nuestro grupo.

1. Complete su perfil como estudiante de español. Después, los perfiles se exponen en el aula.

2. Se forman tres grupos. Cada grupo se concentra en uno de los tres aspectos y hace un resumen de la información más importante.

   Grupo 1:
   ¿Qué saben ya?

   Grupo 2:
   ¿Qué quieren aprender?

   Grupo 3:
   ¿Qué les cuesta más o menos?

3. Los grupos presentan sus resultados.

MI PERFIL

Estudio español desde
....

y empecé en (dónde)
....

1 Creo que ya sé...
los números, decir la hora,
pedir en un restaurante...

2 Quiero aprender...
....
....

3 Me cuesta mucho...
....

pero no me cuesta...
....

La clave está en el pasado

Este es el primer capítulo de una historia misteriosa que sigue en cada lección. Para aclarar el misterio necesitamos su ayuda. ¿Quiere participar?

Capítulo 1: Se busca asistente

Me presento: me llamo Alba Serrano y soy detective privada. Trabajo en Barcelona en mi propia agencia, "Te veo. Detectives".
La semana pasada, el jueves por la mañana, recibí una llamada del director del Museo de la Ciencia de Barcelona.
– Agencia de detectives "Te veo". Habla usted con Alba Serrano. Dígame.
– Señora Serrano, necesito sus servicios.
– ¿De qué se trata?
– Un robo. Un documento muy valioso. Pero no quiero contarlo por teléfono. ¿Puede venir?
– Claro.
Salí de mi oficina. Tomé un taxi y llegué sólo media hora más tarde al museo. En su oficina el director me dio más detalles.
– ¿Es un documento importante?
– Muy importante. Es "la fórmula". Sin ella no es posible aprender lenguas.
– ¡Qué horror!
– Sí, es terrible.
El director me miró y me preguntó:
– ¿Acepta el caso, señora Serrano?
– Por supuesto.
Está claro que no puedo trabajar sola en este caso porque es muy complicado. Necesito un/a asistente. ¿Quiere serlo usted?

Escriba un currículum: nombre, cuándo y dónde nació, dónde fue a la escuela, cuándo empezó a aprender español... ¿Por qué es usted mi asistente ideal? Mencione tres cualidades.

De fiesta

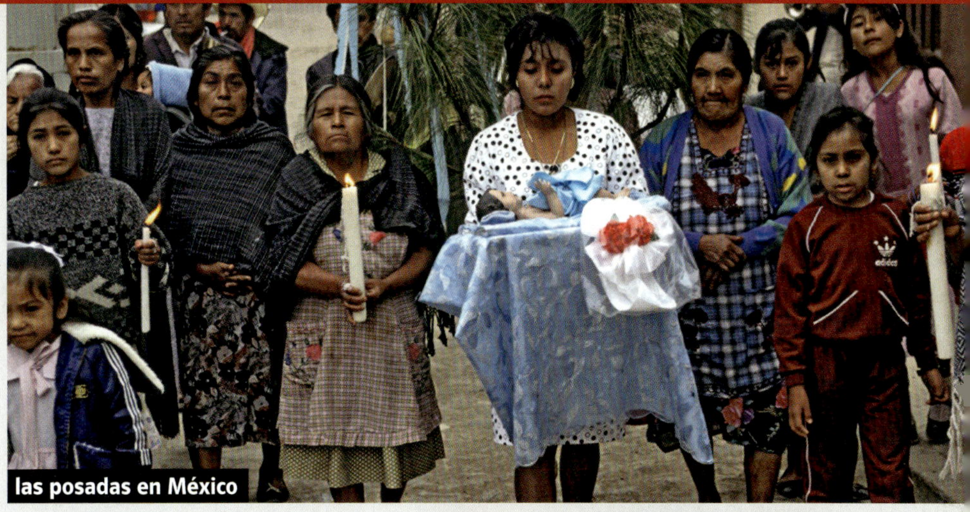
las posadas en México

La Navidad

La Navidad tiene en todos los países hispanohablantes un carácter festivo y alegre. Se decora la casa con el árbol de Navidad y el belén; se comen dulces típicos y hay mucha alegría. Pero en cada país hay algo especial.

Virginia Zepeda, profesora de español en Dortmund, es de México, D.F. y nos habla de una tradición navideña mexicana.

"Las posadas se celebran entre el 16 y el 24 de diciembre. Durante esos días en cada casa se prepara comida para la gente que pide "posada", es decir comida y casa. Esta tradición simboliza la peregrinación a Belén de San José y la Virgen María. En realidad, la fecha de las posadas coincide con una celebración prehispánica azteca en honor al sol, que después se cristianizó.

Las personas que piden posada pueden ser familiares, amigos o vecinos. A casa de mis padres van también sus compañeros de trabajo. Los que piden posada cantan canciones tradicionales, y los dueños de la casa los invitan a comer. Para mí son recuerdos hermosos de mi infancia y creo que también muestra la hospitalidad de los mexicanos."

"Hola, me llamo Javier y soy profesor de español en Múnich. Os voy a contar cómo es la fiesta de los Reyes Magos en España, quizás la más bonita para los niños.

Tradicionalmente los Reyes Magos, Melchor, Gaspar y Baltasar, traen los regalos a los niños. El día de Reyes es el día 6 de enero, pero la fiesta empieza ya el día 5 con la cabalgata, que es el desfile de los Reyes por la ciudad. Hay una en cada ciudad, y los niños salen a la calle a recibir a los Reyes. En mi ciudad, Madrid, la cabalgata es muy grande, con camellos de verdad. Los Reyes recorren muchas calles y regalan caramelos a los niños. Es una fiesta preciosa y los niños están alegres y emocionados. Algunos entregan cartas a los Reyes para decirles qué regalos desean. Yo todavía recuerdo mis cartas: "Queridos Reyes Magos: Este año he sido muy bueno…" Después de la cabalgata, los niños se acuestan. Antes dejan comida para los Reyes y agua para los camellos en la puerta. Todos intentan no dormir para poder verlos cuando entran en la casa a dejar los regalos. Pero nunca lo consiguen, y así conservan la ilusión un año más."

un belén

la cabalgata de los Reyes Magos en España

- *¿Existe la tradición de los Reyes Magos en su país? ¿Qué hacen?*
- *¿Cómo celebra usted la Navidad y la Nochevieja? ¿Dónde? ¿Con quién? ¿Se come algo especial? ¿Se hacen regalos? ¿A quién?*

Comunicación

Vorlieben und Schwierigkeiten äußern

Me gusta…
No me gusta mucho…
Me cuesta…
Me aburre…
Me parece fácil / difícil…
Lo que más me cuesta es…

Aktivitäten im Unterricht

leer textos
escribir textos
buscar una regla de gramática
escuchar el cedé
hacer ejercicios / juegos
trabajar en parejas / en grupos

Die Intensität angeben

Soy [demasiado / muy / bastante / poco] paciente.

No soy nada creativo.

Das Material angeben

Es [de papel. / de metal. / de plástico. / de madera.]

Die Funktion angeben

El bolígrafo sirve para escribir.
Las tijeras sirven para cortar.
La goma sirve para borrar.
El lápiz sirve para dibujar.

Etwas hervorheben

Lo que me gusta son los textos.
Lo que más me cuesta son los pronombres.
Lo que menos me interesa es la gramática.
Lo más difícil es hablar.

Charaktereigenschaften

ordenado/-a	↔	desordenado/-a	perfeccionista
sistemático/-a	↔	caótico/-a	creativo/-a
paciente	↔	impaciente	impulsivo/-a
comunicativo/-a	↔	reservado/-a	trabajador/a

Vermutungen äußern

Puede ser…
Creo que…
Pienso que…
Me imagino que…

Wünsche äußern

Me gustaría aprender a pintar.
Me gustaría aprender chino.
¿Te gustaría estudiar en España?

Gramática

‚Lo (que)' → 1.1

Lo mejor de la clase es la pausa.
Lo más interesante son los juegos.
No entiendo **lo que** dice el profesor.
Lo que más / menos me gusta es leer.

Lo dient zur Substantivierung von Adjektiven und um sich auf etwas Unbestimmtes zu beziehen.

Adjektive auf ‚-or' → 1.3

Un chico trabajador.
Alumnos trabajadores.
Una chica trabajador**a**.
Alumnas trabajador**as**.

Adjektive auf **-or** bilden die weibliche Form auf **-ora**.

Der Gebrauch von ‚hace, desde, desde hace' → 7.2.1

hace + Zeitraum *(vor)*	desde + Zeitpunkt *(seit)*	desde + hace + Zeitraum *(seit)*
hace + [algunos días / dos semanas / un mes / tres años]	desde + [ayer / el lunes / el 3 de abril / 2008]	desde + hace + [algunos días / dos semanas / tres meses / un año]

Mit **hace** drückt man aus, wie lange etwas her ist. Mit **desde** bezieht man sich auf einen konkreten Zeitpunkt der Vergangenheit, seit dem etwas andauert. Mit **desde hace** kann man die seitdem vergangene Zeit angeben:
Estudio español **desde** abril de 2009.
desde hace un año.

Unregelmäßige Formen des Indefinido → 4.1

	tener
yo	tuv**e**
tú	tuv**iste**
él / ella / usted	tuv**o**
nosotros/-as	tuv**imos**
vosotros/-as	tuv**isteis**
ellos / ellas / ustedes	tuv**ieron**

Infinitiv	Stamm	Endung
estar	**estuv-**	e
poder	**pud-**	iste
poner	**pus-**	o
hacer	**hic-**	imos
querer	**quis-**	isteis
venir	**vin-**	ieron

decir	dar	ver
dije	di	vi
dijiste	diste	viste
dijo	dio	vio
dijimos	dimos	vimos
dijisteis	disteis	visteis
dijeron	dieron	vieron

Bei den unregelmäßigen Verben ändert sich der Wortstamm, die Endungen sind für alle gleich.
Da die Aussprache erhalten bleibt, ändert sich in einigen Formen die Rechtschreibung: hacer: hice, hiciste, hi**z**o…
Das Gleiche geschieht auch bei regelmäßigen Verben: buscar: bus**qu**é, buscaste…; empezar: empe**c**é, empezaste…
Bei **decir**, **traer** und allen Verben auf **-ducir** entfällt das **i** in der 3. Person Plural: **dij~~i~~eron**.

¡Qué descanso! 2

Körperteile benennen + + Krankheitssymptome schildern + + Art und Weise einer Handlung angeben + + in der Apotheke einkaufen + + Gewohnheiten und Zustände in der Vergangenheit beschreiben

EN BUENAS MANOS
tu centro de salud, descanso y belleza

C/ Sagrados Corazones, n° 10. 28011 Madrid

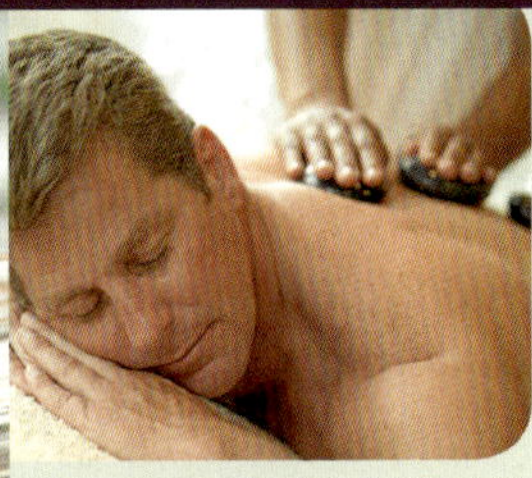

¿Conoce usted el tratamiento con piedras calientes? Después de un masaje, unas piedras calientes en la espalda ayudan a relajarse y a olvidar los problemas del día.

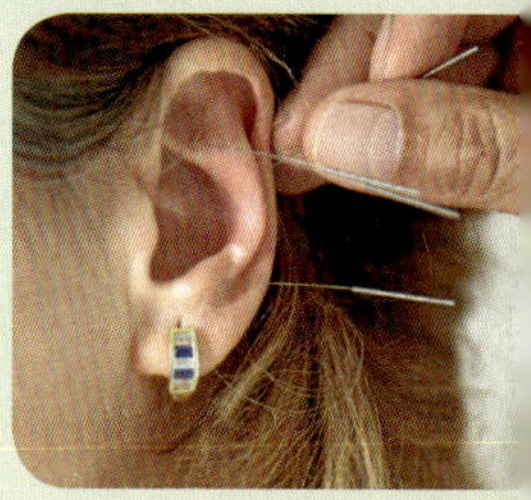

La acupuntura en la oreja ayuda a no fumar. Es una terapia tradicional y efectiva: 5 ó 6 sesiones de acupuntura son suficientes.

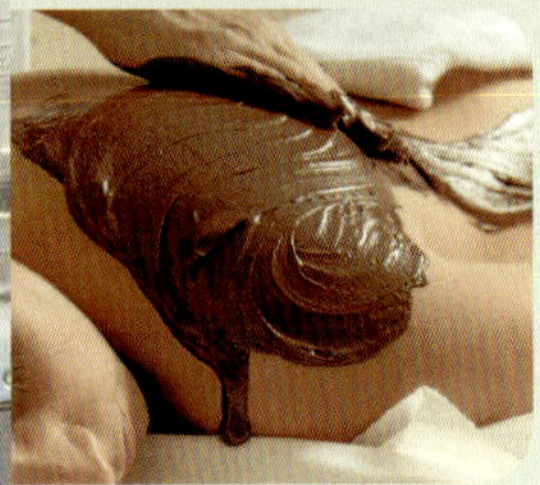

Para la piel ofrecemos maravillosos tratamientos con chocolate. Un tratamiento de chocolate por todo el cuerpo relaja y ayuda a dormir mejor. ¡Y no engorda!

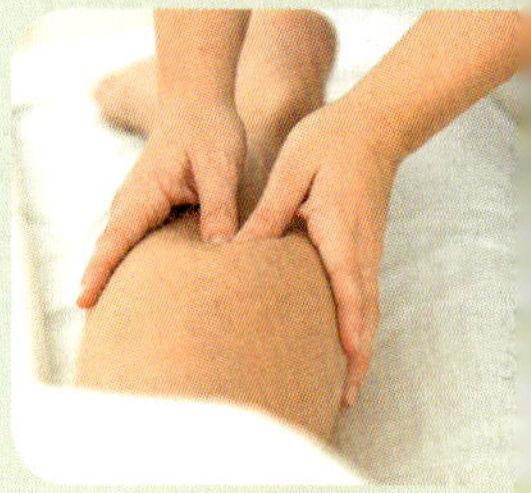

Después del deporte, lo mejor es un buen masaje en las piernas. Para deportistas profesionales y también para aficionados. Después de la maratón, del fútbol con los amigos o del tenis con la familia.

Si desea cuidar la piel de la cara y a la vez relajarse, le recomendamos una de nuestras máscaras con productos naturales.

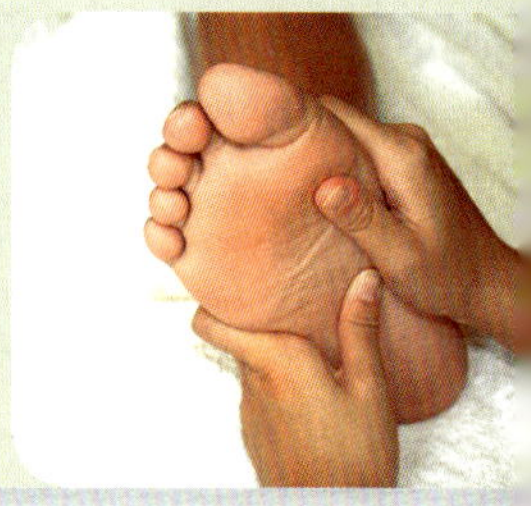

¿Está cansado? ¿Tiene estrés? ¿Por qué no prueba la reflexoterapia? Es un masaje de pies que activa todo el cuerpo. También ofrecemos reflexoterapia de manos.

1 a. El centro EN BUENAS MANOS ofrece muchas posibilidades para relajarse.
Lea el folleto y subraye las partes del cuerpo que se mencionan. ¿Cómo se dice en español…?

Körper	....	Hand	....
Haut	....	Rücken	....
Gesicht	....	Bein	....
Ohr	....	Fuß	....

b. Usted tiene un cheque regalo para uno de estos tratamientos. ¿Cuál elige? ¿Por qué?

Me duele todo

2 a. Complete con las partes del cuerpo que recuerda.

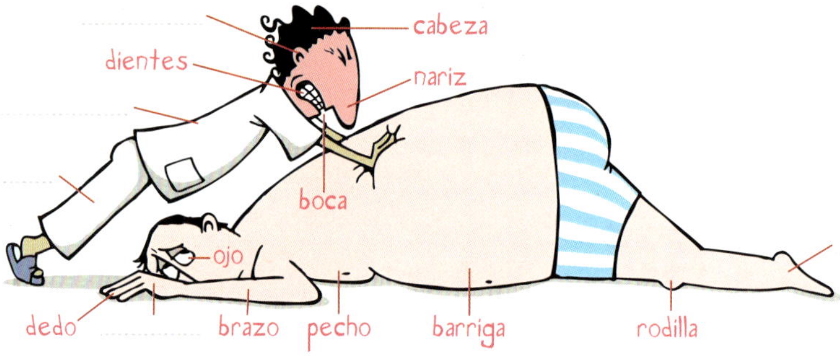

b. Gimnasia de vocabulario.
Toda la clase se levanta. Su profesor/a dice el nombre de una parte del cuerpo y todos la señalan en su cuerpo lo más rápido posible.

✎ 1

3 a. El diario de Prudencio, hipocondríaco sin remedio.
Lea el diario y marque los síntomas de enfermedades.

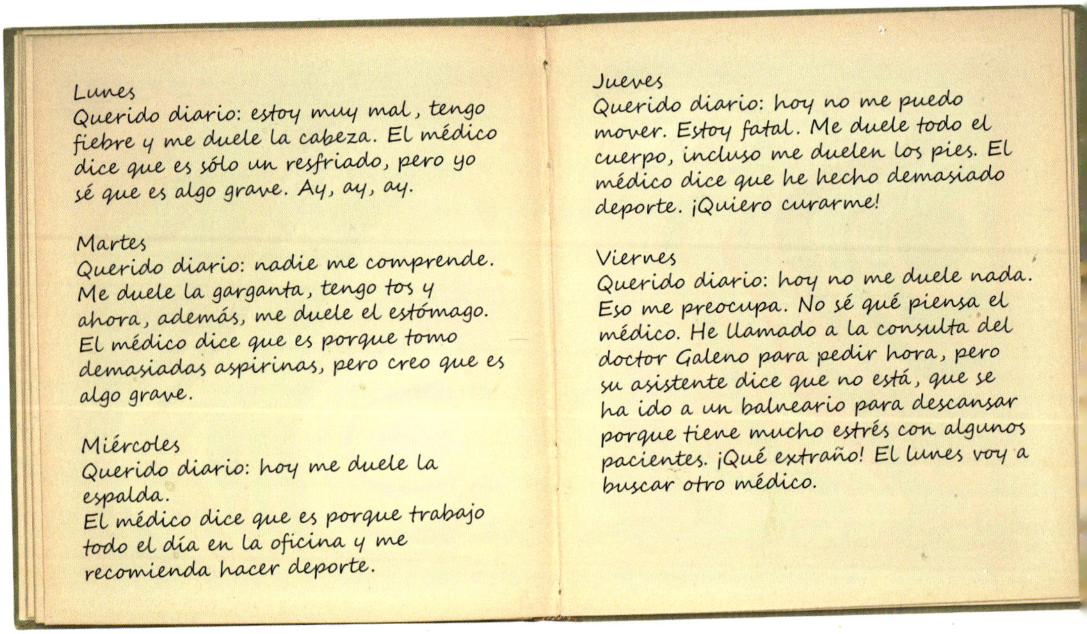

Lunes
Querido diario: estoy muy mal, tengo fiebre y me duele la cabeza. El médico dice que es sólo un resfriado, pero yo sé que es algo grave. Ay, ay, ay.

Martes
Querido diario: nadie me comprende. Me duele la garganta, tengo tos y ahora, además, me duele el estómago. El médico dice que es porque tomo demasiadas aspirinas, pero creo que es algo grave.

Miércoles
Querido diario: hoy me duele la espalda.
El médico dice que es porque trabajo todo el día en la oficina y me recomienda hacer deporte.

Jueves
Querido diario: hoy no me puedo mover. Estoy fatal. Me duele todo el cuerpo, incluso me duelen los pies. El médico dice que he hecho demasiado deporte. ¡Quiero curarme!

Viernes
Querido diario: hoy no me duele nada. Eso me preocupa. No sé qué piensa el médico. He llamado a la consulta del doctor Galeno para pedir hora, pero su asistente dice que no está, que se ha ido a un balneario para descansar porque tiene mucho estrés con algunos pacientes. ¡Qué extraño! El lunes voy a buscar otro médico.

¿Recuerda?

nadie	*niemand*
nada	*nichts*
nunca	*nie*

Nadie me comprende.
Hoy **no** me duele **nada**.

Steht vor den verneinenden Ausdrücken ein Verb, so muss vor dem Verb **no** stehen.

b. Complete la siguiente tabla con ejemplos del texto.

hablar de problemas de salud	
• ¿Qué te / le pasa? • ¿Qué te / le duele?	○ Tengo .... ○ Me duele .... ○ Me duele**n** .... ○ Estoy ....

tener fiebre / gripe / tos / diarrea / alergia a…

estar enfermo/-a / resfriado/-a / nervioso/-a / bien / mal / fatal

c. En parejas. Elijan un día del diario de Prudencio y escriban un posible diálogo entre él y su médico. Después represéntenlo a sus compañeros/-as.

Sana, sana, colita de rana

4 a. ¿Qué hace usted en estos casos? ¿Puede añadir más consejos?

Si me duele la cabeza, …	bebo zumo de limón caliente.
Si tengo fiebre, …	me quedo en la cama.
Si tengo gripe, …	tomo una infusión de hierbas.
Si tengo tos, …	bebo zumo de cebolla con azúcar.
Si estoy nervioso/-a, …	tomo una aspirina.
Si…	…

¿Recuerda?

Me / Te / Le / Nos / Os / Les	duele la cabeza.

b. Prudencio va a la farmacia para comprar algunos medicamentos. ⏭ 8
Escuche el diálogo y marque lo que compra.

c. Escuche otra vez y marque las expresiones que escucha.

en la farmacia

- Necesito algo para el dolor de cabeza.
- ¿Tienen algo para…?
- Me duele la garganta, ¿qué me recomienda?
- ¿No tiene algo más fuerte?

- ○ Puede tomar…
- ○ ¿Por qué no toma…?
- ○ Conviene tomar estas pastillas.
- ○ Para eso se necesita receta.

d. Vamos a dar consejos.
En grupos de tres: médico, naturista y paciente. El médico y el naturista tienen que dar un consejo al paciente, que elige el que más le gusta.

- ● Me duele la cabeza.
- ○ ¿Por qué no toma una aspirina?
- ■ ¿Y si bebe una infusión de hierbas?

✎ 2-5

5 **a. Estas actividades pueden producir estrés.**
Añada una más y ordénelas de 1 (menos) a 8 (más estrés).

- ☐ trabajar doce horas al día
- ☐ viajar en avión
- ☐ conducir por la ciudad
- ☐ organizar una fiesta
- ☐ cocinar
- ☐ hablar por teléfono en español
- ☐ ir al dentista
- ☐ …

b. En cadena. Cada uno/-a comenta un ejemplo de la lista y el que ha añadido.
¿Cuál es el factor que produce más estrés para la clase?

- Cocinar me produce mucho estrés, hablar con el jefe, poco.

6 **a. El secreto de una vida sana.**
¿Cuáles de estas actividades son sanas y cuáles no? Clasifíquelas en la balanza.
Luego marque las que hace usted. ¿Lleva una vida sana?

hacer deporte regularmente | tomar mucho café | fumar | dormir la siesta | comer frecuentemente pescado | pasear tranquilamente | dormir pocas horas | ir a la sauna regularmente | escuchar música agradable | hacer todo con prisa | tomar una copa de vino diariamente | pensar solamente en el trabajo

Die Adverbien auf **-mente** werden von der weiblichen Form des Adjektivs abgeleitet.
Manche sehr häufige Adjektive werden auch als Adverb benutzt:
Voy rápido / rápidamente.

✎ 6

b. Mire el cuadro. ¿Cuándo se usa un adjetivo y cuándo un adverbio?

	adjetivo	adverbio
un paseo tranquilo	tranquil**o**	tranquil**amente**
pasear tranquilamente	lent**o**	lent**amente**
comida rápida	agradable	agradable**mente**
comer rápidamente	normal	normal**mente**

c. La siesta, una costumbre muy relajante.
¿Adjetivo o adverbio? Lea el texto y tache la forma falsa.

Volver a la "spanish siesta"

Durante mucho tiempo la siesta, es decir, la costumbre española de dormir después de comer, tuvo muy mala fama: "Es perder el tiempo", "No es productiva"… Pero ahora se ha demostrado científico / científicamente que la siesta es más que una costumbre agradable / agradablemente, es también una costumbre sana / sanamente. Según un estudio de la Universidad de Harvard, 40 minutos de siesta mejoran la productividad de una persona en el trabajo en un 34 %. Los expertos de esta universidad lo llaman "power nap". En algunas empresas de los Estados Unidos hay habitaciones para dormir unos minutos. Pero no es necesario tener una cama cómoda / cómodamente para la siesta: dormir en un sillón basta para descansar y tener otra vez energía suficiente / suficientemente. ¿Hay alguna diferencia entre "siesta" y "power nap"? No. Pero si lo dice Harvard, parece verdad y si lo dice Pepe Martínez, no.

Adaptado de Fernando Trías de Bes en El País

FACHADA PRINCIPAL DEL ESTABLECIMIENTO.
De fotografía de Company (Madrid)

Antes y ahora: el balneario de Mondariz

7 **a. ¿Conoce usted una ciudad famosa por su balneario?**
¿Ha ido alguna vez? ¿Por qué va la gente?

b. Lea el artículo y marque las informaciones sobre el tipo de público y los tratamientos.

El balneario de Mondariz

El balneario de Mondariz se encuentra en la provincia de Pontevedra, en un paisaje de bosques y montañas. Y muchas fuentes. El agua, muy rica en minerales, es la gran riqueza de esta zona y la razón de su fama.
Ya desde su fundación en 1874, la gente iba a Mondariz para disfrutar de las aguas medicinales. En esa época, los balnearios eran lugares exclusivos y los clientes eran personas ricas que podían pagar esos lujos. Las curas en el balneario eran muy variadas: los pacientes paseaban por los bosques y jardines, hacían ejercicio, se bañaban en aguas termales y, sobre todo, bebían las aguas medicinales.
Muchos visitantes del balneario se alojaban en el Gran Hotel, un alojamiento de lujo que ofrecía un servicio exquisito.
En la actualidad Mondariz combina su larga tradición de balneario con terapias actuales y las ofertas de tiempo libre que piden los clientes de hoy.

c. ¿Cuáles de las siguientes personas están en el balneario de Mondariz?

1. "Estamos muy bien aquí. Nos bañamos en aguas termales y bebemos mucho."
2. "Esto es un paraíso: playa, sol y sangría todo el día."
3. "Nos bañamos todos los días en el mar. El agua está a unos 25 grados."
4. "Es una terapia fantástica: aguas, masajes y paseos. ¡Qué relax!"

d. ¿Qué hacía la gente en Mondariz? Complete.

1. *disfrutar*........ de las aguas medicinales
2. .... por los bosques
3. .... ejercicio
4. .... en aguas termales
5. .... en el Gran Hotel
6. .... aguas medicinales

e. En el artículo hay un tiempo nuevo: el imperfecto. Marque las formas en el texto.

verbos en **-ar**	verbos en **-er**/**-ir**
busc**aba**	hac**ía**
busc**abas**	hac**ías**
busc**aba**	hac**ía**
busc**ábamos**	hac**íamos**
busc**abais**	hac**íais**
busc**aban**	hac**ían**

ser	ver	ir
era	veía	iba
eras	veías	ibas
era	veía	iba
éramos	veíamos	íbamos
erais	veíais	ibais
eran	veían	iban

✎ 7

Das Imperfekt wird verwendet, um Zustände und Gewohnheiten der Vergangenheit zu beschreiben. Außer **ser**, **ver** und **ir** folgen alle Verben diesem Modell.
Imperfekt von **hay**: **había**

8 **a. Escuche ahora una entrevista con el director del balneario de Mondariz.** ⏭ 9
Marque qué aspectos corresponden a antes, a hoy o a las dos épocas.

	antes	hoy
sólo gente con dinero		
público variado		
aguas medicinales		
oferta deportiva		
problemas de estómago		
dolores de espalda		
dolores de cabeza		

congusto online
¿Quiere pasar unos días en el balneario de Mondariz?

b. Escriba un pequeño resumen de la entrevista y compare su texto con el de su compañero/-a.

Antes el público era sólo gente con dinero.

9 **¿Cómo eran unas vacaciones en la playa en el siglo XIX?**
En esta playa se ven actividades que no se practicaban en el siglo XIX. En cadena, digan qué cosas no son de la época sin repetir el verbo que ha usado otra persona.

llevar | escuchar | tener | jugar | hacer surf | bucear | usar | comer | beber

10 **a. La vida antes y hoy.**
En parejas, decidan a qué época(s) corresponden las siguientes cosas.
Luego comparen con otra pareja. ¿Tienen lo mismo?

libros | tenedor | motocicleta Vespa | sandalias | mamut | ropa hecha de pieles | balnearios | vino | teléfono | tomate | canalización | televisión

- En el Imperio Romano ya se bebía vino.

La Edad de Piedra

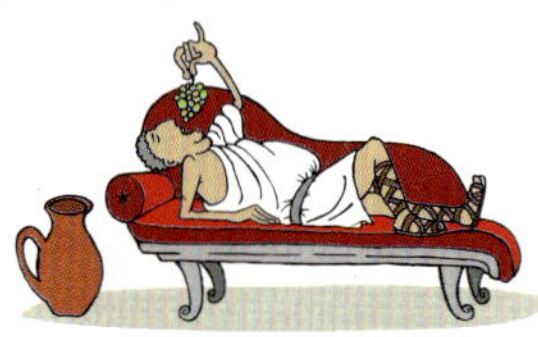

El Imperio Romano

Los años cincuenta

b. Mi vida antes y ahora.
¿Cómo era su vida cuando usted tenía 16 años? Tome notas y luego compare con dos compañeros/-as.

¿Qué ropa llevaba usted ? ¿Y hoy?
¿Qué música escuchaba? ¿Y hoy?
¿Dónde vivía? ¿Y hoy?
¿Qué hacía en su tiempo libre? ¿Y hoy?
¿Dónde se encontraba con sus amigos? ¿Y hoy?
¿Dónde pasaba las vacaciones? ¿Y hoy?

Zeitangaben

A los 16 años…
Cuando tenía 16 años…
Cuando vivía con mis padres…
Cuando iba al colegio…
En los años 80…
Antes…

8, 9

Una tradición de siglos

11 a. ¿Con qué países asocia usted la palabra 'sauna'?
Lea el texto sobre una tradición mexicana muy antigua. Busque las *palabras en cursiva* que corresponden a estas definiciones.

agua a 100° C transformada en gas: vapor
de la época anterior a la llegada de los españoles a América: ....
mujer que está esperando un bebé: ....
plantas aromáticas o medicinales: ....
compensar el agua perdida: ....

BAÑO DE TEMAZCAL

El baño de temazcal es un baño de origen *prehispánico* que se practicaba como ritual. Además tenía un uso terapéutico, incluso estético. El tratamiento era un baño de *vapor* aromatizado con *hierbas* frescas, como en las saunas actuales, pero también se tomaban tés y una sopa medicinal para *hidratar* el cuerpo después de la sauna.

Se iba al baño de temazcal para tratar problemas diferentes, por ejemplo dolores de espalda y dolores musculares. Las mujeres *embarazadas* lo usaban para relajarse antes del nacimiento del bebé. Una de las características del baño temazcal: no había separación de hombres y mujeres, todos lo usaban juntos.

En la actualidad todavía se usa como tratamiento medicinal, pero mucha gente también va sólo para relajarse.

b. La clase se divide en dos grupos. Cada grupo prepara cinco frases sobre el texto que pueden ser verdaderas o falsas. El otro grupo tiene que descubrir las falsas.

c. ¿Va usted a la sauna? ¿Por qué (no)? ¿A quién la puede recomendar?

congusto online
¿Le interesa visitar un temazcal?

Tarea final Remedios caseros

Portfolio
Guarde el artículo en la carpeta de su portfolio.

La revista 'Vida y salud' les ha pedido un artículo sobre tratamientos tradicionales.

1. En grupos de tres, intercambien ideas. ¿Qué tratamientos caseros para enfermedades conocen? Tomen notas y hagan una lista. Pueden usar el diccionario para buscar las palabras nuevas o preguntar a su profesor/a.

   - Para la tos, mi madre mezclaba zumo de cebolla con miel. Se tomaba caliente y muy despacio.

2. Busquen más información. Cada persona del grupo entrevista a un/a compañero/-a de otro grupo para recoger información sobre otros remedios caseros.

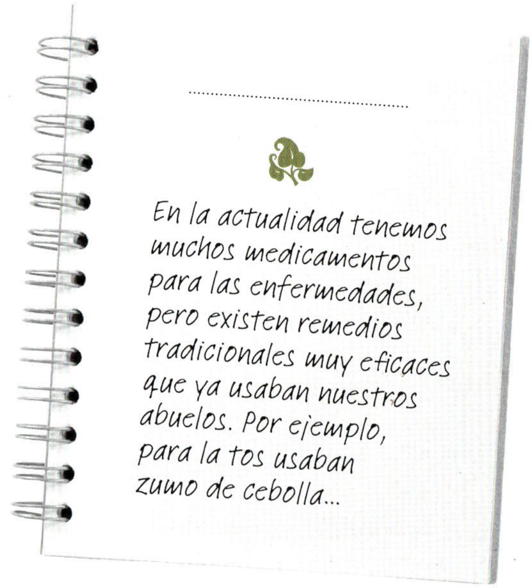

3. Vuelvan a su grupo original y escriban juntos un pequeño artículo usando la información que han recogido de sus compañeros/-as.

La clave está en el pasado

¿Se acuerda de la historia misteriosa? Aquí sigue.

Capítulo 2: ¿Qué pasó?

Mi entrevista con el director del Museo de la Ciencia fue así:
– Creemos que el documento desapareció ayer por la noche, entre las tres y las tres y media de la mañana. El ladrón o los ladrones desconectaron la alarma y entraron por una ventana. Después fueron a mi oficina, abrieron la vitrina de documentos valiosos y robaron el documento. Pensamos que salieron del museo sólo una hora más tarde.
– ¿Quién lo descubrió?
– Antonio, el vigilante. A las cuatro, por eso sabemos las horas aproximadas. Me llamó a mi casa y media hora más tarde llegué al museo.
– ¿Qué hizo usted?
– Llamar a la policía. Un cuarto de hora después de mi llamada llegaron aquí y lo controlaron todo. Estuvieron tres horas en el museo y después se marcharon.
– Si la policía ya investiga el caso, ¿por qué me llamó también a mí?
– Porque creo que es un caso especial. Y porque es usted la mejor…
¡Oh, no! Justo aquí descubrí que mi grabadora no tenía pilas.

¿Me puede usted ayudar y escribir el protocolo del caso? Muchas gracias.

TE VEO. DETECTIVES

Protocolo del caso:
Museo de la Ciencia. Robo de "la fórmula".

3.00 – 3.30 de la mañana: *El ladrón*...
4.00: ....
4.30: ....
Jueves, 7.30: *El director del Museo*...
Jueves, 8.00: *La detective Alba Serrano*...

De fiesta

El carnaval de Oruro (Bolivia)

Hola, me llamo Pilar Klewin y soy boliviana, de La Paz, pero hoy les voy a hablar de Oruro, la ciudad de mi padre, y de una de las tradiciones más hermosas de mi país: el carnaval.

Oruro no es muy grande, creo que tiene unos 340.000 habitantes, pero en las fiestas del carnaval pueden ser casi un millón. Es una de las fiestas más espectaculares de América Latina. La UNESCO le dio el título de *Patrimonio de la Humanidad*.
Yo estuve allí varias veces y siempre me impresionó. Cada vez descubro cosas nuevas, pero lo que más me impresiona son las máscaras. Son fascinantes.
El carnaval, con sus bailes y sus máscaras, representa una fusión de tradiciones y creencias prehispánicas y cristianas. En su origen la fiesta simboliza los peligros del trabajo en las minas.
En Oruro se vive para el carnaval. Siete meses antes del carnaval los participantes empiezan a preparar los disfraces y las coreografías que se hacen en honor a la Virgen de la Candelaria. El festejo principal es un desfile de cuatro kilómetros.
Los bailes son importantísimos en esta fiesta. Mi baile favorito es "la Diablada", que representa la lucha del bien y del mal. Participan más de cuatrocientos bailarines vestidos de rojo y con máscaras. También hay otros grupos con otros temas. Todos me gustan, pero "la Diablada" tiene algo, no sé… No lo puedo describir. Hay que verlo y vivirlo.

la Diablada

El carnaval de Cádiz (España)

Hola, soy Carmen Barrio y soy de Cádiz. ¿Saben dónde está? En Andalucía, en la puntita de la península.
Cádiz es una ciudad muy, muy bonita, de verdad.
En Cádiz hay muchas cosas atractivas, pero quizás la más espectacular es el carnaval. Aquí vivimos medio año preparando la próxima fiesta y medio año recordando la fiesta anterior. ¿Por qué es especial? Por su ambiente y su música.
En el carnaval hay varios tipos de grupos. Los más típicos son "los coros", que cantan canciones serias, y "las chirigotas", que cantan canciones críticas y satíricas.
Los grupos escriben los textos y componen la música de las canciones y compiten entre ellos en concursos.
También se hacen los disfraces que se llevan esos días. Cada año uno distinto, claro. Yo tengo un armario lleno de mis viejos disfraces: pirata, princesa, mosquito…
En carnaval todos nos disfrazamos y salimos a la calle. Los bares están llenos, se come "pescaíto frito" a todas horas. Los gaditanos, así se llama la gente de Cádiz, somos simpáticos por naturaleza y nos encanta hablar y conocer gente.
Es muy fácil, cualquier comentario sobre el disfraz es suficiente para empezar a hablar.

el carnaval de Cádiz

■ *¿Cómo se celebra el carnaval en su país? ¿Se ha disfrazado alguna vez?*

Comunicación

Körperteile

la cabeza	el ojo	la boca	la espalda	la pierna	el pecho
la cara	la nariz	los dientes	el brazo	la rodilla	el estómago
la piel	la oreja	la garganta	la mano	el pie	la barriga

Nach der Gesundheit fragen

¿Qué te / le pasa?
¿Qué te / le duele?
¿Tiene/s fiebre?
¿Tiene/s diarrea?

Krankheitssymptome beschreiben

Tengo	fiebre. / diarrea. / tos. / gripe.	Me duele	el estómago. / la cabeza. / la espalda.	Estoy	resfriado/-a. / cansado/-a. / enfermo/-a. / bien / mal / fatal.
		Me duelen	los pies.		

In der Apotheke

Necesito algo para el dolor de cabeza.
¿Tienen algo para…?
Me duele la garganta, ¿qué me recomienda?
¿No tiene algo más fuerte?

Puede tomar…
¿Por qué no toma…?
Conviene tomar estas pastillas.
Para eso se necesita receta.

Zeitangaben der Vergangenheit

A los 16 años…
Cuando tenía 16 años…
Cuando iba al colegio…
En los años 80…

Art und Weise einer Handlung angeben

Vamos a la sauna regularmente.
Para evitar problemas de estómago conviene comer lentamente.
Pasé el fin de semana tranquilamente en casa.

Maßnahmen bei Krankheit angeben

Si me duele la cabeza, tomo una aspirina.
Si tengo fiebre, me quedo en la cama.
Si estoy resfriado, bebo zumo de limón.

Gewohnheiten und Zustände in der Vergangenheit beschreiben

Ya en el sigo XIX la gente iba a un balneario para disfrutar de las aguas medicinales.
En esa época los balnearios eran lugares exclusivos.
Muchos clientes de Mondariz eran personas ricas que podían pagar esos lujos.
Se alojaban en el Gran Hotel, que ofrecía un servicio exquisito.

Gramática

Adjektive und Adverbien → 6.1

Adjektiv	Adverb
Tengo un horario regular.	Hago deporte regularmente.
Es una conversación agradable.	Charlamos agradablemente.
Aprender el indefinido es fácil.	Con esta regla se aprende fácilmente.
Vivimos en un barrio tranquilo.	Dormimos la siesta tranquilamente.

Adjektive dienen zur näheren Bestimmung eines Substantivs, Adverbien zur näheren Bestimmung eines Verbs, Adjektivs, anderen Adverbs oder ganzen Satzes.

Adverbien auf ‚-mente' → 6.1

Adjektiv	Adverb
tranquilo/-a	tranquil**amente**
lento/-a	lent**amente**
agradable	agradable**mente**
fácil	fácil**mente**

Um ein Adverb von einem Adjektiv abzuleiten, hängt man die Endung **-mente** an die weibliche Form. Einige häufige Adverbien wie **realmente**, **normalmente**, **solamente** haben eine eigene Bedeutung und werden kaum noch als Ableitung des Adjektivs wahrgenommen.
Adjektive, die einen Akzent tragen, behalten ihn.

Das Imperfekt → 4.2

	Verben auf **-ar**	Verben auf **-er/-ir**	ser	ver	ir
yo	busc**aba**	hac**ía**	era	veía	iba
tú	busc**abas**	hac**ías**	eras	veías	ibas
él / ella / usted	busc**aba**	hac**ía**	era	veía	iba
nosotros/-as	busc**ábamos**	hac**íamos**	éramos	veíamos	íbamos
vosotros/-as	busc**abais**	hac**íais**	erais	veíais	ibais
ellos / ellas / ustedes	busc**aban**	hac**ían**	eran	veían	iban

Außer **ser**, **ver** und **ir** folgen alle Verben diesem Modell.
Das Imperfekt von **hay** lautet **había**.
Das Imperfekt wird verwendet, um Zustände und gewohnheitsmäßige Handlungen in der Vergangenheit zu beschreiben.

¿Te acuerdas? 3

über Kindheitserinnerungen sprechen + + Gewohnheiten der Vergangenheit beschreiben + + ein Ereignis der Vergangenheit erzählen + + eine Erzählung strukturieren

Un poco de nostalgia

¿Recuerdas? Los niños jugábamos todo el día en la calle, al fútbol, a saltar a la cuerda, a correr... Tomábamos leche con Cola-Cao para desayunar y veíamos las aventuras del delfín Flipper y del caballo Furia en la televisión en blanco y negro. En verano pasábamos las vacaciones en la playa después de un viaje muy largo en un Seat 600 sin aire acondicionado. Somos la generación de los sesenta.

En los años setenta también pasábamos las vacaciones en la playa después de un viaje muy largo, pero ya no era un Seat 600, quizás un Seat Panda. Aire acondicionado tampoco teníamos. Pero teníamos televisión en color. Veíamos "Bonanza" y "Vicky el Vikingo". Leíamos muchos cómics españoles, como "Mortadelo y Filemón", o de otros países, como "Asterix".

¡Los ochenta! Veíamos los dibujos animados de "La abeja Maya" y llorábamos con "Heidi". En el cine nos emocionábamos con "E.T.". Los más pequeños aprendían las letras y los números con "Barrio Sésamo". Jugábamos con el cubo de Rubik. ¡Qué difícil era! En los ochenta aparecieron los primeros juegos de ordenador, como el tenis y el "comecocos", que en inglés se llamaba "pacman". ¿Y recuerdas la moda de los ochenta? ¿No? ¡Qué suerte!

1 **¿A qué jugaban, qué libros leían y qué veían los niños en estas épocas? ¿Y usted de niño?**

	años 60	años 70	años 80	usted
juegos				
películas y programas de tele				
otras cosas				

Un cuento antes de dormir

2 a. Rosa nos va a contar una anécdota de su infancia. ⏭ 10
Antes de escucharla, lea las frases. ¿En qué orden piensa que van a aparecer? Luego escuche y compare.

☐ Después de algunas frases mi hermana se durmió.
☐ 1 Mi hermana menor me pidió un cuento para poder dormirse.
☐ Repetí otra vez el cuento.
☐ Al día siguiente mi hermana me preguntó: ¿Cómo terminó el cuento?
☐ Al terminar el cuento, yo también me dormí.
☐ Así que empecé a contar un cuento.
☐ Pero yo seguí con el cuento hasta el final.

dormir	*schlafen*
dormirse	*einschlafen*

b. ¿Qué más cosas se dicen? Escuche otra vez y tome notas.

1. ¿Dónde estaban las niñas?
2. ¿Cómo era la habitación?
3. ¿Cuántos años tenía la hermana?
4. ¿Cómo era el cuento?

c. Marque los verbos en las frases de 2 a y 2 b.
¿En qué tiempo están? ¿Cuáles se refieren a acontecimientos? ¿Cuáles a descripciones?

d. ¿Le contaban o leían a usted cuentos? ¿Quién? ¿Tenía una historia preferida?

3 a. En el mundo de los cuentos hay muchos animales.
¿A qué animal se refiere cada frase? Relacione. ¿Conoce otros animales?

☐ Dicen que es el mejor amigo del hombre.
☐ Es muy individualista y cuando está feliz suena así: "ronronron".
☐ Medio de transporte de los príncipes en los cuentos.
☐ Este animal nos da el jamón y muchas otras cosas.
☐ Un viejo remedio para dormir es contarlas: una, dos, tres…
☐ Necesitamos su leche para el café.
☐ La gente lo relaciona siempre con España.
☐ Unos cantan y otros no. Algunos hablan, pero casi todos vuelan.
☐ Es el rey de los animales.

✎ 1–4

El ratoncito Pérez

el pulpo

la ostra

Había una vez una ostra que estaba muy triste.
–¿Qué te pasa? –le preguntó su amigo el pulpo que vivía en el fondo del mar.
–He perdido mi perla –respondió la ostra.
–¿Cómo era la perla? –preguntó el pulpo.
–Blanca, dura, pequeña y brillante –contestó la ostra.
El pulpo le prometió su ayuda y se marchó. Se encontró con una tortuga que estaba en la playa y le explicó el problema de la ostra. La tortuga le prometió su ayuda y se marchó. Se encontró con un ratón que paseaba por la playa. El ratón se llamaba Pérez.

la tortuga

el ratoncito Pérez

–La ostra ha perdido su perla.Tenemos que buscar algo blanco, pequeño, duro y brillante -dijo la tortuga al ratón.
El ratón empezó a buscar un objeto con estas características. Primero encontró un botón que era blanco, brillante y pequeño, pero no era duro. Después, encontró una piedra blanca, pequeña y dura, pero no era brillante. Al final encontró una moneda de plata que era blanca, dura y brillante, pero no era pequeña.
El ratón volvió a su casa triste y frustrado. La casa del ratón estaba en la habitación de un niño detrás del armario. En la mesa de noche encontró un diente del niño; el ratón lo tocó: era blanco, pequeño, duro y brillante.

la moneda

el diente

Entonces tomó el diente y lo cambió por la moneda de plata. Luego corrió a la playa y le dio el diente a la tortuga, la tortuga al pulpo y el pulpo a la ostra, que se puso muy contenta porque el diente era muy parecido a la perla perdida. Lo puso en el sitio de la perla y nadie pudo notar la diferencia.

Por eso, desde entonces, cuando un niño pierde un diente de leche, lo pone debajo de la almohada y por la noche el ratoncito Pérez viene a buscarlo y lo cambia por dinero.

b. El protagonista del cuento favorito de Rosa es un ratón.
Lea el cuento. ¿En qué orden aparecen los animales de los dibujos?

c. ¿Qué frase resume mejor el cuento?

1. La ostra perdió un diente y el ratoncito lo encontró.
2. La tortuga encontró una perla, no sabía de quién era y la cambió por dinero.
3. El ratoncito Pérez ayudó a la ostra a buscar la perla perdida.
4. Una ostra, un pulpo, una tortuga y un ratón decidieron ser músicos en Bremen.

d. ¿Existe el ratoncito Pérez en su país?
¿Qué se hace cuando los niños pierden los dientes de leche?

!

poner – *stellen, legen*
ponerse + Adj. – *werden*

encontrar – *finden*
encontrarse – *s. befinden*
encontrarse con – *treffen*

Verkleinerungsformen	
ratón	raton**cito**
casa	cas**ita**
pequeño	pequeñ**ito**

✎ 5, 6

congusto online
¿Quiere más información sobre el ratoncito Pérez?

4 a. Subraye en el cuento del ratoncito Pérez los verbos en indefinido y en imperfecto con dos colores diferentes.

b. Relacione las partes de frases para resumir la historia. Después, complete la regla.

indefinido	imperfecto
El pulpo **se encontró** con una tortuga	que *paseaba* por la playa.
Ella **se encontró** con un ratón	que *estaba* en la habitación de un niño.
Primero el ratón **encontró** un botón.	porque *era* parecido a la perla.
Al final **volvió** a su casa	que *estaba* en la playa.
El ratón **tomó** el diente	*Era* blanco, pequeño y brillante.

Der Fortgang der Handlung steht im ...., Begleitumstände, Erklärungen, Gewohnheiten stehen im ....

5 a. Dos tiempos del pasado, dos significados.
¿Recuerda a estas personas? Lea el texto. ¿Se puede entender la historia o falta algo importante?

¿Otro cuento?

Al día siguiente yo estaba muy cansada. Mientras mi hermana y yo íbamos al colegio, ella preguntó: "Oye, ¿cómo terminó la historia?" Así que tuve que contar la historia otra vez ☐. Hablé y hablé durante todo el camino. Terminé justo delante de la puerta y mi hermana ☐ me dijo: "¡Qué bonita la historia!". Ese día por la noche, ☐, ella me pidió: "¿Me cuentas otra historia?" Yo ☐ le contesté que sí ☐. "Pero, otra", dijo ella, "una nueva". Por eso esa noche busqué una historia nueva, un cuento ☐: "Había una vez un pirata ☐..."

b. Complete ahora el texto con estas informaciones poniendo el número en la casilla correspondiente.

1. porque ella no recordaba nada
2. estaba muy cansada, tenía sueño, pero
3. que se llamaba Patapalo
4. cuando estábamos otra vez en la cama
5. que estaba muy contenta
6. porque me gustaba mucho contar historias
7. que empezaba así

¿Recuerda?	
buscar	empezar
busqué	empecé

c. Algunos voluntarios leen el texto completo en voz alta.
Compare la historia completa con el texto anterior. ¿Qué diferencia hay?

d. Otra versión de la historia.
¿Puede cambiar la historia de las dos niñas? Invente otras informaciones para las casillas. Luego se leen y comparan las diferentes versiones.

Las dulces mentiras de la infancia

6 a. Valentina nos cuenta cómo descubrió quién era de verdad el ratoncito Pérez.
Complete la historia con las formas del imperfecto o indefinido.

Yo ..tenía.......... *(tener)* seis años y todavía .... *(tener)* los dientes de leche. Un domingo, mientras toda la familia .... *(comer)*, perdí un diente. Mis padres y mis tíos me .... *(decir)*: "El ratoncito Pérez va a venir a buscar el diente y te va a dejar dinero a cambio". Primero lo creí y .... *(ponerse)* muy contenta. Pero yo .... *(ser)* una niña muy curiosa y siempre .... *(querer)* verlo y saberlo todo. Por la noche .... *(estar)* muy cansada, pero no me .... *(poder)* dormir. De pronto, ... *(escuchar)* un ruido, pero no .... *(abrir)* los ojos. Mis padres .... *(entrar)* en la habitación y, para mi sorpresa, ... *(poner)* una moneda debajo de la almohada. Al día siguiente, yo no .... *(decir)* nada, porque todavía me quedaban muchos dientes de leche. Es que además de ser una niña muy curiosa, también .... *(ser)* una niña muy lista. Total que en los meses siguientes .... *(recibir)* mucho dinero.

b. No sólo el ratoncito trae regalos. ⏭ 11 – 12
Tradicionalmente los Reyes Magos traen los regalos de Navidad. Escuche a estas personas que cuentan cómo se enteraron de la verdad. Marque las opciones correctas.

	¿Quién le contó la verdad?	¿Qué edad tenía?	¿Cómo reaccionó?
Yolanda	☐ su madre	☐ seis años	☐ no lo creyó
	☐ su abuela	☐ ocho años	☐ se puso contenta
Miguel	☐ su amigo	☐ diez años	☐ no dijo nada
	☐ su padre	☐ trece años	☐ se puso triste

c. Con la información de la tabla resuma en una frase la historia de Yolanda y en otra la de Miguel.

- A Yolanda su madre le contó la verdad cuando…

d. ¿Se acuerda?
Tome notas en la tabla y luego cuente cómo se enteró usted de que el Niño Jesús no traía los regalos y que el conejo de Pascua no existía.

	¿Qué edad tenía usted?	¿Dónde estaba usted? ¿Con quién?	¿Qué pasó?	¿Cómo reaccionó?

contar una anécdota

Cuando yo tenía…
Estaba en… con…
Entonces…
Total que…

Siempre hay historias para contar

7 a. ¿Recuerda usted cómo fue?
Combine una circunstancia y un acontecimiento para contar algo de su vida.

tener 24 años	aprender a cocinar
estar en la universidad	decidir mudarse
vivir todavía en casa de mis padres	conocer a mi mujer / marido
compartir piso	terminar la escuela
ser joven y guapo/-a	encontrar el primer trabajo
estar en una fiesta / manifestación	enamorarse por primera vez

- Cuando tenía 24 años, conocí a mi marido.

7-9

b. Cada día nos pasan cosas. ¿Qué le pasó a Paco? Cuenten su historia.

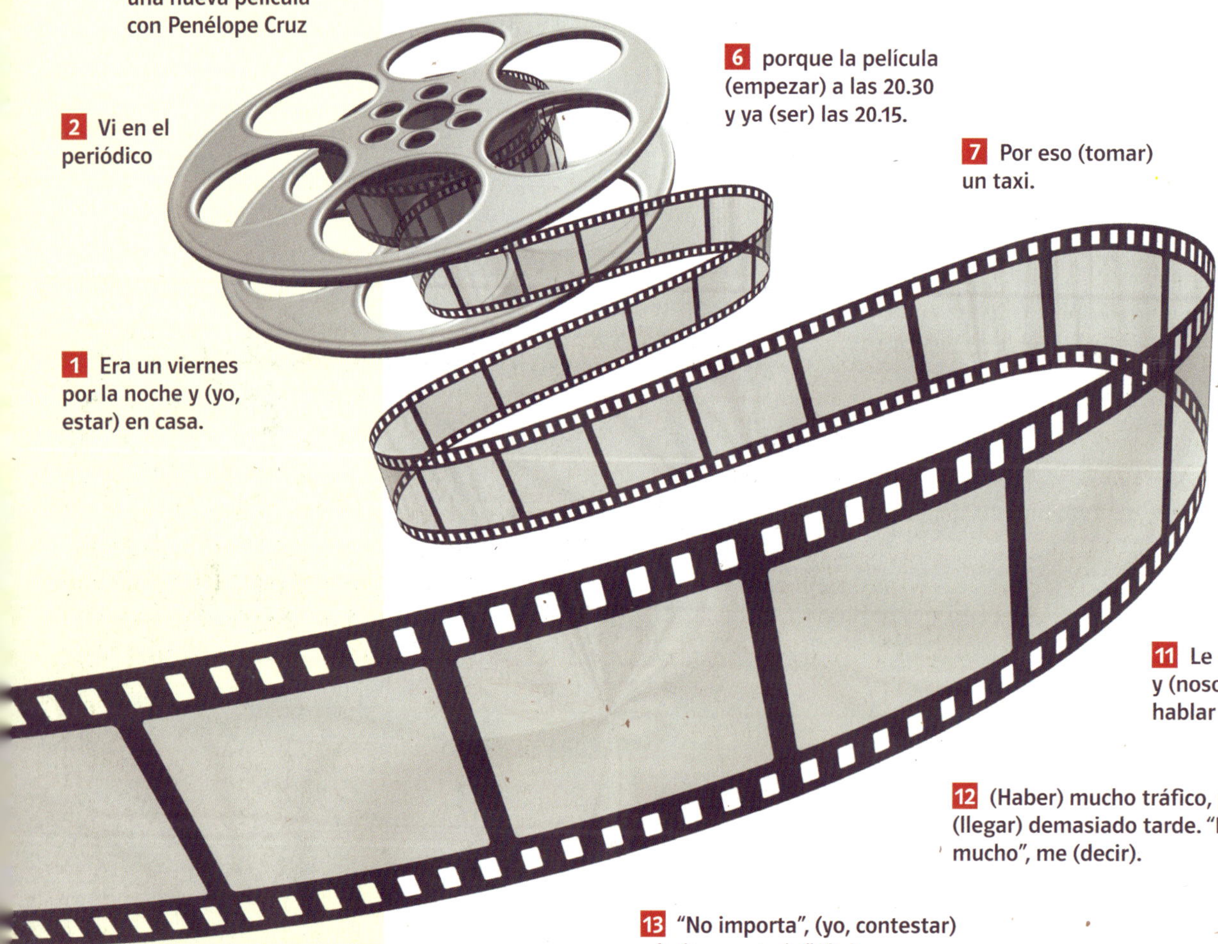

1 Era un viernes por la noche y (yo, estar) en casa.

2 Vi en el periódico

3 que (haber) una nueva película con Penélope Cruz

4 y (decidir) ir al cine.

5 No (tener) mucho tiempo

6 porque la película (empezar) a las 20.30 y ya (ser) las 20.15.

7 Por eso (tomar) un taxi.

8 Cuando (entrar) en el coche, (ver) que la conductora (ser) muy guapa.

9 Le (dar) la dirección del cine.

10 Entonces ella me (preguntar): "¿Vas a ver la última de Penélope Cruz?"

11 Le (contestar) que sí y (nosotros, empezar) a hablar de películas.

12 (Haber) mucho tráfico, por eso (llegar) demasiado tarde. "Lo siento mucho", me (decir).

13 "No importa", (yo, contestar) y le (preguntar): "¿Quieres tomar un café conmigo y hablamos un poco más de películas?"

14 Ella (aceptar).

15 Total que a las 22.30 (ir) juntos al cine a ver la película. Así (conocer) a mi pareja.

8 a. Conectores.
Usted ya conoce estas expresiones que sirven para estructurar una historia.
¿Qué significan en alemán?

primero	....	un domingo	....	cuando	....
luego	....	al día siguiente	....	mientras	....
después	....	entonces	....	porque	....
al final	....	total que	....	por eso	....

Die Verbindungswörter tragen dazu bei, dass eine Erzählung geschmeidig und nicht abgehackt klingt.

b. Complete este texto con algunos de los conectores y compare con su compañero/-a.

“El sábado pasado no fue mi día: .... me desperté a las seis .... los vecinos hacían mucho ruido. .... fui al baño y vi que no había agua caliente. .... no pude ducharme. La calefacción tampoco funcionaba. .... esperé hasta las ocho y llamé al técnico que me dijo: “Imposible llegar hasta la tarde.” .... hacía mucho frío en casa, me resfrié y .... me pasé todo el domingo en la cama.”

c. Escriba una 'historia' en dos frases utilizando en total tres conectores.

Un domingo estaba en casa y decidí dar un paseo. Cuando paseaba por el parque llegó un perro enorme, entonces empecé a correr y en el camino a casa perdí las llaves.

9 a. ¿Sabes qué me pasó ayer? ⏭ 13
Escuche lo que cuenta Irene de su día de ayer y ordene los dibujos.

b. Escuche otra vez y escriba la historia con ayuda de estos elementos usando el tiempo verbal correspondiente.

tener una noche emocionante
ir al cine
ir a tomar una copa
ser tarde
no haber metro
volver a pie
llegar a casa
descubrir
no tener las llaves

mirar las ventanas
haber luz
tocar el timbre
abrir la puerta
ser alto y moreno
explicar la situación
invitar a entrar
encontrar las llaves en el bolsillo

✎ 10, 11

Tarea final Una historia colectiva

Portfolio
Puede guardar una fotocopia de las historias en su portfolio.

¿Quiere participar en la creación de muchas historias? Con esta actividad es fácil convertirse en autor.

1. En una hoja en blanco cada alumno/-a empieza a escribir una historia. Después de tres minutos, le pasa la hoja a su compañero/-a de la derecha.

2. Cada vez que uno recibe una historia nueva, la lee y decide cómo continúa, escribiendo una o dos frases.

3. Su profesor/a anuncia el final. Entonces se pasa la hoja una vez más y la próxima persona decide cómo termina la historia. Al final se exponen todas las historias en el aula.

Era un día feo, llovía y hacía frío.
Pero yo estaba contenta porque era mi primer día de trabajo.

La clave está en el pasado

Capítulo 3: El escenario del crimen

Después de hablar con el director, fuimos a ver el lugar donde estaba guardado el documento. Observar el lugar es muy importante para la investigación. Entramos en la habitación.
– ¿Sabe si han cambiado cosas? – le pregunté al director del museo.
– Sí. Algunas. Tengo una foto de cómo estaba la habitación antes del robo.
– Fantástico. ¿Me la puede mostrar? Así mi asistente puede hacer una comparación.
El director me dio la foto que está a la izquierda.
Yo hice la foto que está a la derecha.

Una tarea para usted, mi asistente: aquí tiene dos fotos del lugar donde se guardaba el documento. Necesito una descripción detallada de cómo era antes y después del robo. ¿Puede hacerla?

De fiesta

Las Fallas de Valencia

Del 15 al 19 de marzo Valencia vive las Fallas, una fiesta llena de color, fuego y ruido para celebrar la primavera. ¿Usted todavía no ha estado en las Fallas de Valencia? Pues no ha vivido una de las fiestas más espectaculares de España. Me llamo Eva Martínez, soy profesora de español en Wuppertal y quiero presentarles esta gran fiesta de mi ciudad.

El nombre viene de unas esculturas enormes de cartón que se llaman "fallas". Estas esculturas están formadas por muchas figuras y pueden tener hasta 20 metros de altura. Cada falla tiene un tema, generalmente de actualidad y de carácter satírico.

Cada barrio de la ciudad tiene su propia falla. Los vecinos se reúnen en asociaciones durante todo el año para prepararla. Después, las fallas se ponen en una plaza o en una esquina del barrio y el día 19 de marzo se queman. Mucha gente que no es de Valencia piensa que estamos locos: todo el año preparamos las fallas y después ¡las quemamos!

Pero no se quema todo: una figura se guarda. No toda la falla, sólo una figura. Hay un concurso y la figura ganadora no se quema, sino que va al Museo de las Fallas.

una falla

La fiesta dura cinco días y es muy, muy ruidosa. No sólo porque hay música, sino por el ruido de las explosiones de los petardos. Cada día, a las dos de la tarde, tiene lugar "la mascletá", un juego de petardos que tiene una "melodía". Para nosotros, los valencianos, es música, para los turistas, mucho ruido.

los petardos

Durante el día se visitan las fallas y se come y se bebe por la calle en los numerosos puestos de comida y bebida. Por la noche, hay conciertos gratis de artistas muy famosos y a medianoche un espectáculo de fuegos artificiales. Los valencianos somos famosos por los fuegos artificiales. Luego, vamos a bailar y a pasarlo bien en los bares.

Y a las ocho de la mañana, la fiesta empieza de nuevo con mucho ruido de petardos para despertar a los vecinos y para recordar que la fiesta sigue.

La noche de San José se queman las fallas. Es un espectáculo de fuego sin igual. De las fallas casi no queda nada. Y entonces ya empezamos a pensar en la fiesta del próximo año. ¿Nos vemos en Valencia?

la quema de las fallas

- *¿Conoce usted otra fiesta con figuras grandes? ¿Y con fuego?*
- *¿Hay fuegos artificiales en su país? ¿En qué ocasiones?*

Comunicación

Über Erinnerungen sprechen

¿Se acuerda de sus primeras vacaciones en la playa?
¿Recuerdas la moda de los ochenta?
Me acuerdo de los cuentos que me contaba mi hermana.
Recuerdo que una noche mi hermana me pidió un cuento.

Tiere

el perro	el toro	el león
el gato	el caballo	la tortuga
el cerdo	la oveja	el ratón
la vaca	el pájaro	el delfín

Gewohnheiten der Vergangenheit beschreiben

Mi hermana y yo dormíamos en la misma habitación.
Le gustaba mucho escuchar historias.
Y a mí me encantaba contarlas.

Von vergangenen Ereignissen erzählen

Mi hermana me pidió un cuento antes de dormir.
Pero después de algunas frases se durmió.
Entonces al día siguiente lo repetí.

Vorder- und Hintergrund einer Erzählung unterscheiden

Estaba en casa y vi en el periódico que *había una nueva película con Penélope Cruz.*
No tenía mucho tiempo, por eso decidí tomar un taxi.
Cuando entré en el coche, vi que *la conductora era muy guapa.*
Había mucho tráfico, por eso llegamos demasiado tarde.

Eine Erzählung strukturieren

primero	*zuerst*	un domingo	*eines Sonntags*	cuando	*als, (immer) wenn*
luego	*dann*	al día siguiente	*am nächsten Tag*	mientras	*während*
después	*danach*	entonces	*also, dann*	porque	*weil*
al final	*zum Schluss*	así que	*so dass*	como	*da, weil (am Satzanfang)*
de pronto	*plötzlich*	total que	*kurzum, schließlich*	por eso	*daher, deswegen*

Gramática

Unterschiedliche Bedeutung von reflexiv und nicht reflexiv gebrauchten Verben

poner	*setzen, stellen, legen*	llamar	*(an)rufen*
ponerse + Adj.	*werden*	llamarse	*heißen*
ponerse triste	*traurig werden*		
ponerse + Subst.	*anziehen*	dormir	*schlafen*
ponerse el sombrero	*den Hut aufsetzen*	dormirse	*einschlafen*
encontrar	*finden*	quedar	*sich verabreden / treffen*
encontrarse	*sich befinden*	quedarse	*bleiben*
encontrarse con	*treffen*		

Einige Verben existieren als reflexive und nicht reflexive Verben und haben eine unterschiedliche Bedeutung.

Verkleinerungsformen → 1.2

cosa – cos**ita**	pequeño – pequeñ**ito**
libro – libr**ito**	gordo – gord**ito**
ratón – raton**cito**	bajo – baj**ito**
café – cafe**cito**	viejo – viej**ito** / viej**ecito**

Die Endungen **-ito/-ita** oder **-cito/-cita** drücken eine Verkleinerung oder Verniedlichung aus. Sie können an Substantive oder Adjektive angefügt werden und haben oft auch eine emotionale Komponente, z. B. abuelito.

Der Gebrauch von Indefinido und Imperfekt → 4.3

Haupthandlung: Indefinido	Hintergrund, Rahmen: Imperfekt
El pulpo **se encontró** con una tortuga	mientras él **paseaba** por la playa.
Ella **se encontró** con un ratón	que **paseaba** por la playa.
Primero el ratón **encontró** un botón.	**Era** blanco, pequeño y brillante.
Al final **volvió** a su casa	que **estaba** en la habitación de un niño.
El ratón **tomó** el diente	porque **era** parecido a la perla.

Rahmen bzw. Hintergrund einer Handlung (Begleitumstände, Erklärungen, Gewohnheiten) stehen im Imperfekt *(Was war schon?)*, der Fortgang der Handlung wird im Indefinido erzählt *(Was geschah neu?)*.

Einige Zeit- und Häufigkeitsangaben stehen bevorzugt mit dem Imperfekt *(z. B. siempre, mientras, porque)* oder mit dem Indefinido *(z. B. un día, de pronto, al final)*. Man kann daraus aber keine feste Regel ableiten, da die Erzählabsicht des Sprechers über den Gebrauch der Zeiten entscheidet. Vergleichen Sie:
Un día el ratoncito **caminaba** por la playa y de pronto **vio** una tortuga.
Un día el ratoncito **caminó** por la playa porque **buscaba** la perla. Ahí **vio** una tortuga.

Mirador 4

kulturelle Gemeinsamkeiten und Unterschiede + + Selbsteinschätzung + + ein Gemälde als Sprechanlass + + Lernstrategien

Un mirador es un lugar desde donde se puede mirar un paisaje. Aquí le invitamos a reflexionar sobre lo que usted ha aprendido en las tres lecciones anteriores. Además, puede encontrar consejos para aprender mejor. En la parte de ejercicios tiene la posibilidad de hacer un test.

Hablamos de cultura: lenguas en el mundo hispano

1 a. ¿Qué sabe de este tema? Marque sus respuestas. A veces hay más de una opción.
Luego lea el texto. ¿A qué preguntas del cuestionario responde?

1. El español
   - ☐ es una de las 4 lenguas más habladas.
   - ☐ se llama también "castellano".
2. El gallego es
   - ☐ un dialecto.
   - ☐ una lengua.
3. En gallego hay
   - ☐ periódicos y libros.
   - ☐ programas de radio.
4. El vasco
   - ☐ es una lengua oficial en España.
   - ☐ es una lengua románica.
5. La lengua oficial del Perú es
   - ☐ el castellano.
   - ☐ el quechua.
6. En Bolivia se aprende
   - ☐ quechua o aymara en la escuela.
   - ☐ el quechua en todas las escuelas.

Las lenguas oficiales de España

¿Recuerda a José Mujika Eizagirre, el bombero de la unidad 1? ¿Y puede imaginar por qué en un campeonato creían que era de Afganistán? Es que tiene un nombre vasco.
El vasco es, con el gallego y el catalán, una de las tres lenguas oficiales que se hablan en España además del español o castellano. El vasco se habla en el País Vasco y parte de Navarra y es realmente una lengua muy diferente porque, a diferencia de las otras tres, no viene del latín. En realidad todavía hoy no se conoce su origen.
El gallego se habla en Galicia y es parecido al portugués. El catalán se habla en Cataluña, en la Comunidad Valenciana y en las Islas Baleares. ¿Es parecido a otras lenguas? Pues un poco al francés y al italiano. Es interesante ver cómo se transforman las lenguas según el lugar geográfico donde se hablan.
¿Quiere saber cómo se dice "buenos días" y "adiós" en cada lengua? Aquí lo tiene en el orden "geográfico": desde el océano Atlántico hasta el mar Mediterráneo.

b. Escuche a unos hispanohablantes y compare con sus respuestas en el cuestionario. 14
¿Y en su país? ¿Qué lenguas se hablan? ¿Son todas oficiales? ¿Hay dialectos? ¿Dónde? ¿En qué ocasiones se usan?

Ahora ya sabemos...

Aquí tiene la posibilidad de valorar lo que ha aprendido en las últimas lecciones. Marque en los símbolos el nivel que cree tener en cada tema. Luego haga las tareas y compare los resultados con su compañero/-a o pregunte a su profesor/a si no está seguro/-a.

2 En la consulta del médico y en la farmacia.

¿Qué dice el médico o el farmacéutico? ¿Y qué dice el paciente o cliente?

1. Para el problema de los ojos, puede tomar estas gotas dos veces al día.
2. ¡No sé qué me pasa, pero me duele mucho esta pierna!
3. No he dormido nada. Me siento mal. Hoy estoy fatal.
4. Vamos a ver, le voy a tocar la espalda. ¿Le duele aquí?
5. Tengo fiebre y mucha tos. Puede ser gripe, ¿verdad?
6. Necesito algo para el dolor de garganta. ¿Tiene algún jarabe sin receta?
7. ¿No tiene algo más fuerte para la diarrea?
8. Aquí tiene las pastillas. ¡Que se mejore!
9. ¿Necesito receta para estas gotas?
10. ¿Sabe usted si es alérgico a algún medicamento?

3 a. Experiencias de aprendizaje. ⏭ 15

Lea estas respuestas. Después escuche las preguntas 1–4 y ponga el número en la respuesta adecuada.

- ☐ Sí, con los tiempos del pasado. Es lo que más me cuesta.
- ☐ Trabajar en parejas es lo que más me gusta. Así hablo más.
- ☐ Yo, los ejercicios, así puedo controlar si lo he hecho bien.
- ☐ Bueno, la "erre" y la "jota" me cuestan todavía.

Ahora haga lo mismo con las preguntas 5–8. ⏭ 16

- ☐ Sí, pero es un desorden con sistema.
- ☐ El piano me encanta. Me gustaría aprender a tocarlo.
- ☐ No, estoy bastante tranquila, es que me he preparado bien.
- ☐ Comparo mis frases con las reglas, eso me ayuda mucho.

b. Su mesa de trabajo.

En parejas. Describa la mesa donde estudia. ¿Qué cosas hay sobre la mesa y dónde están? Su compañero/-a la dibuja. Luego al revés.

4 El curso de español.

Escriba una carta al director de la escuela donde aprende español. Comente los siguientes aspectos.

¿Qué curso hizo el semestre pasado y qué aprendió?
¿Qué le gustó del curso y qué no?
¿Quién fue su profesor/a, cómo era y qué sabe de él / ella?

Terapia de errores

5 a. Errores típicos.
Silvia, una estudiante suiza, vivió un año con una familia española. Lea su carta de agradecimiento y busque los 10 errores. ¿Puede clasificarlos según estos criterios?

- ortografía / acento	- tiempo verbal	- preposición	- orden de palabras
- concordancia	- forma del verbo	- conector	- pronombre

Querida familia:

¿Qué tal estáis? Yo, bien. Bueno, todavía me estoy adaptando a los horarios de aquí. Volví a mi casa ya desde cuatro meses, pero acuerdo me mucho de vosotros y de España.
Aquí me levanto a las siete y no tengo hambre, pero a las diez por la mañana necesito mi bocadillo de tortilla y mi café con leche cómo en España.
Os escribo porque quiero darles las gracias por el año maravillosa que pasé con vosotros. Me sentí como en mi propia casa y viví muchos experiencias interesantes y divertidas. Vosotros y yo aprendimos que "lo español" y "lo alemán" pueden combinar muy bien. En resumen, era una experiencia fantastica.
Ahora estoy preparado un viaje por Latinoamérica. Maite, ¿me acompañas?

Un abrazo a todos,
Silvia

b. Compare sus resultados con un/a compañero/-a y explique su decisión.
Luego entre todos se reescribe la carta sin errores para guardarla en el portfolio.

Un cuadro que da que hablar

6 a. Al mirar un cuadro nos podemos hacer preguntas, incluso si no vamos a tener las respuestas.
Primero mire el cuadro durante dos minutos y después cierre los ojos. ¿Qué recuerda?

b. ¿Por qué el perro no juega con la pelota? ¿Quién es el señor de la cruz?
Estas son preguntas que alguien se ha hecho al mirar el cuadro. Y a usted, ¿qué le gustaría "preguntar" al pintor? Formule cinco preguntas. Luego, en grupos de tres, elijan las cinco más originales y preséntenlas a la clase.

congusto online
¿Quiere ver otras versiones de las Meninas?

Equipo Crónica: Reinterpretación de las Meninas, España 1970

Aprender a aprender

7 a. ¿Aprende usted mejor hablando o cantando?
Según los especialistas, todos tenemos ocho tipos de inteligencias, pero cada uno de nosotros puede tener unas más desarrolladas que otras. Eso tiene influencia en nuestra forma de aprender. Para ver si tiene una inteligencia dominante, marque con un color las cosas que le gusta hacer o que le parecen fáciles. ¿Dónde hay más color?

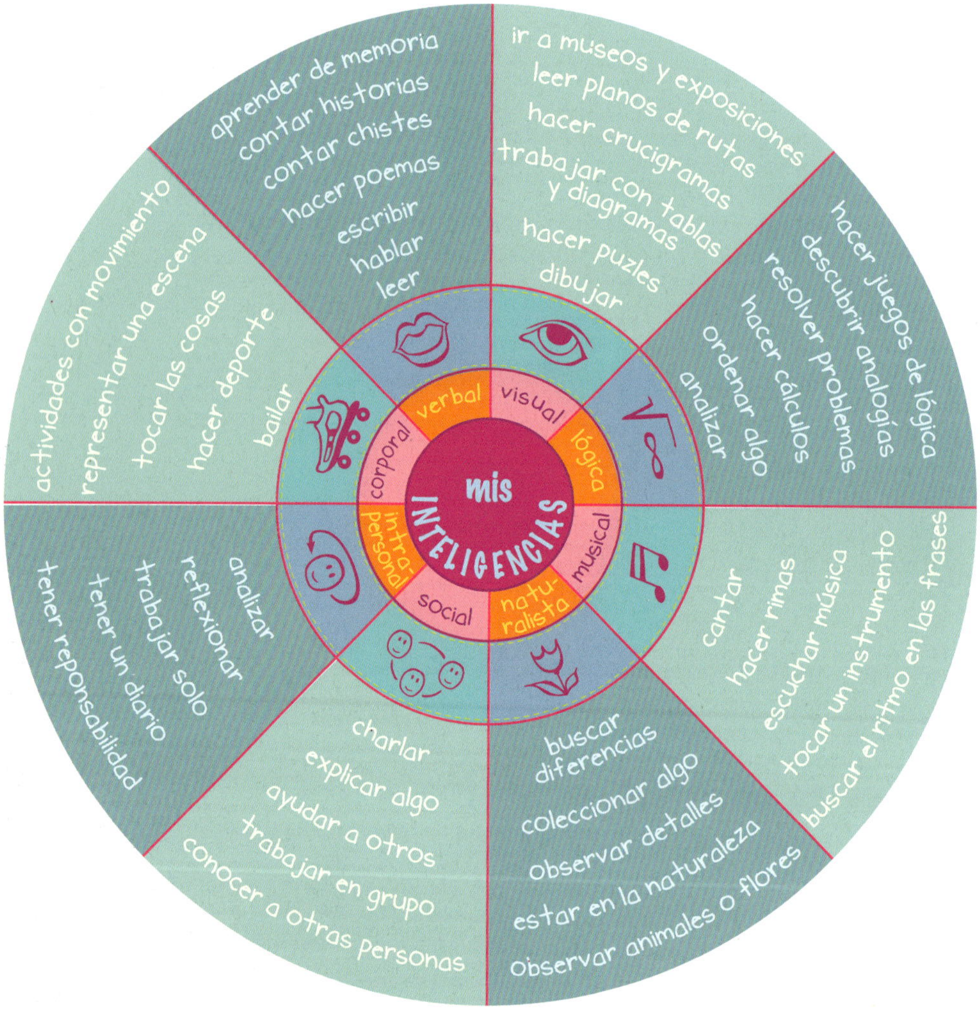

b. Ejercicios 'inteligentes'. Relacione.
Ahora ya sabe qué inteligencias usa más. Vuelva a algunos ejercicios del libro. La mayoría de ellos tiene en cuenta una o dos inteligencias específicas. ¿A qué inteligencias cree que corresponden?

actividad	tipo de inteligencia
pág. 10, 2 b	verbal
pág. 11, 4	visual
pág. 12, 6 c	lógica
pág. 13, 8 b	corporal
pág. 20, 2 b	musical
pág. 25, 11	naturalista
pág. 26, tarea final	social
pág. 30, 3 a	intrapersonal

c. Comente las actividades con sus compañeros/-as. ¿Le gustó hacerlas?
Si es así, probablemente coinciden con su inteligencia dominante. Si no le gustaron, no se preocupe, seguramente no corresponden a su forma preferida de aprender.

Lo quiero todo 5

Wünsche und Fragen in einem Geschäft äußern + + das Material und die Form von Kleidung beschreiben + + sich auf bereits erwähnte Dinge beziehen + + zwischen zwei Alternativen wählen + + Beginn, Fortsetzung und Ende einer Handlung angeben

1 **a. ¿Cómo compramos?**

¿Tiene una tienda favorita? ¿Cuál?
¿Le gusta ir a los mercadillos?
¿Hay uno en su ciudad? ¿Dónde? ¿Cuándo?
¿Ha comprado alguna vez algo en un mercadillo?
¿Qué? ¿Dónde?
¿Sabe usted qué es "regatear"? ¿Sabe hacerlo?

b. Escuche dos diálogos. ¿A qué fotos se refieren? ⏭ 17–18

c. Escriba en cinco minutos una lista de todo lo que se puede comprar en estas tiendas.

panadería | zapatería | carnicería | frutería | verdulería | farmacia | papelería | droguería | tienda de ropa | tienda de antigüedades | librería

De compras en el Rastro

2 a. El Rastro de Madrid.
Lea el texto y marque las informaciones sobre los horarios y las cosas que se pueden comprar allí. ¿Hay mercadillos parecidos en su ciudad?

El Rastro, más que un mercadillo

Los domingos y festivos de 9 h a 15 h los madrileños practican una de sus actividades favoritas: ir al Rastro, el mercadillo más típico de Madrid y casi de España. El Rastro está en Embajadores, un barrio del centro con mucha tradición, y se puede decir que todos los madrileños han comprado alguna vez algo allí.
En el Rastro se puede encontrar de todo. Si alguien busca libros, algún mueble para la casa, ropa de segunda mano, alguna revista antigua, arte, algo que colecciona... tiene que ir al Rastro. Nadie sale con las manos vacías.
La mejor hora para ir es a partir de las 11 h, pero algunos van antes porque es más tranquilo y se puede regatear mejor, es decir, negociar el precio con los vendedores. Regatear bien es un arte.
Para terminar la visita al Rastro, lo mejor es ir a tomar unas tapas con un vasito de vino o una cerveza fresca en alguno de los bares típicos de la Plaza de Cascorro.

Alguno und **ninguno** werden vor männlichem Substantiv zu **algún** / **ningún** verkürzt: **Algún** mueble para la casa.

Steht **nada**, **nadie** oder **ningún**, **ninguno/-a** nach dem Verb, so muss vor dem Verb **no** stehen: **No** compro **nada**.

b. Lea la tabla de los pronombres indefinidos.
¿Cuáles se refieren a personas, cuáles a cosas y cuáles a las dos?

allein, unveränderlich	auf ein Substantiv bezogen	
• ¿Usted colecciona **algo**? ○ No, **nada**. **Alguien** busca libros antiguos. **Nadie** sale con las manos vacías. Me gusta **todo**.	todo/-a/-os/-as alguno/-a/-os/-as ninguno/-a/-os/-as	Toda la gente va al Rastro. Algunos regatean. • ¿Tiene algún reloj? ○ No, ninguno.

c. Mire las fotos de la página 43 y decida si estas frases son verdaderas o falsas.
Luego, corrija las falsas.

1. Todos los hombres llevan gafas.
2. Alguien fuma pipa.
3. Hay algunos objetos de cerámica.
4. No hay ningún cuadro.
5. Alguien regatea el precio de un libro.
6. No hay nada de cristal.
7. Ninguno de los sombreros es negro.
8. Nadie mira el caballo de bronce.
9. En todas las fotos hay algo de color rojo.
10. No hay ninguna mujer.

1-3

3 a. Escuche a estas personas que han comprado algo y relacione los diálogos con los objetos. 19 – 22

congusto online
¿Quiere dar un paseo virtual por el Rastro?

b. Escuche otra vez y luego lea estos extractos de los diálogos.
¿Para quién son los objetos que han comprado: para la persona que habla, para sus amigas, para su padre o para su hermana?

Me lo he comprado esta mañana en el Rastro. Desde hace mucho tiempo quería uno así, de bronce y de estilo barroco.

Las tenían en oferta. Pagabas dos pares y te llevabas tres. Quería regalar**les** algo a las dos. Como sé que **les** van a gustar, **se las** he comprado.

La he comprado yo, pero voy a regalár**sela** a Malena para su comedor. ¿Verdad que es bonita?

No, no son para mí. Desde que está jubilado **los** colecciona. Por eso **se los** he comprado.

¿Recuerda?

Lo La Los Las	venden en el Rastro.
Me Te Le Nos Os Les	gusta mucho.

c. Usted ya conoce los pronombres directos e indirectos. ¿Qué pasa si aparecen juntos? Complete la regla.

Dativ- und Akkusativpronomen			
	Me		
¿El espejo?	Te	lo	
¿La lámpara?	~~Le~~ Se	la	he comprado en el Rastro.
¿Los sellos?	Nos	los	
¿Las sandalias?	Os	las	
	~~Les~~ Se		

Das indirekte Pronomen steht immer .... dem direkten. In der dritten Person wird **le** / **les** zu ....:
Le compro una lámpara.
Se la compro.

4 **Malena ha ordenado el sótano de su casa y escribe este correo a un amigo.**
Por un error del programa de corrección, el ordenador ha eliminado los pronombres. Reescriba el texto con los pronombres. La tabla de la página 52 le puede ayudar.

4, 5

Hola Jaime:

Ayer empecé a ordenar el sótano y vi que tengo demasiadas cosas. Por ejemplo tengo todavía tu ordenador viejo. Tengo que devolver **a ti el ordenador**. ¿O puedo tirar **el ordenador**?
También encontré una caja con libros. Los libros de ciencia ficción le gustan mucho a Pablo, así que doy **los libros de ciencia ficción a Pablo**. Está muy contento y va a venir esta noche a buscar **los libros de ciencia ficción**.
¿Recuerdas que compré una maleta en el Rastro? Es roja y de cuero. Ahora veo que tengo tres, así que en realidad no necesito **la maleta**. Creo que Amelia necesita una. ¡Pues regalo **la maleta roja a Amelia**!
¿Y sabes que tengo todavía las sillas que Fran y Marisa me prestaron? Voy a devolver **las sillas a Fran y a Marisa** mañana, porque necesitan **las sillas** este fin de semana para su fiesta. Me parece que soy una consumista, tengo muchas cosas, demasiadas.

Un abrazo,
Malena

materiales
de cuero
de seda
de lana
de algodón

5 a. Usted ha ganado estos objetos y los quiere regalar a sus compañeros/-as.
¿A quién se los regala? Apunte el nombre al lado de cada objeto. Después pregunte a un/a compañero/-a qué hace con cada objeto. Él / Ella contesta. Luego, al revés.

- ● ¿Qué haces con la bicicleta rosa?
- ○ Se la doy a Martina para su hija.

- una bicicleta rosa
- un cocodrilo de plástico para la bañera
- una camiseta con la foto de Shakira
- un oso de peluche de dos metros
- un póster del equipo del Real Madrid
- un libro de cocina china: "Cómo cocinar insectos"
- unos pantalones rojos de cuero

¿Recuerda?

Oft wird das indirekte Objekt durch ein Pronomen angekündigt:
Se la doy **a Martina**.
¿Qué **le** gusta **a su madre**?

✎ 6–8

b. Piense en cuatro regalos que ha recibido: el más original, el que más le gusta, el más inútil y el más feo. ¿Quién se los regaló?

- ● El más original fue un bolígrafo con luz. Me lo regaló mi amiga Patricia.

Gastando dinero

6 a. Una pareja va de compras. Escuche y lea. ¿Cuál es el problema? ⏭ 23

- ● ¿Les puedo ayudar en algo?
- ○ Pues sólo queríamos mirar…
- ■ ¡Mira, Juan! ¡Qué vestido más bonito! Perdone, ¿me lo puedo probar?
- ● Claro. Allí están los probadores.
- ○ ¿Cómo te queda, Ana?
- ■ Muy bien, muy bien.
- ○ A ver… ¿No te queda estrecho? ¿Seguro que no necesitas una talla más grande?
- ■ No, no. La talla 38 es mi talla.
- ○ Vale, vale.
- ● ¿Y? ¿Qué tal? ¿Qué le parece el vestido?
- ■ Muy bien, pero me queda un poco largo.
- ○ Sí, sí, largo…

recursos para comprar

Sólo quería mirar.
¿Lo tiene en una talla más?
¿Lo tiene en otro color?
¿Me lo puedo probar?
¿Cuánto cuesta?
¿Lo puedo cambiar?

¿Qué número calza?
Está rebajado/-a.
¿Paga con tarjeta?
¿Paga en efectivo?

ancho
estrecho
largo
corto

b. Escuche dos diálogos en otras tiendas. ¿Dónde tienen lugar? ⏭ 24–25
Complete y marque la opción correcta.

1. En una ....
   a. Los zapatos
      - ☐ no están rebajados.
      - ☐ tienen un 40 % de descuento.
   b. El hombre
      - ☐ calza el 43.
      - ☐ no se prueba los zapatos.
   c. El cliente quiere pagar
      - ☐ con tarjeta de crédito.
      - ☐ en efectivo.

2. En una ....
   a. La clienta
      - ☐ tiene un problema con un jersey.
      - ☐ quiere comprar un jersey.
   b. La clienta quiere
      - ☐ probarse el jersey.
      - ☐ cambiar el jersey.
   c. La clienta
      - ☐ no tiene el ticket de compra.
      - ☐ necesita el ticket de compra.

✎ 9

c. Elija tres de los recursos para comprar de la página 46. Imagine qué frase se ha dicho antes. Después presente el minitexto a la clase.

- ¿Qué desea?
- o Sólo quería mirar.

- El violeta no me gusta. ¿Lo tiene en otro color?

7 a. Comprando con gusto.

Una empresa de venta por internet quiere conocer los hábitos de compra de sus clientes. Conteste las preguntas. Después se comparan las respuestas de la clase. ¿Observan tendencias?

Yo comprador online

Home
Online shop
¡Nuevo!
Ofertas
Buscar

¡Conteste estas preguntas y gane un viaje a Tenerife!

→ ¿Qué edad tiene?
→ ¿En qué tipo de tiendas compra regularmente: supermercado, mercado, tienda del barrio...?
→ ¿Cuál de estas tiendas ofrece un servicio online?
→ ¿Qué productos ha comprado ya por internet?
→ Si compra por internet, ¿cuáles son sus motivos?
→ ¿Qué importancia tiene la marca para usted?

Gracias por su colaboración.

b. Lea otra vez las preguntas del cuestionario.

¿Cuándo se usa **qué** y cuándo se usa **cuál** / **cuáles**? Complete la regla y añada un ejemplo en cada columna de la tabla.

qué	cuál/es
¿Qué has comprado en el Rastro? ¿Qué prefiere, tiendas o mercadillos? ¿Qué productos compra usted por internet?	¿Cuál es su color favorito? ¿Cuál de estas tiendas ofrece un servicio online? ....

.... fragt nach Dingen im Allgemeinen.
.... fragt nach Dingen aus einer bereits bekannten Gruppe. Es steht nie vor Substantiven: ¿Cuál ~~vestido~~ quiere?

10

c. En parejas. Primero complete las preguntas con 'qué', 'cuál' o 'cuáles'. Luego pregunte a su compañero/-a. Después, al revés. ¿Pueden ir de compras juntos?

1. ¿.................... tipo de tiendas de ropa prefiere?
2. ¿.................... son las tiendas donde compra regularmente?
3. ¿.................... tienda de bricolaje puede recomendar? ¿Por qué?
4. ¿.................... es la tienda que está más cerca de su casa?
5. ¿.................... compra usted por internet?
6. ¿.................... ha sido su compra más cara este año?

8 El precio de las cosas.

¿Está usted dispuesto/-a...
- a pagar por un kilo de patatas biológicas el doble que por las normales?
- a pagar 2 € por un billete de metro para ir sólo hasta la próxima parada?
- a pasar por tres supermercados para comprar en cada uno los productos más baratos?
- a pagar 120 € por una entrada de un concierto de su cantante favorito?

El precio de la fama

9 a. Una canción que vale millones: ¿Se acuerda de 'Borriquito'?
Con esta famosa rumba llegó el éxito del cantante Peret. Lea el texto y marque las palabras relacionadas con la música.

Peret, una vida de ida y vuelta

La rumba tiene su origen en Cuba, pero en los años 50 la comunidad gitana de Barcelona empieza a mezclar la rumba tradicional con los ritmos andaluces y el rock. Así nace la "rumba catalana".
Peret, el "rey" de la rumba, nace en 1936 en Mataró (Barcelona). Su nombre real es Pere Pubill Calaf y viene de una familia gitana. No puede ir a la escuela porque tiene que ayudar a su padre en el trabajo, pero aprende solo a leer y también a tocar la guitarra.
Peret empieza a cantar muy joven. Como no tiene éxito, sigue trabajando como vendedor con su padre, pero su mujer, Sarita, lo anima a seguir cantando. En los años 60 encuentra trabajo en un tablao flamenco en Madrid. Entonces deja de trabajar con su padre y se dedica a la música.
A finales de los años 60 Peret es ya uno de los cantantes más famosos en España, es el favorito del público, gana mucho dinero y empieza a llevar una vida de lujo. En 1974 representa a España en el Festival de Eurovisión, pero su mayor éxito es la rumba "Borriquito", que es también número uno en Holanda y Alemania.
Pero la fama tiene su precio. Dinero, fiestas, ... Peret sufre una grave crisis en el año 1982 y decide abandonar su carrera musical. Deja de cantar y se dedica completamente a la Iglesia Evangélica como pastor y predicador. Ahí encuentra más satisfacción que en el mundo del espectáculo y durante años sigue sin cantar en público.
En 1992 vuelve a cantar en los Juegos Olímpicos de Barcelona. En el año 2000 vuelve a grabar un disco.
Para muchos artistas Peret sigue siendo un modelo y un maestro.

b. Conteste estas preguntas sobre Peret con las informaciones del texto.

1. ¿Cuándo **empieza a** cantar?
2. ¿Por qué **sigue trabajando** con su padre?
3. ¿Quién lo anima a **seguir cantando**?
4. ¿Cuándo **empieza a** llevar una vida de lujo?
5. ¿Por qué **deja de** cantar?
6. ¿En qué ocasión **vuelve a** cantar?

c. ¿Cómo se dice en español? Complete con ayuda de las frases anteriores.

perífrasis verbales		
empezar a + infinitivo	Er fängt an zu singen.	....
seguir + gerundio	Er arbeitet weiterhin.	....
dejar de + infinitivo	Er hört auf zu singen.	....
seguir sin + infinitivo	Er singt weiterhin nicht.	....
volver a + infinitivo	Er singt wieder.	....

congusto online
¿Quiere escuchar canciones de Peret?

d. Cinco preguntas a Peret.
Usted quiere preparar una entrevista al cantante Peret. Escriba cinco preguntas usando los interrogativos: quién, cómo, cuándo, dónde y por qué. Después, cada uno/-a presenta sus preguntas y se eligen las diez más interesantes.

10 ¿Puede resumir las frases usando las expresiones del cuadro de la página 48?

1. Antes íbamos mucho al cine, por lo menos una vez por semana. Ahora tenemos DVD y vemos las películas en casa.
   Hemos dejado de ir al cine. ....
2. Yo canto en un coro. Desde hace unos meses tengo un nuevo trabajo y tengo que viajar mucho. Pero intento ir a todos los ensayos del coro.
   ....
3. Cuando era joven, Fernando tocaba la guitarra. Mientras trabajaba como representante no tenía tiempo. Pero ahora está jubilado y toca incluso en un grupo de jazz.
   ....
4. Mi padre coleccionaba sellos. Hace poco vendió su colección.
   ....
5. Me encanta leer y tengo la casa llena de libros. Un amigo me recomendó ir a la biblioteca en vez de comprarlos. Me pareció una buena idea, ahora voy regularmente.
   ....
6. Mis padres nunca han hecho deporte. El médico les dice que tienen que hacer algo, pero no les gusta y no lo hacen.
   ....

11 a. Hagan una encuesta en la clase.
¿Quién encuentra primero a una persona para cada aspecto?

¿Quién de la clase
- ha dejado de fumar?
- ha empezado a aprender algo nuevo este año?
- sigue viviendo en la ciudad donde nació?
- sigue trabajando en la misma empresa desde hace más de 10 años?
- ha vuelto a casarse el año pasado?
- sigue sin recordar los indefinidos irregulares?
- ha vuelto a olvidar los deberes?

b. ¿Quiere cambiar su vida?
Complete este pequeño poema. Luego se leen las diferentes versiones en la clase.

Mis buenos propósitos
Voy a cambiar mi vida.
¿Cómo? Me preguntas.
Empiezo a ....
y dejo de ....
Sigo ....
y vuelvo a ....
Voy a cambiar mi vida.
¿Cuándo? ¿Me preguntas?
Mañana, mañana.

11, 12

Tarea final De compras

Portfolio
Guarde el diálogo de compra en la carpeta de su portfolio.

Un guión para un diálogo en una tienda.

1. En parejas. Elijan dos perfiles de personas, una tienda y una situación. Escriban un diálogo con instrucciones para representarlo. Para inspirarse, pueden volver a los diálogos en la lección y en la transcripción.

   Perfiles
   - Un vendedor amable
   - Un vendedor antipático
   - Un cliente complicado
   - Un cliente que regatea

   Tiendas
   - Una boutique exclusiva
   - Un mercadillo
   - Una tienda de muebles y objetos de decoración

   Situación
   - Comprar un producto
   - Cambiar un objeto
   - Problema para encontrar el producto deseado

En una tienda de muebles de diseño: una vendedora amable y una clienta complicada.
Ella no encuentra lo que quiere.

(Una señora elegante entra en una tienda.)
– Buenas tardes.
+ Buenas tardes.
– Quería una silla elegante pero cómoda.
+ ¿Qué le parece esta?
– Esa es elegante ¿pero cómoda? No me gusta. ¿Tiene otras?
(La vendedora busca otras sillas.)
...

2. Luego cada pareja recibe el diálogo de otra y lo representa. Después de cada representación ¡aplaudimos!

La clave está en el pasado

Capítulo 4: ¿Un testigo?

El siguiente paso era hablar con el vigilante. Se llamaba Antonio, estaba muy nervioso y parecía muy cansado. Tenía los zapatos y los pantalones sucios de barro.
– ¿Me puede contar qué pasó? – le pregunté.
– La noche empezó mal, llegué diez minutos tarde al trabajo y, además, la máquina de café no funcionaba.
– ¿A qué hora empieza usted a trabajar?
– A las nueve.
– Pero ayer llegó un poco tarde.
– Sí, a las nueve y media. Llovía mucho y había mucho tráfico. Siguió lloviendo hasta hace un momento. Entré, me puse el uniforme,...
– ¿Los zapatos son también parte del uniforme?
– Sí. Son zapatos especiales porque tenemos que movernos sin hacer ruido.
– Muy interesante. ¿Qué hizo después?
– Después hice mi ronda de control. Cada hora controlo todas las salas. Cuando terminé la ronda, busqué unas monedas para comprarme un café y observé las pantallas de las cámaras de vigilancia. En la ronda de las cuatro descubrí el robo.
– ¿Qué vio?
– Que la ventana de la oficina del director estaba rota. Desde fuera, porque los cristales de la ventana estaban dentro de la habitación.
– ¿Qué hizo cuando descubrió el robo?
– Llamé al director y esperé.
– ¿No salió del museo?
– No. Todavía no.
– Entonces dice usted mentiras.
– ¿Yo?
– Sí. Tres veces ha mentido usted.

Lea atentamente el testimonio del vigilante. ¿Ha encontrado las tres contradicciones?

la Virgen de la Macarena

un paso

un nazareno

De fiesta

La Semana Santa

Hola, me llamo Charo Torres y soy sevillana, pero ahora vivo y trabajo en Alemania. ¿Una fiesta importante de mi ciudad? Pues, la Semana Santa que recuerda la pasión y la muerte de Jesucristo. Claro que esta fiesta cristiana se celebra en toda España y Latinoamérica en la semana antes de Pascua, pero la de Sevilla es la más espectacular. Para nosotros, los sevillanos, claro. Si preguntas en Málaga o Granada, te van a decir otra cosa… Pero bueno, yo os cuento cómo es en Sevilla.

¿Por qué es tan bonita? Porque aquí la Semana Santa se vive con una intensidad especial. En mi familia todos somos miembros de la "cofradía" de la Virgen de la Macarena, una de las casi 60 asociaciones de católicos que organizan las procesiones y cuidan todo el año los "pasos". Los pasos son unas figuras enormes que representan diferentes escenas (o pasos) de la pasión de Cristo o una imagen de la Virgen María. Mi preferida es la Macarena, por supuesto, una figura preciosa del siglo XVII que sale el Viernes Santo en la procesión. Aquí tenéis una foto.

Cada día de la Semana Santa hay procesiones de diferentes cofradías que recorren con sus pasos las calles llenas de gente.

Los "costaleros" de cada cofradía llevan el paso a hombros. No es fácil porque un paso puede pesar hasta seis toneladas. Por eso tienen que parar después de algunos metros para descansar y tomar fuerza. Entonces todo el mundo espera en silencio. Uno de los momentos más emocionantes es cuando vuelven a levantar el paso después de una pausa. Entonces se rompe el silencio y se escuchan aplausos y gritos.

Algo especialmente fascinante y misterioso de la Semana Santa andaluza son las "saetas". Así se llaman unos cantos improvisados que se cantan espontáneamente a las imágenes de los pasos. Cuando una persona empieza a cantar, toda la procesión se para. Las saetas tienen una melodía muy especial y recuerdan la tradición musical del flamenco y la música árabe. Son muy difíciles de cantar.

Pero quizás lo más famoso de nuestras procesiones son los "nazarenos", los miembros de la cofradía que acompañan el paso. Llevan una capucha muy alta, que cubre toda la cara menos los ojos, y una capa muy larga con los colores de la cofradía. Algunos van descalzos.

- *¿Se celebra la Semana Santa en su país? ¿Qué se hace? ¿Hay también procesiones?*
- *¿Se come algo especial el Viernes Santo o el Domingo de Pascua?*

Pequeño diccionario de la Semana Santa

la capa	Umhang
la cofradía	Bruderschaft
el costalero	Träger
el nazareno	Büßer
Pascua	Ostern
el paso	Passionsfigur
la saeta	Klagelied
el Viernes Santo	Karfreitag

Comunicación

Kleidung beschreiben

ancho/-a
estrecho/-a
corto/-a
largo/-a

Das Material angeben

una chaqueta de seda / de lana / de cuero / de algodón

Beginn, Fortsetzung und Ende angeben

Peret empieza a cantar muy joven.
Pero sigue trabajando como vendedor.
Después de una crisis deja de cantar.
Vuelve a cantar en los Juegos Olímpicos.

Fragen und Äußerungen in einem Geschäft

¿Qué talla tiene?	Sólo quería mirar.	¿Me lo / la puedo probar?
¿Qué número calza?	¿Lo / La tiene en una talla más / menos?	¿Dónde están los probadores?
Está rebajado/-a.	¿Lo / La tiene en otro color?	¿Lo / La puedo cambiar?
¿Paga con tarjeta o en efectivo?	¿Cuánto cuesta?	¿Me devuelven el dinero?

Gramática

Der Gebrauch von ‚qué' und ‚cuál / cuáles' → 9.1

¿**Qué** has comprado en el Rastro?	¿**Cuál** es la tienda que está más cerca de su casa?
¿**Qué** prefiere, tiendas o mercadillos?	Si compra por internet, ¿**cuáles** son sus motivos?
Tenemos blusas y camisetas. ¿**Qué** quiere probarse?	Tengo una blusa de seda y de algodón. ¿**Cuál** prefiere?

Man verwendet **¿qué?** *(was?, was für ein/e?)*, um nach Dingen im Allgemeinen zu fragen oder zwischen verschiedenen Sachen auszuwählen.
Man verwendet **¿cuál?** bzw. **¿cuáles?** *(welche/r/s?)*, um nach einzelnen Dingen aus einer bereits bekannten Gruppe zu fragen oder zwischen unterschiedlichen Dingen einer Sorte auszuwählen: ¿**Cuál** de las blusas le gusta?
¿Cuál/es? kann nicht vor Substantiven stehen: ¿Cuál blusa quiere?

Konstruktionen mit Infinitiv und Gerundium → 5.3

empezar a hacer	*anfangen zu tun*	dejar de hacer	*aufhören zu tun*
volver a hacer	*wieder tun*	seguir haciendo	*weiterhin tun*
ir a hacer	*tun werden*	seguir sin hacer	*weiterhin nicht tun*

Unbestimmte Pronomen → 3.4

unveränderlich
¿Usted colecciona **algo**? *(etwas)*
No, no colecciono **nada**. *(nichts)*
Quiero comprar **todo**. *(alles)*
Alguien busca libros antiguos. *(jemand)*
Nadie sale con las manos vacías. *(niemand)*

veränderlich	
todo/-a/-os/-as	**Toda la** ciudad va al Rastro. *(die ganze)*
	Todos los madrileños compran algo. *(alle)*
alguno/-a/-os/-as	¿Tienen **alguna** revista antigua? *(irgendeine)*
ninguno/-a/-os/-as	Lo siento, no tenemos **ninguna**. *(keine)*

Algo, **nada** und **todo** beziehen sich auf Sachen, **alguien** und **nadie** auf Personen.
Die veränderlichen Pronomen beziehen sich immer auf ein Substantiv, auch wenn es nicht genannt ist. **Alguno** und **ninguno** werden vor einem männlichen Substantiv zu **algún / ningún** verkürzt: Buscamos **algún** mueble para la casa.
Stehen **nada**, **nadie** oder **ninguno/-a/-os/-as** hinter dem Verb, so muss vor dem Verb **no** stehen: Hoy **no** compro **nada**.

Indirekte und direkte Objektpronomen → 3.1

indirekt *(wem?)*		direkt *(wen? was?)*		zusammen	
me	*mir*	me	*mich*	me	lo / la / los / las
te	*dir*	te	*dich*	te	
le	*ihm, ihr, Ihnen*	lo, la	*ihn, sie, Sie*	**se**	
nos	*uns*	nos	*uns*	nos	
os	*euch*	os	*euch*	os	
les	*ihnen, Ihnen*	los, las	*sie, Sie*	**se**	

Die Formen der direkten und indirekten Objektpronomen unterscheiden sich nur in der dritten Person. Sind zwei Pronomen in einem Satz, so steht das indirekte vor dem direkten: **Me lo** compro.
Treffen zwei Pronomen der 3. Person zusammen, wird **le / les** zu **se**.
Die Objektpronomen stehen immer vor dem Verb. Beim Infinitiv können sie auch angehängt werden: Quiero comprár**melo**.

¡Qué amable! 6

Glückwünsche äußern + + Einladungen aussprechen + + jemanden vorstellen + + ein Geschenk überreichen + + etwas anbieten + + um Erlaubnis bitten + + Ratschläge geben

Delta Construcciones cumple 100 años

Le invitamos cordialmente a la fiesta de nuestro centenario el próximo sábado a las 19:00 h en el Hotel Ritz, Avda. de Mayo, 1111.

Una piñata para los niños. En Perú no se puede imaginar un cumpleaños sin estas famosas figuras de papel de colores y llenas de frutas y dulces.

lores para mamá. En la mayoría de os países hispanohablantes el día le la madre se celebra el segundo lomingo de mayo, pero en España s el primero. Y en Argentina es el ercer domingo de octubre.

Queridos abuelos:
Muchísimas gracias por el regalo de cumpleaños. ¡Es hermoso! Ha sido realmente una sorpresa, de verdad. Gracias otra vez.

Besos,

Marcela

¡Enhorabuena! Nos alegramos mucho por el nacimiento del pequeño Martín.
Un beso grande para los papás y el bebé.
Verónica y Gustavo

Un libro y una rosa para una persona querida: es el regalo tradicional en Cataluña el 23 de abril, que es el día de Sant Jordi y también el día del libro.

1 **a. Lea los textos y subraye las fiestas o los acontecimientos que se mencionan.**

b. Escuche tres diálogos y relaciónelos con las fotos o tarjetas. ⏭ 26 – 28
Luego escuche otra vez y marque las expresiones que se mencionan en los diálogos.
¿Cuándo se usan las otras expresiones?

☐ Feliz Navidad	☐ Feliz cumpleaños	☐ Enhorabuena	☐ ¡A su salud!
☐ Feliz santo	☐ Próspero Año Nuevo	☐ Felices fiestas	☐ ¡Mucho éxito!
☐ Bienvenidos	☐ Gracias, igualmente	☐ Felicidades	☐ ¡Que lo pases bien!

c. ¿Cómo celebra usted estas fiestas? ¿Cuándo envía tarjetas o regala flores?

Te invito a mi fiesta

2 a. ¿Le gusta organizar fiestas? ¿En qué ocasiones lo hace? ¿Dónde?
¿Se baila? ¿Cuál fue la última fiesta que organizó?

b. Lea esta invitación. ¿Cuándo, dónde y por qué tiene lugar la fiesta?

Queridos amigos:
¿Sabéis qué pasa el próximo sábado? ¡Es mi cumpleaños! Esto hay que celebrarlo, ¿no? Estáis todos invitados a mi fiesta, que es en mi casa y empieza a las 9 de la noche. ¿Hasta qué hora? Eso depende de vosotros, porque va a haber comida, bebida y música toda la noche.
Vais a venir todos, ¿verdad? ¿Me lo confirmáis? Aquí os espero.
Hasta el sábado.
Un abrazo,
Adriana

¿Alguien puede traer música para bailar? Es que no sé si tengo suficiente.

c. Algunas amigas llaman a Adriana. Marque las opciones correctas. ⏭ 29 – 31

1. ☐ Cristina va a la fiesta. ☐ Cristina no puede ir a la fiesta.
2. ☐ María va a llevar música. ☐ María va a llevar un pastel.
3. ☐ María quiere llevar a su novio. ☐ María quiere llevar a un amigo.

Es hängt vom Standpunkt des Sprechers und vom Zielort ab, welches Verb man verwendet. Merken Sie sich:
„Ir und llevar
von hier nach da,
traer und venir
von dort nach hier."

d. María habla por teléfono con Adriana. Observe lo que dicen.

ir, venir und llevar, traer		
María: "Adriana, **voy** a tu fiesta y **llevo** cedés."	ir, llevar	*vom Sprecher weg*
Adriana: "¡Qué bien! **Vienes** a mi fiesta y **traes** cedés."	venir, traer	*zum Sprecher hin*

3 a. Siempre hay motivos para celebrar una fiesta.
Decida qué día dentro de las próximas semanas quiere celebrar una fiesta.
Luego escriba en un papel una invitación explicando el motivo de la fiesta, cuándo y dónde es, etc.

b. En grupos de cuatro. ¿Quién viene a mi fiesta?
Cada uno/-a pasa la invitación que ha escrito a otra persona del grupo. Ella decide si va o no a la fiesta y escribe una respuesta. Después pasa la invitación al siguiente que también contesta por escrito. ¿Quién va a su fiesta?

invitar	contestar por escrito
¿Qué haces el sábado? Es que doy una fiesta en mi casa. El sábado doy una fiesta, estás invitado/-a. El sábado celebro mi santo, ¿te apetece venir? Te escribo para invitarte a…	Gracias por la invitación. Voy con mucho gusto. ¿Llevo algo para comer o beber? ¡Hasta el viernes!

✎ 1 – 3

¿Recuerda?

Aceptar:
Vale, perfecto.
¡Claro! ¡Por supuesto!

Rechazar:
Me encantaría, pero…
Lo siento, pero es que…

¡Qué buen ambiente!

4 a. En la fiesta de Adriana pasan muchas cosas. ⏭ 32 – 36

Lea y escuche los diálogos. Subraye las diferencias que hay entre el texto escrito y el que escucha. Luego escuche otra vez (con pausas) y apunte las expresiones diferentes.

b. Busque en los diálogos y en las frases que ha apuntado las expresiones para . . .

	¿Qué se dice?	¿Cómo se reacciona?
entregar un regalo:	*Toma. Te he traído una cosita.* ………………	……………… ………………
presentar a alguien:	……………… ………………	……………… ………………
ofrecer algo:	……………… ………………	……………… ………………
pedir permiso:	……………… ………………	……………… ………………

congusto online
¿Quiere enviar tarjetas de felicitación en español?

✎ 4, 5

5 **a. En parejas. Escriban un diálogo entre la anfitriona y un invitado. Aquí tienen el guión. Después represéntenlo.**

INVITADO

1. saluda y felicita
3. entrega un regalo

6. reacciona
8. reacciona (acepta / rechaza)
9. quiere bailar con la anfitriona
11. tiene que irse

ANFITRIONA

2. reacciona
4. reacciona
5. presenta al invitado a otro invitado
7. ofrece algo para beber y comer

10. reacciona
12. reacciona

empezar una conversación

En una fiesta:
¡Qué fiesta más divertida!

En el tren / autobús:
¿Sabe si falta mucho para llegar a…?

Siempre:
¡Qué frío / calor hace!

b. El gran juego de la conversación social.

Se juega en grupos de 3 ó 4 con una moneda: cara = se avanza una casilla, cruz = tres casillas. Está permitido consultar la tabla de la página anterior. Si se cae en la misma casilla que un/a compañero/-a, se puede repetir la frase.

1
¿Qué dice?

2
Su compañero/-a de la derecha y de la izquierda no se conocen. Usted los presenta.

3 Dibuje (o escriba) un regalo en un papel y déselo a su compañero/-a de la derecha. Él / ella reacciona.

4
Su invitado no quiere postre, pero usted insiste. ¿Qué dice cada uno?

5
Su compañero/-a le comenta que tiene un nuevo trabajo muy bueno. ¿Cómo reacciona usted?

6
¿Qué dice para ofrecerla? Su compañero/-a de la izquierda reacciona.

7 La fiesta le gusta mucho. Coméntelo a los otros invitados.

8
Usted recibe este mensaje de móvil: "Esta noche fiesta en mi casa, ¿vienes?" ¿Qué contesta?

9 ¿Qué dice usted para ofrecerlo? Su compañero/-a de la derecha rechaza y da una explicación.

10
Su compañero/-a de la izquierda le invita a una fiesta, pero usted no puede ir. ¿Qué dicen ustedes?

11
Una invitada le desea ¡Feliz Navidad! ¿Qué le contesta?

12 Le gusta mucho la comida. ¿Qué le dice a la anfitriona?

Meta:
¡Enhorabuena! Usted ya domina la conversación social.

c. En parejas. ¿Recuerda una fiesta en la que estuvo?
Cuéntesela a su compañero/-a. Después algunos voluntarios cuentan la fiesta de su compañero/-a a toda la clase.

motivo de la fiesta | tipo de invitación (desayuno / cena…) | lugar de la fiesta | regalo | personas invitadas | actividades (bailar…) | pasarlo bien / aburrirse

¡Pasa, pasa!

6 a. Cierre los ojos y escuche este poema. ¿Qué palabras recuerda? 37

Ven a mi fiesta.
Pasa, pasa.
Mi casa es tu casa.
Entra, entra,
aquí están tus amigos.
Ponte, ponte,
¿no quieres más comida?
Come, come,
todo esto es para ti.
¿Qué tal la fiesta?
Pasa, pasa.

Pasa, pasa.
Mi casa es tu casa.
Bebe, bebe
y brinda con nosotros.
Dime, dime,
¿te gusta esta música?
Baila, baila
hasta el amanecer.
Se acabó la fiesta.
Vuelve pronto.
Mi casa es tu casa.

b. Ahora escuche y lea el poema. Intente memorizar por lo menos dos líneas.
Después, cierre el libro y escríbalas.

c. Entre todos intenten reconstruir el poema con los versos que han apuntado.

7 a. Busque en el poema las formas del imperativo y complete la tabla.

	pas**ar**	beb**er**	abr**ir**
tú	....	....	abre
usted	pas**e**	beb**a**	abr**a**
ustedes	pas**en**	beb**an**	abr**an**

poner	venir	decir
pon	ven	di
ponga	venga	diga
pongan	vengan	digan

In der vosotros-Form wird das **-r** des Infinitivs durch ein **-d** ersetzt: pasa**d**, bebe**d**, veni**d**.
Verben mit Vokalwechsel im Präsens behalten ihn auch im Imperativ: v**ue**lve, ci**e**rren.

b. Transforme el poema utilizando las formas de 'usted'.

c. En parejas. El juego del robot.
Elija cinco actividades y escriba imperativos en la forma de **usted**. Dé las órdenes a su compañero/-a, que tiene que hacer lo que usted dice. Luego al revés.

escribir su nombre en la pizarra | cerrar el libro | cruzar las piernas | aplaudir | levantarse y sentarse | venir aquí | dejarme un lápiz | tocarse la nariz / oreja | conjugar un verbo | cantar | cerrar los ojos | escucharme | repetir la frase "El imperativo es pan comido."

Befehlsformen werden auch gebraucht, um Erlaubnis zu erteilen, und dabei meist wiederholt. Die Pronomen werden immer angehängt: ábre**la**, bája**lo**.

Man vermeidet es, mit einem knappen „nein" zu reagieren, und sucht eine ausweichende Antwort, die aber als Ablehnung verstanden wird.

✎ 6–8

8 a. ¿Puedo...?

En muchas situaciones tenemos que pedir permiso, también en las fiestas. Relacione.

pedir permiso	reaccionar
¿Puedo usar esta servilleta?	Por supuesto, ponte, ponte.
¿Puedo ponerme un poco más de vino?	Mejor en el balcón.
¿Puedo fumar aquí?	Claro que no. Bájalo, bájalo.
¿Te importa si bajo el volumen de la música?	Toma esta otra, esa está sucia.

b. En parejas. Usted está en una fiesta. ¿Qué dice en estas situaciones?

Su compañero/-a reacciona. Luego al revés.

- ¿Puedo abrir la ventana?
- Claro, ábrela, ábrela.

- Usted tiene calor.
- Usted tiene sed.
- Hay servilletas en la mesa y usted necesita una.
- Quiere sentarse en la única silla libre.
- Usted quiere otro trozo de tortilla.
- Usted no tiene cuchillo.
- Usted tiene frío y quiere cerrar la ventana.

el superlativo en -ísimo/-a
much**o** – much**ísimo**
divertid**a** – divertid**ísima**
tard**e** – tard**ísimo**
ri**c**a – ri**quísima**

Fue una gran fiesta

9 a. Pequeños malentendidos.

Un español y un alemán cuentan sus impresiones de la fiesta desde una perspectiva diferente. ¿Qué tema se trata en cada párrafo?

¿Qué tal la fiesta, Eduardo?

Muy bien. Fue divertidísima. Fui con mi amigo Frank, que está de visita aquí en España. Frank lo pasó muy bien, pero ¡cómo come este chico! Adriana preparó muchas cosas riquísimas y le sirvió un plato lleno. Frank se lo comió todo. Y después otro y otro. ¡Nunca he visto a nadie comer tanto en una noche!

★★★

Frank le trajo una botella de vino a Adriana, la anfitriona, y se extrañó muchísimo porque ella lo abrió y se lo ofreció a los invitados. Era un buen vino. Frank sabe muchísimo de vinos. Estaba riquísimo.

★★★

No sé qué le pasó a Frank en la despedida. Dijo "adiós" y se fue. Así, sin más. No necesitó más de dos minutos. Nosotros pensamos que estaba enfadado o que tenía prisa. Es un buen amigo, pero a veces no entiendo su manera de actuar.

¿Qué tal la fiesta, Frank?

Me gustó mucho. Eduardo tiene unos amigos simpatiquísimos. Pero creo que piensan que no como suficiente porque Adriana, la anfitriona, siempre me ponía más comida y decía "Come, come". Y yo comía. Después otra vez. "Ponte, ponte más". Yo le decía que no, pero ella me ponía más y más comida. Al final ya no podía más.

★★★

Adriana debe ser una chica muy generosa. Le regalé un vino, un gran vino, buenísimo y bastante caro. Pero ella lo abrió y lo compartió con sus amigos. No lo guardó para una ocasión especial.

★★★

Se nota que todos son buenos amigos, porque no querían separarse. Estaban despidiéndose y decían "Bueno, es tardísimo, nos vamos" y empezaban otra vez a hablar. Lo dijeron por lo menos tres veces. Yo dije "adiós" y me fui. Necesitaba caminar porque había comido muchísimo.

b. Marque en el texto las palabras clave de cada malentendido.

c. ¿Qué pasó en la fiesta? Elija una opción.

1. ¿Por qué comió tanto Frank?
   - ☐ Porque tenía hambre.
   - ☐ Porque Adriana insistía mucho.
2. ¿Por qué Frank se sorprendió cuando Adriana abrió la botella de vino?
   - ☐ Porque era muy caro.
   - ☐ Porque era un regalo para ella y no para tomar en la fiesta.
3. ¿Por qué Frank se despidió tan rápido?
   - ☐ Porque estaba enfadado.
   - ☐ Porque en su país es normal despedirse así.

d. Al día siguiente Frank y Eduardo hablan de la fiesta. ⏭ 38
Escuche la conversación y compruebe sus respuestas. Luego explique las reacciones de Frank.

hablar de normas	
es normal es usual tienes que no puedes	+ infinitivo

10 ¿Qué tal ayer en el cine?
Complete la tabla y luego el diálogo con la forma adecuada de algunos adjetivos.

adjetivo	-ísimo/-a
interesante	
	grandísimas
pocos	
	facilísimas
rico	
	cansadísima
buena	

- ● ¡La película de ayer fue ....!
- ○ Bueno, estuvo bien, pero nada especial.
- ● ¿Y la sala del cine? ¡Era ....!
- ○ ¿Tú crees? A mí me pareció normal.
- ● ¿Y el bocadillo que comimos después? ¿No estaba ....?
- ○ Sí…, estaba ...., pero el pan estaba duro.
- ● Carmen, ¿estás .... o de mal humor?

11 a. Marque en el texto sobre los malentendidos todos los ejemplos de 'buen' y 'gran' y complete la tabla.

	grande	bueno/-a	malo/-a
männlich	un .... vino	un **buen** amigo	hace **mal** tiempo
weiblich	una **gran** sorpresa	una .... idea	no es .... idea

Anders als die meisten Adjektive stehen diese oft vor dem Substantiv und werden dann verkürzt. Beachten Sie den Bedeutungsunterschied:
un gran libro *(großartig)*
un libro grande *(großformatig)*

✎ 9, 10

b. Piense en un ejemplo para cada caso y complete con 'buen', 'gran' o 'mal' en la forma adecuada. Luego, en parejas, diga sus ejemplos. Su compañero/-a reacciona.

una *gran* actriz:	*Penélope Cruz*	un .... trabajo:	....
un .... libro:	....	un .... día:	....
una .... película:	....	un .... consejo:	....
un .... amigo:	....	un .... ejercicio:	....

- ● Penélope Cruz es realmente un gran actriz, me gusta mucho.
- ○ ¿De verdad? Pues, no sé…

reaccionar
¿De verdad? ¿Tú crees? ¡No me digas! Tengo lo mismo.

Tarea final Guía del invitado cortés

Portfolio
Guarde el "Manual de supervivencia" en la carpeta de su portfolio.

La oficina de turismo de su ciudad le ha pedido escribir una pequeña guía para hispanohablantes que están invitados a una fiesta en su país.

1. En grupos, comenten qué conviene hacer o no hacer en su país cuando se recibe una invitación. Aquí tienen algunos aspectos que pueden tener en cuenta:

   ser puntual | llevar un regalo | llevar flores | abrir el regalo | comer todo lo que le ofrecen | hablar de la familia | hablar del sueldo | hablar del trabajo | ayudar en la cocina | vestirse bien | quitarse los zapatos | cuánto tiempo quedarse | cómo despedirse | …

2. Escriban ahora la guía con algunos consejos.

3. Finalmente, se exponen los textos en clase. ¿Son parecidos o hay muchas diferencias?

Manual de supervivencia

- *Si le invitan a su casa, es importante ser puntual.*
- *Si quiere llevar algo, …*
- …

La clave está en el pasado

Capítulo 5: Una confesión

Ya sabíamos que Antonio, el vigilante, no decía la verdad. Esta fue su confesión:
– Es verdad, yo ayudé a los ladrones a robar "la fórmula".
– ¿Quiénes son los ladrones?
– La banda de los "monolingües", a la que también pertenezco.
– ¿Los monolingües?
– Sí. Somos un grupo de personas que odian las lenguas.
– ¿Por qué?
– Porque sirven para comunicar, para conocer nuevas culturas, para poder viajar por el mundo, para hacer amigos…
– ¡Pero todo esto es positivo!
– No para nosotros. Lo odiamos.
El vigilante hablaba como un fanático.
– Nuestro objetivo es boicotear el aprendizaje y…
En ese momento una flecha se clavó en el brazo de Antonio. La flecha contenía "preteritina", una droga que borra las conjugaciones de los pasados de la memoria. Su efecto es inmediato. Esto es lo que el vigilante contó después:
– La banda *nacer* hace dos años. La *fundar* Juan Silencio. Antes Juan Silencio *ser* un apasionado de las lenguas. Él *poder* pasar horas haciendo ejercicios, *encantarle* los textos en otras lenguas, siempre *escuchar* diálogos y *cantar*… Pero un día *tener* una experiencia traumática: él *hacer* un ejercicio mal en clase y su profesor *reírse* de él. Entonces *perder* su amor por las lenguas y *empezar* a odiarlas. Por eso *decidir* boicotear el aprendizaje de lenguas: arrancar páginas de los diccionarios, escribir reglas falsas en las gramáticas y ahora, su golpe maestro: ¡ha robado "la fórmula"!

No tengo tiempo de escribir los verbos en su forma correcta porque tengo que seguir a la persona que ha disparado la flecha. ¿Puede corregir la confesión?

De fiesta

El Velorio de Cruz de Mayo (Venezuela)

Hola, me llamo Silvia Colina y soy venezolana. ¿Me preguntan por una fiesta venezolana? Pues una fiesta fascinante y que, además, se celebra en todo el país es el Velorio de Cruz de Mayo, que empieza el tres de mayo y puede durar todo el mes. Aunque es una fiesta religiosa, también hay mucha diversión.

Como en muchas fiestas de Latinoamérica, en el Velorio de Cruz de Mayo se unen elementos cristianos con antiguas tradiciones prehispánicas. Según la leyenda, la cruz de Cristo se encontró el día tres de mayo del año 324. Esta fecha coincide con una fiesta indígena para celebrar la primavera y la época de lluvias. Es el culto a la Madre Tierra y al dios maya Xipetotec. La cruz siempre formaba parte de las culturas prehispánicas, simbolizaba la vida, por esto una fiesta con una cruz no significó nada nuevo.

Cuando se celebra el Velorio de Cruz de Mayo, se decoran cruces con papel de seda y se ponen en un altar decorado con sábanas blancas o azules que simbolizan el cielo, y claro, con muchas flores, plantas y velas. Las cruces están en lugares públicos o en la calle, donde todos pueden verlas.

Llevamos ofrendas de flores y frutas y cantamos canciones religiosas o profanas delante del altar. Por supuesto en una fiesta no puede faltar la comida y la bebida, así que cada uno trae un plato tradicional, y cerca de la cruz comemos y bebemos. Lo más típico es caldo de gallina, bollitos de maíz, queso blanco y dulces. ¡Hmm! ¡Qué rico! Para beber no puede faltar el café, para mantenerse despierto, y también bebidas alcohólicas como ron y cerveza.

A los venezolanos nos gusta mucho la música, por eso una fiesta sin música y baile no es fiesta. El Velorio de Cruz de Mayo es una fiesta religiosa, sí, pero después llega la música y el baile, y el velorio se convierte en "el bailorio". En mi ciudad, Santa Teresa del Tuy, se baila "el tambor". Los ritmos y los instrumentos musicales son diferentes en cada región, pero todos compartimos las ganas de disfrutar y pasarlo bien.

- *¿Conoce otras fiestas religiosas? ¿U otras fiestas en mayo?*
- *¿Cree que se están perdiendo las fiestas tradicionales?*

Comunicación

Gute Wünsche

zu Weihnachten:	Feliz Navidad	*zum Namenstag:*	Feliz santo	*zu allen Festen:*	Felices fiestas
zum neuen Jahr:	Próspero Año Nuevo	*zu einem besonderen Ereignis:*	Felicidades	*für die Zukunft:*	Mucho éxito
zum Geburtstag:	Feliz cumpleaños		Enhorabuena	*beim Anstoßen:*	Salud

Einladungen aussprechen

El sábado celebro mi santo, ¿te apetece venir?
El sábado doy una fiesta, estás invitado/-a.
Te escribo para invitarte a…

Einladungen annehmen und ablehnen

Gracias por la invitación. Voy con mucho gusto.
Vale, perfecto. ¿Llevo algo para comer o beber?
Me encantaría ir a tu fiesta, pero…

Ein Geschenk überreichen und darauf reagieren

- Tome, le he traído una cosita.
- ¡Muchas gracias! ¡Pero si no hacía falta!

- Mira, esto es para ti.
- Pero ¿por qué te has molestado?

Etwas anbieten und darauf reagieren

- ¿Le pongo un poco más?
- Gracias, pero ya he comido mucho.

- Toma un poquito más.
- Muchas gracias, estoy lleno/-a.

Jemanden vorstellen und darauf reagieren

- Cristina, te presento a Frank, un amigo de Eduardo.
- Encantada. / Mucho gusto.

- Mira, Cristina, este es Frank.
- Hola, Frank, ¿qué tal?

Um Erlaubnis bitten und darauf reagieren

- ¿Te importa si abro la ventana?
- ¡Ábrela, ábrela!

- ¿Puedo usar esta servilleta?
- Tome esta otra, esa está sucia.

Smalltalk / Ein Gespräch beginnen

En una fiesta:	¡Qué fiesta más divertida!
En el tren / autobús:	¿Sabe si falta mucho para llegar a…?
Siempre:	¡Qué frío / calor hace! ¿Verdad?

Gepflogenheiten und Ratschläge

Es normal / usual llevar un regalo.
Tienes que llegar puntual.
No puedes quitarte los zapatos.

Gramática

Der Gebrauch von ‚ir / venir' und ‚llevar / traer' → 5.2

María: "Adriana, **voy** a tu fiesta y **llevo** cedés."
Adriana: "¡Qué bien! **Vienes** a mi fiesta y **traes** cedés."

Wenn sich eine Person auf uns zubewegt, verwenden wir **venir** *(her)kommen* und **traer** *mitbringen*. In allen anderen Fällen verwendet man **ir** *(hin)gehen* und **llevar** *mitnehmen.*

Der absolute Superlativ auf ‚-ísimo/-a/-os/-as' → 2.2

buen**o**	buen**ísimo**
divertid**a**	divertid**ísima**
grand**e**	grand**ísimo/-a**
tard**e**	tard**ísimo**
fácil	facil**ísimo**

Die Endung **-ísimo** drückt einen sehr hohen Grad einer Eigenschaft (ohne Vergleich) aus. Adjektive richten sich in Geschlecht und Zahl nach dem Substantiv.
Bei Adjektiven auf Vokal wird dieser durch **-ísimo/-a/-os/-as** ersetzt, bei Adjektiven auf Konsonant wird die Endung angehängt. Manchmal ergeben sich Änderungen in der Rechtschreibung: rico → ri**quí**simo.

Die Verkürzung einiger Adjektive → 1.4

	grande	bueno/-a	malo/-a
männlich	un **gran** vino	un **buen** amigo	hace **mal** tiempo
weiblich	una **gran** sorpresa	una **buena** idea	no es **mala** idea

Beachten Sie: un gran libro – *ein großartiges Buch*, un libro grande – *ein großes Buch (Format).*

Anders als die meisten Adjektive stehen diese oft vor dem Substantiv und werden dann verkürzt.

Der Imperativ → 4.7

	pasar	beber	abrir	poner	venir	decir	cerrar	probar	pedir
tú	pas**a**	beb**e**	abr**e**	pon	ven	di	ci**e**rra	pr**ue**ba	p**i**de
usted	pas**e**	beb**a**	abr**a**	ponga	venga	diga	ci**e**rre	pr**ue**be	p**i**da
ustedes	pas**en**	beb**an**	abr**an**	pongan	vengan	digan	ci**e**rren	pr**ue**ben	p**i**dan

Man bildet den Imperativ von **vosotros**, indem man das **-r** des Infinitivs durch **-d** ersetzt: pasa**d**, veni**d**. Er wird oft durch den Infinitiv ersetzt. Pronomen werden angehängt: pon**te**, ábre**la**. Fällt die Betonung auf die drittletzte Silbe, erhält sie einen Akzent. Manchmal ergeben sich Änderungen in der Rechtschreibung: empezar → ¡Empie**c**e!

Vamos al parque 7

Tiere und Landschaften benennen + + einen Ausflug organisieren + + Freude und Bedauern ausdrücken + + ein Telefongespräch führen + + Anweisungen geben + + Gebote und Verbote aussprechen

PIDANOS EL CIELO.
PIDANOS EL MAR.
PIDANOS LAS ESTRELLAS.

1 **a. ¿Qué se ve en este anuncio? ¿Puede describir los diferentes paisajes?**

b. ¿A qué tipo de empresa cree usted que pertenece esta publicidad?

☐ una compañía aérea ☐ una fábrica de puertas ☐ una oficina de turismo

Doñana: un paraíso natural

En todoterreno o en barco descubra con nosotros uno de los parques naturales más impresionantes de Europa: DOÑANA, Tel. +34 959 430 432 www.donanavisitas.es

El parque

¿Sabe dónde se encuentra la mayor reserva ecológica de Europa? En Andalucía. Es el Parque Nacional de Doñana, en las provincias de Huelva, Sevilla y Cádiz, que desde el año 1994 es Patrimonio de la Humanidad.

Sus pájaros

Doñana, con sus diferentes paisajes, es un lugar ideal para muchísimas especies de animales y plantas: pájaros, reptiles, peces… ¿Sabe cuántos pájaros pasan por Doñana en su emigración de Europa a África? ¡300.000! De todos los colores, grandes y pequeños. Imagine el cielo cubierto de flamencos de color rosa. ¡Un espectáculo único!

Un paraíso en el sur de España

2 a. El Parque Nacional de Doñana.
¿Sabía usted que España es uno de los países europeos con más variedad de animales y paisajes? Lea el texto de arriba. ¿Le gustaría visitar el Parque Nacional de Doñana?

b. Lea otra vez el texto y apunte todas las palabras relacionadas con paisajes y animales.
¿Puede añadir más ejemplos en cada grupo?

paisajes: ....
animales: ....

3 ¿Es usted amante de la naturaleza?
Marque sus respuestas en este cuestionario. Luego compare con dos compañeros/-as.

¿Es usted amante de la naturaleza?	sí	no
1. ¿Le gusta trabajar en el jardín?	☐	☐
2. ¿Tiene plantas o flores en su casa?	☐	☐
3. ¿Puede identificar más de tres árboles por sus hojas?	☐	☐
4. ¿Tiene un animal de compañía?	☐	☐
5. ¿Tiene un acuario?	☐	☐
6. ¿Ve en la tele programas sobre animales?	☐	☐
7. ¿Conoce la diferencia entre el elefante africano y el indio?	☐	☐
8. ¿Ha ido al zoo o a un jardín botánico este año?	☐	☐
9. ¿Conoce algún parque natural en su país?	☐	☐
10. ¿Le gusta hacer excursiones a la montaña?	☐	☐

congusto online
¿Quiere visitar el Parque de Doñana?

Sus paisajes

En Doñana encontramos una gran variedad de paisajes: playas, bosques de pinos de un verde intenso y dunas de arena como en el desierto. Y también agua. Agua salada del mar en las marismas y agua dulce en los lagos y ríos. Un paraíso para la vida.

El lince

Este animal tan bello es el lince ibérico. Se llama así porque sólo se encuentra en la Península Ibérica. Por desgracia, está en peligro de extinción, sólo quedan pocos ejemplares. Por eso hay programas en España y Portugal para protegerlo. El lince ibérico es el símbolo del Parque de Doñana y del deseo de conservar su naturaleza única en el mundo.

Visitar Doñana es conocer uno de los paisajes más bellos de Europa. Un patrimonio que debemos cuidar y conservar.

4 **a. Rafael Piedra quiere hacer una excursión a Doñana con unos amigos.** ⏭ 39
Escuche la reserva telefónica y complete el formulario.

Reserva de visitas Parque Nacional de Doñana

Fecha: ______________
Número de personas: ______________
Duración del recorrido: ______________
Medio de transporte: ______________
Precio: ______________

b. Usted quiere hacer la siguiente excursión.
Escriba un correo para informarse y reservar las plazas. Añada dos preguntas más.

hacer la reserva para una excursión

Quiero hacer una reserva para…
¿Quedan plazas libres el dos de agosto?
¿Cuánto tiempo dura el recorrido?
¿De dónde sale el todoterreno / el autobús / el barco?

✎ 1, 2

El Cañón del Sumidero en Chiapas (México)

¿Le gusta la aventura? ¿Quiere ver un paisaje fascinante?
¿Ver cocodrilos, monos y pájaros exóticos en libertad?
Venga al Cañón del Sumidero. Una aventura inolvidable.
Salidas diarias a las 10:00, 13:00 y 16:00h

Reservas por teléfono +52 442 212 2899 o www.andalemexico.com

expresar alegría

¡Qué alegría!
¡Cuánto me alegro!
¡Me hace mucha ilusión!
¡Estupendo!
¡Qué bien!

expresar tristeza

¡Qué pena!
¡Lástima!
¡Qué mala suerte!

5 **a. Rafael llama a sus amigos para decirles que ha hecho la reserva.** 40–42
Escuche y marque cómo reaccionan. ¿Cuáles de las expresiones de la izquierda utilizan?

	con alegría	con tristeza	¿Cómo lo dice?
Isabel			
La madre de Mariluz			
Enrique			

b. Vuelva a escuchar las llamadas y marque en la tabla las frases que escucha.
Después relaciónelas con su traducción.

hablar por teléfono

¿Puedo hablar con…?	*Er / Sie ist im Moment nicht da.*
¿De parte de quién?	*Kann ich mit … sprechen?*
¿Quiere dejarle algún recado?	*Bedaure, Sie haben sich verwählt.*
Ahora mismo le paso.	*Wer ist am Apparat?*
Lo siento, se ha equivocado de número.	*Möchten Sie eine Nachricht hinterlassen?*
En este momento no está.	*Ich verbinde Sie gleich.*
Este es el contestador automático de…	*Hier ist der Anrufbeantworter von …*

¿Recuerda?

En los países hispanohablantes no se dice el nombre al contestar al teléfono.

✎ 3, 4

c. En parejas. Escriban un diálogo siguiendo estas instrucciones.
Después, pónganse de espaldas y lean el diálogo.

A
- Sie wählen die Nummer 32 68 94.
- Sie möchten Herrn Rodríguez sprechen.
- Sie sagen, wer Sie sind.
- Sie sagen, dass Sie die Theaterkarten für nächsten Sonntag reserviert haben.
- Sie bedanken und verabschieden sich.

B
- Sie nehmen den Hörer ab.
- Sie fragen, wer am Apparat ist.
- Sie bedauern (er ist gerade nicht im Büro) und fragen, ob der Anrufer eine Nachricht hinterlassen will.
- Sie werden es ausrichten.

No busques excusas

6 **a. Dos agencias de publicidad proponen estas campañas de sensibilización ecológica. ¿Qué objetivo tienen? ¿Cuál le gusta más?**

No busques siempre excusas.
Sólo tienes que cambiar un poco tus costumbres.

- No te bañes, dúchate y ahorra agua.
- No enciendas todas las lámparas de tu casa.
- Separa los diferentes tipos de basura.
- No uses la calefacción y el aire acondicionado en exceso.

¿Ves qué fácil?

Ministerio de Medio Ambiente

¿El futuro? ¡No es tu problema!

- No ahorres agua. Hay suficiente.
- No separes la basura. Es mucho trabajo.
- No tomes el autobús. ¿Para qué tienes coche?
- En invierno pon la calefacción muy alta, no eres un pingüino.
- En verano usa siempre el aire acondicionado.
- Gasta, tira, consume, contamina. Sé egoísta.
- Recuerda: tú eres el centro del universo.

Asociación Pro-Natura

b. ¿Qué hay que hacer según los anuncios para cuidar el medio ambiente?

no buscar excusas, ahorrar agua…

c. ¿Y usted? ¿Qué hace para cuidar el medio ambiente?

7 a. El imperativo negativo.
Subraye en los anuncios todas las formas del imperativo. ¿Observa alguna diferencia entre las formas que usted ya conoce y las negativas? Marque en el cuadro las formas que son diferentes del imperativo afirmativo.

	-ar	-er/-ir	Vokalwechsel	unregelmäßig	
tú	no tom**es**	no beb**as**	no enc**ie**nd**as**	decir:	no digas…
vosotros	no tom**éis**	no beb**áis**	no encend**áis**	hacer:	no hagas…
usted(es)	no tom**e(n)**	no beb**a(n)**	no enc**ie**nd**a(n)**	ir:	no vayas…

Der verneinte Imperativ wird von der 1. Pers. Präsens abgeleitet. Dabei erhalten Verben auf **-ar** Endungen mit **-e** (pasar: no pas**es**), Verben auf **-er** und **-ir** Endungen mit **-a** (no beb**as**). Pronomen stehen zwischen **no** und dem Verb: No se lo digas.

b. En parejas. Uno/-a dice el imperativo afirmativo de estos verbos en la forma de 'tú'. Su compañero/-a dice el imperativo negativo correspondiente. Después, al revés.

pasar | comer | tocar | hablar | mirar | beber | abrir | poner | venir | ir | hacer | entrar

- ● Mira.
- ○ No mires. Come.

c. Escriba un cartel con instrucciones para el Parque de Doñana.
¿Qué hay que hacer y qué no?

- hacer ruido
- hacer fuego
- tirar basura
- dar de comer a los pájaros
- ir solamente con guía
- seguir las instrucciones del guía
- llevar animales
- tocar los animales
- coger flores o plantas

Instrucciones para el parque

No haga ruido.

8 Recuerdos de viajes y excursiones.
En parejas. Inventen un anuncio de publicidad como el de la pág. 63 para estos objetos.

5-7

Los parques, los pulmones de la ciudad

9 a. Escuche lo que dice una peruana sobre su parque preferido. ⏭ 43
¿Cómo se llama el parque? ¿Dónde está? ¿Desde cuándo existe? Luego escuche otra vez y marque lo que hay en este parque.

- ☐ una fuente
- ☐ un estanque
- ☐ un quiosco
- ☐ un café
- ☐ bancos
- ☐ árboles
- ☐ césped
- ☐ una estatua
- ☐ caminos

b. ¿Hay parques en su ciudad? ¿Le gusta ir? ¿Qué se puede hacer?
Tiene tres minutos para escribir todas las actividades que se pueden hacer en un parque.

10 a. En un parque.
Observe este parque durante un minuto. Luego cierre el libro e intente recordar el máximo de informaciones: ¿Qué hay? ¿Qué están haciendo las personas?

b. Elija a una persona del parque y piense en una frase que puede decir.
Luego lea su frase. Sus compañeros/-as tienen que adivinar quién la dice.

✎ 8, 9

c. Escuche estas conversaciones en el parque y relaciónelas con las personas. ⏭ 44 – 47

11 a. Lea ahora los diálogos y marque las palabras que indican posesión.

1. • Oye, ¿aquel niño es tu nieto?
   ○ No, el mío es el rubio.
   • ¿Aquel al lado del árbol?
   ○ Eso es un perro. Mi nieto está allí, en el banco. Ponte las gafas, Mariano.

2. • Esta pelota es mía.
   ○ No, la tuya es aquella, la roja. Esta es la mía.

3. • Perdone, ¿ese perro es suyo?
   ○ No, es de aquella pareja de enamorados.

4. • ¿Dónde están Luis y Pablo?
   ○ Allá, jugando al fútbol.

b. Usted ya conoce los posesivos 'mi, tu, su...' Mire los ejemplos. ¿Qué diferencia observa con 'mío, tuyo, suyo...'? ¿Hay formas iguales?

los pronombres posesivos

mío/-a/-os/-as
tuyo/-a/-os/-as
suyo/-a/-os/-as
nuestro/-a/-os/-as
vuestro/-a/-os/-as
suyo/-a/-os/-as

• **Mi** hijo ya habla.
○ **El mío** todavía no.

• ¿Esa pelota es **tuya**?
○ No, **la mía** es roja.

Ein schon genanntes Substantiv wiederholt man nicht, sondern verwendet die Possessivpronomen mit Artikel. Ohne Artikel werden sie verwendet, wenn man sagen möchte, wer der Besitzer ist.

c. Escriba el primer y segundo diálogo de 11 a cambiando 'nieto' por 'nieta' y 'pelota' por 'camiones'. ¿Qué más palabras cambian?

d. Marque en los diálogos las palabras que indican distancia.
¿Cómo se dicen en su lengua?

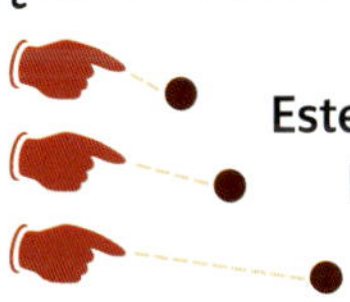

Este de **aquí**.
Ese de **ahí**.
Aquel de **allí**.

	masculino	femenino
singular	aquel	aquella
plural	aquellos	aquellas

¿Recuerda?

In greifbarer Nähe des Sprechers: **este**
Weiter weg oder in der Nähe des Zuhörers: **ese**
Weit weg von beiden: **aquel**
Analog dazu: **aquí, ahí, allí**
In Lateinamerika: **acá, allá**

10 - 12

12 a. Un paseo por un parque imaginario. 48
Cierre los ojos, relájese y escuche. Imagínese los detalles lo más concretamente posible.

b. Tome notas de lo que 'ha visto'. Luego, en parejas, comparen sus parques.

¿Cómo es la estatua?
Y los bancos, ¿cómo son?
¿Cómo es el árbol?
¿Hay muchos árboles en su parque?
¿Hay mucho césped o no?
¿Qué tipo de gente hay?
¿Qué están haciendo?

Oímos ruido de agua, ¿es una fuente o un río?
¿Toca usted el agua o sólo la mira?
¿Dónde se sienta usted? ¿Qué hace?
¿Cómo vuelve a casa?
¿Le ha gustado el paseo?

• Mi parque era grande.
○ El mío también.

Tarea final Diseñamos un parque

Portfolio
Guarde los documentos del parque (plano, cartel, eslogan) en su portfolio.

En su ciudad le piden ayuda para planificar un parque. Puede gastar 10.000 €.

1. En grupos de tres. Decidan las cosas que va a tener su parque y dibujen un plano.

Artículo	Unidad	Precio
Fuente:	1	500 €
Banco:	1	180 €
Árbol:	1	30 €
Césped:	m²	3 €
Quiosco:	1	1.000 €
Planta exótica:	1	20 €
Pájaros exóticos:	la pareja	120 €
Papelera:	1	65 €
Servicios:	1	1.500 €

Gebote und Verbote

está prohibido
(no) hay que
(no) se debe
Imperativo

2. Escriban un cartel con lo que está prohibido hacer en el parque.
   Busquen también un eslogan para animar a sus compañeros/-as a visitarlo.

3. Cada grupo presenta su parque y muestra el plano. Los otros pueden hacer preguntas.

La clave está en el pasado

Capítulo 6: Así fue

Salí del Museo de la Ciencia y vi a alguien que corría por la calle. Llevaba unos pantalones y un jersey negros, guantes y una máscara en la cara. En ese momento pensé: "Es la persona que ha drogado a Antonio, el vigilante, con preteritina."
Empecé a correr también. La persona con la máscara era muy rápida. Pero por suerte yo hago deporte varias veces a la semana, así que la alcancé. Le quité la máscara. Era una mujer.
– ¿Quién es usted? – le pregunté mientras llamaba a la policía con el móvil.
– Me llamo Carmen Sinabla.
– ¿Por qué le ha dado la droga al vigilante? ¿Cómo robaron "la fórmula"?
– No voy a decir nada.
De pronto, sacó unos comprimidos del bolsillo de los pantalones, me miró y dijo:
– Nuestra banda conoce muchas drogas especiales para boicotear los idiomas. Esta se llama "indefinina". Después de tomarla, es imposible conjugar los indefinidos irregulares.
– ¡Oh! ¡No!
No pude hacer nada. Se la metió en la boca. Repetí mi pregunta:
– ¿Cómo robaron "la fórmula"?
– Robar la fórmula *serió* muy fácil. Cuando *sabimos* que "la fórmula" estaba en el museo, *estabimos* observando el edificio durante varias semanas. Después *podimos* introducir a uno de los miembros de la banda, Antonio, como vigilante. Él nos *deció* a qué hora teníamos que entrar en el museo y así lo *hacimos*.
– ¿De quién fue la idea?
– Del jefe, de Juan Silencio.
– ¿Dónde está ahora "la fórmula"?
– La tiene él.

Esta vez la banda de los monolingües tampoco va a lograr sus objetivos. Estoy segura de que usted, mi asistente, puede poner orden en este caos mientras yo hablo con la policía.

De fiesta

La Noche de San Juan

Noche. Fuego. Fuego en la playa, gente bailando y cantando. En toda España se celebra una fiesta de fuego. ¿Sabe qué día es? San Juan, la noche más corta del año. Esta fiesta antiquísima se celebra en muchos países en la noche del 23 al 24 de junio. Si alguien mira desde el cielo, ve miles de hogueras que iluminan las costas de todo el mundo, desde Noruega hasta el norte de África, desde Bolivia hasta mi tierra: Galicia.

Hola. Me llamo Leonor y soy de La Coruña. Aquí, en mi ciudad, la fiesta de San Juan es la más importante de todo el año. En esta noche mágica se mezclan rituales, tradiciones y supersticiones. Hay muchas leyendas que se cuentan de generación en generación. Una de ellas dice que los demonios y las "meigas" (así se llaman las brujas en gallego) salen esta noche para recibir al verano. ¿Brujas? Sí, son muy populares aquí. Por eso es tan importante encender hogueras por todas partes porque se dice que el fuego nos protege de ellas. También se dice que los enfermos se curan o que las mujeres pueden saber el futuro. En Galicia decimos de las brujas: "Yo no creo en ellas, pero existen."

la hoguera de San Juan

una gaita

las sardiñadas

En realidad la fiesta comienza casi un mes antes, cuando empezamos a recoger madera para la hoguera de nuestro barrio, que tiene que ser la más grande, claro. El día 23 por la mañana se ven muchas mujeres volver del mercado con un ramo de hierbas aromáticas. Según la tradición, hay que poner el ramo en agua durante la noche. Al día siguiente se usa esta agua para lavarse la cara y las manos y así protegerse contra las enfermedades durante todo el año.

Por la tarde empieza la gran fiesta en las calles con grupos folclóricos y bandas de música. A mí personalmente me gusta mucho escuchar la música de las gaitas, el instrumento tradicional de Galicia. También se come y se bebe. La comida típica son las "sardiñadas" (ya se imagina qué es, ¿no?) que se preparan en la puerta de muchos bares. El olor del delicioso pescado se respira por toda la ciudad.

A las doce en punto se enciende la hoguera mayor en la playa y se canta y se baila alrededor de ella. Algunos, los más valientes, saltan por encima del fuego gritando "¡Meigas fora!" para alejar a los malos espíritus. Otros piden un deseo porque se dice que los fuegos de San Juan tienen también propiedades mágicas. ¿Es verdad? No lo sé, pero, por si acaso, yo siempre pido uno.

- *¿Se celebra la Noche de San Juan en su ciudad o en su país? ¿Cómo?*
- *¿Conoce usted alguna superstición? ¿Qué piensa qué significa "Meigas fora"?*
- *¿En qué ocasiones se pide un deseo en su país?*

Comunicación

Tiere

el flamenco	el pájaro
la sardina	el pez
el cocodrilo	el reptil
el lince	el mono

Landschaften

el bosque	el árbol
la duna	la arena
el lago	el río
la playa	la marisma

Im Park

la fuente	el banco
el estanque	la estatua
el césped	el quiosco
la planta	la papelera

Einen Ausflug organisieren

Quiero hacer una reserva para…
¿Quedan plazas libres el dos de agosto?
¿Cuánto tiempo dura el recorrido?
¿De dónde sale el todoterreno / el autobús / el barco?
¿Cuánto cuesta la excursión?

Freude ausdrücken

¡Qué alegría!
¡Cuánto me alegro!
¡Me hace mucha ilusión!
¡Estupendo!
¡Qué bien!

Bedauern ausdrücken

¡Qué pena!
¡Qué lástima!
¡Qué mala suerte!

Ein Telefongespräch führen

Diga. / Dígame.	*Ja bitte.*
¿Puedo hablar con…?	*Kann ich mit … sprechen?*
¿De parte de quién?	*Wer ist am Apparat?*
¿Quiere dejar un recado?	*Möchten Sie eine Nachricht hinterlassen?*
Ahora mismo le paso.	*Ich verbinde Sie gleich.*
Lo siento, se ha equivocado de número.	*Bedaure, Sie haben sich verwählt.*
En este momento no está.	*Er / Sie ist im Moment nicht da.*
Este es el contestador automático de…	*Hier ist der Anrufbeantworter von …*

Gebote und Verbote

Está prohibido…
Hay que…
No hay que…
Se debe…
No se debe…
Respete las plantas.
No tire basura.
No haga ruido.

Gramática

Der verneinte Imperativ → 4.8

	-ar	-er / -ir	encender (e → ie)	poner	ir	hacer
tú	no pas**es**	no beb**as**	no enc**ie**nd**as**	no pongas	no vayas	no hagas
vosotros	no pas**éis**	no beb**áis**	no encend**áis**	no pongáis	no vayáis	no hagáis
usted	no pas**e**	no beb**a**	no enc**ie**nd**a**	no ponga	no vaya	no haga
ustedes	no pas**en**	no beb**an**	no enc**ie**nd**an**	no pongan	no vayan	no hagan

Der verneinte Imperativ wird von der 1. Person Präsens abgeleitet. Das hilft besonders bei der Bildung der unregelmäßigen Formen: hago → no hagas.
Verben auf **-ar** erhalten Endungen mit **-e** (pasar: no pas**es**), Verben auf **-er** und **-ir** erhalten Endungen mit **-a** (beber: no beb**as**).
Verben mit Vokalwechsel verändern sich in den gleichen Fällen wie im Präsens: enc**ie**ndo → no enc**ie**ndas, p**i**do → no p**i**das.
Pronomen stehen zwischen **no** und dem Verb: No **se lo** digas. No **te** bañes.
Die Formen von **usted / ustedes** sind beim bejahten und verneinten Imperativ gleich.

Die Demonstrativpronomen und -begleiter → 3.3

este estos	esta estas	de aquí	ese esos	esa esas	de ahí	aquel aquellos	aquella aquellas	de allí

Man verwendet **este / esta / estos / estas**, wenn das Objekt in greifbarer Nähe des Sprechers ist.
Man verwendet **ese / esa / esos / esas**, wenn es etwas weiter weg oder in der Nähe des Zuhörers ist.
Für noch weiter entfernte Objekte verwendet man **aquel / aquella / aquellos / aquellas**.
In gleicher Weise werden **aquí, ahí** und **allí** (in Lateinamerika **acá** und **allá**) je nach Entfernung vom Sprecher benutzt.

Die betonten Possessivpronomen → 3.2

el mío	la mía	los míos	las mías
el tuyo	la tuya	los tuyos	las tuyas
el suyo	la suya	los suyos	las suyas
el nuesto	la nuestra	los nuestros	las nuestras
el vuestro	la vuestra	los vuestros	las vuestras
el suyo	la suya	los suyos	las suyas

Wenn das Substantiv bekannt ist oder schon genannt wurde, wiederholt man es nicht, sondern verwendet die Possessivpronomen mit Artikel:
Mi hijo ya habla. – **El mío** todavía no.
Man verwendet sie ohne Artikel in Verbindung mit **ser**, wenn man sagen möchte, wer der Besitzer ist: Esta pelota es **mía**.

Mirador 8

kulturelle Gemeinsamkeiten und Unterschiede + + Selbsteinschätzung + + ein Gemälde als Sprechanlass + + Lernstrategien

Hemos pasado la mitad del libro. Ha llegado el momento de hacer una pausa y reflexionar desde el mirador sobre lo que hemos aprendido hasta aquí.

Hablamos de cultura: la cortesía

1 a. ¿Qué hace o no hace usted?
Marque una alternativa según su opinión. No hay respuestas correctas o falsas.
Luego lea el texto y compare con sus respuestas.

1. Cuando recibo un regalo,
   - ☐ doy las gracias y lo abro enseguida.
   - ☐ doy las gracias y lo guardo. Lo abro más tarde.
2. Si el regalo es algo para comer o beber,
   - ☐ lo guardo para una ocasión especial.
   - ☐ lo abro y lo comparto con los invitados.
3. Si alguien me dice "¡Qué guapa estás!",
   - ☐ me alegro y doy las gracias.
   - ☐ pienso que quiere ligar conmigo.
4. Si alguien cuenta algo,
   - ☐ no lo interrumpo, es descortés.
   - ☐ reacciono con expresiones como "¿Y eso?" para mostrar interés.
5. Si alguien me dice "Vuelve cuando quieras",
   - ☐ es una invitación, puedo volver sin avisar.
   - ☐ no vuelvo sin avisar, porque es una fórmula de cortesía.

Esta es tu casa

La cortesía es el arte de comportarse amablemente. Existe en todas las culturas, pero cada una la expresa de una manera diferente.

Un ejemplo del mundo hispano: usted está invitado a una fiesta. Allí va a escuchar muchas frases como "¡Qué bien te veo!" o "¡Qué guapa estás!", que se dicen por cortesía. No se trata de decir la verdad o mentir.

Cuando llega la hora de despedirse, seguramente el anfitrión va a decir: "¿Pero ya te quieres ir? ¡Si es muy pronto!" De esta forma le quiere decir que su compañía es agradable. En realidad, usted puede irse tranquilamente y dar alguna excusa como "Ya es muy tarde." o "Mañana tengo que levantarme temprano." Otra frase muy usual en la despedida es "Vuelve cuando quieras, esta es tu casa." Eso puede llevar a malentendidos porque no hay que tomarlo literalmente. Significa simplemente "buenas noches".

¿Quiere usted un buen final para despedirse de forma cortés? "¡La próxima vez, en mi casa!"

b. Escuche a unos hispanohablantes que hablan de la cortesía. ⏭ 49
Compare con sus respuestas en el cuestionario. ¿Hay diferencias? ¿Y entre las personas que hablan?

Ahora ya sabemos...

Aquí tiene la posibilidad de valorar lo que ha aprendido en las últimas lecciones. Marque los símbolos según el nivel que cree tener en cada tema. Luego haga las tareas y compare los resultados con su compañero/-a o pregunte a su profesor/a si no está seguro/-a.

2 En un mercadillo o en una tienda.

¿Qué dice el vendedor o la vendedora? ¿Y qué dice el cliente o la clienta?

1. Es una buena oferta, paga dos y se lleva tres, ¿qué le parece?
2. Lo siento, no tenemos tallas más grandes.
3. Me pruebo las dos, ¿dónde están los probadores?
4. ¡No puede ser! ¡Pregunté hace una hora y había todavía dos!
5. Me encantan, pero me quedan un poco estrechos.
6. Las camisetas están allí, al lado de las camisas.
7. Quería unos pantalones de algodón para el verano.
8. ¿Me los pueden reservar durante dos horas, por favor?
9. ¡Pantalones, chaquetas de caballero, de señora, de niño! ¡Todo barato, muy barato!
10. Le queda muy bien. También lo tenemos en amarillo, si lo prefiere.

3 Informarse para una excursión. ⏭ 50

Lea estas respuestas. Después escuche las preguntas 1–4 y ponga el número en la respuesta adecuada.

- ☐ Soy Felipe Herrera, de la agencia de viajes "TodoTurismo".
- ☐ Sí, pero reservar por teléfono es mucho más seguro.
- ☐ 230 euros, e incluye las dos comidas.
- ☐ Sí, tiene dos posibilidades: en inglés o alemán. ¿Cuál le interesa a usted?

Ahora haga lo mismo con las preguntas 5–8. ⏭ 51

- ☐ Del aparcamiento principal, directamente delante de la empresa.
- ☐ En este momento no está. ¿Quiere dejarle un recado?
- ☐ Para esos días no, lo siento, sólo quedan para el día siete y ocho.
- ☐ Entre 5 y 6 horas si hace el camino al lago, o dos días si recorre también los bosques.

4 Hablar de un parque o un paisaje.

En parejas. Elija un parque o un paisaje y descríbalo. Su compañero/-a lo dibuja. Luego, al revés. ¿Reconocen "sus" parques o paisajes?

5 Escribir una invitación.

Usted quiere invitar a sus compañeros/-as de clase a una fiesta. Escriba la invitación mencionando estos aspectos.

- motivo de la fiesta
- lugar, fecha, hora
- colaboración para la fiesta (ensalada, pastel, vino...)
- confirmación de asistencia

Terapia de errores

6 a. Errores visibles e invisibles.
Lea los dos textos y marque en ellos los errores.

Querido señor Conde:

Quería informarme sobre las excursiones a Sierra Nevada que organiza suya empresa. Me gustaría saber si se quedan plazas libres en el agosto y cuál oferta hay para grupos numerosos.

Un abrazo,
Jorge Palacios

Estimados amigos:

Tengo el placer de invitarvos a mi cumpleaños el jueves. Si alguién puede llevar música, genial ☺. Yo tengo nada. Mis discos regalé a mi ex-novia. No os olvidéis: jueves en la casa mía a las 22.00 en punto.

Atentamente,
Fernando

b. ¿Cuántos errores ha encontrado?
¿Ha notado que no todos son de gramática o de ortografía? A veces decimos cosas que son correctas, pero no son adecuadas en esta situación. Vuelva a leer las cartas. ¿Qué errores de "tono" encuentra? Luego reescriba las dos cartas en su estilo adecuado. Así tiene un modelo para su portfolio.

Un cuadro que da que hablar

7 a. Mire el cuadro. ¿Qué título le puede poner?
Luego en parejas, escriban un diálogo entre dos personas del cuadro. Sus compañeros/-as adivinan quiénes están hablando.

José Morillo: Merengue, República Dominicana 2009

b. ¿Cómo se imagina usted la fiesta?
Tome notas, teniendo en cuenta los siguientes aspectos. Después describa la fiesta. Tiene que hablar por lo menos dos minutos.

¿Cuál es el motivo de la fiesta?
¿Quién es el anfitrión?
¿Qué tipo de música tocan los músicos?
¿Qué hay para comer y beber?
¿Qué comentarios hacen las personas cuando se van de la fiesta?

congusto online
¿Quiere ver más cuadros de este pintor?

Aprender a aprender

8 **a. Antes de leer.**
El aspecto exterior de un texto ya nos da información y con eso hacemos predicciones sobre el contenido. En nuestra lengua lo hacemos automáticamente, en español necesitamos un poco de entrenamiento. ¿Qué predicciones puede hacer sobre el texto de abajo? Comparen sus ideas.

¿Qué información le da la foto?
¿Qué información le da el título?
¿Qué tipo de texto es (artículo, cuento, entrevista…)?
¿Qué información espera encontrar?
¿Qué sabe del tema?

b. Primera lectura.
Para una primera lectura activa conviene concentrarse en estos aspectos.

¿Qué palabras entiende?
¿Hay palabras internacionales, cifras, nombres, etc.?
¿Cuáles son las palabras clave?

ÉXITO DE LAS COOPERATIVAS DE COMPRA

Lo 'bio' está al alcance de todos

La producción de alimentos ecológicos ha crecido un 15 % en España.

Un 30% de los consumidores españoles compra de vez en cuando o regularmente alimentos ecológicos. Este boom está relacionado con las cooperativas de compra. Son personas que se unen para comprar verduras o frutas bio directamente de los productores por un precio similar al que se paga por productos convencionales. Se calcula que unas 50.000 familias compran así, y cada mes se crean nuevas cooperativas o asociaciones.

"Los grupos de compra ecológica aumentan", explica Pedro Gumiel, socio de Gumendi, una de las grandes productoras de productos ecológicos. "Cuando empezamos, teníamos que exportar casi toda nuestra producción porque aquí no había consumo. Hoy en día el mercado español absorbe casi todo."

Comprar productos fabricados o cultivados de forma tradicional parece una vuelta al pasado, pero el fenómeno de las cooperativas de compra es algo absolutamente moderno y que utiliza las últimas tecnologías. La cooperativa Gumendi pone cada día la oferta en su página web y los grupos de compra pueden hacer sus pedidos a través de ella. ■

Adaptado de Tiempo

c. Segunda y tercera lectura. ¿Eran correctas sus predicciones?
¿A qué preguntas básicas (quién, qué, dónde, cuándo, por qué) contesta el texto?

d. Después de leer.
¿Qué sabe ahora que antes no sabía? ¿Es suficiente la información general o quiere entender detalles? ¿Puede resumir el texto en un mapa asociativo?

Proyectos con futuro 9

soziale Projekte beschreiben + + über die Zukunft sprechen + + Vermutungen äußern + + Vergleiche anstellen + + Notwendigkeit ausdrücken + + Gefühle äußern

¿Qué tienen en común un economista venezolano, una ama de casa vasca y un grupo de alemanes de Renania? Todos colaboran con entusiasmo en proyectos sociales. En este número presentamos tres de estos proyectos con futuro.

"Instrumentos musicales en vez de pistolas" era la visión de José Antonio Abreu cuando fundó "El Sistema Nacional de Orquestas Juveniles e Infantiles de Venezuela" en 1975. Su objetivo: ofrecer a niños y jóvenes de barrios marginales la posibilidad de integración social a través de una educación musical. Treinta años después este proyecto tiene unos 350.000 miembros en todo el país. No todos llegarán a ser músicos famosos, pero la mayoría realizará su sueño de un futuro mejor. 12

"Cambiar las cosas está en nuestra mano" dicen los 57.000 voluntarios de Cáritas, que dedican dos, tres, cinco o veinte horas a la semana al trabajo en esta organización, aunque no es tan atractiva ni tiene tanto márketing como otras. Cuando los servicios sociales del estado no pueden ayudar, mucha gente se dirige a las oficinas de Cáritas. 23

Una biblioteca para todos es uno de los últimos proyectos de la Asociación de Hermanamiento La Trinidad-Moers. Desde 1989 los miembros de esta asociación trabajan para realizar numerosos proyectos en su ciudad-hermana nicaragüense. Su filosofía: ayuda para autoayuda. 100% de las donaciones que reúnen van directamente a los proyectos. 31

1 **a. Lea este índice de una revista. ¿Qué tipo de trabajo realiza cada organización?** Luego haga un mapa asociativo con el vocabulario para hablar de proyectos sociales y compare con sus compañeros/-as. ¿Qué palabras le parecen útiles para aprender?

b. ¿Conoce actividades parecidas en su país?

¿Quiere saber cómo funcionan las orquestas de niños en Venezuela? ¿Cómo viven sus miembros y qué significa la música para ellos? La película "El Sistema" les acompaña en su vida diaria y muestra actividades y proyectos de los niños, que aprenden un instrumento gracias a la ayuda de esta organización.

Una escuela llena de futuro

congusto online
¿Le interesa la película? ¿Quiere ver un extracto?

2 a. Dos niños de la orquesta del 'Sistema' se presentan.
Lea estos textos y marque las formas de **ser** y **estar** con dos colores diferentes.

"Hola, soy Pablo, tengo once años y estoy en una de las orquestas del "Sistema" desde hace ocho años. Soy trompetista. Hoy estoy un poco nervioso porque tenemos un concierto importante. Es en la ópera de Caracas. Lo va a dirigir Gustavo Dudamel, que es un director de orquesta muy famoso. Pero no estoy nervioso por eso, sino porque va a venir mi mamá al concierto. Mi mamá es la más guapa del mundo y siempre está de buen humor."

"Yo me llamo Lidia, soy de Caracas. En la orquesta toco el violín, que es un instrumento muy bonito, pero también es difícil. Tengo que practicar muchas horas todos los días. A mí me gusta, a mis vecinos, no. Estoy muy contenta porque mis abuelos vienen al concierto de hoy. Creo que están muy orgullosos de mí, porque siempre dicen que soy el tesoro de la familia."

b. Complete la regla y la tabla con las formas adecuadas de 'ser' y 'estar'.

....	....
Yo .... Pablo y .... venezolano.	.... en la orquesta desde hace 8 años.
.... trompetista.	Hoy .... un poco nervioso.
.... un instrumento bonito.	Mis abuelos .... orgullosos de mí.
Quiero .... famoso como Gustavo.	Mi mamá siempre .... de buen humor.
El concierto .... en la ópera de Caracas.	La ópera .... en el centro de la ciudad.

¿Recuerda?

Eine Definition oder zum Wesen gehörige Eigenschaft wird mit .... angegeben.
Ein Zustand oder eine räumliche Situierung wird mit .... angegeben.
Ausnahme: Veranstaltungsorte gibt man mit **ser** an.

3 Lea el texto sobre el origen de la orquesta y tache las formas falsas.

En 1975 José Antonio Abreu fundó "El Sistema". En esa época era / estaba profesor de economía en la universidad y ya estaba / era convencido de que la música era / estaba una posibilidad de ayudar a niños de barrios pobres.
El concepto que estaba / era detrás del trabajo de Abreu es / está sencillo: una orquesta es / está un lugar donde los niños aprenden a escucharse y respetarse los unos a los otros. En vez de ser / estar en la calle, pasan la tarde en uno de los "núcleos" que forman "El Sistema".
Hoy las orquestas del "Sistema" son / están en muchas ciudades y pueblos de Venezuela y el proyecto ha sido / estado modelo para otros países.

1-3

4 a. Pablo y Lidia hablan de sus planes. ¿Son parecidos o diferentes?

De mayor quiero ser como Gustavo. Viajaré por todo el mundo, tendré muchos amigos y hablaré varios idiomas. Tocaré música clásica y jazz, que también me gusta mucho. Para eso tengo que seguir estudiando, si no estudio, no realizaré ninguno de mis sueños.

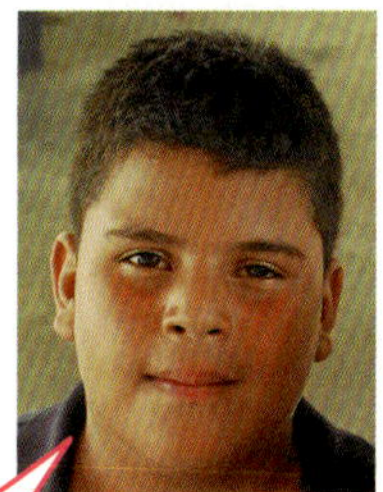

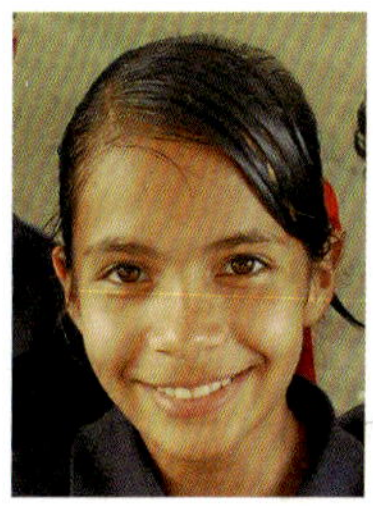

Yo no sé todavía qué haré de mayor. A veces pienso que seré una violinista famosa. Otras veces estoy segura de que estudiaré medicina y descubriré un medicamento que curará a mucha gente. De todos modos, lo que es seguro es que seguiré tocando el violín.

b. ¿Qué visión tienen Pablo y Lidia de su futuro?

De mayor Pablo quiere ....
Lidia quiere ....

c. El futuro.
Marque en los textos las formas del futuro que aparecen y complete la regla.

	verbos regulares	verbos irregulares			
yo	hablar**é**	decir	**dir**é, …	salir	**saldr**é, ….
tú	hablar**ás**	hacer	**har**é, …	querer	**querr**é, …
él / ella / usted	hablar**á**	poder	**podr**é, …	saber	**sabr**é, …
nosotros/-as	hablar**emos**	poner	**pondr**é, …		
vosotros/-as	hablar**éis**	tener	**tendr**é, …		
ellos / ellas / ustedes	hablar**án**	venir	**vendr**é, …	hay	**habr**á

Man bildet das Futur, indem man die Endungen an den .... anhängt. Unregelmäßige Verben haben einen unregelmäßigen Stamm, aber dieselben Endungen.

5 ¿Irán al concierto? Escuche y marque la opción correcta. 52 – 55

1. ☐ Paco no va al concierto.
   ☐ Todavía no sabe si irá.
2. ☐ Lloverá por la noche.
   ☐ Llueve y seguirá lloviendo.
3. ☐ Irán a la fiesta después del concierto.
   ☐ No podrán ir porque tienen otra invitación.
4. ☐ Raúl no irá al concierto.
   ☐ Raúl llega a tiempo para el concierto.

ENTREVISTA CON GUSTAVO DUDAMEL:

Un músico para el siglo XXI

›› Normalmente no se asocia Latinoamérica a la música clásica...

›› Hasta ahora no, aunque tenemos algunos grandes nombres, como Barenboim o Argerich. Pero en los próximos años, muchos nuevos nombres .... (salir) de Latinoamérica. Se .... (hablar) de los músicos latinoamericanos. Y algunos .... (venir) del "Sistema Nacional de Orquestas de Venezuela". Ya lo .... (ver) usted.

›› Usted se formó en el "Sistema". ¿Qué significa esto para usted y su país?

›› Es como una gran familia. Tú escuchas una orquesta en Venezuela y sientes que pasa algo. Hay una energía enorme que nos ha convertido en una potencia musical. Y la música ha traído un cambio social, porque el "Sistema" es realmente un programa de integración social muy efectivo: con los niños viene también la familia.

›› ¿Qué aporta la nueva generación de músicos?

›› Una nueva forma de entender la música, que no .... (tener) tantos límites, que .... (ser) más fresca, con más energía. Creo que la música es alegría y emoción, pero sobre todo creo que la música puede cambiar el mundo.

›› De usted ya se habla y mucho. ¿Cree que la fama cambiará su forma de ser?

›› No. Sé quién soy, soy consciente de mi origen. Para mí, trabajar con gente de mi país es algo hermoso, somos una familia. Por eso yo no .... (cambiar). No .... (dejar) Venezuela ni .... (abandonar) mis actividades con la Orquesta Simón Bolívar.

›› ¿Cómo ve el futuro?

›› Lleno de música, claro.

6 a. Grandes orquestas de pequeñas personas.
Lea la entrevista con Gustavo Dudamel y complete el texto con las formas del futuro.

b. Según Dudamel, ¿qué cambiará en el futuro y qué no?

c. ¿Qué pasará? Combine las partes de frases usando la forma correcta del verbo.

En el futuro Me pregunto si	mucha gente muchos niños del "Sistema" algunos de ellos Dudamel (no) la música	hablar de los músicos de Latinoamérica. realizar sus sueños. tener un puesto en un conservatorio. tocar en una orquesta internacional. ser diferente. recibir un premio. salir del país. cambiar su forma de vivir.

✎ 4, 5

d. 'Si no estudio no realizaré mis sueños' dice Pablo, el trompetista.
¿Y usted, qué propósitos tiene para el futuro? Aquí tiene algunos ejemplos.

- trabajar menos
- hacer más deporte
- hacer un examen
- comer más verdura
- dedicar más tiempo a la familia
- ver menos la tele
- salir más
- aprender a…

…

¿Recuerda?

Um über die Zukunft zu sprechen, kann man auch **ir a** + Infinitiv verwenden. Dann steht die Absicht stärker im Vordergrund.

7 a. ¿Cómo será en 10 años?
Piense en una persona de su entorno (su pareja, su hijo/-a, sus padres, su vecino, su profesor/a…) y escriba un pequeño texto sobre cómo piensa que será su vida en 10 años. ¿Dónde y cómo vivirá, cómo será su trabajo, su familia, su tiempo libre…?

b. Lea su texto a un/a compañero/-a, que adivina qué es como hoy y qué es diferente.

8 a. ¿Cuánta música hay en su vida?
En grupos de tres, hablen sobre este tema a partir de las preguntas. Luego presenten un resumen a la clase. ¿Se puede formar la orquesta o el coro del grupo?

¿Qué tipo de música le gusta? ¿Odia algún tipo de música?
¿Cuándo escucha música? ¿Puede leer o concentrarse escuchándola?
¿Toca algún instrumento? ¿O le gustaría aprender a tocar uno? ¿Cuál?
¿Canta en un coro o en una banda?

b. Escuche estos fragmentos de música. ⏭ 56 – 59
¿Qué asocia con ellos? ¿Qué instrumentos reconoce?

Me hace pensar en…
Me recuerda…
Me pone triste / alegre.
Me da ganas de bailar.

✎ 6

Voluntarios

9 a. ¿Conoce usted estas ONG (ONG = organización no gubernamental)?
¿Tienen actividades en su país? Explique sus actividades.

defender los derechos humanos
dedicarse a la ayuda humanitaria
defender los derechos de los niños
luchar contra la pobreza
apoyar el comercio justo
dedicarse al medio ambiente

ONG	voluntarios	socios	ingresos públicos	ingresos privados	gastos gestión	gastos proyectos
Amnistía Internacional	1.817	58.530	3%	97%	12%	88%
Cáritas Española	56.998	------	38%	62%	7,7%	92%
Cruz Roja Española	180.084	870.012	32%	64%	64%	30%
Intermón Oxfam	1.829	243.570	33%	67%	13%	87%
UNICEF	1.090	200.000	17%	83%	26%	68%
Greenpeace	350	103.180	0%	100%	12%	65%

www.ong.consumer.es

b. ¿Le gustaría colaborar en una de estas organizaciones? ¿Cuál? Explique sus motivos.

10 **a. Mire la estadística de la página anterior y diga si las frases son correctas o falsas.** Luego complete la tabla.

- ☐ Greenpeace tiene más socios que Amnistía Internacional, pero menos que Oxfam.
- ☐ En UNICEF trabajan tantos voluntarios como en Amnistía Internacional.
- ☐ De todas las ONG la Cruz Roja es la que tiene más socios.
- ☐ Greenpeace es la que recibe menos ingresos públicos.
- ☐ Los gastos de administración de Cáritas son tan altos como los de Greenpeace.
- ☐ UNICEF no gasta tanto en administración como la Cruz Roja.

¿Recuerda la comparación?

Es **más** grande **que**…
Es **menos** grande **que**…
Es **tan** grande **como**…
Es **el / la más** grande.
Es **el / la menos** grande.
Gasta **más / menos que**…

✎ 7, 8

verbo + ...	tanto/-a/-os/-as + ...
La gente no sabe **tanto** de Oxfam **como** de otras organizaciones. La música clásica no me gusta **tanto como** el jazz.	Cáritas no tiene **tanto** márketing **como** otras organizaciones. Greenpeace no tiene .... socios **como** la Cruz Roja.

b. En grupos de tres. ¿Conoce bien a sus compañeros/-as? Busque un aspecto en común y una diferencia con cada uno/-a.

- Sabine tiene tantos años como yo, pero yo tengo más hermanos que Peter.

11 **a. Mire la foto de la persona de abajo y haga suposiciones.**

nacionalidad: ....
edad: ....
profesión: ....
lugar: ....
actividades de tiempo libre: ....

expresar suposiciones

Será…
Tendrá unos… años.
Supongo que es…
Quizás tiene su propia tienda.
Me imagino que…

¿Recuerda?

Creo que…
Pienso que…
Puede ser…

Um Vermutungen zu äußern, kann man auch das Futur verwenden.

b. Lea ahora el texto y compare con sus suposiciones.

Lali Coca Machado es voluntaria en una de las tiendas de *Koopera* en Bilbao que venden ropa y objetos de segunda mano.

"Durante muchos años me he dedicado a la familia, pero ahora tengo cuarenta y nueve años y los niños son grandes. De repente, te encuentras con tiempo libre, y el yoga y el taichi no son suficientes para llenar el hueco. Sentía la necesidad de ayudar. De todos los proyectos de Cáritas el que más me gustó fue *Koopera*. En esta tienda hay ropa, electrodomésticos, juguetes, libros y comida ecológica. Aquí se combinan reciclaje y solidaridad. Yo compro toda mi ropa en la tienda, desde los vaqueros hasta el abrigo. Es interesante porque te puedes encontrar con todos los perfiles posibles de la sociedad: musulmanas con su velo que vienen tanto a comprar como a charlar un rato, gente de la clase media que busca ropa "vintage" o personas que están en una situación extrema, pero que, a pesar de todo, conservan su dignidad."

Adaptado de "XL Semanal"

c. Usted ha comprado algo en 'Koopera'. Explique a una amiga qué es esta tienda.

12 Para trabajar como voluntario en una ONG, ¿qué cualidades se necesitan?
Ordene estas cualidades de más a menos según la importancia que tienen para usted. Compare y coméntelo con sus compañeros/-as.

ser creativo / sensible / responsable / flexible / tolerante
tener disciplina / motivación / paciencia / buena salud / entusiasmo / reponsabilidad
ser capaz de organizar / trabajar en equipo / escuchar / improvisar

necesidad y obligación

Es necesario / Se debe / (No) Hay que	+ infinitivo
Hace falta	+ inf. / sust.

✎ 9, 10

13 a. Escuche a otros dos voluntarios y complete las fichas. ⏭ 60 – 61

Tipo de actividad ....
....
Motivo ....
....
Tiempo dedicado ....
Cualidades necesarias ....
....

Tipo de actividad ....
....
Motivo ....
....
Tiempo dedicado ....
Cualidades necesarias ....
....

b. Escuche otra vez y marque las expresiones que se mencionan.

- ☐ Quería hacer algo por los demás.
- ☐ A mí me aporta mucho.
- ☐ Quería poner mi granito de arena.
- ☐ He aprendido a ser más comprensiva.
- ☐ Me da pena. / Me emociona.
- ☐ Me hace mucha ilusión.

14 a. 'Siempre imaginé que el Paraíso sería algún tipo de biblioteca', dijo Jorge Luis Borges. ¿Cuál es la relación del grupo con los libros? Haga una encuesta.

¿Quién del grupo…
- lee en voz alta a sus hijos o nietos?
- escucha libros en CD?
- lee normalmente antes de dormir?
- va regularmente a una biblioteca?
- regaló un libro el mes pasado?
- fue a una lectura el año pasado?

Destruida en la guerra en 1979 y reconstruida con la ayuda de la Asociación de Hermanamiento, la biblioteca de La Trinidad es hoy punto de encuentro para toda la comunidad. Vienen sobre todo jóvenes para leer o estudiar porque los libros no se prestan.

b. Un concurso de lectura. ¿Quiere participar?
Elija un capítulo de la novela "La clave está en el pasado" y prepárese para leerlo en voz alta. (Si hay diálogo, trabajen en parejas). Luego algunos voluntarios leen su texto elegido. Los que no quieren participar pueden formar parte del jurado. ¿Quién gana el concurso?

✎ 11, 12

Tarea final Su granito de arena

Portfolio
Guarde la carta en la carpeta de su portfolio.

Usted quiere colaborar en un proyecto o una asociación.

1. Complete el formulario teniendo en cuenta
   - el público que le interesa (niños, enfermos, personas mayores…)
   - el tipo de asociación (proyectos de carácter social, cultural, de medio ambiente…)
   - el tiempo que puede dedicar
   - las cualidades que le pueden servir
   - sus experiencias
2. Los formularios se exponen en el aula. Todos los leen y forman grupos según los intereses.
3. Cada grupo decide en qué organización o proyecto quiere colaborar y escribe una carta para ofrecer su colaboración.

Nombre ____________
Motivo ____________
____
Intereses ____________
____
Tiempo disponible ____________
____
Cualidades ____________
____
Experiencias ____________
____
____

La clave está en el pasado

Capítulo 7: Un confidente

Por desgracia, Carmen Sinabla no nos dijo dónde podíamos encontrar a Juan Silencio. Pero no era problema porque yo tenía una idea: decidí hablar con Pepe "el ratón" López. Pepe "el ratón" era camarero en un bar de la Plaza de Cataluña y sabía todo lo que pasaba en Barcelona. Era uno de mis confidentes, no era caro y siempre tenía buena información para mí. Sólo tenía un problema: no sabía decir las cosas directamente.

Entré en el bar. Pepe "el ratón" estaba detrás de la barra.

- Hola, ratón. ¿Qué tal?
- No estoy mal. ¿Un café con leche, como siempre?
- Sí. Y un poco de información.
- ¿Qué quieres saber?
- ¿Conoces a un hombre llamado Juan Silencio?
- No digo que no.
- Es decir, sí. ¿Sabes si últimamente ha participado en un robo importante?
- Yo no lo sé, pero el primo del vecino de una sobrina de un compañero de trabajo me dijo algo del robo de una fórmula.

"El ratón" siempre habla así.

- ¿Sabes dónde vive Juan Silencio? – le pregunté.
- No vive lejos.
- Es decir vive cerca.

Entonces le enseñé un mapa de la zona y seguí las explicaciones de Pepe "el ratón".

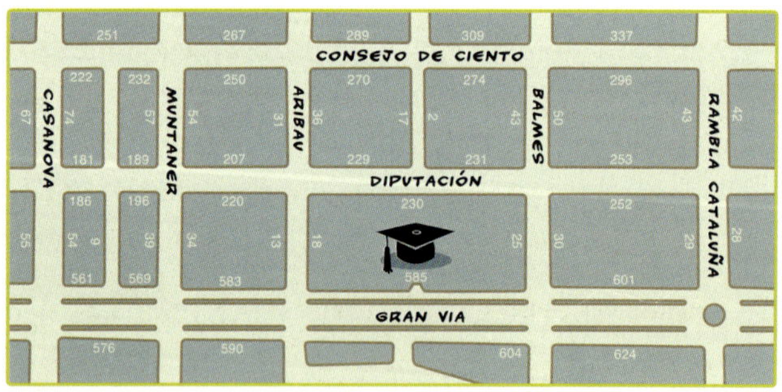

- No vive delante de la universidad.
- Es decir vive ____________
- Su piso está en una de las calles que están entre la calle Muntaner y la calle Balmes, concretamente en la que está más lejos de la calle Balmes.
- Es decir en la ____________ ¿En qué número?
- Muy fácil. El número es la multiplicación de los días de las semana por las estaciones del año. A este número hay que añadir los meses. ¿Está claro?

¡Uf! ¡Qué lío! ¿Puede reformular las frases del camarero y marcar en el mapa dónde vive Juan Silencio?

De fiesta

La Verbena de la Paloma
Si pensamos en Madrid en agosto, seguramente pensamos en calor, mucho calor, ¿no? O en la ciudad casi vacía porque mucha gente se ha ido de vacaciones. O quizás recordamos una canción de los años ochenta que decía "Vaya, vaya, aquí no hay playa". Y todo es verdad. En Madrid no hay playa, pero tenemos terrazas maravillosas para tomar algo con los amigos y una fiesta muy típica, la Verbena de la Paloma.

bailando chotis

Hola, me llamo Nieves Castells y, como se puede imaginar, soy de Madrid. Me gustaría hablarle de esta fiesta que celebramos el día 15 de agosto. Las verbenas son fiestas populares en honor al santo patrón de una ciudad o de un barrio. Nuestra verbena es en honor a la Virgen de la Paloma. Empieza ya el 6 de agosto, cuando se ponen puestos en muchas de las calles que están cerca de la Iglesia de la Virgen de la Paloma. En los puestos se venden dulces, bebidas, hay tómbolas, música, ... El dulce más popular son los "churros", que tienen muchísimas calorías, pero están riquísimos.

un barquillero

Otro dulce especial, que tiene para mí muchos recuerdos de la infancia, son los "barquillos". Son unos tubos hechos de una masa de harina, azúcar y canela. Los vendedores se llaman "barquilleros" y llevan normalmente un traje típico madrileño, una cesta con los barquillos y una ruleta con números. Esta ruleta es para probar la suerte: el que saca el número más bajo invita a los otros. Los barquilleros presentan los barquillos con unos versos:

"¡Al rico barquillo de canela
para el nene y la nena,
son de coco y valen poco,
son de menta y alimentan,
de vainilla ¡qué maravilla!,
y de limón
qué ricos, qué ricos, qué ricos
que son!"

La verbena empieza por la noche. Muchos madrileños, hombres y mujeres, van vestidos con los trajes típicos de la ciudad. Ellos, los "chulos", con su traje, la gorra y el pañuelo. Ellas, las "chulapas", con el vestido, el mantón y un clavel en el pelo.

los churros

Siempre hay baile. El más famoso, porque es el típico de Madrid, es el "chotis". ¿Sabe de dónde viene el nombre de este baile? El nombre da una pista. Viene de la palabra alemana "schottisch", que significa "escocés". Pero el baile no es de Escocia, sino de Bohemia.
La fiesta termina con la procesión de la Paloma, el día 15. Ese día sacan la imagen de la Virgen de la Iglesia. Es un privilegio de los bomberos de Madrid bajar la imagen de su lugar y ponerla en su carroza, decorada con cientos de claveles, para luego pasearla por las calles del barrio.
Después de la procesión se acaba la fiesta. En Madrid sigue haciendo calor, hay mucha gente de vacaciones y no tenemos playa, pero lo hemos pasado muy bien. El año próximo volveremos a ir de fiesta.

- *¿Hay alguna fiesta parecida en su país?*
- *¿Cuándo y dónde la gente lleva trajes regionales?*

Comunicación

Soziales Engagement

la ONG	los derechos humanos
la asociación	la ayuda humanitaria
la integración social	el comercio justo
la donación	defender los derechos
el servicio social	apoyar un proyecto
el / la voluntario/-a	luchar por / contra

Eigenschaften und Fähigkeiten

ser	creativo / sensible / responsable / flexible / tolerante
tener	disciplina / motivación / entusiasmo / buena salud / paciencia
ser capaz de	organizar / trabajar en equipo / escuchar / improvisar

Über die Zukunft sprechen

De mayor quiero ser como Gustavo.
Tocaré música clásica y jazz.
Todavía no sé qué haré de mayor.

Vermutungen äußern

Tendrá unos 50 años.	**Será** vendedora.
Seguramente tiene familia.	**Supongo que** es española.
Quizás tiene su propia tienda.	**Me imagino que** le gusta su trabajo.

Notwendigkeit ausdrücken

Se debe / Hay que / No hay que / Es necesario	+ Infinitiv
Hace falta	+ Inf. / Substantiv

Gefühle und Anteilnahme äußern

Me recuerda…	Quería hacer algo por los demás.
Me hace pensar en…	A mí me aporta mucho.
Me pone triste / alegre.	Sentía la necesidad de ayudar.
Me da pena. / Me emociona.	Quería poner mi granito de arena.
Me hace ilusión.	He aprendido a ser más comprensiva.

Gramática

Der Gebrauch von ‚ser' und ‚estar' → 5.1

ser		estar	
Soy Pablo.	*Name*	Hoy estoy un poco nervioso.	*(Gemüts-)Zustand*
Soy venezolano, de Caracas.	*Herkunft*	Mis abuelos están orgullosos de mí.	*(Gemüts-)Zustand*
Soy trompetista.	*Beruf*	Mi mamá siempre está de buen humor.	*(Gemüts-)Zustand*
Es un instrumento bonito.	*Definition*	El concierto ha estado muy bien.	*Bewertung*
Gustavo es muy simpático.	*Charakter*	Estoy en la orquesta desde hace 8 años.	*Lokalisierung*
El concierto es en la ópera de Caracas.	*Veranstaltung*	La ópera está en el centro de Caracas.	*Lokalisierung*

Man verwendet **ser** zur Definition und Identifizierung von Personen und Dingen sowie zum Ausdruck von charakteristischen Eigenschaften. Man verwendet **estar**, um etwas räumlich zu lokalisieren oder anzugeben, in welchem Zustand sich eine Person oder Sache befindet: Marcelo está enfermo. Su tienda está cerrada.

Der Vergleich → 2.1

Verb + tanto	tanto/-a/-os/-as + Substantiv
La música clásica me gusta **tanto como** el jazz.	Cáritas no tiene **tanto** márketing **como** otras ONG.
Greenpeace no gasta **tanto** en administración **como** UNICEF.	Greenpeace no tiene **tantos** socios **como** la Cruz Roja.
No se habla **tanto** de Oxfam **como** de la Cruz Roja.	Al concierto de Dudamel no va **tanta** gente **como** al cine.

Tanto + Verb *(so sehr, so viel)* ist unveränderlich, **tanto/-a/-os/-as** + Substantiv *(so viel/e)* passt sich in Geschlecht und Zahl an. **Tanto… como** kann außerdem *sowohl … als auch* bedeuten: La gente viene **tanto** a comprar **como** a charlar un rato.

Das Futur → 4.5.1

	habar	ser
yo	hablar**é**	ser**é**
tú	hablar**ás**	ser**ás**
él / ella / usted	hablar**á**	ser**á**
nosotros/-as	hablar**emos**	ser**emos**
vosotros/-as	hablar**éis**	ser**éis**
ellos / ellas / ustedes	hablar**án**	ser**án**

Unregelmäßiges Futur → 4.5.2

decir	**dir-**	é	hay → **habrá**
hacer	**har-**	ás	
poder	**podr-**	á	
poner	**pondr-**	emos	
salir	**saldr-**	éis	
tener	**tendr-**	án	
venir	**vendr-**		

Die Endungen des Futurs sind für alle Konjugationsgruppen gleich und werden an den Infinitiv angehängt. Unregelmäßige Verben haben einen unregelmäßigen Stamm, die Endungen sind aber regelmäßig. Man verwendet das Futur, um Vorhersagen über die Zukunft zu treffen. Außerdem wird es gebraucht, um Vermutungen über die Gegenwart zu äußern: ¿Dónde están mis gafas? – **Estarán** en la mesa del salón.

Muy informados 10

über den Umgang mit Medien sprechen + + hypothetische Aussagen machen + + einer Meinung zustimmen und widersprechen + + Tätigkeiten am Computer benennen

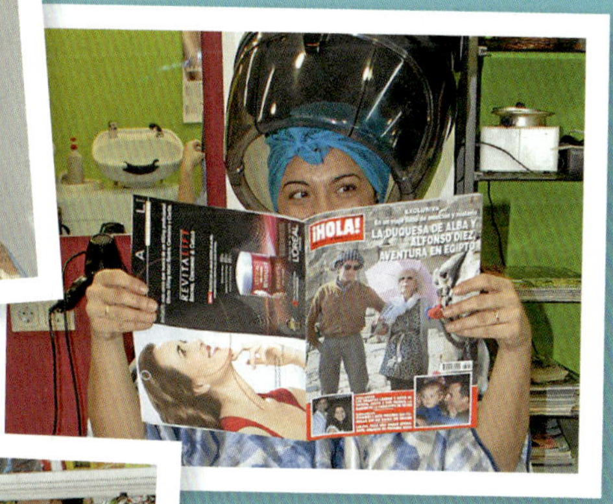

7.00 "Son las siete de la mañana, una hora menos en Canarias." Media España se levanta con esta frase y las noticias de la radio. A partir de ahora y hasta la noche, la radio acompaña la jornada de muchos españoles.

11.00 La hora del café en el bar de la esquina. Muchos aprovechan este momento para conectarse a internet, porque en algunos bares hay conexión gratis.

12.00 La primera lectura del día. En el camino al trabajo, al parque o al bar se compra el periódico en el quiosco. El País regala hoy una película, El Mundo un libro, la Vanguardia un CD. Y todos tienen cupones para motivar al lector a volver a comprar el periódico mañana. Con diez cupones, un DVD gratis.

17.00 Hora en la peluquería para cortarse el pelo e informarse en las revistas del corazón sobre la vida de los famosos y las familias reales.

21.00 Empieza el Telediario. Otra vez suben los precios. El tiempo para el fin de semana será perfecto.

1 **a. Lea el texto y subraye la información que se refiere a las fotos.**

b. ¿Es igual en su país? ¿Qué es diferente?

Yo me informo así

2 a. Conteste este cuestionario sobre los medios de información.

¿Está usted bien informado?

1. Yo me informo sobre todo
   - ☐ leyendo el periódico.
   - ☐ escuchando la radio.
   - ☐ viendo las noticias de la televisión.

2. Cuando leo el periódico,
   - ☐ leo primero los titulares.
   - ☐ lo leo del principio al final.
   - ☐ busco la sección que más me interesa (deporte, anuncios, bolsa...).

3. En la tele veo sobre todo
   - ☐ noticias y reportajes, para informarme.
   - ☐ películas o deporte, para relajarme.
   - ☐ Me da lo mismo, lo mío es el zapping.

4. Veo las noticias
   - ☐ normalmente en el mismo canal.
   - ☐ siempre a la misma hora.
   - ☐ cuando puedo.

5. Cuando escucho la radio,
   - ☐ elijo los programas que me interesan.
   - ☐ el programa me da lo mismo, tengo la radio siempre encendida.
   - ☐ Casi nunca escucho la radio.

6. Uso también otros medios como
   - ☐ internet.
   - ☐ teletexto.
   - ☐ otros, por ejemplo ....

b. En parejas. Comparen sus respuestas y presenten a la clase un aspecto en común.

c. ¿Es lo mismo o diferente?

Complete la columna de la izquierda con ejemplos. ¿Cómo se traducen las expresiones de las otras columnas?

mit Substantiv	Verstärkung der Bedeutung	ohne Substantiv
el mism**o** canal	aquí mismo gleich hier	No es lo mismo.
la mism**a**	ahora mismo	Todos dicen lo mismo.
los mism**os**	hoy mismo	Me da lo mismo.
las mism**as**	yo mismo/-a	

d. Complete las preguntas con 'mismo/-a/-os/-as'. Luego busque a una persona para cada aspecto. ¿Quién las encuentra primero? Finalmente, presente los resultados.

¿Quién de la clase…	Nombre
– lee el mismo periódico que usted?	....
– vio ayer .... programa en la tele?	....
– se acostó ayer a .... hora?	....
– usa .... programas de ordenador?	....
– tiene .... zapatillas de deporte?	....

- ● ¿Qué periódico lees?
- ○ El "Schwarzwälder Bote".
- ● Ah, yo también.
- ● Katharina y yo leemos el mismo periódico.

✎ 1-3

MARTES 5 DE ENERO

rtve TVE 1

10.15 Esta mañana

06.30 Telediario matinal
10.15 Esta mañana
Presenta Pepa Bueno
14.30 Corazón, corazón
Crónica sobre famosos, moda y cine
15.00 Telediario 1
15.55 El tiempo
16.00 Amar en tiempos revueltos
Cap. 121: Héctor recibe una mala noticia.
17.10 En nombre del amor
Camila le devuelve el collar a Paloma.
18.00 España directo
20.00 Gente
Espacio de debate
21.00 Telediario 2
21.50 El tiempo
22.00 Cine para todos
Ana Karenina
01.45 Telediario 3
02.00 TVE es música

ANTENA 3

22.00 Fútbol, Copa del Rey

06.30 Las noticias de la mañana
10.15 La aventura de saber
La inteligencia del pulpo
12.30 La ruleta de la suerte
Presenta Jorge Fernández
14.00 Los Simpson
Los Simpson deciden pasar las vacaciones en Tomdalylandia.
15.00 Noticias
16.00 Multicine
Babe, el cerdito valiente
19.15 El diario
21.00 Noticias
22.00 Fútbol. Copa del Rey
Real Madrid – FC Barcelona
Retransmisión en directo
23.30 Los hombres de Paco
Cap. 35: Un muerto y un mensaje
00.15 Redacción 7
Programa de reportajes
02.00 Marca y gana

5 TELECINCO

16.45 Rex, un policía diferente

06.30 Informativos
09.00 El programa de Ana Rosa
12.30 Bricomanía
Consejos para hacer bricolaje
14.00 Karlos Arguiñano en tu cocina
Alcachofas gratinadas con queso
15.00 Informativos
15.30 Saber y ganar
16.45 Rex, un policía diferente
19.00 Amazonas
Viaje por el río más largo del planeta
20.00 Pasapalabra
Tres candidatos pasan a semifinales.
20.55 Informativos
Incluye información deportiva y previsión meteorológica.
22.30 Hospital Central
Fernando lucha contra el cáncer.
00.30 Los mejores videoclips de música

La televisión

3 a. Lea la programación de televisión.
Busque un ejemplo para cada tipo de programa poniendo al lado el número correspondiente. ¿A qué hora hay noticias? ¿Y películas o series?

1. noticias
2. deporte
3. película
4. el tiempo
5. documental
6. concurso
7. telenovela
8. serie
9. tertulia
10. dibujos animados
11. programa de actualidad
12. programa musical

Falsos amigos
el programa = *Sendung*
Programm = el canal
la programación = *Vorschau*

b. ¿Puede dar un ejemplo para cada tipo de programa en su país?

c. ¿Con qué frecuencia ve usted la tele? ¿Qué programas le gustan más?
Clasifique los programas de la lista según la frecuencia con la que los ve y comente los resultados.

frecuencia	programas
Regularmente:	....
De vez en cuando:	....
Raramente:	....
Nunca:	....

• Veo las noticias regularmente. Nunca veo concursos.

✎ 4, 5

Florencio *"¿La televisión ideal? Pues... más deporte, sobre todo fútbol, y todos los partidos gratis en la televisión pública. En realidad me gustaría un canal sólo de fútbol y con la retransmisión de todos los partidos en directo."*

Belinda *"La televisión debería ser más educativa: tendría sobre todo noticias, programas culturales, documentales. Yo pondría más programas infantiles con contenidos educativos y menos violencia."*

Cecilia *"Mi tele ideal daría, sobre todo, entretenimiento. Yo pondría más películas, series, telenovelas y por la noche más concursos. Y también más dibujos animados para mis hijos. Quizás habría que reducir programas políticos aburridos. Es que yo veo la tele para relajarme."*

Rodrigo *"Una buena televisión informaría más sobre actualidad y política. También habría más tertulias con discusiones entre personas interesantes porque te dan distintos puntos de vista del mismo tema."*

4 **a. Lea estas opiniones sobre la tele y marque una palabra clave en cada comentario.**

b. En los comentarios hay una nueva forma verbal: el condicional.
Marque las formas en el texto. Después, traduzca las frases de la tabla.

¿Recuerda?

Me gustaría aprender a tocar el piano.

Beim Konditional werden die Endungen an den Infinitiv angehängt. Unregelmäßige Verben verändern den Stamm, nicht die Endungen, und zwar genauso wie beim Futur.

verbos regulares	irregulares	
informar**ía**	decir – diría	La tele debería ser más educativa.
informar**ías**	hacer – haría	Yo pondría más películas y series.
informar**ía**	poder – podría	
informar**íamos**	poner – pondría	*Höflichkeitsform:*
informar**íais**	tener – tendría	¿Podría decirme la hora, por favor?
informar**ían**	hay – habría	Me encantaría ir a tu fiesta, pero…

5 **a. ¿Cómo debería ser la tele según las personas de arriba?**
Complete las frases y marque la opción correcta.

1. ☐ A Belinda le gustaría...... *(gustar)* tener más programas educativos.
   ☐ Belinda .... *(poner)* más dibujos animados para niños.
2. ☐ Según Rodrigo, la tele .... *(deber)* ofrecer más deporte.
   ☐ Rodrigo .... *(ampliar)* las noticias con más análisis de la actualidad.
3. ☐ Cecilia y Florencio.................... *(quitar)* las telenovelas.
   ☐ Cecilia .... *(cambiar)* programas políticos por series y películas.
4. ☐ Para Florencio una buena tele .... *(tener)* más deporte.
   ☐ Florencio .... *(quitar)* programas aburridos de política.

6–9

b. La tele: ¿qué pondría o quitaría usted?
En grupos. Se juega con una moneda. Si sale cara, usted dice qué pondría en la tele. Si sale cruz, dice qué programa quitaría.

congusto online
¿Le interesa la televisión española?

- Yo pondría más documentales.

6 **a. Lea la viñeta.**
¿Quiénes son las personas?
¿Cuál es el problema? ¿Y el remedio?
¿Está usted de acuerdo con el consejo?

b. Escuche a dos amigos que hablan de la tele. ⏭ 62
¿Puede explicar la situación en una frase?

c. Lea los argumentos a favor y en contra de la tele y escuche otra vez.
¿Cuáles mencionan? ¿Quiere usted añadir otros?

Con la tele no hay comunicación en las familias.

La televisión ofrece mucha información interesante.

Ver la tele es una actividad pasiva.

La tele es un tema importante de conversación.

Muchos programas tienen muy poco nivel.

Con la tele también se aprende.

Siempre se puede encontrar un buen programa.

Ver la tele es una forma cómoda de relajarse.

Hay que aprender a ver la tele, muchos no saben.

La tele es importante para la gente que no puede salir de casa.

d. ¿Está de acuerdo?
Un voluntario lee una de las opiniones de arriba. Sus compañeros/-as de la derecha y de la izquierda reaccionan usando expresiones del siguiente cuadro. Luego otro/-a lee la próxima opinión y así sucesivamente.

expresar acuerdo	expresar duda	expresar desacuerdo
Estoy de acuerdo. Sí, es cierto. Es verdad. Tienes razón.	Depende (de)… Sí, es verdad, pero… Es probable. No sé, puede ser.	No estoy de acuerdo. Eso no es verdad. Yo creo que no. No, en absoluto.

✎ 10, 11

7 **Una vida sin tele.**
¿Puede imaginarse cómo sería su vida sin televisión? Escriba un pequeño texto mencionando algunos aspectos que cambiarían. Luego se comparan los textos. ¿Cuáles son los cambios más mencionados en el grupo?

Busca en internet

8 a. La abuela de Susi quiere aprender a usar internet. 63
Lea y escuche el diálogo y marque las palabras que tienen que ver con informática. Luego relaciónelas con los símbolos de abajo.

- Susi, en la peluquería me han dicho que en internet hay una revista que se llama "Sesenta y pico", que es para gente de mi edad. Me gustaría leerla, pero no sé cómo se hace. ¿Me ayudas?
- ○ Claro, mira, con este botón enciendes y apagas el ordenador, y la pantalla se enciende con este otro.
- Esto ya lo sabía.
- ○ Bueno, perdona. Con el ratón haces clic aquí en este símbolo y así te conectas a internet. Y aparece el buscador google.
- Esto es nuevo. A ver, ¿qué es un buscador?
- ○ Un programa que busca la información que quieres saber.
- ¿Y cómo lo sabe?
- ○ Es muy fácil. Escribiendo aquí una palabra clave, por ejemplo el nombre del periódico. Mira, ya está. Si te interesa algún artículo, podemos imprimirlo. O lo puedes copiar en un documento y guardar en esta carpeta con tu nombre, "Mercedes". Haciendo clic aquí puedes abrir y cerrar tus documentos, ¿ves qué fácil?
- ¡Qué bien! Pues guárdame este artículo sobre el deporte y la tercera edad, o mejor, me lo imprimes, que ya tengo impresora.
- ○ Sí, claro. Ya está. Mira, abuela, también tienes enlaces a otras páginas web del mismo tema.
- Cursos de natación, concurso de cocina, excursiones… ¡Cuántas cosas interesantes se descubren navegando por internet!

símbolos

- Datei ....
- Ordner ....
- drucken ....
- speichern ....
- kopieren ....

b. La abuela de Susi ha escrito rimas para recordar el vocabulario del ordenador.
¿Puede completarlas? ¿Cuántas puede aprender de memoria en dos minutos?

Espera un momento,
yo guardo este cuento
en un ....

Hora tras hora
imprime la ....

Me haces el favor,
abres el ....
y buscas un actor.

Dime lo que haces
con estos ....

En la ....
del ordenador
se ve una playa
donde hace calor.

c. Piense en tres cosas que se pueden hacer con estos verbos sin decir el verbo, sus compañeros/-as lo adivinan.

marcar | abrir | cerrar | guardar | enviar | borrar | copiar | encender | imprimir

- Puerta, documento y bolso.
- ○ ¿Abrir?

12, 13

d. Escriba tres frases (verdaderas o falsas) con los verbos de arriba.
En cadena. Cada uno/-a lee una frase. Si es verdadera, el grupo levanta el brazo derecho, si es falsa, el izquierdo.

- Para enviar un correo electrónico necesitas un sello.

España	Latinoamérica
el ordenador	la computadora
el móvil	el celular
encender	prender

9 'Me informo viendo la tele.' 'Navego por internet escuchando música.'
¿Cómo se traducen las frases anteriores? ¿Y qué cosas hace usted al mismo tiempo? Marque tres actividades y coméntelas.

- Conduzco escuchando música.

	A	B	C	D	E	F	G	H	I	J
A ver la tele										
B escuchar música										
C cantar										
D ducharse										
E planchar										
F hacer deporte										
G leer el periódico										
H cocinar										
I conducir		x								
J desayunar										

¿Recuerda el gerundio?

Momentane Handlung:
Estoy viendo la tele.

Art und Weise:
Me informo **viendo** la tele.

Gleichzeitigkeit:
Me ducho **cantando**.

10 a. Lea el texto y marque los motivos para usar internet.

¿Para qué se usa internet? "Para leer mi correo electrónico", es la respuesta más usual a esta pregunta. Muchos lo usan también para buscar información o para chatear. Y hay cada vez más gente que se decide por este medio para comprar o para comparar precios de productos. Muchos jóvenes lo usan para bajar música o hablar gratis por "teléfono" a través de Skype.

¿Por qué lo hacen? Las respuestas más frecuentes son "porque es práctico" y "porque es rápido". Por rapidez, por comodidad, por necesidad o por trabajo, internet forma parte de nuestras vidas. ¿Se imagina una vida hoy en día sin internet?

para	por
para mí	por necesidad / comodidad
para mis hijos	por la mañana / tarde / noche
para informarme	Damos un paseo virtual por el barrio.
para mañana	He comprado un móvil por 20 euros.

Mit **para** gibt man Zweck, Ziel oder Empfänger an. **Por** wird für Gründe und unbestimmte Zeit- und Ortsangaben sowie Preise verwendet und steht nach bestimmten Verben, z. B. decidirse, interesarse.

b. Lea las respuestas de una encuesta y complete con 'por' o 'para'.

1. ¿Internet? Lo necesito sobre todo .... el trabajo. .... mí es tan necesario como el teléfono, es muy importante .... buscar información. Mis hijos lo usan .... placer, ... chatear y eso… Bueno, también .... necesidad porque en el colegio también lo tienen que usar.
2. Yo lo uso sobre todo .... comprar, es que no puedo salir de casa .... problemas de salud. Es muy práctico aunque preferiría pasear .... el barrio y ver las tiendas.

c. Y usted, ¿usa internet? ¿Para qué? ¿Con qué frecuencia? ¿Podría vivir sin él?

✎ 14, 15

Tarea final La clase y los medios

Portfolio
Guarde el cuestionario y el resumen de los resultados en su portfolio.

Una encuesta sobre el uso de los medios en la clase.

1. La clase se divide en tres grupos. Cada grupo toma uno de los tres temas y elabora un cuestionario con unas cinco preguntas. Pueden preguntar por preferencias, frecuencia, motivos…

   Temas
   La prensa
   La televisión
   Internet

CUESTIONARIO

Tema: ....

¿Dónde lees el periódico?
¿Lees revistas regularmente?
…

2. Una persona de cada grupo va a otro y hace las preguntas a sus compañeros/-as. Toma notas de las respuestas.

3. Cada "entrevistador/a" vuelve a su grupo con la información que ha apuntado y la comenta con sus compañeros/-as. Luego el grupo resume la información en un texto.

4. Cada grupo presenta su texto.

La clave está en el pasado

Capítulo 8: Retrato robot

Por fin tenía una pista importante. Ya sabía dónde vivía Juan Silencio. Fui hasta la dirección, calle Aribau, 40. Era un bloque con muchos pisos en el que vivían muchas personas. Imposible encontrarlo aquí. Entonces decidí preguntar a la gente del barrio. Primero hablé con el dueño de un quiosco.
– ¿Juan Silencio? Sí, lo conozco. Colecciona novelas policíacas y viene cada semana a comprarlas.
– ¿Me lo podría describir?
– Pues, alto, delgado. Parece muy serio, siempre lleva traje y corbata.
El quiosquero no me pudo dar más informaciones, pero la camarera del bar "El cafecito", que estaba cerca de la casa de Juan Silencio, también lo conocía.
– Juan viene todas las mañanas a desayunar. Se sienta cerca de la ventana y lee el periódico.
– ¿Qué aspecto tiene?
– Es delgado, tiene el pelo negro y corto.
– ¿Lleva gafas?
– Sí. Es una lástima, porque tiene unos ojos verdes preciosos…
– Vaya, vaya. ¿Alguna característica más?
– Bueno, últimamente lleva barba.
– ¿Sólo barba?
– Sí, sólo barba, sin bigote. Una barba corta. Muy sexy.
Finalmente, como Juan Silencio parecía aficionado a la literatura, entré en una librería. La librera lo conocía también.
– El señor Silencio es un buen cliente nuestro. Es un gran lector.
La descripción de la librera coincidía con las informaciones que ya tenía, pero me dio un detalle interesante:
– Lleva un pendiente en la oreja izquierda.

Bueno. Ya sabemos mucho. ¿Ha tomado notas? ¿Podría dibujar el retrato robot de Juan Silencio?

De fiesta

Las fiestas de la vendimia en La Rioja

paisaje de viñas en otoño

¿Quién no conoce los vinos de La Rioja?
Hola. Me llamo Begoña y soy de Logroño, la capital de La Rioja. Mi región es conocida en el mundo entero por sus magníficos vinos, sobre todo los tintos, aunque los blancos son cada vez mejores.

Los vinos de la Rioja tienen la Denominación de Origen Calificada (D.O.C.), un certificado de calidad que confirma que el vino se ha producido en esta región.
Un vino de Rioja siempre es bueno, pero no es lo mismo comprar un vino de *crianza* que un vino *gran reserva*. *Crianza*, *reserva* y *gran reserva*, de menor a mayor calidad, son categorías de calidad que se definen por el tiempo que pasa el vino en el barril y en la botella.
El vino es una parte fundamental en nuestra vida y, además, marca el paisaje de La Rioja. A mí me parece hermoso, sobre todo en otoño, cuando las viñas cambian de color. Es también la época más importante, porque se realiza la vendimia, es decir, se recogen las uvas de las que después se hará el vino.
Yo diría que todos, absolutamente todos los pueblos y ciudades de La Rioja, grandes o pequeños, celebran en otoño sus fiestas de la vendimia.

Aquí, en Logroño, las fiestas de la vendimia se llaman "Fiestas de San Mateo" y empiezan el 21 de septiembre. Es una fiesta muy antigua, que se celebra desde el siglo XII. Como en todas las fiestas populares, hay música, bailes, comida…
Se come muchísimo y muy bien porque celebramos también la Feria Gastronómica.
¿Qué se come? De todo, pero lo mejor son las especialidades de la región, como las patatas con chorizo. ¡Qué ricas! Y claro, se bebe vino. El nuestro, el rioja.
Una parte preciosa de las fiestas es cuando al final se hace la "ofrenda del primer mosto". El mosto es el nombre que tiene el zumo de la uva. En la ofrenda, niños de toda La Rioja llenan la "cuba" con las primeras uvas recogidas. Después las uvas se pisan de la manera tradicional, con los pies, para sacar el mosto. Este mosto se ofrece a la patrona de Logroño, la Virgen de la Valvanera. Finalmente, se quema la cuba. ¡Es muy emocionante!

Bueno, sólo me queda brindar con vosotros con un buen vino de mi tierra. ¡Salud!

- *¿Hay fiestas del vino en su región?*
- *Marque en el texto todas las palabras relacionadas con el vino. Después puede hacer su pequeño diccionario del vino, escribiendo una lista de las palabras con su traducción.*

niña llenando la cuba con uvas

patatas a la riojana

Comunicación

Fernsehsendungen benennen

las noticias	la telenovela	los dibujos animados
el tiempo	el documental	el programa de actualidad
el deporte	el concurso	el programa musical
la película	la serie	la tertulia

Häufigkeitsangaben

regularmente
de vez en cuando
raramente
nunca

Einverständnis

Estoy de acuerdo.
Sí, es verdad.
Es verdad.
Tienes razón.

Zweifel

Depende (de)…
Sí, es verdad, pero…
Es probable.
No sé, puede ser.

Widerspruch

No estoy de acuerdo.
Eso no es verdad.
Yo creo que no.
No, en absoluto.

Computer und Internet

el ordenador	el buscador	encender / apagar el ordenador
la pantalla	la página web	hacer clic
el botón	el enlace	conectarse a internet
el ratón	el programa	navegar por internet
la impresora	el documento	marcar un texto
el CD-Rom	la carpeta	enviar un mensaje

abrir / cerrar, copiar, guardar, bajar, borrar, imprimir – un documento

Einen Vorgang beschreiben

Me informo viendo las noticias de la televisión.
Haciendo clic en este símbolo abres el documento.
¡Cuántas cosas se descubren navegando por internet!

Die Gleichzeitigkeit zweier Handlungen angeben

Mucha gente lee el periódico desayunando.
No conviene conducir hablando por teléfono.
Me ducho cantando.

Gramática

Der Gebrauch von ‚mismo' → 3.5

Begleiter	Verstärkung	Pronomen
el mismo canal	**Aquí mismo** tienes un enlace interesante. *(gleich hier)*	No es lo mismo. *(dasselbe)*
la misma hora	**Ahora mismo** empiezan las noticias. *(sofort, jetzt gleich)*	Todos dicen lo mismo.
los mism**os** programas	Te mando el mensaje **hoy mismo**. *(noch heute)*	Me da lo mismo. *(Das ist mir egal.)*
las mism**as** películas	**Ella misma** ha diseñado su página web. *(sie selbst)*	

Die Präposition ‚para' → 7.1

Veo la tele **para** informarme.	*Zweck*
Pondría más programas **para** niños.	*Empfänger*
He pagado la conexión **para** un mes.	*Frist*
Quería un billete **para** Valencia.	*Zielort*
Para mí la tele es algo pasivo.	*Standpunkt*

Die Präposition ‚por' → 7.1

Uso internet **por** necesidad.	*Grund*
Compramos **por** internet.	*Medium*
Pondría más películas **por** la noche.	*Tageszeit*
Se puede dar un paseo virtual **por** el barrio.	*Durchgangsort*
Lo he comprado **por** 20 euros.	*Preis*

Das Konditional → 4.6.1

	hablar	ser
yo	habla**ría**	se**ría**
tú	habla**rías**	se**rías**
él / ella / usted	habla**ría**	se**ría**
nosotros/-as	habla**ríamos**	se**ríamos**
vosotros/-as	habla**ríais**	se**ríais**
ellos / ellas / ustedes	habla**rían**	se**rían**

Unregelmäßiges Konditional → 4.6.2

decir	**dir-**	ía
hacer	**har-**	ías
poder	**podr-**	ía
poner	**pondr-**	íamos
salir	**saldr-**	íais
tener	**tendr-**	ían
venir	**vendr-**	

hay → **habría**

Die Endungen des Konditionals sind für alle Konjugationsgruppen gleich und werden an den Infinitiv angehängt. Unregelmäßige Verben verändern den Stamm, die Endungen sind regelmäßig. Der unregelmäßige Stamm ist derselbe wie beim Futur. Man verwendet das Konditional für höfliche Formulierungen (¿**Podría** decirme la hora, por favor? Me **encantaría** ir a tu fiesta, pero…), Vorschläge und Ratschläge (La tele **debería** ser más educativa.) und hypothetische Angaben (Yo **pondría** más películas y series.)

¡Buen trabajo! 11

über die eigene Arbeitssituation sprechen + + berufliche Tätigkeiten bewerten + + ein Bewerbungsschreiben verfassen + + Ereignisse der Vergangenheit einordnen + + sich mit Kollegen verständigen

1 a. Mire las fotos. ¿Cuántas profesiones puede identificar en un minuto?

b. Escuche estos sonidos. ¿Con qué profesiones los asocia? ⏭ 64 – 69

1. ....
2. ....
3. ....
4. ....
5. ....
6. ....

c. Piense en una profesión (de las que se ven en las fotos u otras).
Sus compañeros/-as le hacen preguntas para identificarla. La respuesta puede ser sólo 'sí' o 'no'.

vender productos | atender a clientes | organizar | reparar cosas | transportar | producir algo | cuidar a personas

- ¿Trabaja en una oficina?
- No.
- ¿En una tienda?

¿A qué te dedicas?

2 a. El trabajo, ¿vocación o necesidad?
Lea lo que dice esta persona. ¿Está contenta con su trabajo o no? ¿Por qué?

Por nada del mundo

Me llamo Mariluz, soy médica en el Hospital Clínico Universitario en Santiago de Chile.
Mi trabajo es para mí más que una simple profesión: es una vocación, mi pasión desde pequeña. Por eso no fue problema estudiar tantos años, los exámenes, el trabajo mal pagado al principio. Y sí, a veces es duro: muchas horas de trabajo, demasiados pacientes, turnos de noche, el estrés. Pero estoy ayudando a la gente y tengo la sensación de hacer algo bueno e importante, y eso para mí es fundamental. ¡No cambiaría mi profesión por nada del mundo!

b. Apunte los aspectos positivos y negativos que menciona de su profesión.
¿Puede añadir otros aspectos?

+	− ....
+	− ....
+	− ....

c. Escuche a otra persona que habla de su trabajo. ¿Qué es diferente? ⏭ 70

3 Condiciones de trabajo.
Busque por lo menos a una persona para cada aspecto.

¿Quién de la clase…	nombre
– es empleado/-a en una empresa?	
– es autónomo/-a?	
– trabaja a tiempo completo?	
– trabaja a tiempo parcial?	
– tiene horario fijo?	
– tiene horario flexible?	
– trabaja por turnos?	
– tiene un trabajo manual?	
– está satisfecho/-a con su sueldo?	
– no cambiaría su trabajo por nada del mundo?	

¿Tu trabajo te da satisfacción?

4 a. ¿Jefe simpático o trabajo interesante? ¿Qué es más importante para usted?
¿Y para los españoles? Lea el texto y el diagrama.

Ser feliz en el trabajo: ¿misión imposible?

El trabajo es una parte fundamental en la vida de las personas, para algunas quizás la más importante. Por eso nuestra calidad de vida depende también de nuestro trabajo. ¿Qué nos hace ser felices en el trabajo?
La revista *Tiempo* ha elaborado una encuesta entre trabajadores españoles. Los resultados son sorprendentes: muchos piensan que el sueldo es lo más importante, pero no es tan importante como la calidad del trabajo y el buen ambiente. Otros factores, como la seguridad y tener un buen jefe no tienen tanta importancia como se pensaba.

Texto adaptado de "Tiempo"

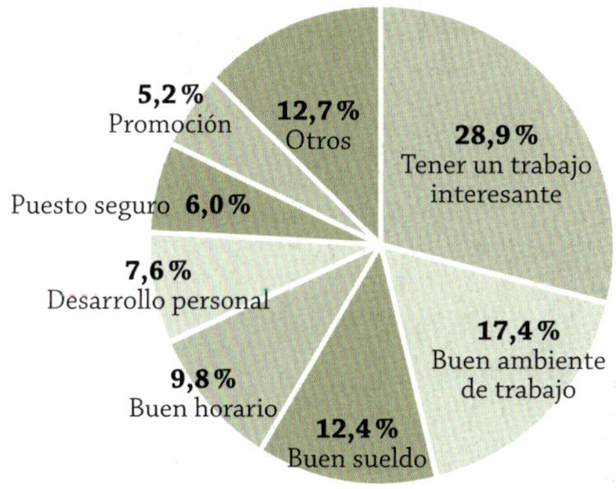

b. En un programa de radio se comentan los resultados de la encuesta. ⏭ 71
Escuche y marque los factores que se mencionan. ¿De qué otros factores se habla?

c. ¿Y qué es importante para usted?
Elija cinco de estos aspectos y ordénelos de más a menos importantes. Luego coméntelos con sus compañeros/-as. ¿Cuáles son los cinco aspectos más importantes para la clase?

tener responsabilidad | tener buen ambiente de trabajo | tener prestigio | sentirse útil | tener un puesto fijo | recibir reconocimiento | buen sueldo | posibilidad de promoción | buen horario | trabajo interesante / variado | muchas vacaciones | …

5 a. ¿Cómo es su día de trabajo?
Aquí tiene una lista de actividades típicas. Haga un diagrama con sus actividades y coméntelo con su compañero/-a. Pregunte a su profesor/a si necesita alguna palabra.

- Paso la mitad del día hablando con clientes.

coordinar / organizar	hablar por teléfono
visitar clientes	escribir correos electrónicos
hacer contactos	archivar documentos / facturas
trabajar en equipo	asistir a reuniones
leer / escribir informes	presentar proyectos
calcular algo	otros: ....

b. Mi trabajo y yo.
Escriba en un papel un texto presentando su trabajo con aspectos positivos y negativos, pero no escriba su nombre. Su profesor/a recoge los papeles y los reparte. ¿Sabe de quién es el texto que usted ha recibido?

✎ 1-4

porcentajes
10 % el / un diez por ciento

cantidades
½ la mitad
⅓ un tercio, dos tercios
¼ un cuarto, tres cuartos

hablar de su trabajo
Trabajo en…
Soy responsable de…
Me encargo de…

El español al lado de casa

6 **a. ¿Hay posibilidades de hablar o escuchar español en su ciudad? ¿Cuáles?**
Hagan una lista en la pizarra.

b. Lea el artículo y complete la tabla con la información del texto.

	el correo electrónico	la página web	la revista
público			
contenido			
objetivo			

PERSONAS E IDEAS // La Guía

La Guía – una historia de éxito

La Guía **es una revista de noticias, entrevistas e informaciones para los hispanohablantes que viven en la región de Fráncfort.**

La revista empezó en 1999 como correo electrónico que Claudio Blasco enviaba a sus alumnos para informarles de los eventos relacionados con el mundo hispanohablante en la región: cine, música, literatura... "Lo hice para mostrarles que el español era algo que podían usar también aquí y porque ya me había dado cuenta del interés por la lengua y sus posibilidades de uso."

Ese correo electrónico, que había empezado con 40 lectores, llegó a 500 en pocos años. El siguiente paso fue una página web con informaciones que también interesaban a los hispanohablantes que viven en esa región, como por ejemplo médicos o abogados que hablan español, direcciones de consulados y de tiendas donde se pueden comprar productos de sus países.

Finalmente, en 2008, Claudio decidió crear una revista en papel. "Era algo que ya me habían pedido muchos de los lectores." *La Guía* aparece cada dos meses y tiene una tirada de 5.000 ejemplares. "Antes lo hacía todo yo solo, pero ahora tengo un equipo de colaboradores." Además del calendario de eventos y de direcciones útiles, *La Guía* ofrece también entrevistas y pequeños reportajes. Y algo más: detrás de esta revista hay un concepto y una filosofía que Claudio nos explica así: "Una de nuestras metas es la integración de los hispanohablantes en Alemania. Mejorar nuestra imagen mostrando la riqueza de nuestras culturas y presentando historias de personas que viven y trabajan con éxito en esta región." La historia de *La Guía* es también una historia de éxito. ■

MUY PERSONAL

Nombre	Claudio Blasco, argentino
1977	Llegada a Alemania
1979 – 85	Estudios de Ciencias Económicas
1988	Traductor, profesor de español
2000 – 06	Empleado en Deutsche Bank
2008	Editor de la revista *La Guía*

Curiosidad
Cuando llegó a Alemania, tuvo que aprender alemán porque antes no había tenido contacto con esta lengua.

7 **a. ¿Correcto o falso? Busque las informaciones en el artículo.**

1. Antes de llegar a Alemania Claudio no había aprendido alemán.
2. Cuando empezó en el Deutsche Bank, ya había terminado sus estudios.
3. Cuando creó la página web, el correo electrónico había llegado a 500 lectores.
4. En 2008 creó una revista en papel porque mucha gente se lo había pedido.
5. Antes de crear la revista ya había buscado un equipo de colaboradores.

congusto online
¿Quiere conocer "La Guía"?

b. En el texto y las frases anteriores hay un tiempo nuevo: el pluscuamperfecto.
Marque las formas en las frases de arriba y complete la regla.

	haber	participio
yo	había	
tú	habías	formado
él / ella / usted	había	tenido
nosotros/-as	habíamos	pedido
vosotros/-as	habíais	sido
ellos/-as / ustedes	habían	

Antes de llegar a Fráncfort Claudio no **había aprendido** alemán.
El correo electrónico, que **había empezado** con 40 lectores, llegó a 500 en pocos años.

Man bildet das Plusquamperfekt aus dem .... von **haber** und dem ....
....
Es wird benutzt, um Ereignisse zu beschreiben, die vor einem anderen Ereignis der Vergangenheit abgeschlossen wurden.

8 **a. Ignacio Romero busca trabajo como colaborador de 'La Guía'. Ayer tuvo una entrevista de trabajo. ¿Qué había hecho antes? Ordene los pasos.**

- ☐ leer el anuncio del periódico
- ☐ escribir el currículum
- ☐ informarse sobre la revista
- ☐ confirmar la cita para la entrevista
- ☐ enviar el CV con la carta de solicitud
- 1 comprar el periódico
- ☐ hacerse fotos
- ☐ comprarse un traje
- ☐ ir a la peluquería
- ☐ comentarlo con amigos

b. En cadena, cuenten la historia del final al principio.

- Antes de llegar a la entrevista ya había confirmado la cita.
- Antes de confirmar la cita…

9 **¿Y usted? ¿Cómo ha sido su vida profesional hasta ahora?**
Cada uno/-a comenta una experiencia combinando los elementos de las columnas.

Antes de	terminar mis estudios aprender español empezar a trabajar estar en esta empresa tener este jefe pedir un aumento de sueldo	ya todavía no nunca	hacer unas prácticas trabajar en… / como… escribir muchas cartas de solicitud ser responsable de… tener buen ambiente laboral …

5-7

En España:
un puesto de prácticas
En Latinoamérica:
un puesto de pasante

OFICINA DEL PEREGRINO en Galicia ofrece prácticas durante el Año Santo.
Requisitos:
- estudiantes entre 18–25 años
- conocimientos de inglés o francés
- don de gentes

Duración: 1 de mayo a 15 de octubre
Remuneración: 500 €/ mes
Solicitudes: www.caminosantiago.org

Viajes Trotamundo busca
Asistente de dirección

Perfil:
- diplomado en turismo
- experiencia mínima de 2 años
- buen nivel de inglés
- conocimiento a nivel de usuario del paquete Office

Ofrecemos:
- contrato fijo
- posibilidad de promoción

Interesados enviar currículum a c.rocio@viajestrotamundo.es

Prácticas hotel
Hotel de **** en Málaga
busca estudiante de turismo para su departamento financiero.

Se requiere:
- buena presencia
- inglés hablado y escrito
- conocimientos básicos de administración
- ganas de aprender

Se ofrece
- puesto de prácticas (3 meses)
- horario flexible

www.muchoviaje.es

Asunto: *solicitud de puesto de prácticas*

Estimados señores:

En respuesta a su anuncio publicado en "Muchoviaje" el 30 de marzo, me dirijo a ustedes para solicitar un puesto de prácticas.

Soy estudiante de Ciencias Económicas en la Universidad de Viena en el quinto semestre. Este año estoy en España con el programa de intercambio universitario Erasmus.
Soy una persona trabajadora, responsable, organizada y con muchas ganas de aprender. Como puede ver en mi CV, ya tengo experiencia laboral y me interesa especialmente ampliar mis conocimientos en el sector de turismo y hostelería. Tengo buen nivel de español y de inglés hablado y escrito. Estaría disponible desde el uno de mayo hasta el 30 de septiembre.

Les agradecería la oportunidad de presentarme personalmente. Para cualquier información estoy a su entera disposición.

A la espera de recibir una respuesta favorable, les saluda atentamente

Julia Engel

PD: Adjunto CV y certificados académicos

Me voy de prácticas

10 **a. Julia, una estudiante austríaca, contesta a uno de estos anuncios.** Lea su carta de solicitud. ¿Qué puesto le interesa?

b. Complete la ficha de la jefa de personal.

Candidata: *Julia Engel* ....
Estudios: ....
Idiomas: ....
Cualidades: ....
Experiencia: ....
Disponibilidad: ....

c. ¿Y usted? ¿A qué anuncio respondería? Escriba una carta.

números ordinales

1°	primero	1ª primera
2°	segundo	2ª segunda
3°	tercero	...
4°	cuarto	
5°	quinto	
6°	sexto	
7°	séptimo	
8°	octavo	
9°	noveno	
10°	décimo	

✎ 8, 9

11 a. Cuando Julia empezó las prácticas, le pasaron muchas cosas.
¿Qué pasó realmente? Marque la información que corresponde a la primera frase.

1. Cuando Julia entró en la sala, ya había empezado la reunión.
   - ☐ Julia llegó puntual.
   - ☐ Julia llegó tarde.
2. Cuando Julia llegó al restaurante, sus compañeros ya se habían ido.
   - ☐ Julia vio a sus compañeros.
   - ☐ Julia no vio a sus compañeros.
3. Cuando Julia hizo la presentación, se rompió el ordenador.
   - ☐ El ordenador se rompió antes de la presentación.
   - ☐ El ordenador se rompió durante la presentación.
4. Cuando Julia dejó la empresa, encontró otro trabajo.
   - ☐ Julia dejó la empresa porque tenía otro trabajo.
   - ☐ Julia encontró otro trabajo después de dejar la empresa.

b. Julia tiene mucho que hacer, todos le piden algo. ⏭ 72–77
Escuche y ponga el número del diálogo correspondiente.

- ☐ Las fotocopias ya están hechas.
- ☐ El teléfono está desconectado.
- ☐ Los vuelos ya están reservados.
- ☐ La carta de reclamación está escrita.
- ☐ La máquina de café está rota.
- ☐ La sala de reunión está cerrada.

estar + Partizip

- ● ¿Has **hecho** las fotocopias?
- ○ Sí, ya están **hechas**.
- ● ¿Has **reservado** los vuelos a Lima?
- ○ Ya están **reservados**.

congusto online
Prácticas y pasantías

Mit **estar** + Partizip gibt man das Ergebnis einer Handlung an. Anders als beim Perfekt stimmt das Partizip mit dem Substantiv überein.

12 Y para terminar... ¡A jugar!
¿Conoce el juego "Tres en raya"? La clase se divide en dos grupos (cruz y círculo). Por turnos, cada grupo elige una casilla y contesta. Si la respuesta es correcta, pueden poner su símbolo. El objetivo es "ganar" 3 casillas en una línea (vertical, horizontal o diagonal).

Medico/-a: tres aspectos positivos de esta profesión.	**¿Sabe quién de su grupo tiene horario fijo? Nombre dos aspectos positivos.**	**¿Qué trabajos están mal pagados en su país?**
Hable un minuto sobre su trabajo.	**"Claudio Blasco decidió crear *La Guía* porque..." Mencione dos motivos.**	**Tres profesiones que empiezan con la letra "C".**
¿Cómo se llaman en español las profesiones de cada persona de su grupo?	**Mencione tres cualidades importantes para conseguir trabajo.**	**Profesor/a: tres aspectos negativos de esta profesión.**

Tres en raya

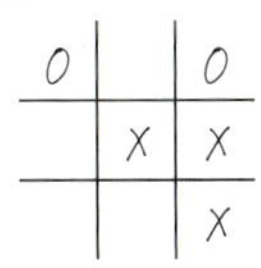

✎ 10

Tarea final Intercambio de trabajitos

Portfolio
Guarde su anuncio en la carpeta de su portfolio.

Una bolsa de intercambio de trabajos.

1. Piense en su trabajo y también en sus actividades de tiempo libre o en las cosas que usted sabe hacer. Luego escriba un anuncio ofreciendo sus "servicios" o "trabajos" (p. ej. ayuda con el ordenador, escribir cartas en inglés, ayudar en la mudanza…).

2. Se exponen las ofertas de trabajos o servicios. Todos las leen y buscan lo que les interesa. Negocian con la persona que ofrece el servicio (intercambio de servicio o precio, condiciones, cuándo, qué necesita, cuánto tiempo…).

3. ¿Qué anuncio ha tenido más éxito?

¿Poco tiempo? ¿Profesor muy estricto?
Ofrezco ayuda para tus deberes del curso.
Experiencia: 6 semestres de VHS.

Cocinera excelente hace tartas y pasteles para su fiesta.
Experiencia: 3 hijos, 5 nietos.
Especialidad en chocolate y frutas.

¿Problemas con el ordenador?
Informático simpático te ofrece ayuda.

La clave está en el pasado

Capítulo 9: ¿Dónde está "la fórmula"?

Esperé varias horas delante de la puerta del edificio hasta que, por fin, apareció Juan Silencio. Entró en la casa y yo lo seguí. Vivía en el segundo piso. Toqué el timbre y él abrió la puerta.
– ¿Es usted el señor Juan Silencio? – le pregunté.
– Sí. ¿Y usted quién es?
– Soy la detective Alba Serrano y la persona que me acompaña es mi asistente – respondí.
– ¿Qué quieren?
– Sabemos que usted y su banda robaron "la fórmula".
Entramos en el piso y nos sentamos en el salón. Inconscientemente tomé un libro que estaba sobre una mesita. Era grande, de colores vivos, con una foto de las manos de un guitarrista en la portada.
– ¿Cómo lo han sabido? – preguntó Juan Silencio.
– Uno de sus cómplices, el vigilante del museo, confesó. Y también hablamos con uno de los miembros de la banda, Carmen Sinabla.
– Vaya – dijo. – ¡Qué mal lo hemos hecho si nos han descubierto tan rápido. Pero en realidad me alegro.
– ¿Por qué?
– Porque después de robar "la fórmula", la leí y esto me hizo recordar lo maravilloso que es aprender lenguas.
– ¿Qué hizo con "la fórmula" después de robarla?
– La escondí – dijo Juan Silencio – porque de pronto tuve miedo.
– ¿Miedo? ¿De qué?
– De los otros miembros de mi banda, los monolingües. Algunos son muy radicales y querían destruir "la fórmula".
– ¿Dónde la escondió?
Juan Silencio no respondió sino que hizo otra pregunta:
– ¿Cuál es el mejor lugar para esconder un papel?
Pensé un momento y le dije:
– Otros papeles.
– Correcto. Entonces, la siguiente pregunta. ¿Qué es lo mejor que se puede hacer con papel?
Esta vez no tuve que pensar, respondí inmediatamente.
– Libros.
– Correcto también. Una última pregunta. ¿Qué libro tiene usted ahora mismo en las manos?

¡Allí estaba la fórmula! Escondida en ese libro. Pero, ¿dónde? ¿Lo sabe usted?

De fiesta

El Día de los Muertos en México

Flores de todos los colores, música, comida, bebida y ¡esqueletos! Es el Día de los Muertos, una de las fiestas más importantes de mi país, México.

Me llamo Blanca Alicia Merino, soy de Puebla en México y enseño español en Berlín.

Para personas de otras culturas, la muerte es un tema triste, un tema tabú del que no se habla. Para nosotros, los mexicanos, es un tema cotidiano que vemos incluso con un poco de humor y de ironía. No entendemos la muerte como un final, sino como una transición de una dimensión a otra, en la que viven los muertos. Como muchísimas fiestas en Latinoamérica, tiene su origen en las culturas indígenas, que creían que un día al año los muertos volvían al mundo para visitar a sus familiares vivos. Por eso, la celebración del Día de los Muertos es una de las grandes fiestas y tiene aspectos alegres.

Celebramos la fiesta del 31 de octubre al 2 de noviembre. ¿Cómo es? La parte más importante son las "ofrendas": en las casas instalamos altares en honor a los familiares muertos, decorados con flores, velas y fotos. Durante esos días nos sentamos ante los altares para recordarlos. También se pone su comida y bebida preferida para darles la bienvenida. Un elemento que no puede faltar y que me parece fascinante son los símbolos de la muerte: esqueletos y calaveras. Los dulces tradicionales que se comen en estos días tienen también esta forma. En las pastelerías se venden calaveras de azúcar o de chocolate y el famosísimo "pan de muerto", que es el dulce más popular.

Las calles están decoradas también con muchas flores y los motivos tradicionales de la fiesta, los esqueletos y las calaveras. Aunque la muerte es triste, usamos colores alegres y estamos de buen humor. La noche del último día celebramos la fiesta en los cementerios. Decoramos las tumbas con flores de colores vivos, la flor preferida es la caléndula, pero en México decimos "cempasúchil" o flor de los muertos. Todo el cementerio está cubierto de estas flores de color naranja y su aroma sirve – según la tradición – de guía a los muertos. Nos reunimos todos para comer y beber con nuestros antepasados. Todo el cementerio está iluminado. A veces incluso se canta y se baila. Así nos despedimos de nuestros muertos hasta el próximo año.

un altar de ofrendas

Como ve, se trata de una celebración muy diferente a las tradiciones de otros países. Por su antigüedad y su importancia cultural, el Día de los Muertos fue declarado Patrimonio Cultural de la Humanidad por la UNESCO.

Le invito a conocer esta fiesta única. Estoy segura de que le fascinará.

en el cementerio

■ *Compare esta fiesta con el "Día de Todos los Santos" en su país. ¿Tienen algo en común? ¿Qué es diferente? Enumere dos aspectos comunes y dos diferencias.*

Comunicación

Arbeitsbedingungen beschreiben

Soy empleado/-a.
Soy autónomo/-a.
Tengo un puesto fijo.
Trabajo a tiempo completo / parcial.
Tengo horario fijo / flexible.
Trabajo por turnos.
Tengo un trabajo manual.
Trabajo en equipo.

Zufriedenheit am Arbeitsplatz

Tener mucha responsabilidad.
Tener un buen sueldo / prestigio.
Tener un buen ambiente de trabajo.
Tener reconocimiento. / Sentirse útil.

Aufgaben und Tätigkeiten am Arbeitsplatz

coordinar / organizar	cuidar a personas	calcular cosas	presentar proyectos
atender a clientes	leer / escribir informes	archivar documentos	reparar cosas
atender a pacientes	asistir a reuniones	escribir facturas	producir / vender productos

Fähigkeiten und Eigenschaften

tener + Substantiv	ser + Adjektiv
conocimientos de…	diplomado/-a en…
experiencia en…	organizado/-a
don de gentes	responsable
buena presencia	trabajador/a
ganas de aprender	ordenado/-a

Angebotene Leistungen

contrato fijo
contrato de tres meses
puesto de prácticas
horario flexible
posibilidad de promoción
buen sueldo

Ein Bewerbungsschreiben verfassen

Anrede	Estimados señores:
Grund des Schreibens	En respuesta a su anuncio… Me dirijo a usted(es) para solicitar un puesto de prácticas.
Vorstellung	Soy estudiante de… Soy una persona… Tengo experiencia laboral y me interesa…
Verfügbarkeit	Estaría disponible desde el… hasta el… / a partir de…
Schlusssatz	Le(s) agradecería la oportunidad de presentarme personalmente. Para cualquier información estoy a su entera disposición.
Grußformel	A la espera de recibir una respuesta favorable, le(s) saluda atentamente.

Gramática

Prozentzahlen → 8.2

10 %	el diez por ciento un diez por ciento
12,3 %	el / un doce coma tres por ciento

Bruchzahlen → 8.2

½	la mitad
⅓	un tercio
⅔	dos tercios
¼	un cuarto
¾	tres cuartos

Ordnungszahlen → 8.1

1°	primero	1ª	primera	6°	sexto
2°	segundo	2ª	segunda	7°	séptimo
3°	tercero	…		8°	octavo
4°	cuarto			9°	noveno
5°	quinto			10°	décimo

Das Partizip beim Perfekt → 1.5

Handlung: Partizip unveränderlich
¿**Has hecho** las fotocopias?
¿**Has reservado** los vuelos a Lima?
¿**Has escrito** la carta de reclamación?

Das Partizip kennen Sie vom Perfekt, das aus **haber** + Partizip gebildet wird. In dem Fall ist es unveränderlich.

Das Partizip nach ‚estar' → 1.5

Ergebnis der Handlung: Partizip veränderlich
Las fotocopias ya **están hechas**.
Los vuelos ya **están reservados**.
La carta de reclamación **está escrita**.

Estar + Partizip drückt das Ergebnis einer Handlung aus. In dem Fall wird das Partizip wie ein Adjektiv benutzt und richtet sich nach dem Substantiv.

Das Plusquamperfekt → 4.4

	Imperfekt von haber	Partizip
yo	había	
tú	habías	formado
él / ella / usted	había	tenido
nosotros/-as	habíamos	pedido
vosotros/-as	habíais	sido
ellos / ellas / ustedes	habían	

Man bildet das Plusquamperfekt aus dem Imperfekt von **haber** und dem Partizip Perfekt.
Es wird benutzt, um Ereignisse zu beschreiben, die vor einem anderen Ereignis der Vergangenheit abgeschlossen wurden:
Antes de llegar a Fráncfort Claudio no **había aprendido** alemán.
En 2008 creó la revista porque mucha gente se lo **había pedido**.

Mirador 12

kulturelle Gemeinsamkeiten und Unterschiede + + Selbsteinschätzung + + ein Gemälde als Sprechanlass + + Lernstrategien

Hablamos de cultura: en el trabajo

1 a. ¿Qué hace o no hace usted?
Marque una alternativa según su opinión. No hay respuestas correctas o falsas.

1. Mis compañeros de trabajo
   - ☐ son sólo colegas. No mezclo el trabajo con la vida privada.
   - ☐ son también amigos. Hacemos cosas juntos en nuestro tiempo libre.
2. Hablar de cosas privadas con colegas
   - ☐ no me parece adecuado.
   - ☐ lo hago sólo si son mis amigos.
   - ☐ para mí es una cosa normal.
3. Creo que en el trabajo el aspecto exterior
   - ☐ es importante: hay que vestirse bien o maquillarse.
   - ☐ depende de la profesión.
   - ☐ da igual, lo importante es trabajar bien.
4. Para comer con clientes de la empresa
   - ☐ voy a la cantina o pido unos bocadillos para no perder tiempo.
   - ☐ voy a un restaurante.
5. Para comunicarme con colegas de mi empresa prefiero
   - ☐ escribirles un correo electrónico.
   - ☐ llamarlos por teléfono.
   - ☐ ir a su despacho y hablar directamente con ellos.

b. Escuche a unos hispanohablantes. ⏭ 78
¿Hay diferencias con sus respuestas? ¿Y entre las personas que hablan?

c. Lea el texto. ¿Qué otros aspectos sobre el trabajo se mencionan?

Trabajar en España

En general, la jornada laboral en España son ocho horas, pero mucha gente se queda en la oficina hasta doce o trece horas. ¿Qué hace la jornada tan larga? Dos aspectos importantes son el trato amable con los compañeros de trabajo y la larga pausa para el almuerzo.
El trato con los compañeros significa emplear tiempo con ellos. No sólo se habla de temas laborales, sino también personales, por ejemplo: "¿Qué tal el fin de semana?", "¿Nos tomamos un café y te cuento lo que me pasó ayer?"
Otro motivo es la larga pausa para el almuerzo, con café incluido, que puede durar dos horas. Es muy bueno para la salud, pero, otra vez, consume tiempo.
Los empleados envidian los horarios de otros países de Europa. Pero cuando llega el calor, muchas empresas ofrecen "el horario de verano", que es trabajar de ocho a tres de la tarde. Entonces los españoles descubren que también hay tiempo para aficiones.

Ahora ya sabemos...

Aquí tiene la posibilidad de valorar lo que ha aprendido en las últimas lecciones. Marque los símbolos según el nivel que cree tener en cada tema. Luego haga las tareas y compare los resultados con su compañero/-a o pregunte a su profesor/a si no está seguro/-a.

2 Hablar sobre medios de comunicación.

Lea las respuestas de una encuesta y marque si las personas están de acuerdo (A), en contra (C) o dudan (D).

1. Yo también creo que en cien años nadie leerá en papel.
2. ¡Qué va! Seguiremos leyendo libros y comprando el periódico. ¡Seguro!
3. Sí, bueno, es probable. Pero no sé si todo el mundo tendrá acceso a internet.
4. Estoy totalmente de acuerdo. Para el medio ambiente sería mejor dejar de imprimir.
5. No sé. Yo creo que no. La gente ya tiene que usar el ordenador todo el día.
6. Por supuesto. Los nuevos medios son cada vez más importantes.
7. Para algunas cosas sí utilizaremos el ordenador, para otras no. Depende.
8. Puede ser. La verdad es que no me interesa mucho el tema.

3 Hablar del trabajo. ⏭ 79

Lea estas respuestas. Después escuche las preguntas 1 – 4 y ponga el número en la respuesta adecuada.

- ☐ Sí, pero estoy bastante nerviosa.
- ☐ Parece responsable y trabajador. Y con mucha experiencia.
- ☐ Tendrá unos treinta años, pienso.
- ☐ Bueno, el sueldo no es lo más importante. Tengo responsabilidad y me siento útil.

Ahora haga lo mismo con las preguntas 5 – 8. ⏭ 80

- ☐ Aburridísimo. Me paso la mitad del día escribiendo listas.
- ☐ Sí, y siempre está de buen humor.
- ☐ Los vuelos están reservados y el hotel también.
- ☐ Está disponible a partir de junio.

4 Hablar del futuro.

¿Cómo se imagina que será la sociedad dentro de 20 años? Escriba un pequeño texto. Puede tener en cuenta estos aspectos.

¿Cómo trabajaremos?
¿Cómo pasaremos el tiempo libre?
¿Qué nuevos problemas habrá?
¿Cuáles de los problemas de hoy se solucionarán?

La sociedad del futuro

En mi opinión, la sociedad de mi país será bastante diferente. En el mundo profesional habrá muchos cambios. Por ejemplo, los nuevos medios tendrán mucha influencia y nos jubilaremos más tarde...

Además, pensaremos más en el medio ambiente y...

Terapia de errores

5 a. Errores de interferencia.
Un tipo especial de errores son los que hacemos por influencia de nuestra lengua materna. ¿Puede encontrarlos en estos diálogos? Luego corríjalos, compare su versión con la de su compañero/-a y explique sus cambios.

1. • Tenemos que comprar un regalo para Elena. Es que lunes tiene cumpleaños.
   ○ ¿Qué te parece un perfume o un buen diccionario?
   • No sabemos cuál perfume usa, un diccionario me gusta mejor.

2. • Mira, me he comprado este vestido para la fiesta. ¿Cómo te gusta?
   ○ Es bonito, pero el amarillo no te queda bueno. ¿No lo tenían en un otro color?

3. • ¿No llevas un secador al balneario? En el Corte Inglés los tienen en oferta para 20 €.
   ○ No es necesito, seguro que está también uno en el hotel.

b. ¿Qué trucos se pueden utilizar para evitar errores?
Hagan una lista con todas las ideas del grupo. ¿Qué nuevos trucos quiere probar?

Un cuadro que da que hablar

6 a. Mire el cuadro.
Elija a una persona del cuadro y haga suposiciones sobre su edad, familia, gustos, trabajo y vida privada. Luego preséntela a sus compañeros/-as.

b. Una nueva empleada.
Alguien que va a trabajar en esta empresa habla con una de las personas del cuadro para saber qué le espera. En parejas, escriban un diálogo entre los dos. Si quieren, pueden representarlo después.

Diego Rivera: Mecanización, México 1932

congusto online
¿Le interesa Diego Rivera?

Aprender a aprender

7 Entender más.
¿Le cuesta entender el cedé? No se preocupe, escuchar textos de un CD no es como participar en una conversación donde usted ve a la persona con quien habla. Si no entiende algo, puede decir "Perdón, no entiendo" o "¿Puede repetirlo?" ¿Cómo entrenarse para comprender mejor? ¿Recuerda a los hispanohablantes de "Hablamos de cultura"? Marque lo que usted ha hecho antes, durante y después de escuchar.

Antes de escuchar
☐ me aseguro que entiendo la situación.
☐ pienso en lo que sé sobre el tema.

Al escuchar
☐ me concentro en lo que entiendo.
☐ no me fijo en lo que no entiendo para no perder el hilo.
☐ apunto palabras clave para recordar mejor.

Después de escuchar
☐ vuelvo a pensar en todo lo que he entendido.
☐ pienso qué podría significar lo que no he entendido.
☐ vuelvo a escuchar el cedé.

8 a. Hablar a mi nivel.
Al final del libro usted ya tiene un buen nivel de español, pero a veces va a tener todavía problemas para expresar exactamente lo que piensa. En este caso es importante adaptar lo que quiere decir a su nivel de español. Eso significa no fijarse en las palabras, sino en la idea y buscar una forma de expresarla con lo que sabe. Lea las frases siguientes que usted diría en alemán. ¿Cómo puede expresarlas en español? Comenten sus propuestas en el grupo antes de leer la nuestra (ver abajo).

1. Heute ist es wirklich verhältnismäßig kühl.
2. Vielen Dank, das ist sehr nett von Ihnen.
3. Das tut mir aber ausgesprochen leid.
4. Damit bin ich aber überhaupt nicht einverstanden.

b. Expresiones útiles en español.
Estas expresiones aparecen con frecuencia en una conversación. ¿Y si las aprende de memoria? Puede repetirlas en voz alta delante del espejo, cantarlas o gesticular mucho al decirlas para recordarlas mejor.

Para empezar:	Oiga. / Oye. | ¿Qué cuentas? | ¿Qué tal? | ¡Qué frío hace!
Para seguir:	¿De verdad? | ¡Qué bien! | ¡No me digas! | ¿Y eso? | ¡Qué horror!
Para llenar una pausa:	Pues… | Bueno… | A ver… | ¿Sabes?
Para dar su opinión:	Pues yo creo que sí / que no. | ¡Qué va! | Desde luego. | Por supuesto.

¡Enhorabuena! Ha llegado al final del nivel A2, pero la aventura continúa. Le esperamos en Con gusto B1 con más temas interesantes para seguir conociendo el mundo del español.

Propuesta de solución: 1. ¡Qué frío hace! 2. Gracias, muy amable. 3. Lo siento muchísimo. 4. No (estoy de acuerdo) en absoluto.

Mi equipaje 1

1 Algunos verbos.
Complete la tabla siguiente con las formas que faltan.

	presente	indefinido	presente	indefinido
yo	empiezo			aprendí
tú	*buscas*	buscaste	escribes	
él / ella / usted	practica			comió
nosotros/-as		nos duchamos	bebemos	
vosotros/-as	trabajáis			conocisteis
ellos / ellas / ustedes		compraron	viven	

! ¿Recuerda?
yo empe**c**é
tú empe**z**aste
…

2 a. En un curso de alemán en Zaragoza.
Hoy empieza el curso y los alumnos han marcado en este cuestionario sus preferencias.
Lea las respuestas de Paco y después marque sus propios gustos.

Valora las siguientes actividades según tus preferencias

A	Escuchar el CD	5	4	3	X	1
B	Escribir textos	5	4	3	2	X
C	Hacer ejercicios de gramática	5	4	3	X	1
D	Jugar	X	4	3	2	1
E	Leer textos	5	X	3	2	1
F	Aprender vocabulario	5	4	3	2	X
G	Ver un DVD	X	4	3	2	1
H	Hablar con mi compañero/-a	5	4	X	2	1
I	Trabajar en grupos	5	4	X	2	1

5 Me encanta
4 Me gusta bastante
3 No me gusta mucho
2 Me aburre
1 No me gusta nada

Lo que más me cuesta es *la pronunciación.*
Lo más fácil para mí es *leer textos.*

b. Compare sus respuestas con las de Paco y escriba tres frases.

A Paco le aburre escuchar el CD, pero a mí no; a mí me gusta bastante y me parece fácil.

c. Paco y sus compañeros cuentan qué les parece más difícil del aprendizaje del alemán. ⏭ 1
Escuche y marque los aspectos que mencionan.

los artículos | leer textos | escuchar el CD | hablar | los verbos | la pronunciación | escribir textos | buscar palabras en el diccionario

3 Mis preferencias.
Complete las siguientes frases con **lo** o **lo que**.

1. .... más me cuesta de mi trabajo es levantarme temprano.
2. .... menos me gusta de mi trabajo son las horas extras.
3. Los compañeros son .... mejor de mi trabajo.
4. .... menos aburrido de mi trabajo es el contacto con los clientes.
5. Acostarme tarde es .... menos me cuesta.
6. Relajarme es .... mejor de los fines de semana.
7. El balcón es .... más me gusta de mi casa.

4 a. Objetos para estudiar.
Complete el crucigrama para encontrar el lugar donde normalmente están todos estos objetos.

1. Objeto que sirve para hablar con gente que está en otro lugar.
2. Son de metal y sirven para cortar, por ejemplo papel.
3. Es de metal y sirve para poner juntas algunas hojas de papel.
4. Es de papel y lo necesitas para escribir y tomar notas en clase.
5. Es de madera y sirve para escribir. En clase siempre necesitas uno.
6. Es de cartón o de plástico y sirve para guardar papeles.
7. Si has escrito algo mal con lápiz, puedes corregirlo fácilmente con ella.
8. Sirve para ver mejor cuando no hay luz, sobre todo de noche.
9. Puede ser de metal o de plástico y sirve para escribir.
10. En este libro puedes buscar la traducción de una palabra.

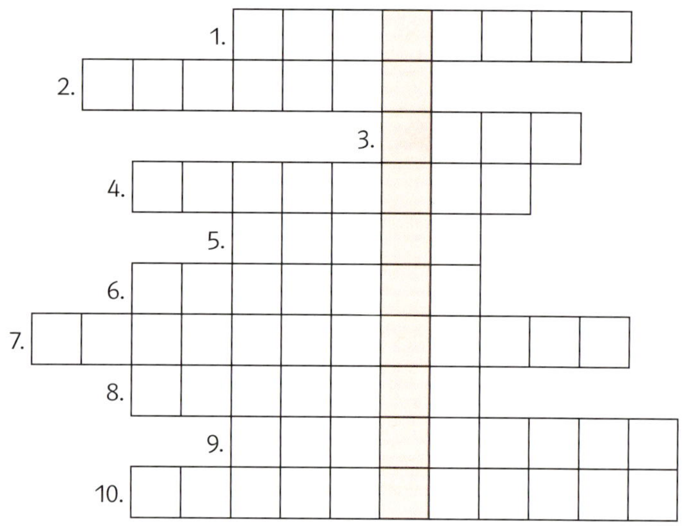

b. ¿Qué es?
Escriba ahora la definición de la solución.

5 Adjetivos y sustantivos.
Complete con los adjetivos y sustantivos correspondientes.

organizado/-a	la organización	el orden	ordenado/-a
trabajador/a	....	la paciencia	....
tradicional	....	el sistema	....
comunicativo/-a	....	la perfección	....
motivado/-a	....	el caos	....
tranquilo/-a	....	la creatividad	....

6 ¿Qué dice el horóscopo?

Complete el horóscopo con los adjetivos siguientes en la forma adecuada. ¡Cuidado, no hay que utilizarlos todos!

alegre | caótico | comunicativo | creativo | desordenado | impaciente | impulsivo | ordenado | paciente | perfeccionista | simpático | sistemático | trabajador | tranquilo

Los Leo no piensan antes de decir o hacer algo. Son .... En la casa de un Leo no hay nada en su lugar y ellos mismos tampoco encuentran las cosas. No sólo son ...., son también bastante ....

Los Virgo tienen siempre todo en su lugar. Son muy .... También hacen todo en el mismo orden: son .... en todas sus cosas. Lo malo es que muchas veces piensan que las cosas pueden ser mejores. Son a veces demasiado ....

A los Libra no les gusta el ruido. Prefieren los lugares .... Siempre tienen ganas de trabajar: son uno de los signos más .... Uno de sus puntos fuertes es que son muy ...., tienen normalmente muy buenas ideas.

7 ¿Qué aprendieron?

Lea lo que cuentan estas personas y complete con las formas del indefinido. ¿Qué aprendieron?

1. “Bueno, pues ya sabes que vivo en las afueras, ¿no? Cuando ...murió... *(morir)* mi marido no .... *(querer)* mudarme al centro. .... *(decidir)* ir a una autoescuela y enseguida .... *(tomar)* unas clases. Al principio me .... *(parecer)* un poco difícil, pero .... *(superar)* el miedo. El año pasado me .... *(comprar)* un coche pequeño. Mira, y ahora me gusta bastante. Incluso llevo a mis nietos a la escuela.”

2. “En 1999 .... *(estar)* por primera vez en Roma y .... *(pensar)* en aprender el idioma. Cuando .... *(abrir)* la nueva Escuela de Idiomas, ... *(ir)* enseguida a preguntar y un mes después ya .... *(empezar)* con un curso básico. .... *(hacer)* otros dos cursos y ahora tengo un profesor privado porque me interesa mucho practicar la conversación.”

3. “Una escuela .... *(abrir)* muy cerca de mi casa, así que un día .... *(entrar)* para preguntar por el precio y los horarios. Una semana después las clases ya .... *(empezar)*. El primer día .... *(ser)* un desastre: no .... *(poder)* aprender ni un poco de chachachá. Pero poco a poco los pies .... *(empezar)* a seguir el ritmo de la música y este año voy a participar en un campeonato.”

8 ¿Están en Buenos Aires o no?

Lea las frases siguientes y diga en cada caso si las personas están en Buenos Aires o no.

1. Estuvieron en Buenos Aires hace dos semanas.
2. Estuvieron dos semanas en Buenos Aires.
3. Desde la semana pasada están en Buenos Aires.
4. De junio a septiembre estuvieron en Buenos Aires.
5. Desde hace tres días están en Buenos Aires.
6. Hoy han llegado a Buenos Aires.
7. Llegaron a Buenos Aires hace un mes.

9 El restaurante de Rafa y Carmen.

Complete las frases siguientes con **hace**, **desde** o **desde hace**.

1. Rafa es camarero en Sevilla y .... muchos años quiere abrir su propio restaurante.
2. .... un año conoció a Carmen, una excelente cocinera de Granada.
3. .... ese momento hablaron del proyecto de Rafa y al final decidieron trabajar juntos.
4. .... seis meses encontraron un local bonito en el centro de Sevilla y el banco les dio un crédito.
5. Carmen dejó su trabajo en Granada y .... cuatro semanas vive en Sevilla.
6. .... una semana abrieron su restaurante "Casa Carmen".

10 ¿Y usted?

Traduzca las frases y complete con sus propios datos.

1. Ich habe vor ... Jahren begonnen, Spanisch zu lernen.
2. Seit ... habe ich einen Computer.
3. Seit ... wohne ich im selben Haus.
4. Ich habe meine/n Partner/in vor ... Jahren kennen gelernt.
5. Seit ... arbeite ich in dieser Firma.
6. Vor ... Jahren bin ich nach Spanien gereist.

11 ¿Cuándo hizo usted estas cosas por última vez? ¿Dónde y con quién?

Escriba unas frases con estas informaciones.

la semana pasada | a los ... años | hace un año | el verano pasado | ayer | en 2005 | en junio | el domingo | ...

1. Hacer una excursión.
2. Dormir en un cámping.
3. Dar un paseo por la playa.
4. Viajar en avión.
5. Cenar en un restaurante español o mexicano.
6. Estar en el extranjero.
7. Ver a sus abuelos.
8. Tener un virus en el ordenador.

1. Hice una excursión a la montaña el mes pasado con unos amigos.

12 ¿Perfecto o indefinido?

Lea este texto y tache la forma falsa de los verbos.

¿Sabes con quién me he encontrado / me encontré esta mañana? Con Pepa, mi amiga del instituto. En febrero ha cambiado / cambió de trabajo y hace dos semanas se ha mudado / se mudó de piso. Ahora vive en el centro, muy cerca de su trabajo. El mes pasado ha puesto / puso un anuncio en el periódico y dos días después la han llamado / llamaron de una agencia y le han ofrecido / ofrecieron un piso precioso. ¡Ha tenido mucha suerte! Quiere celebrarlo y ha organizado / organizó una fiesta para el próximo sábado.

!
Erinnern Sie sich?
Perfekt: Der Sprecher betrachtet den Zeitraum der Handlung als noch nicht abgeschlossen *(hoy, este año...)*.
Indefinido: Der Sprecher betrachtet den Zeitraum als abgeschlossen *(ayer, el mes pasado...)*.

Mundo profesional

13 a. Una entrevista de trabajo. ⏭ 2
Escuche la conversación y complete este formulario.

Pasaporte de Lenguas EUROPASS

Nombre(s) y apellido(s): ______
Fecha de nacimiento: ______
Lengua materna: español
Otra(s) lengua(s): ______

Autoevaluación de la capacidad lingüística

Idioma: inglés

Escuchar:	Leer:	Hablar:	Escribir:
muy alto (C1)			B2

Experiencias lingüísticas: ______
Título(s) o certificado(s): Proficiency (Cambridge)

Idioma: ______

Escuchar:	Leer:	Hablar:	Escribir:

Experiencias lingüísticas: ______

b. ¿Por qué no prepara ahora su propio pasaporte de lenguas?

Pronunciar con gusto

14 a. Las consonantes b, v, d.

Erinnern Sie sich, dass **b** und **v** im Spanischen gleich ausgesprochen werden? Das ist auch der Ursprung vieler Rechtschreibfehler bei Muttersprachlern. Vielleicht ist Ihnen auch aufgefallen, dass **b** und **v** am Wortanfang anders klingen als in der Wortmitte. Am Wortanfang klingen sie etwa wie ein deutsches **b**: ***b**anco, **v**ino.* Zwischen Vokalen werden sie weicher ausgesprochen und die Lippen nicht ganz geschlossen: *a**b**ajo, mó**v**il.*

Auch das **d** wird am Wortanfang anders ausgesprochen als in der Wortmitte. Am Wortanfang klingt es wie im Deutschen, zwischen Vokalen jedoch ähnlich wie der weiche englische Lispellaut in *this: na**d**a.* Am Wortende wird das **d** oft sehr schwach oder gar nicht ausgesprochen: *verda(**d**)*, bzw. in manchen Regionen klingt es wie **th** in *thing*: *Madri**d**.*

b. Lea estas palabras y después compruebe con el CD. ⏭ 3

bueno – a**b**urrir
bolígrafo – a**b**uelo

valor – mara**v**illoso
vecino – mo**v**imiento

difícil – ma**d**era – ciuda**d**

Portfolio

Wenn Sie bereits mit **Con Gusto A1** gearbeitet haben, kennen Sie schon die Portfolio-Checklisten. Diese helfen Ihnen, sich Ihren Lernfortschritt bewusst zu machen. Ergänzen Sie zu jedem Lernziel mindestens ein Beispiel und kreuzen Sie anschließend an, wie Sie Ihre sprachlichen Fähigkeiten einschätzen. Wenn Sie bei einzelnen Punkten noch unsicher sind, können Sie sie in der Lektion nachschlagen. Die Verweise auf die entsprechende Seitenzahl und Aktivität helfen Ihnen dabei. Weitere Übungen finden Sie im Trainingsbuch zu **Con Gusto A2** sowie im Internet (www.klett-sprachen.de/congusto).

Ya sé ...				
... über Aktivitäten im Unterricht sprechen: Escuchar el CD es ……………… . Me aburre ……………… .	☐	☐	☐	→ p. 11/4
... Vorlieben und Schwierigkeiten äußern: Me parece fácil ……………… . Me cuesta ……………… .	☐	☐	☐	→ p. 11/4
... etwas hervorheben: Lo que ……………… es leer textos. ……………… más interesante es ……………… .	☐	☐	☐	→ p. 11/4
... das Material und die Funktion einer Sache angeben: Un cuchillo es una cosa de ……………… que ……………… para cortar comida.	☐	☐	☐	→ p. 11/5
... Vermutungen äußern: ……………… que ese hombre es su padre. ………………	☐	☐	☐	→ p. 11/5
... die Intensität angeben: Mi compañero es ……………… paciente. Mi hermana es ……………… caótica.	☐	☐	☐	→ p. 12/6
... Charaktereigenschaften angeben: Nuestra profesora es ………………	☐	☐	☐	→ p. 12/6–7
... Wünsche äußern: Me gustaría ………………	☐	☐	☐	→ p. 14/10

También sé ...				
... lo (que) benutzen: ……………… más fácil es leer. ……………… me parece más difícil son los verbos.	☐	☐	☐	→ p. 11/4
... die Adjektive auf ‚-or' angleichen: un chico trabajador – una chica ………………	☐	☐	☐	→ p. 12/6
... die unregelmäßigen Formen des Indefinido konjugieren: yo hice, tú ……………… ; yo estuve, tú ………………	☐	☐	☐	→ p. 13/8
... ‚hace, desde, desde hace' richtig anwenden: Estudio español desde hace ……………… . Visité Cuba hace ……………… .	☐	☐	☐	→ p. 14/10

Ihr Dossier

Wenn Sie schon mit dem ersten Band gearbeitet haben, haben Sie in Ihrer Spanischmappe wahrscheinlich den Text, den Sie am Ende der ersten Lektion geschrieben haben: wie Sie heißen und warum Sie Spanisch lernen. Nehmen Sie diesen Text nochmals zur Hand und schreiben Sie weiter: wo Sie bisher Spanisch gelernt haben, warum Sie damit angefangen haben, was Ihnen am besten gefällt und was Ihnen schwerfällt.

Im Laufe Ihrer Arbeit mit **Con gusto** werden Sie immer wieder auf das Portfolio-Symbol treffen und angeregt, Texte zu schreiben, die Sie in Ihre Mappe legen können. Auf diese Weise können Sie Ihren ganz persönlichen Lernfortschritt dokumentieren.

Sie können auch andere Materialien und Dokumente in Ihrer Mappe aufbewahren, die für Ihr Sprachenlernen wichtig sind, z. B. Prospekte, Zeitungsartikel oder Liedtexte aus der spanischsprachigen Welt.

¡Qué descanso! 2

1 Las partes del cuerpo.
En cada frase hay una palabra falsa. ¿Puede corregirla?

1. Los zapatos se llevan en los **dientes**.
2. En la mano tenemos cinco **piernas**.
3. Un buen futbolista tiene que cuidar mucho sus **orejas**.
4. En situaciones formales nos damos la **barriga** para saludarnos.
5. La **espalda** nos sirve para probar la comida y para hablar.
6. El sombrero lo llevamos en la **nariz**.
7. Mi hija tiene los **brazos** azules; mi hijo los tiene marrones.
8. La minifalda tiene que ser muy corta, siempre por encima de las **manos**.

2 a. En la consulta del médico.
Lea este diálogo y complete con las palabras siguientes.

diarrea | estómago | farmacia | fatal | fiebre | grave | mejor | mejore | pasa | receta | tomar

- ● ¿Quién viene ahora?
- ○ Doctor, el señor González está esperando.
- ● Puede pasar… Hola, buenos días, señor González.
- ■ Buenos, buenos no son…
- ● A ver, ¿qué le .... hoy?
- ■ Estoy .... Me duele mucho el .... y tengo .... Yo creo que fue la ensaladilla rusa que cené ayer.
- ● ¿Tiene ....?
- ■ Sí, treinta y ocho con cinco.
- ● Mmm… Vamos a ver… Tranquilo, que no es nada .... Con esta .... puede comprar en la .... unas pastillas para la diarrea. Tiene que .... tres al día. Además hoy tiene que beber mucho y comer cosas ligeras, yogur natural por ejemplo.
- ■ Bueno, doctor, si no estoy .... mañana, vengo otra vez.
- ● ¡Que se ...., señor González!

b. ¿Qué le pasa al señor González? ⏭ 4
Escuche ahora al médico y a la enfermera hablar sobre el señor González y complete la tabla.

	ayer	hoy
¿Qué le pasa?		
¿Por qué?		
¿Qué le receta el médico?		

3 En la farmacia.
¿Cómo se llaman estos productos?

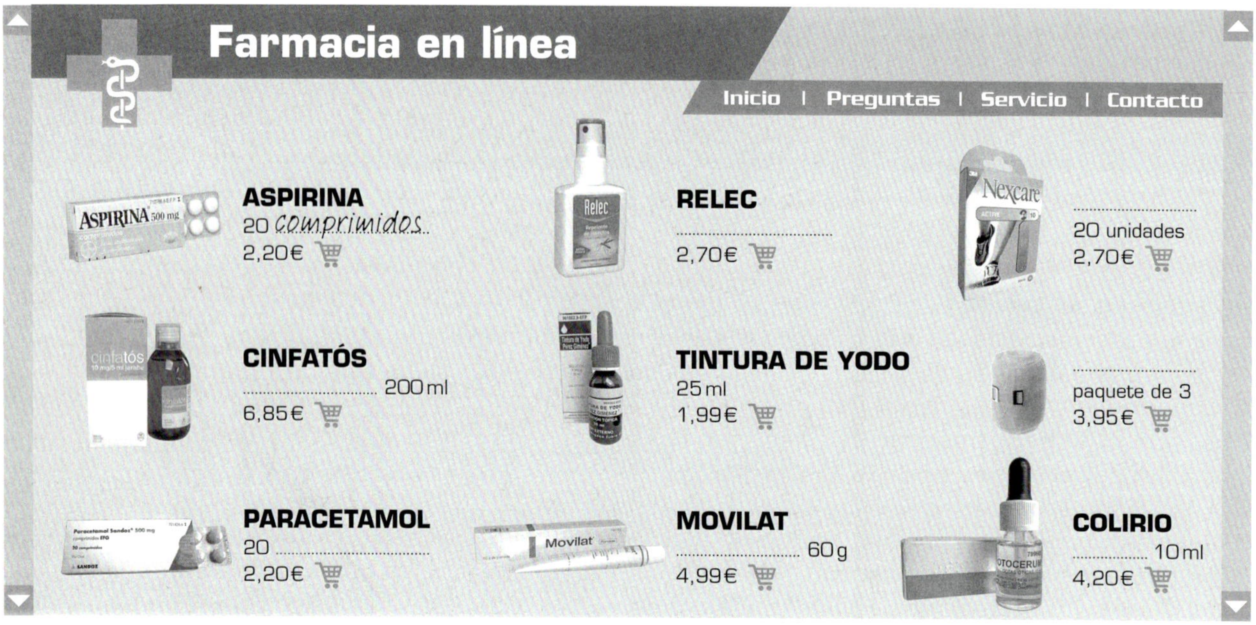

4 Consejos para una buena salud.
Escriba algunos consejos combinando los elementos de estas columnas. No olvide conjugar los verbos.

Si	te le os les —	doler tener estar	la cabeza, la espalda, los pies, fiebre, diarrea, tos, cansado, nervioso, enfermo,	poder tener que convenir ¿por qué no…?	tomar comprar quedarse beber descansar dormir trabajar	aspirinas. medicamentos. en la cama. algo caliente. mucho. menos. una infusión de hierbas. leche con miel. un baño de pies.

5 a. El día a día.
Lea estos comentarios y tache las formas falsas.

1. María Jesús: "Bueno, pues me / a mí gusta mucho mi trabajo. Tú ya le / lo sabes, ¿no? Pero hace dos semanas empecé con este nuevo proyecto y estoy muy nerviosa, porque es todo muy complicado. Me / Mí cuesta mucho concentrarme y me / te duele la cabeza. Ayer fui al médico y mí / me dijo que el / lo que tengo es estrés. Mí / Me recomendó irse / irme de vacaciones y no pensar en el trabajo."
2. Rosa: " Me / Se levanto todos los días a las seis y preparo el desayuno para los niños. Después los / se llevo al colegio en coche y me / te voy directamente a la oficina. A las cinco los / me llevo a la piscina, a la clase de inglés o al deporte. Por la noche me / te acuesto la última, porque me / le gusta ver un poco la televisión o escuchar música en el sofá."
3. Ignacio: "Mi padre ya tiene 65 años y desde marzo no trabaja. Se / Le levanta todos los días a las nueve o diez y eso está bien porque se / le encanta dormir, pero después le / se cuesta mucho organizar su día. Los primeros meses los / las pasó mejor: ordenó sus fotos, llamó a muchos amigos… Pero ahora se aburre y la / lo más interesante de su vida es hacer la compra. Necesita encontrar un hobby."

Petit fours

Zutaten (für ca. 40 Stück) • 6 Eier (M) • 1 Prise Salz • 200 g Zucker • 150 g Mehl • 1 TL Backpulver • 65 g Kakaopulver • 250 g Schwarzkirsch-Konfitüre • 150 g Marzipanrohmasse • 200 g Zartbitter-Kuvertüre • weiße Zuckerschrift • 2 EL Pistazienkerne

1 Eier trennen. Eiweiß und Salz steif schlagen. Zucker einrieseln lassen. Eigelbe unterrühren. Mehl, Backpulver und Kakao mischen, unterheben. Fettpfanne des Ofens (36 x 28 cm) mit Backpapier belegen. Teig darauf streichen. Im heißen Ofen **(E-Herd: 180 °C, Umluft: 160 °C, Gas: Stufe 2)** ca. 20 Minuten backen. Auf eine mit Backpapier belegte Platte stürzen. Mit einem Tuch bedeckt abkühlen lassen.

2 Konfitüre erhitzen. Biskuit mittig halbieren. Eine Hälfte mit 220 g Konfitüre bestreichen, andere Hälfte auflegen. Oberfläche mit 30 g Konfitüre bestreichen. Marzipan in Größe der Biskuitplatte ausrollen, Biskuit damit belegen. 30 Minuten kalt stellen.

3 Biskuit in ca. 3 cm große Würfel schneiden. Kuvertüre schmelzen, Würfel damit überziehen. Fest werden lassen. Mit Zuckerschrift und Pistazien verziert servieren.

Zubereitung: ca. 45 Min. o. Wartezeit **Backzeit:** ca. 20 Minuten. **Pro Stück:** ca. 115 kcal, 4 g F, 16 g KH, 2 g E.

Foto: Matthias Liebich; Produktion: Nicole Müller-Reymann

Petit fours

b. ¿Qué les pasa?
Lea los comentarios otra vez. Luego combine los elementos de estas columnas para formar frases sobre las personas. Hay varias posibilidades.

			horas.
	tiene	mucho/-a/-os/-as	estrés.
María Jesús	duerme	bastante/s	nervioso/-a.
Rosa	trabaja	demasiado/-a/-os/-as	tiempo libre.
El padre de Ignacio	es	poco/-a/-os/-as	activo/-a.
	está	muy	trabajo.
			—

6 a. ¿Adjetivo o adverbio?
Complete los diálogos con el adjetivo o el adverbio adecuado.

1. ● ¿Cómo vais a visitar a tus padres?
   ○ Esta vez viajamos .... *(cómodo)* en el tren.
   ● ¿En el nuevo AVE? La verdad es que es muy .... *(cómodo)*.
2. ● Ayer tuve una conversación muy .... *(agradable)* con el nuevo jefe.
   ○ A mí también me parece que es .... *(simpático)*.
3. ● ¡Qué inteligente es Juan! Dice que ha aprendido .... *(fácil)* alemán en poco tiempo.
   ○ Vaya, pues el alemán no es un idioma .... *(fácil)*, creo.
4. ● ¿Has leído esto? Han probado .... *(científico)* que el estrés es más grave que muchas otras enfermedades.
   ○ ¿Seguro que es un estudio .... *(científico)*? Esa revista no es muy seria.

b. ¿Cómo se dice en español?
Wie sagen Sie auf Spanisch, …

1. dass Sie an einem ruhigen Strand spazieren gehen? ....
2. dass Sie in Ruhe an einem Strand spazieren gehen? ....
3. dass Sie in einem bequemen Bett schlafen? ....
4. dass Sie in Ihrem Bett bequem schlafen? ....
5. dass Sie schnell ein Auto kaufen werden? ....
6. dass Sie ein schnelles Auto kaufen werden? ....

7 Gimnasia verbal.
Complete la tabla con el infinitivo de cada verbo y con la forma de **usted** en cada tiempo.

infinitivo	presente	perfecto	indefinido	imperfecto
ser	es			
				había
		ha estado		
	va			
			hizo	
ver				
		ha tenido		
				ponía

8 **Las escuelas de antes.**
Lea el texto siguiente y complete con los verbos en imperfecto.

Una escuela en los años 50

Mi abuelo Jesús, el padre de mi padre, ... *(ser)* profesor. Esta es una foto de su escuela del año 1950. La escuela .... *(estar)* en un pequeño pueblo de la provincia de Málaga. Los profesores entonces .... *(ganar)* muy poco dinero y .... *(tener)* que hacer otros trabajos para poder vivir. Por eso mi abuelo, por las noches, ... *(ayudar)* también en la oficina de Correos. Allí .... *(trabajar)* también mi abuela y así los dos se conocieron.
En aquella época los niños y las niñas .... *(estudiar)* por separado: ellas, con su profesora, ellos, con su profesor. Además, los alumnos no .... *(tener)* libros, porque no .... *(poder)* comprarlos. También .... *(haber)* niños de todas las edades en la misma clase y .... *(tener)* que aprender todos juntos. Normalmente, cuando .... *(ser)* muchos, los mayores .... *(ayudar)* a los más pequeños. Mi abuelo dice que todos .... *(aprender)* mucho y que .... *(ser)* muy felices.

9 **a. Antonio ha cambiado su vida.**
Antes era director de una empresa y ahora es agricultor biológico.
¿Qué información corresponde a cada dibujo?

A

B

[B] ir en bicicleta – [A] ir a todos los lugares en taxi
☐ llevar siempre camisa y corbata – ☐ llevar ropa vieja y cómoda
☐ vivir con mucho dinero – ☐ vivir con poco dinero
☐ dormir en una casa antigua – ☐ dormir en hoteles de lujo
☐ pasar todo el tiempo en el campo – ☐ viajar en avión todas las semanas
☐ cenar en restaurantes caros con clientes – ☐ consumir sólo los productos que cultiva
☐ ganar dinero con la venta de quesos – ☐ ganar millones con proyectos para empresas

b. Compare ahora cómo ha cambiado su vida.

Antes iba a todos los lugares en taxi, pero ahora...

Mundo profesional

10 Un nuevo colega tiene problemas en el trabajo.
¿Puede darle consejos?

1. No tengo todavía copia de mi contrato.
2. Todavía no conozco a todos los colegas.
3. Mi ordenador no funciona bien.
4. Hay muchos clientes de EE. UU. y yo no sé inglés.
5. Necesito enviar un fax.
6. Tengo que reservar un vuelo.
7. El aire acondicionado no funciona.
8. Todavía no he leído los documentos para la reunión de mañana.

a. pedir ayuda a la secretaria
b. llamar a la agencia de viajes de la empresa
c. llamar al departamento de informática
d. ir a clases de inglés por la tarde
e. llamar al servicio técnico
f. presentarse a los compañeros
g. preguntar en el departamento de Recursos Humanos
h. quedarse en la oficina una hora más

1. ¿Por qué no preguntas...?
Puedes preguntar...

Pronunciar con gusto

11 a. Pronunciación y ortografía.

Wie Sie in **Con gusto A1** gesehen haben, hat die Aussprache manchmal auch Auswirkungen auf die Rechtschreibung:

- Der K-Laut wird vor **a**, **o**, **u** als **c** geschrieben, vor **e** und **i** als **qu**. Das **qu** wird ausschließlich vor **e** und **i** verwendet.
- Der Lispellaut wird vor **a**, **o**, **u** als **z** geschrieben, vor **e** und **i** als **c**. Die Kombinationen ~~**ze**~~ und ~~**zi**~~ gibt es im Spanischen nicht.

K-Laut [k]		**Lispellaut** [θ]	
ca	carácter	za	zapatos
que	queso	ce	centro
qui	quiosco	ci	cinco
co	cómodo	zo	zoo
cu	cuaderno	zu	zumo

- Der „Ach"-Laut wird vor **a**, **o**, **u** als **j** geschrieben, vor **e** und **i** als **j** oder **g**.
- Der G-Laut wird vor **a**, **o**, **u** als **g** geschrieben, vor **e** und **i** als **gu**.

„Ach"-Laut [x]		**G-Laut** [g]	
ja	jardín	ga	ganas
je / ge	jefe / gente	gue	guerrilla
ji / gi	jirafa / gimnasia	gui	guitarra
jo	joven	go	golf
ju	jugar	gu	gusto

Wenn Sie also z. B. [ke] hören, können Sie sicher sein, dass das Wort mit **qu** geschrieben wird, wenn Sie [ku] hören, wird es mit **c** geschrieben. Damit haben Sie auch kein Problem mehr bei der Entscheidung, ob man *cuando* mit **c** oder **qu** schreibt.

In dieser Lektion sind Ihnen auch schon Verben begegnet, bei denen sich in der 1. Person Singular des Indefinido die Schreibweise ändert, damit die Aussprache erhalten bleibt, z. B. *empezar – yo empe**c**é*, *buscar – yo bus**qu**é*, *pagar – yo pa**gu**é*.

b. Un poco de ortografía. ⏭ 5
Escuche estas palabras y escriba las consonantes que faltan.

cha.........eta	hi.........o	ti.........eras	practi.........é	traba.........ó	lle.........é	empe.........é
.........itarra	venta.........a	.........uarenta	.........entral	.........apato	co.........ina	a.........encia

Portfolio

Ya sé...	😊 😐 ☹	
... Körperteile benennen: cabeza, ...	☐ ☐ ☐	→ p. 19/1
... nach der Gesundheit fragen: ¿Qué ....?	☐ ☐ ☐	→ p. 20/3
... Krankheitssymptome beschreiben: Me duele .... Tengo .... Estoy	☐ ☐ ☐	→ p. 20/3
... in der Apotheke Medikamente kaufen: Necesito .... ¿Tienen ....?	☐ ☐ ☐	→ p. 21/4
... Maßnahmen bei Krankheit angeben: Si tengo fiebre, tomo	☐ ☐ ☐	→ p. 21/4
... Ratschläge von einem Arzt oder Apotheker verstehen: ¿Por qué no ....? Conviene	☐ ☐ ☐	→ p. 21/4
... die Art und Weise einer Handlung angeben: Aprendo los verbos	☐ ☐ ☐	→ p. 22/6
... Gewohnheiten und Zustände in der Vergangenheit beschreiben: Cuando iba al colegio, ...	☐ ☐ ☐	→ p. 23/7
... Zeitangaben der Vergangenheit benutzen: .... los 16 años, ... los años 80, ... tenía 18 años, ...	☐ ☐ ☐	→ p. 25/10

También sé...	😊 😐 ☹	
... die Intensität angeben: He comido .... mayonesa. Yo hago .... deporte.	☐ ☐ ☐	→ p. 22/5
... Adverbien auf ‚-mente' von Adjektiven ableiten: lento – ...., fácil – ...., agradable –	☐ ☐ ☐	→ p. 22/6
... Adjektive und Adverbien benutzen: Entender la gramática es .... Entiendo la gramática	☐ ☐ ☐	→ p. 22/6
... das Imperfekt der regelmäßigen Verben konjugieren: yo hablaba, tú ....; yo comía, tú	☐ ☐ ☐	→ p. 23/7
... sowie das Imperfekt der Verben ‚ser, ver, ir' konjugieren: ser: yo ....; ver: tú ....; ir: usted	☐ ☐ ☐	→ p. 23/7

¿Te acuerdas? 3

1 Imperfecto e indefinido.

Complete el crucigrama con las formas del imperfecto y del indefinido.

Horizontal: imperfecto

1. estar, ellos
2. ser, vosotros
3. dar, yo
4. ir, ella
5. poder, nosotros
6. tener, tú
7. ver, ustedes
8. comer, nosotros

Vertical: indefinido

1. comer, él
2. trabajar, ellos
3. poder, nosotros
4. pedir, yo
5. poner, vosotros
6. vivir, tú
7. decir, ellos
8. hablar, nosotros

2 ¿Qué se hacía en los años 60 y 70?

Escriba la mayor cantidad de frases posibles, utilizando los verbos en imperfecto.

		televisión en blanco y negro.
		series como "Flipper" o "Bonanza".
Mucha gente	tener	un Seat 600 o un Fiat 500.
Los niños	ver	un ordenador Spectrum o Commodore.
Los jóvenes	ir	todo el día en la calle.
Mis amigos y yo	jugar	minifalda.
Mi familia	llevar	a los Beatles y a los Rolling Stones.
Yo	escuchar	el pelo largo.
		a la escuela el sábado.
		a manifestaciones políticas.

Mucha gente tenía televisión en blanco y negro.

3 Animales en libros y películas.

¿Puede completar estos títulos con los nombres de los animales?

abeja | caballo | cerditos | gato | ~~león~~ | monos | pájaros | pantera | perro | ratón (2x)

1. El rey ...léon...
2. Los .... de Hitchcock
3. La .... Maya
4. El .... de los Baskerville
5. El .... de campo y el .... de ciudad
6. El .... con botas
7. Los tres ....
8. Un .... llamado Furia
9. La .... rosa
10. La leyenda de Tarzán, el rey de los ....

4 Grupos de animales.

Clasifique los animales en los grupos siguientes. Hay varias posibilidades.

abeja | caballo | cerdo | cocodrilo | delfín | elefante | gato | jirafa | león | leopardo | mono | ostra | oveja | pájaro | papagayo | perro | pingüino | pulpo | ratón | tigre | toro | tortuga | vaca | mosquito

1. Animales que viven en el mar: ....
2. Animales que viven en la selva: ....
3. Animales que vuelan: ....
4. Animales que tenemos en casa: ....
5. Animales que ha visto en la naturaleza: ....
6. Animales que ha visto en el zoo: ....

5 ¿Con o sin pronombre?

Recuerde que algunos verbos cambian de significado si llevan el pronombre reflexivo. Tache las formas falsas.

1. • ¿Sabes? Ayer encontré / me encontré con Gustavo en la universidad. Estaba poniendo / poniéndose un anuncio para buscar un compañero de piso.
   ○ Pero ¿Mila y él ya no viven juntos?
   • Pues le pregunté por Mila y puso / se puso muy rojo. Me dijo que Mila ha vuelto a casa de sus padres.
   ○ ¿Ah sí?

2. • Ana, ¿ has llamado / te has llamado a Roberto?
   ○ No, pero he encontrado / me he encontrado con él. Hemos quedado / Nos hemos quedado para ir al cine juntos.

3. • Por fin he encontrado / me he encontrado un piso que me gusta. ¿Por qué no pones / te pones el abrigo y vamos a verlo?
   ○ Pero ¿ahora?
   • Sí, no quiero poner / ponerte nerviosa, pero hay mucha gente interesada…

4. • Eva no viene. Ha quedado / Se ha quedado en casa porque le dolía un poco la cabeza y ha decidido dormir / dormirse la siesta.
   ○ ¡Qué pena! ¿ Has quedado / Te has quedado con alguien más?
   • No, vamos sólo tú y yo.

6 Diminutivos.

Complete con los sustantivos y diminutivos correspondientes.

el gato ....*el gatito*....
la abuela ....
el libro ....
la casa ....
el ratón ....

....*la hermana*.... la hermanita
.... el regalito
.... la cerve**c**ita
.... el cafe**c**ito
.... el bar**qu**ito

> **!** Die Verkleinerungsformen verwendet man auch, um eine emotionale Beziehung auszudrücken *(abuelita)* oder um die Wichtigkeit zu vermindern: *Te he traído un regalito.*
> In diesem Sinne erklärt sich auch die Verwendung von *bajito* und *gordito*.

7 Elvira ha cambiado su vida.

Combine las expresiones de las tres columnas para comparar la situación de antes con la actual.

antes	lo que pasó	situación actual
1. comer comida rápida	– ponerse enferma	– hacer viajes tres veces al año
2. no viajar mucho	– cambiar de empresa	– no hacer más deporte
3. jugar al tenis	– tener que hacer un viaje de trabajo a París	– navegar en internet todos los días
4. llegar siempre tarde a la oficina	– tener un hijo	– comer sólo comida sana
5. no usar internet	– comprar un ordenador	– ya no comprar cigarrillos
6. fumar mucho	– tener problemas en las rodillas	– ser la primera en la oficina

Antes Elvira comía comida rápida, pero un día se puso enferma.
Ahora come sólo comida sana.

8 ¿Indefinido o imperfecto?

Lea las frases siguientes y elija cuál es el final correcto.

1. Cuando yo tenía 18 años, …
   - ☐ fui a la piscina todos los días.
   - ☐ iba a la piscina todos los días.
2. Cuando Mariana trabajaba en La Caixa, …
   - ☐ fue al trabajo en metro.
   - ☐ iba al trabajo en metro.
3. Cuando vimos esta casa, …
   - ☐ decidimos comprarla enseguida.
   - ☐ decidíamos comprarla enseguida.
4. Cuando Felipe era pequeño, …
   - ☐ jugaba en la calle.
   - ☐ jugó en la calle.
5. Cuando iba en moto con Óscar, …
   - ☐ teníamos un accidente.
   - ☐ tuvimos un accidente.
6. Cuando terminé la novela, …
   - ☐ la leyó mi hermano.
   - ☐ la leía mi hermano.
7. Cuando estudiaba en la universidad, …
   - ☐ siempre estaba cansado.
   - ☐ siempre estuve cansado.
8. Cuando Lidia tenía 14 años, …
   - ☐ sus padres se mudaron a otra ciudad.
   - ☐ sus padres se mudaban a otra ciudad.

9 a. La historia de Alicia y Luis.
Escriba las historias de estas dos personas en pasado y decida si los verbos van en imperfecto o en indefinido.

Alicia, profesora de francés:
"Cuando iba a la escuela…"

- Estudiar inglés y portugués.
- En verano de 2002 hacer un viaje a Francia.
- Enseguida decidir estudiar francés.
- En 2009 trabajar en una feria de coches.
- Conocer a Luis en la feria.
- Luis ser un hombre muy atractivo.
- Enseguida enamorarse de él.

Luis trabaja en una empresa de coches:
"Cuando estudiaba en la universidad…"

- Tener muchos planes.
- En 2004 encontrar trabajo en una empresa de coches.
- En 2009 conocer a Alicia en una feria de coches.
- Alicia ser guapa e interesante.
- Poco tiempo después mudarse a casa de Alicia.

b. Alicia y Luis cuentan un poco más sobre sus vidas. ⏭ 6
Lea las frases. Luego escuche el CD y marque las informaciones que son correctas. Corrija las falsas.

1. ☐ Se conocieron en el aeropuerto.
2. ☐ En la empresa de Luis muchos hablaban francés.
3. ☐ Luis se mudó a casa de Alicia poco después.
4. ☐ Antes Luis vivía con unos amigos.
5. ☐ Alicia compró la casa hace dos años.
6. ☐ Alicia pidió un crédito para comprar la casa.

10 a. Algunos conectores.
¿Ha notado que algunos conectores tienen un significado muy parecido a otros? Relacione.

entonces	al final
así que	como
finalmente	después
porque	por eso
al día siguiente	total que
resulta que	un día después

! Die Bedeutung von **como** und **porque** ist gleich, aber **porque** kann nicht am Satzanfang stehen: *Como llovía tomé un taxi.* = *Tomé un taxi porque llovía.*

b. ¿Qué le pasó el martes a Mercedes?
Intente estructurar la historia con ayuda de las expresiones siguientes.

primero | después | al final | dos horas después | mientras | cuando | como | porque | por eso

Era martes por la tarde. .... Mercedes llegó a casa después del trabajo, abrió la nevera y vio que no había casi nada. Tenía mucha hambre, ... decidió ir al supermercado. Salió del apartamento y tomó el ascensor, pero .... bajaba, el ascensor se quedó entre dos pisos. .... toco el botón de alarma, pero no vino nadie. .... empezó a gritar y a pedir ayuda, ... nadie oía la alarma. .... unos vecinos la ayudaron a salir. .... eran ya las nueve, todas las tiendas estaban cerradas. .... decidió pedir una pizza y sentarse delante de la tele.

11 **¿Qué pasó?**
Ayer Paco hizo muchas cosas. Formule frases usando el imperfecto o el indefinido y los conectores siguientes. A veces hay varias posibilidades.

cuando | mientras | como | porque | por eso | así que

1. tener hambre – desayunar en el bar de la esquina
2. no haber agua caliente – ducharse con agua fría
3. tener que ir al aeropuerto – tomar un taxi
4. estar en una entrevista de trabajo – sonar el móvil
5. pasear por el centro – ver un robo
6. nevar mucho – no llegar a tiempo al aeropuerto
7. esperar el autobús – encontrarse con un amigo
8. tener dolor de cabeza – acostarse a las ocho

1. Como Paco tenía hambre, desayunó...
Paco tenía hambre, por eso...

Mundo profesional

12 **Un buen currículum.**
Lea el currículum siguiente y resuma la información.

Teresa nació el 14 de junio de 1972. De 1986 a 1989 fue a la escuela...

Nombre:	Teresa
Apellidos:	Romera Abad
Fecha de nacimiento:	14-6-1972
Dirección:	Avda. Virgen de Guadalupe, 24 10001 Cáceres
Teléfono de contacto:	927 23 44 71

Estudios:

1986 - 1989	Escuela Secundaria (Instituto de Secundaria Ágora,Cáceres)
1990 - 1993	Estudios Universitarios: Diplomada en Turismo (Universidad de Extremadura)

Experiencia profesional:

1992	Prácticas de recepcionista en el Hotel Alfonso IX Cáceres
1994 - 1998	Asistente de dirección en el Parador Nacional de Cáceres
1999 - actualidad	Directora de la agencia de viajes "Romera"

Idiomas:

inglés:	Nivel avanzado (C1)	
	1991 - 1994	Cursos en la Escuela Oficial de Idiomas de Cáceres
alemán:	Nivel intermedio (B1)	
	Verano 1997	Curso intensivo en la Universidad de Friburgo

Pronunciar con gusto

13 a. La pronunciación de r / rr.

Ist Ihnen aufgefallen, dass es bei der Aussprache des **r** im Spanischen Unterschiede gibt?
Wenn das **r** am Wortanfang steht und wenn es als **rr** geschrieben ist, wird es mit der Zungenspitze stark, d.h. mehrmals gerollt: *regla, arriba*. Steht das **r** zwischen Vokalen in der Wortmitte oder am Wortende, wird es nur leicht gerollt, d.h. die Zungenspitze vibriert im Mund nur einmal: *caro, ayudar*.
Beachten Sie, dass die unterschiedliche Aussprache des **r** in manchen Fällen sogar die Bedeutung verändern kann, z.B. *pero* – *perro*.
Im Deutschen sind wir es gewohnt, ein **r** am Wortende wie ein kurzes, dumpfes **a** auszusprechen oder sogar zu verschlucken, wie z.B. in *Peter*. Achten Sie darauf, das Endungs-**r** im Spanischen deutlich auszusprechen.

b. ¡A practicar! ⏭ 7
Lea estas palabras y marque cómo se pronuncia la **r** (stark oder leicht gerollt). Compruebe con el CD.

perro | pero | abierto | borrar | aburrirse | responder | oreja | barriga | nariz | rodilla

c. Palabras diferentes. ⏭ 8
Lea estas palabras y concéntrese en la pronunciación de la **r** y en la entonación. Compruebe con el CD.

vivía – vivir　aprende – aprender　esta – Ester
salía – salir　dibuja – dibujar

Portfolio

Ya sé ...		
... über Erinnerungen sprechen: Me acuerdo de .... Recuerdo que una vez	☐ ☐ ☐	→ p. 29/1
... Gewohnheiten der Vergangenheit beschreiben: Vivíamos en .... Todos los días	☐ ☐ ☐	→ p. 29/1
... von vergangenen Ereignissen berichten: Yo .... a mi marido en 1989.	☐ ☐ ☐	→ p. 30/2
... einige Tiernamen nennen: el perro, ...	☐ ☐ ☐	→ p. 30/3
... Vorder- und Hintergrund einer Erzählung unterscheiden: Como yo .... mucha hambre, ... al supermercado.	☐ ☐ ☐	→ p. 32/4-5
... eine Erzählung strukturieren: Primero llegué a casa, ... preparé la cena y .... puse la televisión.	☐ ☐ ☐	→ p. 33/6 → p. 35/8

También sé ...		
... einige reflexiv und nicht reflexiv gebrauchte Verben unterscheiden: pongo el CD en el ordenador – .... un sombrero – .... triste	☐ ☐ ☐	→ p. 31/3
... Verkleinerungsformen bilden: la casa – ...., el ratón – ...., pequeño –	☐ ☐ ☐	→ p. 31/3
... den Gebrauch von Imperfekt und Indefinido unterscheiden: El ratón .... el diente porque .... parecido a la perla.	☐ ☐ ☐	→ p. 32/4-5

Mirador 4

Test + + Test + + Test + + Test + + Test + + Test + + Test + + Test + + Test + + Test + + Test + + Test + + Test + + Test + + Test + + Test + + Test + + Test

1 **a. Vocabulario y gramática.**
Lea este correo electrónico y marque en cada número la palabra correcta.

Querida Susana:

¡Por fin estoy [1] León! Estoy en casa de Arturo [2] dos días, pero no te he escrito antes [3] estaba muy cansado. El viaje [4] horrible: el avión a Madrid llegó muy tarde y por eso no [5] tomar el tren a León. Al final tuve que venir [6] autobús y por eso el viaje fue muy [7].
Hasta ahora no hemos hecho muchas cosas, pero [8] más me ha gustado es el ambiente del Barrio Húmedo. Los bares son fantásticos y las tapas, deliciosas. ¡Ya me lo [9]! Bueno, seguro que quieres saber más, porque eres muy [10]. Mañana te escribo.

Un beso y ¡hasta pronto!
Pedro

1. ☐ a ☐ en ☐ de
2. ☐ hace ☐ desde ☐ desde hace
3. ☐ como ☐ por eso ☐ porque
4. ☐ fue ☐ estaba ☐ fui
5. ☐ pudo ☐ he podido ☐ pude
6. ☐ con ☐ en ☐ al
7. ☐ lento ☐ lentamente ☐ rápido
8. ☐ que ☐ lo que ☐ porque
9. ☐ dijiste ☐ deciste ☐ vas a decir
10. ☐ impaciente ☐ paciente ☐ trabajadora

b. Lenguaje interactivo.
Lea el diálogo y complete las frases con cuatro de las expresiones de la derecha.

En una agencia de viajes:
- Buenos días. ¿Qué desea?
- ○ .... ir con mi mujer a un balneario, un fin de semana.
- Vamos a ver. ¿Conoce usted el balneario de Mondariz?
- ○ Pues sí. Estuvimos allí el año pasado. ¿.................................. recomendar también otros?
- Bueno, aquí tengo el catálogo de balnearios de este año. ¿Por qué no lo miran usted y su mujer y así deciden?
- ○ Uy, no, ... ella no sabe nada. Es una sorpresa para su cumpleaños.
- ¿Y qué le gusta a su mujer?
- ○ Seguro que un tratamiento de belleza .... mucho.
- Ah, muy bien. Entonces creo que sé lo que necesita. Ahora mismo le muestro las ofertas.

a. es que
b. me puede
c. se mejore
d. no sé
e. le gusta
f. me gustaría

2 Comprensión auditiva (selectiva). ⏭ 9 – 13

Lea las siguientes frases. Luego escuche cinco textos cortos y decida si las frases son verdaderas (+) o falsas (–). Escuche los textos una segunda vez.

1. Un anuncio de un centro de belleza y salud:
   ☐ Esta semana tiene que pagar sólo un 50 % por los masajes de pies.
2. Un programa de radio:
   ☐ El remedio es contra el dolor de estómago.
3. Un anuncio sobre las fiestas de Ávila:
   ☐ Las fiestas son del 9 al 15 de octubre.
4. Un mensaje en una escuela de idiomas:
   ☐ El curso de inglés B2 es en el aula B23.
5. Una información de la consulta del Doctor Martínez:
   ☐ Los viernes la consulta está abierta de 9 a 12 y de 14 a 17 horas.

3 Comprensión lectora (global).

En una guía para visitar León y su provincia, usted lee estos cuatro textos. Decida cuál de los ocho títulos corresponde a cada texto.

a. Tratamiento con piedras calientes
b. El agua, fuente de salud y belleza
c. Un museo para ver y tocar
d. Para los amantes del senderismo
e. Un alojamiento de lujo
f. Dónde comprar comida típica
g. Un dulce exquisito
h. Actividades para todas las edades

1. Balneario Caldas de Luna
Sus aguas medicinales, a una temperatura de 28,5° C, se usan principalmente para tratamientos nerviosos y de piel. En el balneario también se puede disfrutar de sus tratamientos de belleza, masajes y sauna.

2. Monasterio de San Marcos
En el centro de la ciudad, este monasterio que fue prisión tiene una de las fachadas más bellas de la región. El monasterio es también un hotel de cinco estrellas donde, además, se puede disfrutar de la comida típica de la región.

3. Mantecadas de Astorga
Hechas con harina, huevo, azúcar y canela, son un clásico de la pastelería leonesa. Para el desayuno o como postre tiene usted que probarlas. También son un regalo típico que puede usted llevar a casa como recuerdo de un viaje inolvidable.

4. La Ruta del Cares
No necesita tener mucha experiencia, sólo ganas de hacer un camino de 12 km en unas 3 ó 4 horas para disfrutar de un paisaje espectacular. No hay que olvidarse de la cámara fotográfica para llevarse a casa un recuerdo impresionante.

4 Expresión escrita.

Usted pasó hace poco unos días de vacaciones en un país latinoamericano. Escriba una carta a un/a amigo/-a español/a y mencione tres de estos puntos.

- Recordar cuándo se vieron por última vez.
- Explicar por qué decidió ir a ese país.
- Contar cómo fue su viaje.
- Mencionar un monumento que vio o alguna comida típica que probó.
- Contar que conoció a una persona interesante y cómo fue.
- Proponer a su amigo/-a un lugar y una ocasión para verse otra vez.

Querido/-a...
Un abrazo,

Lo quiero todo 5

1 a. Tiendas y productos.
Relacione cada producto con la tienda donde normalmente se vende.

papelería | tomates | panadería | pantalones | pollo | frutería | cuaderno | tienda de muebles | carnicería | zapatería | aspirinas | tienda de ropa | perfume | librería | pan | farmacia | naranjas | verdulería | periódico | guía turística | armario | quiosco | sandalias | perfumería

papelería: cuaderno ....

....

....

....

....

....

....

> Viele Geschäftsbezeichnungen enden auf **-ería** und tragen in ihrem Namen das Produkt, z. B. *zapatería*. Für andere gibt es keine spezielle Bezeichnung, z. B. *tienda de muebles*.

b. ¿Puede añadir un producto más en cada tienda?

2 En el Rastro.
Complete los diálogos con la forma adecuada de estos pronombres indefinidos.

alguien | nadie | algo | nada | alguno/-a | ninguno/-a

1. • Hola, ¿tiene .... novela de García Márquez?
   ○ No, lo siento. No tengo ....

2. • Oiga, estoy buscando un reloj antiguo para un regalo. ¿Tiene ....?
   ○ No, yo no tengo ...., pero el vendedor de la esquina tiene .... muy bonitos.

3. • Tengo que comprar .... para el cumpleaños de mamá.
   ○ ¿Todavía no le has comprado ....? Oye, ¿y si le compras .... cedé de los años 60?
   • Buena idea, creo que no tiene ....

4. • ¿Has encontrado la revista que buscabas?
   ○ No, ... la tiene.

5. • Bueno, hoy me voy a ir con las manos vacías. Todavía no he comprado ....
   ○ Entonces podemos ir a tomar unas tapas. ¿O quieres buscar .... más?
   • Sí, sí, espera… Quizás .... tiene libros de ciencia ficción.

3 De compras.

Lea estas frases y tache la palabra **no** si no es necesaria.

1. Nadie ~~no~~ se va del Rastro con las manos vacías.
2. ¿No has comprado nada para Marisa?
3. De esta tienda ningún mueble no me gusta.
4. Han cerrado la tienda porque nadie no compraba ahí.
5. ¿Sabes? Patricia nunca no ha estado en el Rastro.
6. ¿Las chaquetas de piel? Lo siento, no me queda ninguna.
7. No quiero comprar nada aquí.
8. Ningún vendedor de antigüedades no ha venido hoy.

4 Los pronombres directos.

¿A qué se refieren los pronombres de estas frases? Relacione con las fotos.

1. ¡Qué bonito! ¿Dónde **lo** has comprado?
2. ¡Es guapísima! Me gustaría conocer**la**.
3. ¿Tú cómo **lo** quieres? ¿Con o sin azúcar?
4. **La** necesito esta tarde y no **la** encuentro. ¿Dónde **la** has puesto?
5. Hoy **las** he llevado en coche a clase de ballet.
6. No han llegado todavía. ¿**Los** esperamos en la puerta del cine?

☐

☐

☐

☐

☐

☐

5 Los pronombres directos e indirectos.

Sustituya las palabras marcadas en estas frases según el modelo.
Primero los **objetos indirectos**, después los **objetos directos**.

1. Reservamos **a los clientes** **las mejores ofertas especiales**.
   Les reservamos las mejores ofertas especiales. – Las reservamos a los clientes.
2. Damos **a nuestros clientes** **la mejor calidad**.
   ....
3. Si no está contento, devolvemos **el dinero** **al cliente**.
   ....
4. Enviamos **a nuestros clientes** **todas las compras** gratis.
   ....
5. Si lo desean, guardamos **a los clientes** **los regalos de Navidad** hasta el día antes.
   ....
6. Ofrecemos **a todos nuestros clientes** **el servicio de compra por internet**.
   ....

6 a. Diferentes maneras de 'dar'. Relacione y escriba la traducción.

regalar ....
prestar ....
devolver ....
enviar ....

no dar algo personalmente, sino por correo o correo electrónico
dar en una ocasión especial, p. ej. un cumpleaños
dar algo por un tiempo y esperar recibirlo otra vez
darle un objeto prestado a su propietario

b. Este grupo de amigos está dando, devolviendo y prestando cosas. ⏭ 14 – 19
Escuche y escriba el objeto del que hablan en cada caso. Después, escuche otra vez y tache la opción falsa.

1. ....: Se lo presta. / Se lo regala.
2. ....: Se los presta. / No se los presta.
3. ....: Se la devuelve. / No se la devuelve.
4. ....: Se los da. / No se los da.
5. ....: Se lo envía. / Se lo presta.
6. ....: Se la compra. / No se la compra.

7 Todos le piden algo a la recepcionista.
Escriba su reacción utilizando los pronombres adecuados.

1. Señora López, ¿puede enviar estos faxes al Hotel Alfa?
2. ¿Puede prepararme la cuenta de la habitación 38?
3. Perdone, ¿puede dar esta carta a la señora Gutiérrez?
4. ¿Nos puede pedir un taxi, por favor?
5. ¿Puede mostrarme cómo funciona el aire acondicionado?
6. Julia, ¿me puedes dar la llave del garaje?
7. ¿Puedes llevarle este paquete al cliente de la habitación 23?
8. Tienes que reservar una mesa al señor Cuesta en Casa Lucio.

1. Enseguida se los envío.

8 La respuesta de Jaime.
Complete este correo electrónico con los pronombres adecuados.

Hola Malena:
¡Qué ordenada eres! ;-) Ahora el sótano de tu casa va a estar perfecto.
El ordenador viejo no *me*.................. .... tienes que devolver.
Es demasiado antiguo y ya no sirve para nada. .... puedes tirar. Oye, y los libros... si al final Pablo no .... quiere, ¿.................. .... puedes dar a mí? Bueno, a mí no .... gustan los de ciencia ficción, ya .... sabes, pero .... puedo dar a María, para la biblioteca de la escuela.
Necesita libros y dice que .... interesan todos.
Voy a ir a tu casa mañana con Marisa y Fran para ayudar.................. con las sillas. Si todavía tienes cosas en el sótano, ¿por qué no .... vendes en el Rastro? .... veo mañana.

Un besito, Jaime

> **!** Anders als im Deutschen verwendet man **interesar** mit dem indirekten Objekt:
> *¿Le interesa? = Interessiert es Sie?*

9 Complete este diálogo en una tienda de ropa.

- Buenos días, ¿le puedo ayudar en algo?
- *Sie sagen, dass Sie nur schauen möchten.*

 ....
- *Sie fragen, ob sie diese Jacke in Größe 40 haben.*

 ....
- Aquí la tiene. También la tenemos en azul.
- *Ihnen ist die graue lieber. Sie möchten sie anprobieren.*

 ....
- ¿Qué tal? ¿Cómo le queda la chaqueta?
- *Sie ist zu groß. Sie fragen nach einer kleineren Größe.*

 ....
- Enseguida se la busco… ¿Cómo le queda esta?
- *Sie passt Ihnen sehr gut. Sie nehmen sie mit.*

 ....
- ¿Necesita algo más? Tenemos muchas cosas rebajadas.

¿Recuerda?
llevar *tragen*
llevarse *mitnehmen*

10 ¿Qué o cuál/es?
Estas personas buscan regalos para la familia. Complete los diálogos.

1. • Bueno, ¿de .... color prefieres el jersey? El rojo es bonito, pero el negro también.
   ○ Es que me gustan los dos. ¿A ti .... te gusta más?
   • El negro es más elegante.

2. • Oye, y para papá, ¿qué tal un reloj?
   ○ No sé… A ver, ¿.................... modelos tienen?
   • Estos tres. ¿ .... te gusta más?
   ○ Pues… ninguno. Pero esas camisetas son preciosas. ¿.................... talla tiene papá?

3. • A mis sobrinos voy a regalarles algunos cedés.
   ○ Sí, pero ¿....................? ¿.................... grupos les gustan?
   • Pues no sé… para eso te llamo. ¿.................... música les gusta a los chicos de catorce años?
   ○ Ni idea.

4. • ¿.................... le vas a comprar a tu mujer?
   ○ Uff. No sé. Es horrible tener que comprar regalos. Mira, una perfumería… Vamos.
   • ¿Pero sabes .... perfume usa?
   ○ No sé. Voy a comprar uno caro y ya está.

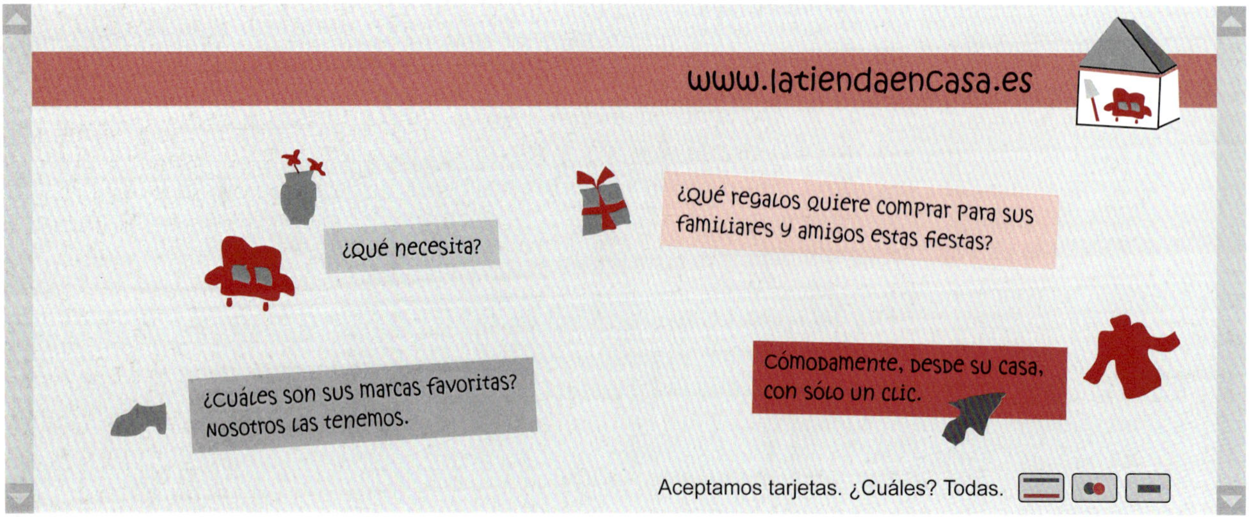

11 Algunos antiguos alumnos del colegio se han reunido después de 15 años.
Algunos han cambiado, otros no. Reformule las frases usando estas expresiones.

dejar de | empezar a | seguir + gerundio | seguir sin | volver a

1. Cuando iba al colegio, Alberto no tenía pareja y ahora tampoco tiene. *Alberto sigue...*
2. Antes, Bernabé llevaba el pelo largo, ahora ya no. ……………
3. Pilar y Javier salían juntos en el colegio y ahora salen juntos otra vez. ……………
4. Ana y Lucía todavía se ven todos los días, porque trabajan en la misma empresa. ……………
5. Desde hace poco Margarita trabaja de profesora en el colegio. ……………

12 Aquí tiene las notas de un detective que está observando a un hombre.
Escriba qué hace el hombre, utilizando estas expresiones si es necesario.

A las		dejar empezar seguir volver	a de sin —	desayunar llamar por teléfono tomar el cava

A las ocho empieza a desayunar en el bar "Manolo".
A las ocho y media...

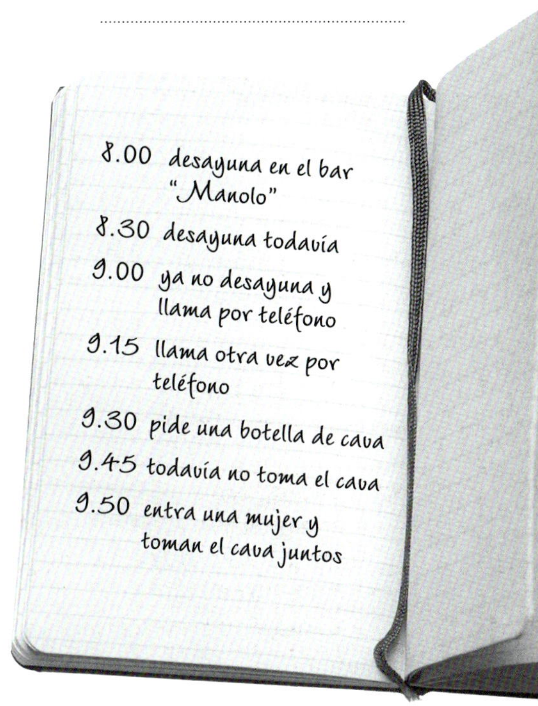

Mundo profesional

13 Una reclamación.
Lea esta carta y después relacione las palabras siguientes con su traducción.

1. la oferta
2. el pedido
3. la reclamación
4. el descuento
5. la factura
6. el importe
7. el artículo
8. el pago
9. el precio de venta al público (PVP)

a. Bestellung
b. Betrag
c. Ladenpreis
d. Rabatt
e. Angebot
f. Rechnung
g. Reklamation
h. Zahlung
i. Artikel

Estimados señores:

Hemos recibido los *artículos* de nuestro *pedido* del 22 de septiembre. Lamentablemente en la *factura* aparece un *importe* de 547 €, es decir, el PVP sin el *descuento* del 15 % de su *oferta* del 31 de agosto. Pensamos que se trata de un error, por eso no vamos a realizar el *pago* y les pedimos ponerse en contacto con nosotros.

Atentamente,

Ana María Gutiérrez
Departamento de compras

Pronunciar con gusto

14 **a. La entonación de las preguntas.**

Im Deutschen sind wir es gewohnt, bei einer Frage die Stimme am Satzende zu heben. Im Spanischen ist das nicht grundsätzlich der Fall, sondern nur bei Fragen, die man mit *Ja* oder *Nein* beantworten kann. Dagegen klingen Fragen, die mit einem Fragewort wie *qué, quién, cuál, cuándo, dónde* beginnen, oft wie ein Aussagesatz, da die Stimme gesenkt wird. Vergleichen Sie diese Intonationskurven:

¿Te gusta ir al Rastro?　　　¿Cuál de los dos te gusta más?

b. A escuchar. ⏭ 20

Dibuje la curva de entonación de cada pregunta y compruebe con el CD.

1. ¿Cuál es tu color favorito?
2. ¿Me lo puedo probar?
3. ¿Puedo pagar con tarjeta?
4. ¿Qué te has comprado?
5. ¿Cuánto cuesta este reloj?
6. ¿Lo tiene en otro color?

Portfolio

Ya sé...	😄 🙂 ☹	
... Geschäfte benennen: frutería, tienda de ropa, ...	☐ ☐ ☐	→ p. 43/1
... das Material von Kleidung angeben:	☐ ☐ ☐	→ p. 45/4
... Kleidung beschreiben: La camisa blanca me queda un poco	☐ ☐ ☐	→ p. 46/6
... mich in einem (Mode-)Geschäft erkundigen: Necesito una talla .... ¿La tienen también en otro ....?	☐ ☐ ☐	→ p. 46/6
... Beginn, Fortsetzung und Ende einer Handlung angeben: He empezado a .... Sigo .... He dejado de	☐ ☐ ☐	→ p. 48/9

También sé...	😄 🙂 ☹	
... unbestimmte Pronomen verwenden: Hoy no he comprado .... ¿Conoces a .... en la clase de español?	☐ ☐ ☐	→ p. 44/2
... indirekte und direkte Objektpronomen in einem Satz benutzen: ¿Ese reloj? .... he comprado a mi hijo.	☐ ☐ ☐	→ p. 45/3
... zwischen ‚qué' und ‚cuál / cuáles' unterscheiden: ¿............ chaqueta compramos? ¿............ te gusta más?	☐ ☐ ☐	→ p. 47/7
... Konstruktionen mit Infinitiv benutzen: Quiero dejar de .... y empezar a	☐ ☐ ☐	→ p. 48/9
... Konstruktionen mit Gerundium benutzen: Sigo .... español con "Con gusto".	☐ ☐ ☐	→ p. 48/9

¡Qué amable! 6

1 ¡Felicidades!
¿Qué dice usted en estas situaciones? Hay varias posibilidades.

1. Una compañera de trabajo cumple 55 años. ....
2. Usted llama a su abuela el 25 de diciembre. ....
3. Un amigo va a una fiesta. ....
4. Alguien le cuenta que se casó hace un mes. ....
5. Una amiga tiene un examen mañana. ....
6. Sus vecinos han tenido un bebé. ....
7. Se encuentra con un vecino el 1 de enero. ....
8. En una boda, todos beben por los novios. ....

2 a. Invitaciones.
Lea estas invitaciones. ¿Son formales o informales? ¿Cuál es el motivo de cada invitación?

día del santo | boda | nacimiento | cumpleaños | examen | Año Nuevo | Navidad | mudanza

Querid@s amig@s:
¡Nos hemos mudado! La casa es preciosa, ¿no os apetece venir a verla?
Os esperamos el sábado a partir de las ocho.

Besitos,
Paula y Ricardo

Hola a todos:
El sábado cumplo 40 años y me gustaría celebrarlo con vosotros en "El rey de los vinos" a partir de las nueve. Después podemos ir a bailar al "Manila".
Os espero.
Manuel

Sres. Carreras Romay

Sres. Rueda Castaño

Tenemos el gusto de invitarles al enlace matrimonial de

Penélope & Ernesto

que se celebrará el próximo 5 de marzo a las 12.30 horas
en la Iglesia de Santa Clara.

A continuación nos reuniremos todos para el cóctel y almuerzo
que se servirá en el Hotel Milán.

Se ruega confirmación.

Palencia, 2010

b. Lea esta respuesta. ¿A qué invitación se refiere?
¿Se acepta o se rechaza la invitación? Escriba también una respuesta a una de las invitaciones.

> Hola:
> Lo siento mucho, pero el sábado no puedo ir. Es que voy a pasar el fin de semana en Bilbao con mis padres.
> Bueno, pero quiero ver vuestra nueva casa. Ya quedamos otro día, ¿vale?
> Muchos besos,
> Isabel

3 a. Complete los diálogos y utilice 'ir / venir' o 'llevar / traer'.

b. ¿Cómo se dice en español? Traduzca las frases siguientes.

1. Ich habe meinen Bruder mitgebracht.
2. Am Freitag feiere ich meinen Geburtstag. Kommst du zu mir nach Hause?
3. ● Marta, ich bin in der Küche, kannst du kurz kommen und mir helfen?
   ○ Ja, ich komme schon.
4. ● Tschüs, Mama, ich gehe jetzt in die Bibliothek.
   ○ Kannst du bitte dieses Buch mitnehmen?
5. ● Ich gehe jetzt zum Supermarkt, aber du musst nicht mitkommen.
   ○ Bringst du Schokolade mit?
6. Ich hätte gerne einen Salat zum Mitnehmen.

4 Presentaciones.
Lea estos diálogos y complételos con las expresiones de abajo (1–7).

1. ● Señora Juárez, ¿conoce a mi madre?
   ○ Pues no, todavía no.
   ● Venga conmigo y se la presento… Mamá, □, la vecina del primer piso.
   ■ Mucho gusto.
   ○ □.

2. ● Édgar, ¿□?
   ○ No, todavía no.
   ● Pues ven. Marcelo, □ a Édgar.
   ○ □.
   ● Mucho gusto.

3. ● Señor Iglesias, quiero □ a un nuevo colega: Mateo Urquijo, el nuevo jefe de personal.
   ○ Hola, encantado.
   ■ □.

1. esta es la señora Juárez
2. conoces a Marcelo
3. Encantada
4. presentarle
5. Encantado
6. Igualmente
7. te presento

5 En una fiesta.

Clasifique las siguientes expresiones y reacciones según el contexto en que se usan.

Te presento a Brígida. | ¿Te importa si llamo a Román? | ¿Te pongo un poco más de vino? | Mucho gusto. | Te he traído una cosita. | ¡Gracias, ¡qué sorpresa! | Sí, pero sólo un poquito. | Llama, llama. | Mira, esto es para ti. | ¿Puedo usar tu móvil? | Esta es mi madre. | Por supuesto, aquí lo tienes. | ¡Pero si no hacía falta! | ¿Te apetece un poco más de ensalada? | Gracias, pero ya estoy lleno. | Encantada.

entregar un regalo	presentar a alguien	ofrecer algo	pedir permiso
●	●	●	●
○	○	○	○
●	●	●	●
○	○	○	○

6 a. Usted celebra una fiesta en su casa.

Decida si en las frases se habla de **tú** o de **usted** y después escriba la otra variante.

	tú	usted	
1. Toma algo de beber.	x		Tome algo de beber.
2. Coma un poco más de tarta.			
3. Deje aquí su chaqueta.			
4. Pasa, pasa.			
5. Ponga música.			
6. Llama un taxi.			
7. Siéntese en el sofá.			
8. Dale el regalo a Juana.			
9. Ponte un poco más de vino.			

b. Hablando con los invitados.

¿Cómo reacciona usted a estas preguntas de los invitados? Utilice el imperativo.

1. ¿Puedo fumar en el balcón?
2. ¿Puedo poner este cedé que he traído?
3. ¿Puedo tomar otro pastel?
4. ¿Te importa si cerramos la ventana?
5. ¿Podemos abrir esta botella de vino?
6. ¿Te importa si llamo un momento a una amiga?
7. ¿Puedo probar las patatas bravas?
8. ¿Te importa si bajamos el volumen de la música?

1. Sí, claro. Fuma, fuma.

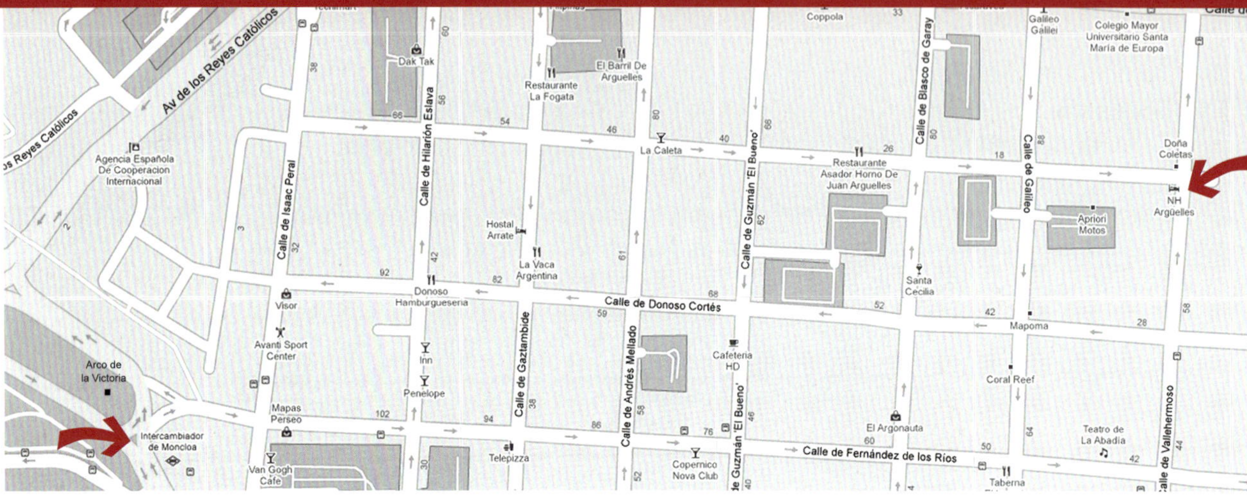

7 **a. Para llegar a la fiesta.** ⏭ 21

Escuche esta llamada telefónica y marque en el plano el camino que describe Anabel.

b. Ahora usted.

Otro invitado quiere ir a la fiesta desde el Hotel NH Argüelles. Explíquele qué camino tiene que tomar, utilizando el imperativo.

!

¿Recuerda?
Toma / Tome la calle Mayor.
Sigue / Siga todo recto.
Cruza / Cruce la plaza.
Gira / Gire a la derecha.

8 **En la fiesta hay patatas bravas para comer.**

¿Sabe prepararlas? Es muy fácil. Ponga los verbos en imperativo.

Tapas | Patatas bravas

Patatas bravas, una tapa típica

Ingredientes para cuatro personas:

tres patatas
media lata de tomate
una guindilla *(Peperoni)*
vinagre *(Essig)*
aceite de oliva
sal

Preparación

Pelar las patatas y cortarlas en trozos pequeños. Poner las patatas a freír en mucho aceite de oliva. Poner a freír también el tomate con un poco de aceite, añadir un poco de vinagre y la guindilla. Añadir la salsa por encima de las patatas.
¡A comer!

37

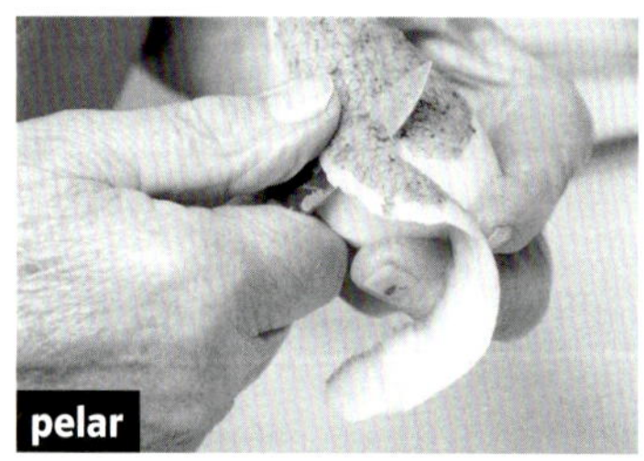

9 Superlativos.
Complete con los adjetivos y superlativos correspondientes.

buena	buenísima	mucho	muchísimo
pocos	....	....	riquísimas
grandes	....	....	elegantísima
largas	....	....	simpatiquísimo
fácil	....	....	viejísimos

! Beachten Sie die Änderungen in der Rechtschreibung, um die Aussprache beizubehalten:
rico → *riq**u**ísimo*,
larga → *lar**gu**ísima*

10 Un buen ejercicio.
Complete las frases con la forma correcta de los adjetivos y escríbalos en el lugar adecuado.

1. • ¿Has visto *El Zorro*? Es una buena película — *(bueno)*. Tiene mucha acción.
   ○ Sí. Y la verdad es que Antonio Banderas es un .... actor .... *(grande)*.
2. • Tiene ya diez años, pero funciona muy bien. Es un .... coche .... *(grande)*.
   ○ Sí, pero no es .... idea .... *(malo)* comprar otro nuevo.
3. • ¡Qué .... día .... *(bueno)* hace! ¿Vamos a dar un paseo?
   ○ .... idea .... *(bueno)*.
4. • ¿Qué te pasa? ¿Has tenido un .... día .... *(malo)*?
   ○ Sí. Hoy ha sido mi .... día .... *(primero)* de trabajo y ahora necesito una .... siesta .... *(bueno)*.

! Vor männlichen Substantiven im Singular werden auch die Ordnungszahlen *primero* und *tercero* verkürzt:
el primer autobús,
el tercer piso.

Mundo profesional

11 Una invitación.
Lea la invitación y marque en cada número la palabra correcta.

Modas Mar Azul S.A.

[1] clientes:

Tenemos el placer de [2] a la inauguración de nuestra nueva [3] en la c/ Balmes, 27.
La celebración tendrá [4] el 16 de abril [5] las 20.30 horas.
En este nuevo [6] hemos puesto toda nuestra energía e ilusión y queremos compartirlo con nuestros clientes.

[7] cordiales,

Amparo Alonso, directora general

Se ruega [8].

1. ☐ Nuestros ☐ Estimados
2. ☐ invitarlos ☐ invitarnos
3. ☐ fiesta ☐ tienda
4. ☐ lugar ☐ sitio
5. ☐ a partir de ☐ después
6. ☐ oficina ☐ edificio
7. ☐ Saludos ☐ Adiós
8. ☐ acción ☐ confirmación

Pronunciar con gusto

12 **a. La acentuación de los verbos.**

Sie haben schon gemerkt, dass sich manche Verbformen in verschiedenen Zeiten nur durch ihre Betonung und einen Akzent unterscheiden.
Bei den Verben auf **-ar** betrifft dies das Präsens von **yo** und das Indefinido von **él / ella / usted**. Vergleichen Sie: *yo compro – usted compró*. Dasselbe gilt für den Imperativ von **usted** und das Indefinido von **yo**. Vergleichen Sie: *compre (usted) – yo compré*. Daher ist es wichtig, auf die richtige Betonung und Akzentsetzung zu achten, um Missverständnisse zu vermeiden.

b. Escuche algunas frases y marque las formas verbales que escucha. ⏭ 22

	1.	2.	3.	4.	5.	6.
presente						
indefinido						
imperativo						

Portfolio

Ya sé...	☺ ☺ ☹	
... gute Wünsche aussprechen und darauf reagieren: ¡Feliz ……………… ! – ………………	☐ ☐ ☐	→ p. 53/1
... Einladungen aussprechen und darauf reagieren: ¿Te apetece ……………… ? – ………………	☐ ☐ ☐	→ p. 54/3
... ein Geschenk überreichen und darauf reagieren: Toma, te he ……………… . – ¿Por qué ………………?	☐ ☐ ☐	→ p. 55/4
... etwas anbieten und darauf reagieren: ¿Te pongo ………………? – Gracias, pero ……………… .	☐ ☐ ☐	→ p. 55/4
... jemanden vorstellen und darauf reagieren: Le presento a ……………… . – Mucho ……………… . ………………	☐ ☐ ☐	→ p. 55/4
... um Erlaubnis bitten und darauf reagieren: ¿Puedo ………………? – Sí, claro ……………… .	☐ ☐ ☐	→ p. 55/4 → p. 58/8
... Gepflogenheiten nennen und Ratschläge geben: En un cumpleaños es usual ………………	☐ ☐ ☐	→ p. 58/9

También sé...	☺ ☺ ☹	
... zwischen ‚ir / venir' und ‚llevar / traer' unterscheiden: ……………… a tu casa y te ……………… cedés... Mira, te he ……………… cedés. ………………	☐ ☐ ☐	→ p. 54/2
... den Imperativ bilden und anwenden: ……………… la puerta, por favor. ……………… este vino. ………………	☐ ☐ ☐	→ p. 57/7
... Adjektive durch die Endung ‚-ísimo' verstärken: La comida está buen……………… . He comido much………………	☐ ☐ ☐	→ p. 59/9
... verkürzte Adjektive verwenden: Antonio es un ……………… amigo. Este es un ……………… coche. ………………	☐ ☐ ☐	→ p. 59/11

Vamos al parque 7

1 a. Naturaleza.
Clasifique las palabras en los grupos siguientes y escriba el artículo correspondiente.

selva | sol | bosque | reptil | desierto | ~~bicicleta~~ | pez | nubes | duna | colibrí | barco | marisma | todoterreno | lince | niebla | pájaro | moto | viento | coche | montaña | nieve

1. transporte: la bicicleta
2. animales: ....
3. paisajes: ....
4. tiempo: ....

b. ¿Puede añadir una palabra más en cada grupo?

2 a. Una reserva para una excursión.
Complete este diálogo en una agencia de viajes con las palabras siguientes.

dura | excursión | incluida | plazas libres | recorrido | reserva | sale | vacaciones

- ● Hola, buenos días, ¿qué desea?
- ○ Quiero hacer una .... para la excursión al Parque Nacional de los Picos de Europa el cuatro de septiembre.
- ● Vamos a ver… Lo siento, pero el cuatro de septiembre no quedan ....
- ○ ¡Qué pena!
- ● ¿La excursión tiene que ser ese día? La ofrecemos también el día siete.
- ○ El día siete es nuestro último día de .... y queríamos hacer algo más tranquilo, pero no importa. ¿A qué hora .... el autobús?
- ● A las ocho y media. Sale de la Plaza de España y el viaje .... más o menos hora y media.
- ○ ¿El .... por el parque es muy largo?
- ● No, unos seis kilómetros. Hay un buen camino al lado del río y el paisaje es fantástico.
- ○ ¿Cuánto cuesta la ....?
- ● 35 euros por persona y la visita guiada está ....
- ○ De acuerdo. Entonces quiero reservar para dos personas.

b. Escuche esta llamada telefónica que tiene lugar unos días después. ⏭ 23
Marque las informaciones correctas y corrija las falsas.

1. ☐ La excursión del día siete se va a hacer.
2. ☐ La excursión del día cuatro se ha cancelado.
3. ☐ La agencia de viajes no les puede devolver el dinero.
4. ☐ Los señores Toscano van de excursión.

3 Reaccione a estos comentarios.
Exprese alegría o tristeza. Hay varias posibilidades.

1. • ¿Sabes? Marta no puede venir a la fiesta porque tiene un viaje de trabajo.
   ○ ....

2. • En julio mi mujer y yo vamos a hacer un crucero por el Mediterráneo.
   ○ ....

3. • Queríamos hacer una excursión al Parque de Doñana el sábado, pero no quedan plazas libres.
   ○ ....

4. • Ayer nació nuestro primer nieto, el hijo de Roberta, nuestra hija mayor.
   ○ ....

5. • Juan ha perdido el avión y tiene que pasar la noche en Bilbao. No puede venir a tu fiesta de cumpleaños.
   ○ ....

6. • ¿Vas a la Costa Brava? Pues el paisaje es fascinante. Te va a encantar.
   ○ ....

4 Por teléfono. ⏭ 24 – 27
Escuche estas llamadas y marque las situaciones correctas.

1. ☐ Se puede hablar enseguida con el señor Esteve.
   ☐ No es posible hablar con el señor Esteve.

2. ☐ La persona va a llamar otra vez.
   ☐ La persona que llama deja un recado.

3. ☐ Hay un error en el número de teléfono.
   ☐ Andrea no está en casa.

4. ☐ Antonio puede hablar con Sofía.
   ☐ Antonio deja un recado para Sofía.

5 a. Imperativos.
Complete la tabla con el infinitivo y con las formas del imperativo afirmativo que faltan.

	....	beber	....	....	....	lavarse
tú	paga					
vosotros					poned	
usted			duerma			
ustedes				salgan		

b. El imperativo negativo.
Escriba ahora las formas del imperativo negativo de **tú** y **usted**.

! Ist Ihnen aufgefallen, dass die Formen von **usted / ustedes** beim bejahten und verneinten Imperativ gleich sind, z. B. *compre(n) – no compre(n)?*

6 Consejos para ahorrar agua.
Complete este anuncio usando la forma adecuada del imperativo.

Pon tu gota de agua

- Si te bañas, no llenes (*llenar*) toda la bañera, sólo la mitad.
- No .... (*ducharse*) más de diez minutos.
- .... (*abrir*) el grifo* sólo el tiempo necesario.
- Mientras te lavas los dientes, no .... (*dejar*) el grifo abierto.
- .... (*lavar*) la fruta y la verdura en un plato, no debajo del grifo.
- No .... (*poner*) la lavadora o el lavaplatos si no están llenos.
- .... (*utilizar*) agua de lluvia para las plantas del jardín.
- Para lavar el coche no (*usar*) .... más de diez litros de agua.
- .... (*volver*) a usar el agua de tu piscina el próximo año.

*Wasserhahn

7 Proteja el medio ambiente.
Combine los elementos de estas columnas para dar consejos. Ponga los verbos en imperativo afirmativo o negativo de **usted**. A veces hay varias posibilidades.

		agua	si hay suficiente luz.
	ahorrar	la bicicleta	sólo si está llena.
	compartir	la basura	en plástico, papel y vidrio (*Glas*).
	encender	las lámparas	en la cocina y en el baño.
(No)	poner	la calefacción	si va al mismo lugar que otras personas.
	seguir	la lavadora	o el transporte público.
	separar	el aire acondicionado	a una temperatura de menos de 21 grados.
	tomar	las instrucciones	sólo si hace frío en su casa.
	usar	el coche	de los aparatos eléctricos.

8 Una postal de las vacaciones.
Compare la descripción con el lugar de vacaciones y corrija la información de la postal.

Querido Daniel:
Saludos desde Dalacós, un pueblo maravilloso de la costa mediterránea, donde estoy pasando mis vacaciones.
El paisaje que se ve desde mi ventana es fantástico. Hay sólo un hotel pequeño, el mío, en primera línea de playa, y al lado hay un bosque de pinos.
Todo es muy tranquilo aquí porque hay muy pocos turistas. Es estupendo descansar y escuchar sólo el mar y los pájaros, lejos de la gente y del estrés. Tengo mucha suerte, porque es un lugar que la gente no conoce. Seguro que el año próximo vuelvo aquí otra vez.

Besos,
Valentina

9 **a. El Loro Parque.**
Lea este anuncio y complete con las formas del imperativo.

El "must" de Canarias
LORO PARQUE

.... *(pasar)* el día con su familia y .... *(descubrir)* un paisaje bellísimo.
.... *(disfrutar)* del espectáculo más famoso de nuestro parque: el espectáculo de los papagayos.
.... *(descansar)* en uno de los siete restaurantes del parque y no .... *(olvidar)* que en ningún otro parque puede ver más pingüinos. No .... *(perderse)* nuestros más de 250 ejemplares. .... *(preguntar)* por nuestros precios para grupos. ¡Vale la pena!

Entradas
Adultos: 31,50 euros; Niños (6-11 años): 20,50 euros

Horario
Todos los días: de 8:30 a 18:45; Última entrada: 16:00

Espectáculos
Delfines: 11:00 / 13:15 / 14:45 / 16:00
Papagayos: 10:25 / 11:50 / 13:30 / 15:00 / 16:00 / 17:30

Cómo llegar
Desde el centro de Santa Cruz, en sólo media hora en el "Gratis express". El tren sale de la Plaza Reyes Católicos cada 20 minutos.

Avenida Loro Parque
38400 Santa Cruz de Tenerife
Tenerife, España
Tel.: 34 922 37 38 41
Fax: 34 922 37 50 21

b. Complete estas frases con la información del anuncio.

1. El parque .... todos los días a las ocho y media.
2. Después de las .... no se puede entrar.
3. Para los niños menores de 6 años la entrada ....
4. El primer espectáculo de los delfines empieza a ....
5. El espectáculo de los papagayos se puede ver .... veces al día.
6. El viaje al parque en el "Gratis express" dura .... minutos.

10 **¿De quién es?**
Complete con los posesivos adecuados.

1. • No encuentro mi móvil.
   ○ Pues si tienes que llamar, usa el ....

2. • Señora Suárez, ¿cómo está su madre?
   ○ Muy bien, ¿y la ....?

3. • Me encanta tu abrigo nuevo.
   ○ El .... también es muy bonito.

4. • ¿Fue Maribel a la fiesta?
   ○ Sí, con un amigo .... guapísimo.

5. • ¿Qué tal vuestras vacaciones?
   ○ Muy cortas, como siempre. ¿Y las ....?

6. • Un compañero me ha invitado a su casa a cenar.
   ○ ¿Y ese compañero .... sabe cocinar?

7. • Nuestros hijos hablan muy bien inglés.
   ○ Pues los .... hablan inglés y francés.

8. • ¿Sabes que Pablo se ha mudado a Bilbao?
   ○ Uff, pues tiene todavía muchos libros ....

11 **Lea estas frases y tache la forma falsa de los posesivos.**

1. • Señores Sánchez, ¿me dejan sus / suyos pasaportes?
   ○ Aquí tiene el mi / mío. Mi mujer no tiene el su / suyo. ¿Hay algún problema?
2. • Julián, ¿es tu / tuyo este abrigo?
   ○ No, mío / el mío es negro.
3. • Adrián, ¡qué bonito es tu / el tuyo piso! Tiene mucha luz.
   ○ Sí, pero es un poco pequeño, ¿no? Tuyo / El tuyo es mucho más grande.
4. • ¿Has visto a Virginia? Creo que este es su / suyo libro de alemán.
   ○ No, no es su / suyo, es de mí / mío.

12 **Demostrativos.**
Elija los demostrativos y adverbios de lugar según la distancia con los objetos.

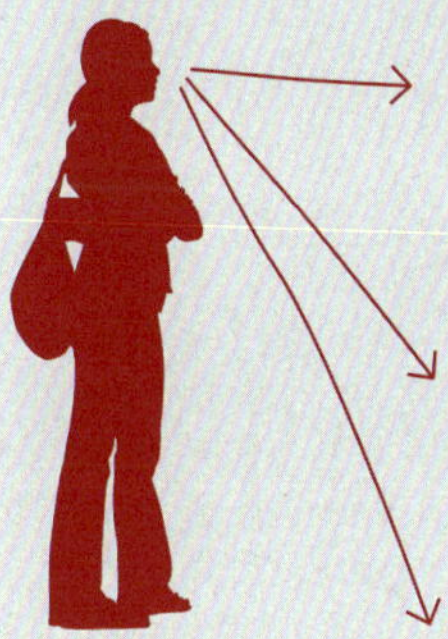

este .... pájaro de aquí
.... fuente de aquí

.... flor de ahí
.... bancos de ahí

.... planta de allí
.... caminos de allí

aquel .... paisaje de ....
.... dunas de *allí* ....

.... estatuas de ....
.... quiosco de ....

.... animales de ....
.... personas de ....

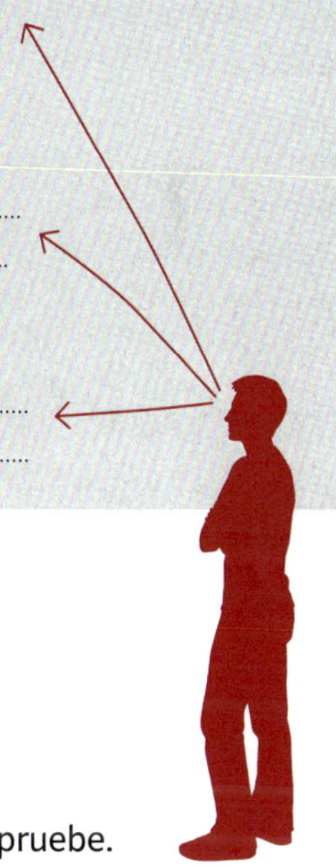

Mundo profesional

13 **Tres llamadas de teléfono.** ⏭ 28 – 30
¿Son formales o informales? Léalas y complete con las frases de abajo. Luego escuche y compruebe.

1. • Caja Mediterráneo. ¿En qué puedo ayudarle?
   ○ Hola, buenos días. ☐
   • Un momento… El señor Marco está hablando ahora mismo por la otra línea. ☐
   ○ Sí, dígale que ha llamado la señora Paredes. Se trata de la tarjeta de crédito.
   • Muy bien. Le dejo una nota.
   ○ Gracias.
   • De nada.
   ○ Adiós.

2. • ☐
   ○ Hola, ¿está Alejandra?
   • ☐
   ○ Soy Samuel.
   • Un momento, Samuel. ¡Alejandra, Alejandra, teléfono! Es Samuel.

3. • ¿Sí?
   ○ Buenas tardes. ¿Puedo hablar con la señora Martín?
   • ¿Martín? ☐
   ○ Perdone. Adiós.

1. ¿Dígame?
2. ¿Puedo hablar con el señor Marco?
3. ¿De parte de quién?
4. ¿Quiere dejar un recado?
5. Lo siento, se ha equivocado de número.

!
¿Recuerda?
In Spanien meldet man sich nicht mit dem Namen, sondern mit *¿Diga?*, *¿Dígame?* oder *¿Sí?* In manchen Ländern Lateinamerikas meldet man sich mit *¿Aló?*

Pronunciar con gusto

14 a. La combinación de las palabras.

Sie haben schon oft bemerkt, dass im Spanischen die Wörter beim Sprechen zu Sinneinheiten verbunden werden. Dadurch fällt uns das Verstehen manchmal schwer, weil wir sie im Geiste erst wieder „auseinander nehmen" und in Einzelwörter zerlegen müssen. Das gilt sowohl beim Aufeinandertreffen gleicher Vokale (z. B. *conocía‿a‿Ana*) als auch Konsonanten *(el‿león, comprar‿rosas)*.
Besonders schwer fällt es uns, die Wortgrenzen zu erkennen und damit die Wörter zu identifizieren, wenn der letzte Konsonant eines Wortes mit dem Anfangsvokal des folgenden zu einer Silbe verbunden wird: *la-so-ve-jas*. Denn dann müssen wir aufgrund unserer Erfahrungen und Wortschatzkenntnisse entscheiden, dass es *las ovejas* heißt, sonst könnte es passieren, dass wir das Wort *sovejas* vergeblich im Wörterbuch suchen, weil wir die Wörter im Geiste an der falschen Stelle voneinander getrennt haben.

b. ¿Puede reconstruir las frases que dijeron estas personas? ⏭ 31
Escríbalas y después escuche.

No-be-ba-sa-gua-frí-a.
Da-mel-te-lé-fo-no.
¿Qué-ses-to?

Es-te-su-na-mi-go-mí-o.
¿Dón-des-tá-sa-ho-ra?
Voy-co-nu-na-mi-ga.

No-va-ya-se-nau-to-bús.
¿Co-no-ce-sa-mi-sa-bue-los?
No-sen-can-ta-tra-ba-ja-re-nel-jar-dín.

Portfolio

Ya sé…	😀	🙂	☹	
… Tiere und Landschaften benennen: el flamenco, …………………; el lago, …………………	☐	☐	☐	→ p. 64/2
… einen Ausflug organisieren: Quiero ………… una reserva para ………… . ¿Quedan …………?	☐	☐	☐	→ p. 65/4
… Freude ausdrücken: ¡Qué …………! ¡Cuánto …………! …………	☐	☐	☐	→ p. 66/5
… Bedauern ausdrücken: ¡Qué …………! …………	☐	☐	☐	→ p. 66/5
… ein Telefongespräch führen: ¿Puedo …………? …………	☐	☐	☐	→ p. 66/5
… einen Park beschreiben: En el parque hay …………	☐	☐	☐	→ p. 68/9
… Gebote und Verbote äußern: Está ………… fumar. …………	☐	☐	☐	→ p. 70/Tf

También sé…	😀	🙂	☹	
… den verneinten Imperativ bilden und anwenden: ¡No ………… demasiado café! ¡No ………… el coche! …………	☐	☐	☐	→ p. 67/7
… die betonten Possessivpronomen benutzen: Mi coche es rojo, ¿y el …………? …………	☐	☐	☐	→ p. 69/11
… die Demonstrativpronomen und -begleiter benutzen: ………… coche es de mi padre y ………… de ahí, de mi madre. …………	☐	☐	☐	→ p. 69/11

Mirador 8

Test + + Test + + Test + + Test + + Test + + Test + + Test + + Test + + Test + + Test + + Test + + Test + + Test + + Test + + Test + + Test + + Test + + Test

1 **a. Vocabulario y gramática.**

Lea este correo electrónico y marque en cada número la palabra correcta.

Hola Lucía:

¿Cómo estás? Ya sabes que el sábado Manuel [1] cumpleaños, ¿no? María y yo hemos pensado que podemos [2] un regalo los tres juntos. Le queremos [3] unas gafas de sol. ¿Te parece un [4] regalo? Es que él ha perdido las [5] hace poco y todavía [6] sin encontrarlas. ¿O tienes tú [7] idea mejor?
María [8] las quiere comprar esta tarde, así que [9] y habla con ella si quieres participar también o ir con ella. No [10] preguntar en la tienda si se pueden cambiar las gafas si no le gustan a Manuel.

Un abrazo y ¡hasta el sábado!
Gabriel

1. ☐ tiene ☐ es su ☐ celebra su
2. ☐ le comprar ☐ nos comprar ☐ comprarle
3. ☐ prestar ☐ regalar ☐ devolver
4. ☐ bueno ☐ buen ☐ grande
5. ☐ sus ☐ suyas ☐ suas
6. ☐ deja ☐ vuelve ☐ sigue
7. ☐ algún ☐ alguna ☐ ninguna
8. ☐ te ☐ le ☐ se
9. ☐ llámala ☐ llames ☐ llame
10. ☐ olvidéis ☐ olvidad ☐ olvidáis

b. Lenguaje interactivo.

Lea el diálogo y complete las frases con cuatro de las expresiones de la derecha.

En una tienda de moda:

- Buenas tardes. ¿Puedo ayudarla?
- ¿.......................... ese jersey gris?
- Está rebajado. Cuesta 75 euros.
- ¿.......................... la talla 38?
- En gris no, sólo lo tenemos en azul.
- ¡..........................! El azul no me gusta…
- Tenemos también las camisas en oferta.
- Esa de ahí me gusta para mi marido, pero si no le queda bien, ¿.......................... el dinero?
- Por supuesto. También en rebajas tiene una semana para cambiar o devolver sus compras.

a. cuánto es
b. qué suerte
c. me devuelven
d. lo tienen en
e. cuánto cuesta
f. qué pena

2 Comprensión auditiva (global). 32 – 36

Lea las siguientes frases. Luego escuche cinco textos cortos y decida si las frases son verdaderas (+) o falsas (–). Escuche los textos una segunda vez.

Cinco personas hablan sobre el medio ambiente.

1. José Rodríguez, director de hotel:
   ☐ Dice que no es posible ahorrar agua en un hotel.
2. Adelina Menéndez, estudiante:
   ☐ Va a la universidad en coche con un compañero.
3. Hugo Atienza, jubilado:
   ☐ La mayoría de los jóvenes dice que separa la basura.
4. Luis Benítez, enfermero:
   ☐ En su casa se puede encender la calefacción central siempre.
5. Corina Penedés, ama de casa:
   ☐ En su casa no se pone la lavadora más de una vez por semana.

3 Comprensión lectora (detallada).

Lea el siguiente texto y decida si las frases son verdaderas (+) o falsas (–).

1. ☐ El autobús sale a las siete y media.
2. ☐ En la visita guiada no participan otras personas.
3. ☐ Conviene llevar ropa para la lluvia.

INFORMACIÓN PARA LOS PARTICIPANTES EN LA EXCURSIÓN

Queridos alumnos:

Como ya sabéis, hemos tenido que hacer algunos cambios en los planes de la excursión del sábado. El autobús va a salir media hora antes, a las ocho. Tenéis que estar todos a esa hora en la Plaza de España. Por favor, no lleguéis tarde porque queremos llegar puntuales a las nueve y media al museo. Allí vamos a tener una visita guiada sólo para nuestro grupo. La visita dura hora y media y después tenéis tiempo libre para pasear por el parque. No olvidéis llevar ropa adecuada para la lluvia.

Hasta el sábado.
Roberto

4 Expresión escrita.

Un/a amigo/-a español/a quiere visitar la región donde usted vive y le ha pedido información. Escríbale una carta y mencione tres de estos puntos.

- Dígale que puede quedarse en su casa, aunque usted no va a estar los primeros tres días.
- Explíquele dónde puede recoger la llave.
- Dele algunas instrucciones para estar cómodo/-a en su casa.
- Explique qué lugares puede visitar.
- Cuente con detalle cómo es uno de esos lugares (p. ej. un parque) y diga por qué le gusta.
- Dígale cómo va a ser el tiempo y qué ropa conviene traer.

Querido/-a...
Un beso,

Proyectos con futuro 9

1 Trabajar con solidaridad.
Clasifique las palabras en los siguientes grupos.

entusiasmo | miembros | buen humor | servicio social | integración | músicos | donación | alegría | trabajo voluntario | colaboración | motivación | proyecto juvenil | voluntarios | satisfacción | jóvenes | educación musical | niños | ayuda para autoayuda | economistas | ilusión | familias

personas	actividades	sentimientos

2 La orquesta del 'Sistema'.
Combine los elementos de las columnas utilizando el verbo adecuado. Hay varias posibilidades.

Dudamel El Sistema Pablo y Lidia Pablo Lidia El concierto Las familias de Pablo y Lidia	ser estar	un músico venezolano. nervioso porque tiene un concierto. un programa de integración social. director de orquesta. orgullosas de sus hijos. en la Ópera de Caracas. trompetista / violinista. de Caracas.

3 Escriba la biografía de José Antonio Abreu en pasado.

1939 Nace en Valera, Venezuela.
1950 Empieza a estudiar Música en Barquisimeto.
1957 Se muda a Caracas y aprende varios instrumentos musicales en la Escuela Superior de Música.
1964 Recibe el título de profesor y director de orquesta.
1966 Estudia Economía en la Universidad de Caracas y luego en Pensilvania.
Años 70 Es profesor de Economía en la universidad. Además es director en el Consejo Nacional de Economía y miembro del Congreso Nacional.
1975 Funda el Sistema Nacional de las Orquestas Juveniles e Infantiles de Venezuela.
1988 – 1994 Es ministro de Cultura.
2004 Recibe el Premio Nobel Alternativo.
2009 Recibe el Premio de la Feria de la Música en Fráncfort.

4 ¿Cómo será el futuro?

Soraya puede ver su futuro en su bola de cristal. Sustituya las palabras **en negrita** por la forma adecuada del futuro.

1. El próximo año **es** un año con muchas sorpresas y **tienes** mucha suerte.
2. **Ganas** la lotería y te **compras** el coche que tanto te gusta.
3. **Conoces** a una persona que te **ayuda** mucho en tus planes futuros.
4. **Haces** un viaje de fin de semana y **te enamoras** de alguien muy especial.
5. Un amigo te **trae** de regalo algo muy especial.
6. **Encuentras** el piso ideal que estabas buscando.
7. **Puedes** hacer un curso de perfeccionamiento de español en Madrid.
8. **Cambias** de trabajo y **estás** muy satisfecho/-a.

5 ¿Tiene buenos propósitos para el próximo año?

Relacione las partes de frases y escríbalas usando el futuro.

hacer	menos dinero en cosas innecesarias
comer	gimnasia dos veces por semana
empezar	más alimentos frescos
ir	menos al bar durante la semana
gastar	una dieta
participar	más tiempo a mis hobbies
usar	la bicicleta con más frecuencia
dedicar	en la clase de español más activamente

Haré gimnasia dos veces por semana, pero no sé si comeré más alimentos frescos.

6 La música.

¿Qué palabra no corresponde a cada grupo?
¿Puede sustituirla por una que sí?

1. piano | guitarra | ordenador | saxofón
2. dirigir | bailar | gastar | escuchar
3. melancolía | tristeza | orden | entusiasmo
4. rumba | concierto | salsa | folklore
5. pianista | guitarrista | optimista | violinista
6. coro | banda | grupo | pareja

7 Comparaciones.

Lea las frases y complete con **tan, tanto/-a... como, más / menos... que.**

1. Granada no tiene .... habitantes .... Barcelona.
2. Los Alpes no son .... altos .... los Andes.
3. El río Amazonas es .... largo .... el Guadalquivir.
4. La producción de arroz en Europa es .... importante .... en Asia.
5. En España no hay .... variedad de pan negro .... en Alemania.
6. En Latinoamérica no hay .... ordenadores .... en Europa.
7. El idioma chino se habla .... el inglés.
8. Los holandeses no cenan .... tarde .... los españoles.

8 **a. Una organización solidaria.**
Lea el texto y complételo con las siguientes preposiciones.

a | con | de | en | para

Experiencias que unen

¿Qué tienen .... común Pepa Martínez, vendedora, Juanes, cantante colombiano, y Pilar Las Heras, estudiante .... Economía?
Los tres están unidos por el trabajo que hacen .... Intermón Oxfam. Esta ONG, fundada .... 1956, dirige desde su oficina central .... Barcelona más .... 500 proyectos .... 48 países. Sus actividades más importantes son los proyectos .... el desarrollo, el trabajo social y las tiendas .... comercio justo.
Pepa Martínez, voluntaria .... la tienda .... comercio justo .... Málaga, dice: "Esta tienda no es sólo un lugar .... vender productos, también es un espacio .... encuentro."
Juanes, el famoso cantante colombiano, ha participado .... la canción "Ay, Haití" para el disco de Intermón Oxfam y comenta: "Todos los cantantes que hemos participado .... este disco estamos muy contentos. Ha sido un trabajo emocionante, pero lo más importante es que .... esta canción hemos apoyado el trabajo de Intermón Oxfam .... Haití."
Pilar Las Heras fue uno .... los diez miembros de Intermón Oxfam que ganaron un viaje .... Ecuador. Así tuvo la oportunidad .... visitar los distintos proyectos .... la organización en el país. Ella resume su viaje diciendo "He aprendido mucho .... todas las personas que he conocido y estoy muy contenta por la experiencia que he vivido gracias .... Intermón Oxfam."

b. Ahora conteste estas preguntas con la ayuda del texto.

1. ¿Cuándo se fundó Intermón Oxfam?
2. ¿Dónde está la oficina central?
3. ¿En cuántos países tiene proyectos?
4. ¿Qué países menciona el texto?
5. ¿Cómo apoyó el cantante Juanes el trabajo de esta organización?

c. Una llamada telefónica. ⏭ 37
Escuche y complete la ficha con los datos de la conversación telefónica.

Oxfam

Nombre y apellido	
Socio de I.O. desde	
Ciudad	
Tiempo de trabajo a la semana	
Oferta que le interesa	
Contacto con	

9 ¿Por qué no está Claudia en la fiesta?
Haga suposiciones sustituyendo la parte *en cursiva* por el futuro correspondiente.

1. *Quizás está* enferma.
2. *Pienso que no tiene* la dirección para llegar.
3. *Creo que llega* más tarde.
4. *A mí me parece que no quiere* ver a Gustavo.
5. *Me imagino que no tiene* ganas de venir.
6. *Probablemente no le gusta* este tipo de fiestas.
7. *Seguramente no está* en la ciudad.
8. *Supongo que no sabe* nada de esta fiesta.
9. *Quizá piensa* que es la próxima semana.

1. Estará enferma.

10 Cualidades.
¿Con cuál de los verbos se utilizan estas palabras? ¿Puede añadir una palabra más para cada verbo?

flexible | responsabilidad | organizar | espontáneo | optimismo | sucio | escuchar | motivado | paciente | improvisar | trabajar en equipo | cortés | responsable | paciencia | optimista | nervioso | tolerante | motivación | de buen humor

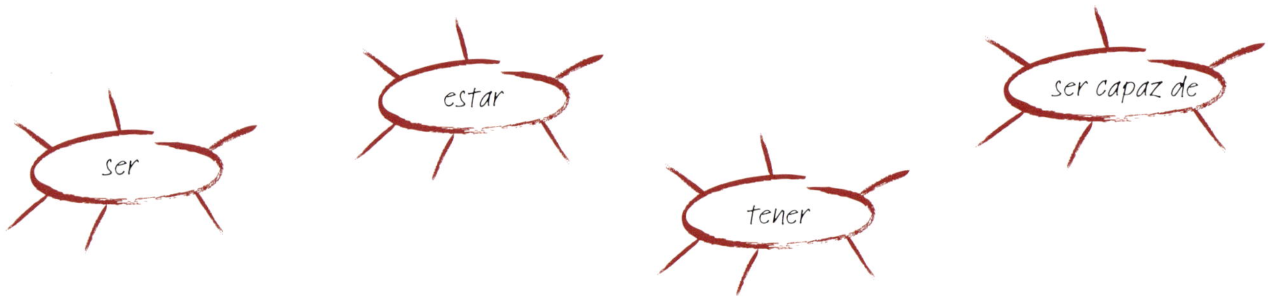

11 Los comentarios de dos profesionales.
Complete las frases con las siguientes expresiones.
Luego decida quién dice cada frase.

me aporta (2x) | pone | he aprendido a ser | da ganas | hace pensar | me pongo | recuerda (2x)

1. ☐ Me encanta el tango, siempre me .... de bailar.
2. ☐ Dar clases de tango es algo increíble para mí. .... mucho.
3. ☐ Cuando veo que han mejorado sus notas en la escuela, ... muy orgullosa.
4. ☐ Es una actividad muy importante para mí. .... mucho ayudar a los chicos y me siento útil.
5. ☐ El tango me .... melancólico. Me .... mi infancia y las fiestas en casa.
6. ☐ Ayudarlos en sus tareas me .... el trabajo que hago en la escuela.
7. ☐ Antes era muy estricta. Hoy .... más paciente y comprensiva con los chicos.
8. ☐ Ver el entusiasmo que tienen para bailar me .... en los primeros años de mi aprendizaje.

Eva, profesora que ayuda a chicos migrantes con sus deberes

Diego, bailarín que da clases de tango

12 La biblioteca de La Trinidad.
Lea los comentarios de la bibliotecaria y complételos con **ser** y **estar**. Luego complete los datos.

...Soy........ Aurora Úbeda Rivera, ... casada y tengo 53 años. .... de aquí, de La Trinidad. .... profesora y trabajo en la biblioteca Rubén Darío de mi ciudad. El edificio .... pequeño y .... un poco lejos del centro, pero gracias a la ayuda de la Asociación de Hermanamiento La Trinidad-Moers, la biblioteca .... muy bien equipada. .... muy contenta con mi trabajo porque .... todo el día entre libros y puedo ayudar a las personas que buscan informaciones, sobre todo a los niños y jóvenes. Mi ilusión .... seguir haciendo cursos de formación para mejorar el servicio de la biblioteca.

Nombre: ....
Edad: ....
Estado civil: ....
Nacido/-a en: ....
Profesión: ....
Lugar de trabajo: ....
Descripción del trabajo: ....
Satisfacción con el trabajo: ....

Mundo profesional

13 Deseo ser socio/-a.
Para ser socio/-a de Amnistía Internacional tiene que completar este formulario.

☐ Deseo defender los derechos humanos a través de Amnistía Internacional

AMNISTÍA INTERNACIONAL

Datos personales (Los campos marcados con * son obligatorios.)

*Nombre .... *Apellidos ....
*Nombre de la calle .... *N° ....
*Código postal .... *Lugar .... Provincia (ES) .... *País ....
Fecha de nacimiento ..../........./.................... *Pasaporte N° ....
Teléfono .... Móvil ....
Correo electrónico .... Profesión ....

***Forma de pago**

período
☐ mensual
☐ semestral
☐ anual

importe
☐ 15 € ☐ 45 €
☐ 30 € ☐ 60 €

Para personas jubiladas, sin trabajo o menores de 18 años es de 25€.

☐ Banco .... N° de cuenta ....
☐ Tarjeta de crédito N° de tarjeta .... Fecha de vencimiento ..../........./20....................

Pronunciar con gusto

14 a. Las pausas en las frases. ⏭ 38

Bei längeren Sätzen empfiehlt es sich, nach einer Wortgruppe oder Sinneinheit eine kurze Pause zu machen. Dieses Gliedern hilft uns, die Bedeutung der Aussage besser zu verstehen.
Hören Sie folgende Beispiele und achten Sie auf die Intonationskurven:

Necesitaré muchas horas para explicárselo a mi hijo. A los 18 años comenzó a estudiar música en Caracas.

b. Lea las frases y marque el lugar de la pausa. ⏭ 39
Luego escuche y compruebe.

Desde hace tres años Matilde trabaja en la misma empresa que yo.
Si Miguel me explica algo siempre me cuesta mucho entenderlo.
Nos reuniremos en casa de Carlos para cenar el sábado.
En septiembre del año pasado viajé por primera vez a Madrid.
Quiero descansar un poco antes de seguir con este trabajo.
En tu barrio hay muchas pastelerías que venden productos de buena calidad.

Portfolio

Ya sé...		
... über die Zukunft sprechen: En el futuro mucha gente	☐ ☐ ☐	→ p. 79/4
... über soziales Engagement sprechen: Mucha gente .... en proyectos sociales.	☐ ☐ ☐	→ p. 81/9
... Gefühle und Anteilnahme äußern: La música me .... mucho. Me pone	☐ ☐ ☐	→ p. 81/8 → p. 83/13
... Vermutungen äußern: Supongo que .... 50 años. – .... 50 años.	☐ ☐ ☐	→ p. 82/11
... Eigenschaften und Fähigkeiten angeben: Yo soy ...., tengo .... y soy capaz de	☐ ☐ ☐	→ p. 83/12
... Notwendigkeit ausdrücken: Se debe .... Hace falta	☐ ☐ ☐	→ p. 83/12

También sé...		
... ‚ser' und ‚estar' richtig verwenden: .... violinista. .... un instrumento bonito. El cine .... en el centro.	☐ ☐ ☐	→ p. 78/2
... das Futur der regelmäßigen und unregelmäßigen Verben konjugieren: ser: yo ....; tener: yo ....; poder: yo ....; hacer: yo	☐ ☐ ☐	→ p. 79/4
... Vergleiche anstellen: El teatro no me gusta .... la ópera. La ópera me gusta	☐ ☐ ☐	→ p. 82/10

Muy informados 10

1 Medios de comunicación.
¿En qué medio(s) aparecen estos contenidos? Marque con una cruz.

	titulares	reportajes	noticias	publicidad	películas	sección de deportes
televisión						
radio						
prensa						

2 Dos perfiles.
Compare los datos de estas dos personas. ¿Qué tienen en común?

Nombre: José López
Ciudad: Salamanca
Profesión: profesor de biología
Lengua materna: español
Lenguas extranjeras: inglés
Periódicos que lee: El País, El Mundo
Revistas preferidas: Tiempo
Cadena de radio: Cadena Ser
Canal de televisión: TVE

Nombre: José Luis Carrasco
Ciudad: Salamanca
Profesión: profesor de biología
Lengua materna: español
Lenguas extranjeras: portugués
Periódicos que lee: El Mundo, El País
Revistas preferidas: Quo
Cadena de radio: Radio 5
Canal de televisión: TVE

Los dos tienen el mismo nombre, José.

3 Diálogos en el café.
Complete las frases con las siguientes expresiones.

aquí mismo | ahora mismo | tú mismo | no es lo mismo | me da lo mismo

1. • Camarero, ¿me trae la cuenta, por favor?
   ○ .... se la llevo.
2. • ¿Sabes dónde puedo conectarme a internet?
   ○ Pues, ... en este café, le preguntas al camarero y él te explica cómo hacerlo.
3. • Ana María, ¿qué día vamos al cine?
   ○ Elige tú el día, a mí .... porque esta semana no tengo clases.
4. • Josefina, ¿dónde has puesto la llave del coche?
   ○ ¡Pero si la tienes tú, Alfredo! Yo vi cómo .... la pusiste en tu bolsillo.
5. • No entiendo por qué Elvira está tan triste. Sé que ha aprobado el examen.
   ○ Sí, pero con una nota baja. Y para ella .... aprobar con nota baja que con alta.

4 Un programa para cada gusto.
Lea la programación de televisión en la página 89 y busque el programa adecuado para cada persona.

1. Jorge quiere ver un partido de fútbol en la tele.
2. Raúl vuelve de la escuela al mediodía y quiere ver dibujos animados.
3. A Marcela le gustan las telenovelas y tiene tiempo a partir de las cinco.
4. A Julia le gustaría ver un documental sobre la naturaleza por la mañana.
5. Enrique sale de viaje mañana y quiere informarse sobre el tiempo.
6. María Rosa no va nunca al cine. Prefiere ver las películas en la tele.
7. A Lidia le gusta descansar viendo concursos. Hoy vuelve a casa a las siete.
8. A Elena y Pablo les gusta ver series y las policíacas son sus preferidas.

5 ¿Cuánto tiempo?
Ordene las siguientes palabras según la frecuencia (de menos a más).

☐ a veces | ☐ casi siempre | ☐ casi nunca | ☐ raramente | ☐ con frecuencia | ☐ de vez en cuando | ☐ siempre | ☐ algunas veces | ☐ cada año | ☐ nunca | ☐ todos los días | ☐ regularmente

6 Usted le da consejos a un amigo que quiere viajar a Perú.
Relacione las partes de las frases y luego sustituya los infinitivos por la forma adecuada del condicional.

1. poner un anuncio en el periódico	porque no llueve tanto
2. hacer el viaje durante el invierno	para buscar otras personas para el viaje
3. reservar el vuelo	porque se camina mucho en la excursión
4. preguntar en la embajada *(Botschaft)*	muchos meses antes
5. hacer la excursión del Camino Inca	si se necesita visado *(Visum)* para Perú
6. informarse en una agencia de viajes	para saber qué hay que llevar para el Camino Inca
7. descansar unos días en Cusco	porque es un camino fascinante al Machu Picchu
8. llevar zapatos cómodos	por el mal de las alturas, el soroche

1. *Yo en tu lugar pondría un anuncio en el periódico para...*

7 Hay que ser siempre amable.
¿Qué dicen estas personas para preguntar o pedir permiso?

abrir la ventana | ~~decir la hora~~ | dar el teléfono de tu amigo | traer un té | pagar con tarjeta | prestar este DVD | decir dónde hay una farmacia | dejar un bolígrafo

1. ● *¿Podría decirme la hora?*
   ○ ¡Por supuesto! Son las cuatro y media.
2. ● ....
   ○ ¡Ábrela! ¡Ábrela! Yo también tengo calor.
3. ● ....
   ○ Claro, toma nota: es el 915 414 100.
4. ● ....
   ○ Por supuesto, aceptamos todas las tarjetas.
5. ● ....
   ○ Ahora mismo se lo llevo. ¿Lo quiere con limón?
6. ● ....
   ○ ¿Un bolígrafo? A ver... no, no tengo ninguno.
7. ● ....
   ○ Mire, siga todo recto hasta la plaza, allí hay una.
8. ● ....
   ○ Sí, sí, llévatelo, es un documental muy bueno.

8 **Grados de cortesía.**
¿Puede ordenar las siguientes preguntas según su grado de cortesía (de más a menos)?

- ☐ ¿Me prestarías el libro?
- ☐ ¡Préstame el libro!
- ☐ ¿Me podrías prestar el libro?
- ☐ ¿Por qué no me prestas el libro?
- ☐ ¿Me prestas el libro?
- ☐ ¿Te importaría prestarme el libro?
- ☐ ¿Te importa prestarme el libro?
- ☐ ¿Me puedes prestar el libro?

9 **a. Un correo electrónico a la revista 'Padres de hoy'.**
Lea el correo y tache la opción falsa.

Mi nombre es Rosana y tengo 19 años. Vuestro reportaje / concurso sobre el tema "La televisión" me ha ayudado mucho, por eso quería pediros algunos consejos. Desde hace unos meses mis amigos me dicen que no quedo / quiero con ellos, que siempre tengo excusas / excursiones cuando me invitan a salir. No entiendo qué me pasa / paso . La verdad es que no me interesa tanto estar con ellos, prefiero ver mi programa / programación favorito o una televisión / telenovela romántica. Así quedo / paso muchas horas viendo la tele / televisor porque siempre encuentro en algún canal / serie algo interesante. Mis padres no lo saben porque tengo mi propio televisión / televisor en mi habitación. No me gustaría perder a mis amigos, pero no sé qué hacer.

b. Un redactor de la revista le da consejos a Rosana.
Formule las frases usando el condicional.

contarles el problema a tus padres | quitar el televisor de la habitación | hacer deporte | ver la tele solamente una hora al día | ver menos telenovelas | quedar con amigos/-as | hablar más por teléfono con los amigos

Querida Rosana: Tendrías que... y deberías... Además, podrías...

10 **Hablando de las vacaciones.** ⏭ 40 – 43
Escuche cuatro diálogos y decida si las personas están de acuerdo, expresan duda o están en desacuerdo.

	1.	2.	3.	4.
acuerdo				
duda				
desacuerdo				

11 **Opiniones sobre el aprendizaje de español.**
Lea las opiniones de una estudiante y reaccione expresando ☺ acuerdo, ☺ duda o ☹ desacuerdo.

1. Lo más interesante en clase es hablar con los compañeros y jugar, ¿verdad?
2. Yo hago una lista de todas las palabras nuevas después de la clase. ¡Es muy práctico!
3. Leer literatura en español es una forma muy buena de aprender.
4. Me siento muy insegura cuando hablo con españoles.
5. Lo mejor para practicar la lengua es ver muchas películas con subtítulos en español.
6. Para aprender español hay que viajar a países hispanohablantes.
7. En internet puedo conocer gente y practicar el español.
8. Creo que aprender con el ordenador es muy efectivo.

12 Símbolos en el ordenador.
Relacione los símbolos con las expresiones.

cerrar
copiar
abrir
imprimir
guardar
nuevo documento
cortar
buscar

13 Cómo encontrar tareas de 'Con gusto' en la red.
Complete las instrucciones usando el imperativo de **tú**. Luego escriba la traducción de las palabras **en negrita**.

1. .... *(escribir)* la dirección de la **página de internet:** www.klett-sprachen.de. ....
2. No .... *(usar)* un **buscador**, porque ya tienes la dirección. ....
3. Hay diversos temas. Con el **ratón** .... *(hacer)* clic en "Erwachsenenbildung". ....
4. .... *(buscar)* el **enlace** "Spanisch", a la izquierda. ....
5. Allí aparecen en la **pantalla** varios manuales, ... *(elegir)* tu manual: "Con gusto". ....
6. Otra vez verás varios enlaces, no .... *(entrar)* en todos.
7. .... *(hacer)* clic en el enlace "Con gusto A2-Online für Lernende".
8. Allí verás todas las lecciones. .... *(entrar)* en la Unidad 10.
9. Luego .... ***(guardar)*** o .... ***(imprimir)*** las tareas que quieres hacer. ....

14 Para aprender mejor español.
Formule consejos para estudiar español combinando las partes de frases.

practicar la pronunciación
aprender vocabulario
acostumbrarse a la melodía del español
superar el miedo a hablar

leer en voz alta
cantar canciones
escribir las palabras nuevas
hacer muchas tareas en casa
consultar el diccionario
ver películas con subtítulos
escuchar la radio
contar historias personales en clase
jugar en clase
aprender frases completas de memoria

Puedes practicar la pronunciación leyendo en voz alta.

15 **a. El teléfono en mi vida.**
Lea el comentario de Alfonso Gutiérrez y complete con **por** o **para**.

En general uso más el móvil que el teléfono fijo. Lo uso mucho .... motivos de trabajo. Pocas veces me sirve .... hablar con mi mujer porque ella está siempre comunicando.
A mis hijos no les gusta recibir llamadas de sus padres, piensan que es .... controlarlos. Ellos usan su móvil principalmente .... enviar mensajes, ¡es increíble lo rápidos que son .... escribir mensajes! .... mí es difícil, necesito mucho tiempo .... escribir uno, ... eso yo prefiero llamar .... teléfono a la persona. Además, los mensajes de mis hijos son como jeroglíficos .... mí. Ellos siempre tienen móviles muy modernos y dicen que los han comprado .... muy poco dinero. Me cuesta creerlo.
.... la noche siempre apago el móvil, quiero descansar tranquilamente. Y en las vacaciones lo uso a veces .... hacer fotos, ... saber el pronóstico del tiempo, pero nada más. No soy moderno, está claro.

b. ¿Conoce el vocabulario del móvil?
Busque en el texto anterior las traducciones de estas palabras.

Handy | Anruf | SMS | Hieroglyphen | Festnetztelefon

Mundo profesional

16 **'Netiqueta' en los correos electrónicos.**
Lea estas normas y reglas de comunicación en internet y ordénelas según el grado de importancia que tienen para usted. Luego formule cinco consejos según el modelo.

Yo escribiría mensajes claros y concretos.

'Netiqueta' en los correos electrónicos

- ☐ Escribe mensajes claros y concretos. Recuerda siempre que los mensajes largos pueden ser difíciles de entender.
- ☐ Pon siempre un título al mensaje.
- ☐ Contesta todas las preguntas y piensa en todas las preguntas posibles sobre el tema.
- ☐ Ten cuidado con la ortografía y escribe correctamente, como haces con una carta en papel.
- ☐ Separa el texto en párrafos. Un texto con estructura clara es más fácil de leer.
- ☐ No pongas elementos de "decoración" en el mensaje. En el mundo profesional es poco serio.
- ☐ Saluda siempre al empezar un nuevo mensaje.
- ☐ Controla siempre si aparecen tus datos de identificación (teléfono, dirección postal, etc.).
- ☐ Lee el mensaje antes de hacer clic en "enviar". Así puedes evitar muchos problemas.

Pronunciar con gusto

17 a. Los diptongos.

Die spanischen Diphthonge bestehen aus der Verbindung von einem starken Vokal (**a, e, o**) mit einem schwachen Vokal (**i, u**) oder aus zwei schwachen Vokalen (**i, u**). Diese Doppellaute bilden jeweils nur eine Silbe.
In der Verbindung schwach–schwach liegt die Betonung, wenn diese auf den Diphthong fällt, stets auf dem zweiten Vokal: *in-clu**i**-do*.
In der Verbindung stark–schwach oder schwach–stark liegt die Betonung auf dem starken Vokal: ***o**i-go, p**a**u-sa; de-ma-si**a**-do, cu**e**s-ta*.
Wenn ausnahmsweise der schwache Vokal betont wird, erhält dieser einen Akzent: *Ma-r**í**-a, pa-**í**s, Ra-**ú**l*.
Es handelt sich also um zwei Silben, die getrennt ausgesprochen werden.
Beachten Sie, dass die Verbindung von zwei starken Vokalen (**a, e, o**) im Spanischen keinen Diphthong, sondern zwei Silben bildet: *tra-er, Co-rre-os*.

b. ¿Cuántas sílabas hay? ⏭ 44
Lea y divida estas palabras en sílabas. Ponga los acentos si es necesario y después compruebe con el CD.

paciencia	tendrias	bailar	idioma
bueno	farmacia	despues	ruido
caotico	frio	guardar	linea

Portfolio

Ya sé …	😊 🙂 ☹	
… über Fernsehsendungen sprechen: En la tele me gusta ver ………… y …………	☐ ☐ ☐	→ p. 89/3
… die Häufigkeit einer Aktivität angeben: Escucho las noticias ………… . ………… veo películas. …………	☐ ☐ ☐	→ p. 89/3
… Vorschläge machen und Ratschläge geben: La tele debería ser más ………… . Yo pondría más ………… .	☐ ☐ ☐	→ p. 90/4–5
… Einverständnis, Zweifel oder Widerspruch äußern: ¿Estás de acuerdo? – Sí. / No sé, puede ser. / No, …………	☐ ☐ ☐	→ p. 91/6
… über Computer und Internet sprechen: Me gusta ………… por internet. …………	☐ ☐ ☐	→ p. 92/8
… die Gleichzeitigkeit zweier Handlungen beschreiben: Canto mientras me ducho. – Me ducho …………	☐ ☐ ☐	→ p. 93/9

También sé …	😊 🙂 ☹	
… ‚mismo' als Begleiter und als Pronomen verwenden: la ………… hora, los ………… programas; me da …………, ahora …………	☐ ☐ ☐	→ p. 88/2
… das Konditional der regelmäßigen und unregelmäßigen Verben konjugieren: hablar: yo …………; decir: yo …………; tener: yo …………	☐ ☐ ☐	→ p. 90/4
… die Präpositionen ‚para' und ‚por' richtig anwenden: Veo la tele ………… informarme. Uso internet ………… necesidad. …………	☐ ☐ ☐	→ p. 93/10

¡Buen trabajo! 11

1 Algunas profesiones.
Clasifique las profesiones en los grupos siguientes. Hay varias posibilidades. ¿Puede añadir más profesiones?

mecánico | recepcionista | dentista | taxista | peluquero | enfermera | arquitecto | médico | secretaria | fontanero | vendedora | panadero | guía turístico | actor | director de cine | escritor | veterinario | electricista | cantante | agricultor | camarero | pintora

1. Atienden a clientes: ....
2. Cuidan a pacientes: ....
3. Realizan trabajos artísticos: ....
4. Reparan cosas: ....
5. Producen o venden productos: ....

2 Complete con las profesiones que se describen.
En las casillas rojas encuentra otra profesión. Escriba su definición.

1. Trabaja en un taller y repara coches.
2. Lo necesitamos si un grifo no funciona.
3. Se dedica a tocar un instrumento musical o cantar.
4. Lleva a la gente en coche de un lugar a otro.
5. Escribe cartas y lleva la agenda de su jefe.
6. Vamos a visitarlo cuando tenemos problemas con los dientes.
7. Trabaja en un colegio y ayuda a los alumnos a aprender.
8. Trabaja en un restaurante, preparando la comida.

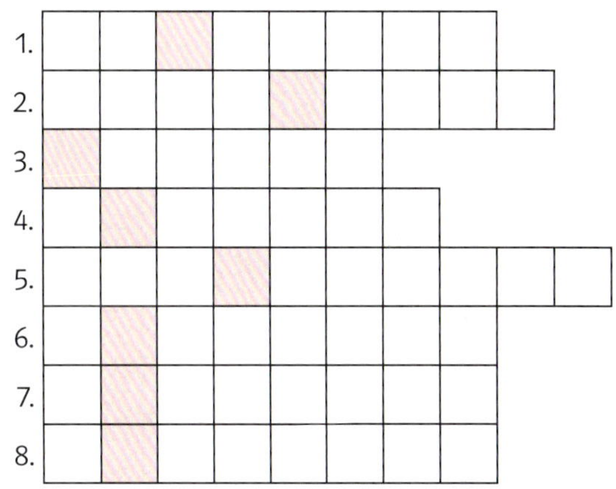

3 Utilice estas expresiones para describir su trabajo.

trabajar	a tiempo completo / parcial
ser	un trabajo manual
tener	empleado / autónomo
hacer	horario fijo / flexible
hablar	por turnos / en equipo
leer / escribir	clientes
coordinar / organizar	contactos
visitar	por teléfono
calcular	correos electrónicos
archivar	documentos / facturas
asistir a	reuniones / viajes
presentar	proyectos / datos / precios

Trabajo a tiempo completo.
Organizo reuniones y visito a clientes.

4 Aquí tiene la estadística de una empresa sobre la satisfacción de sus empleados.
Escriba un pequeño texto utilizando las palabras siguientes.

(casi)	todos
(aproximadamente)	la mitad
(más de)	un / dos tercio(s)
(menos de)	un / tres cuarto(s)
(sólo)	algunos
(muy)	pocos

Más de la mitad de los empleados desearía un sueldo mejor.

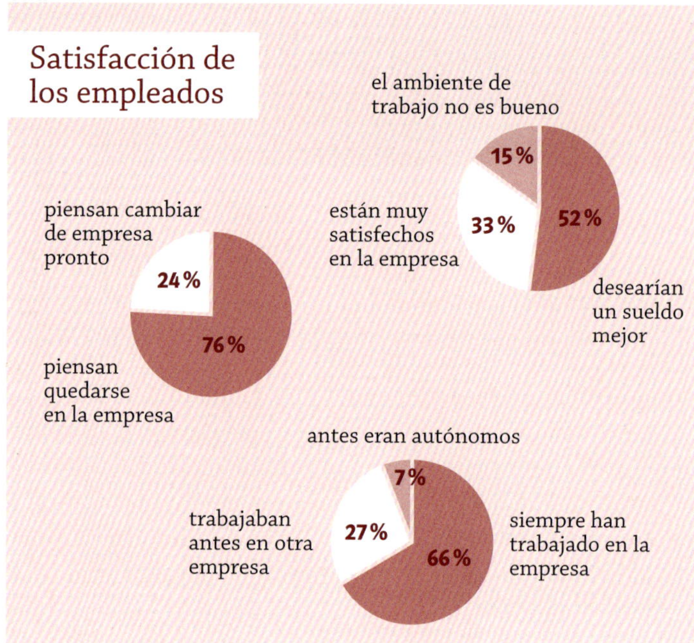

5 Gimnasia verbal.
Complete la tabla con el infinitivo de cada verbo y con la forma de **usted** en cada tiempo.

infinitivo	perfecto	indefinido	imperfecto	pluscuamperfecto	condicional
ser	*ha sido*			había sido	
		presentó			
					leería
escribir					
	ha puesto				
			venía		

6 Un poco de historia.
Relacione los hechos históricos y forme frases como en el modelo.

Cae el Muro de Berlín (1989) | Muere Franco (1975)
Günter Grass recibe el Premio Nobel de Literatura (1999) | Camilo José Cela: Premio Nobel de Literatura (1989)
Gaudí empieza a construir la Sagrada Familia (1882) | Walter Gropius funda la Bauhaus (1919)
La Guerra Civil Española[1] termina (1939) | La Segunda Guerra Mundial[2] termina (1945)
Cervantes escribe *Don Quijote* (1605) | Goethe publica *Fausto* (1808)
Picasso pinta *El Guernica* (1937) | Dalí pinta *Muchacha en la ventana* (1925)

[1] Der Spanische Bürgerkrieg; [2] Der Zweite Weltkrieg

Cuando cayó el Muro de Berlín, Franco ya había muerto.
Cuando murió Franco, todavía no había caído el Muro de Berlín.

7 **El año pasado Fabián se casó.**

Fabián, un hombre tradicional y perfeccionista, encontró por fin la mujer de su vida.
¿Qué cosas había hecho antes de casarse y cuáles no?

1. Presentar a su novia a sus padres.
2. Tener otra novia.
3. Salir mucho de noche.
4. Conocer a los padres de su novia.
5. Reservar el viaje de novios.
6. Pedir una gran tarta.
7. Tener un piso propio.
8. Hacer un curso de baile.

1. Ya había presentado a su novia a sus padres.
2. Nunca había tenido otra novia.

8 **En los grandes almacenes.**

¿En qué piso de estos grandes almacenes puede hacer las cosas siguientes?

- tomar un café
  En el séptimo piso.
- comprar unos esquís
- comprar una novela policíaca
- cortarse el pelo
- comprar una crema para la cara
- hacerse unas fotos
- comprar un traje y una camisa
- probarse una falda
- enviar unas flores a su madre
- reservar un viaje

El Corte Inglés

PLANTA 7
Cafetería . Restaurante . Club del Gourmet . Agencia de Viajes

PLANTA 6
Deportes . Zapatería Deportiva

PLANTA 5
Best-Sellers . Novelas . Biografías . Libros de Bolsillo . Libros Infantiles y Juveniles . Cómics . Diccionarios

PLANTA 4
Moda Juvenil . Vaqueros . Zapatería . Peluquería

PLANTA 3
Niños–Niñas . Boutiques Niños . Bebés . Estudio Fotografía

PLANTA 2
Todo para el Hombre . Camisería . Ropa Interior

PLANTA 1
Todo para la Mujer . Tallas Especiales . Boutiques . Futura Mamá

PLANTA BAJA
Perfumería . Cosmética . Relojería . Farmacia . Óptica

SÓTANO
Supermercado . Pastelería . Flores Naturales

9 **a. Ofertas de trabajo.**
Lea las ofertas de trabajo y conteste estas preguntas.

¿En qué anuncio(s)…
1. se necesita hablar por lo menos dos idiomas extranjeros?
2. hay que trabajar los fines de semana?
3. piden conocimientos de informática?
4. hay que empezar a trabajar enseguida?
5. se ofrece la posibilidad de hacer cursos de formación?
6. se puede mejorar el puesto de trabajo después de un tiempo?

ASISTENTE DE DIRECCIÓN PARA EMPRESA MULTINACIONAL (MADRID)
Incorporación inmediata

Requisitos:
- flexibilidad de horarios
- buena presencia
- trato agradable con el público
- buen nivel de inglés y francés

Se ofrece:
- trabajo de lunes a sábado
- cheques restaurante
- transporte
- formación continua

Solicitudes: www.servicom.org

1

Empresa de publicidad selecciona un

ASISTENTE DE MÁRKETING

Perfil:
- formación en secretariado internacional
- conocimientos de márketing
- buenos conocimientos de inglés
- persona muy flexible

Ofrecemos:
- 2000€
- contrato fijo
- posibilidad de promoción

Interesados enviar CV a:
p_lopezarriaga@temponet.com

2

Empresa de ingeniería busca administrativo para su departamento financiero

SE REQUIERE:
> incorporación inmediata
> nivel avanzado de Excel y SAP
> experiencia en puesto similar
> inglés hablado y escrito

SE OFRECE:
> 1200€ al mes
> contrato a autónomos
> jornada flexible

Contacto: c.kaiser@alcyon.es

3

b. Escuche esta conversación y marque los aspectos que mencionan. 45
¿Cuál de los tres anuncios le interesa a Roberto?

1. Roberto tiene conocimientos de
   - ☐ inglés.
   - ☐ francés.
   - ☐ alemán.

2. A Roberto le interesa trabajar
   - ☐ a tiempo parcial.
   - ☐ a tiempo completo.
   - ☐ de autónomo.

3. Lo más importante para él es
   - ☐ la promoción.
   - ☐ el sueldo.
   - ☐ el horario.

10 **Una buena secretaria.**
¿Qué tareas ha hecho Aurelia? Complete con la forma correcta del participio.

Aurelia ya se puede ir a casa porque ya ha .... *(terminar)* su trabajo. Para la reunión de mañana lo tiene todo .... *(preparar)*: las fotocopias están .... *(hacer)*, los informes están .... *(preparar)* y también ha .... *(escribir)* unos correos para recordar a los invitados la hora y el lugar.
Además, también ha .... *(llamar)* a la agencia de viajes. El billete de avión y el hotel para el viaje de su jefe están .... *(reservar)*.
Las invitaciones para la fiesta de cumpleaños ya están .... *(escribir)*, pero todavía no las ha .... *(enviar)*. Lo hará mañana.

Mundo profesional

11 Una carta de solicitud.
Lea la carta y marque en cada número la palabra correcta.

1. ☐ Queridos
   ☐ Estimados
2. ☐ dirijo
   ☐ escribo
3. ☐ solicitar
   ☐ aceptar
4. ☐ experiencia laboral
   ☐ carrera de trabajo
5. ☐ unas prácticas
   ☐ una práctica
6. ☐ buen
   ☐ bien
7. ☐ disposición
   ☐ llamada
8. ☐ amablemente
   ☐ atentamente

Roberto Cueto Ayala
Avda. Constitución, 124
47014 Valladolid

Asunto: solicitud de puesto

[1] señores:

Me [2] a ustedes en respuesta al anuncio publicado el 15 de septiembre en "El Correo", para [3] el puesto de asistente de márketing.
Como pueden ver en mi CV, acabo de terminar los estudios de Economía en la Universidad de Valladolid. Ya tengo [4] en este sector porque el año pasado hice [5] en el departamento de publicidad de la empresa Alcyon. Además, tengo [6] nivel de inglés hablado y escrito. Les agradecería la oportunidad de presentarme personalmente. Para cualquier información estoy a su [7].
A la espera de recibir una respuesta favorable, les saluda [8].

Roberto Cueto Ayala

12 Un currículum vitae.
Complete este currículum con la información de la carta anterior.

Nombre: ....
Apellidos: ....
Fecha de nacimiento: 14-7-1979
Dirección: ....
....
Teléfono: 983 23 47 71

Estudios:
2005 – 2010 ....

Experiencia profesional:
....

Idiomas: ....

Pronunciar con gusto

13 **a. Algunas variedades del español.**

Im Laufe Ihrer Arbeit mit **Con gusto** sind Ihnen verschiedene Aussprachevarianten des Spanischen begegnet.
Sie wissen bereits, dass die Konsonanten **c** (vor **e** und **i**) und **z** nicht von allen Muttersprachlern gelispelt werden. In den spanischsprachigen Ländern Amerikas, auf den Kanarischen Inseln und in einigen Gegenden Südspaniens werden sie wie ein **s** ausgesprochen.
Die Buchstaben **ll** und **y** werden im Spanischen meist identisch ausgesprochen, etwa wie ein deutsches **j**. In einigen Regionen Spaniens und Lateinamerikas klingt das **ll** jedoch ähnlich wie **lj**; in Argentinien und Uruguay werden beide Buchstaben ähnlich wie ein weiches deutsches **sch** ausgesprochen.

b. Escuche y compare la pronunciación de c / z. ⏭ 46
¿De dónde son las personas? Marque con una cruz.

	1.	2.	3.	4.	5.
Madrid					
Málaga					

c. Escuche y compare la pronunciación de ll / y. ⏭ 47
Marque de dónde son las personas.

	1.	2.	3.	4.	5.
Madrid					
Argentina					

Portfolio

Ya sé...		
... Arbeitsbedingungen beschreiben: Soy ……… . Trabajo a tiempo ……… . Tengo horario ………	☐ ☐ ☐	→ p. 98/3
... über Zufriedenheit am Arbeitsplatz sprechen: Tengo un trabajo ……… . Tengo un buen ………	☐ ☐ ☐	→ p. 99/4
... Aufgaben und Tätigkeiten am Arbeitsplatz benennen: Escribo ……… . Vendo ……… . ……… a clientes. ………	☐ ☐ ☐	→ p. 99/5
... Arbeitsangebote beschreiben: Se ofrece contrato ……… y ……… flexible. ………	☐ ☐ ☐	→ p. 102/10
... Fähigkeiten und Eigenschaften beschreiben: Soy ……… . Tengo ………	☐ ☐ ☐	→ p. 102/10
... ein Bewerbungsschreiben verfassen: Me dirijo a usted para ……… un puesto de ……… .	☐ ☐ ☐	→ p. 102/10

También sé...		
... Prozentzahlen und Bruchzahlen angeben: 50 % ……… = $\frac{1}{2}$ ……… ; $\frac{1}{3}$ ……… ; $\frac{3}{4}$ ………	☐ ☐ ☐	→ p. 99/5
... das Plusquamperfekt bilden und anwenden: Cuando empecé a estudiar español, ya había ………	☐ ☐ ☐	→ p. 101/7
... die Ordnungszahlen angeben: 1° ……… , 2° ……… , 3° ……… , 4° ………	☐ ☐ ☐	→ p. 102/10
... das Partizip nach ‚estar' anwenden: He escrito la carta. – La carta ………	☐ ☐ ☐	→ p. 103/11

Mirador 12

Test + + Test + + Test + + Test + + Test + + Test + + Test + + Test + + Test + + Test + + Test + + Test + + Test + + Test + + Test + + Test + + Test + + Test

1 a. Vocabulario y gramática.
Lea este correo electrónico y marque en cada número la palabra correcta.

Hola Rafa:

¿Qué tal estás? Ya me ha dicho Carolina que tú también [1] al Congreso de Medicina Alternativa de Madrid. ¡Qué bien! Yo [2] el viernes por la tarde. ¿[3] esa noche para ir a cenar? El restaurante lo puedes elegir tú, a mí me da [4], pero seguro que hace [5] reservar.
Yo [6] un poco nerviosa porque el sábado presento mi proyecto, aunque creo que esta vez no habrá [7] gente como el año pasado. Ya lo tengo casi todo preparado: la presentación en power point está [8] pero no sé si tengo que repartir también unas fotocopias del dossier. ¿Tú qué [9] en mi lugar?
Bueno, nos vemos el viernes. Muchos besos [10] ti, María y los niños.

Irene

1. ☐ vas ☐ vendrías ☐ estás
2. ☐ seré ☐ llegaré ☐ estoy
3. ☐ Nos quedamos ☐ Quedamos nos ☐ Quedamos
4. ☐ mismo ☐ lo mismo ☐ el mismo
5. ☐ falta ☐ que ☐ necesario
6. ☐ tengo ☐ soy ☐ estoy
7. ☐ tanta ☐ tan ☐ tanto
8. ☐ terminada ☐ terminado ☐ listo
9. ☐ habías hecho ☐ harás ☐ harías
10. ☐ por ☐ para ☐ de

b. Lenguaje interactivo.
Lea el diálogo y complete las frases con cuatro de las expresiones de la derecha.

En la calle:
- Perdone. ¿Es usted ....?
- Sí. ¿Puedo ayudarla en algo?
- .... el Hotel Regente. Está en la calle San Martín.
- Sí, claro, el Regente. No está ....
- Qué bien.
- .... por esta calle y tome la segunda a la izquierda. Al final de la calle está el hotel.
- Muchas gracias.
- Adiós.

a. lejos
b. desde allí
c. estoy buscando
d. de aquí
e. ven
f. siga

2 a. Comprensión auditiva (global). ⏭ 48 – 51
Lea las siguientes frases. Luego escuche cuatro textos cortos y decida si las frases son verdaderas (+) o falsas (–). Escuche los textos una segunda vez.

Cuatro personas hablan sobre internet.
1. María José Mesa, profesora:
   ☐ El acceso a internet debería ser gratis para todos.
2. Andrés Navarro, jubilado:
   ☐ Prefiere utilizar el móvil.
3. Mercedes Vázquez, ama de casa:
   ☐ Sigue comprando el periódico todos los días.
4. Lucio Antúnez, arquitecto:
   ☐ Ha dejado de ir a las agencias de viajes.

b. Comprensión auditiva (detallada). ⏭ 52 – 53
Lea las siguientes frases. Luego escuche dos textos y decida si las frases son verdaderas (+) o falsas (–). Escuche los textos una segunda vez.

1. Un mensaje en el contestador automático:
   ☐ Alguien ha encontrado la tarjeta de crédito de la señora Cremades.
2. Un anuncio en la radio:
   ☐ Esta semana todos los visitantes del parque tendrán descuento en los restaurantes.

c. Comprensión auditiva (selectiva). ⏭ 54 – 57
Lea las siguientes frases. Luego escuche cuatro textos y decida si las frases son verdaderas (+) o falsas (–). Escuche los textos una segunda vez.

1. Un anuncio en la radio:
   ☐ El centro comercial abre el próximo domingo de doce a seis de la tarde.
2. Un anuncio en la televisión:
   ☐ El documental de la Panamericana se emite el martes a las 21 horas.
3. Un anuncio en la radio:
   ☐ El 50 % del dinero de las entradas es para un proyecto social.
4. Un mensaje en el contestador automático:
   ☐ La señora Montero tiene que llamar al 93 356 78 52.

3 a. Comprensión lectora (detallada).
Lea el siguiente correo electrónico y decida si las frases son verdaderas (+) o falsas (–).

1. ☐ Carlos quiere ir a recoger a su madre con Esteban.
2. ☐ Carlos puede prestarle el coche a Esteban.

Hola Esteban:

Te llamé ayer dos veces al móvil, pero estaba desconectado. Mamá llega el jueves a las seis, ¿podrías ir tú al aeropuerto a recogerla? Yo tengo una reunión que acabará bastante tarde. Si necesitas el coche, te lo puedo dejar. Por favor, llámame para saber si puedes.

Carlos

b. Comprensión lectora (global).
En una guía informativa sobre proyectos sociales y ONG usted lee estos cuatro textos. Decida cuál de los ocho títulos corresponde a cada texto.

a. Las mamás, a la escuela con los niños
b. Derechos humanos ¡ya!
c. Por una costa limpia
d. Agua para todos
e. Cena caliente para todos
f. El comercio justo en tu ciudad
g. Di ¡no! a las drogas
h. Voluntariado para estudiantes universitarios

Ofrecemos la oportunidad de cuidar el medio ambiente activamente. Nos dedicamos a recoger la basura de nuestras playas en los meses de verano. En nuestra página web podéis ver fotos de las playas antes y después de nuestras acciones. **1**

Muchos de nuestros voluntarios son gente famosa: futbolistas, cantantes... Los invitamos y ellos vienen a los colegios y explican a los chicos que con el alcohol y las drogas no se llega a ningún sitio. Presentan alternativas para una vida sana: el deporte, la música, el baile. **2**

En este proyecto los voluntarios se dedican principalmente a ayudar con el trabajo del campo. Así las mujeres pueden ir a la escuela para aprender a leer con sus hijos. Es increíble ver el interés que tienen todos por aprender. Cuando están juntos, están más motivados. **3**

Nuestros comedores funcionan ya en varias ciudades españolas. Ofrecemos todas las noches un menú con sopa y un segundo plato a la gente necesitada. Las personas que vienen con niños pueden entrar media hora antes y cenar así más tranquilos. **4**

c. Comprensión lectora (selectiva).
Usted lee un reportaje sobre un nuevo canal de televisión. Lea primero las frases siguientes.
Después lea el texto (partes a – e) y decida en qué parte del texto está la información que le interesa.

1. Usted juega muy bien al tenis y es su deporte favorito.
2. Sus programas favoritos son las series antiguas de televisión.
3. No hay ningún documental, pero le gustaría ver alguno de vez en cuando.
4. Le interesan los vestidos de las actrices en el Festival de Cine Internacional.

Un nuevo canal de televisión

Por fin encontrarás lo que estabas buscando. A partir del 23 de abril podrás disfrutar de un nuevo canal de televisión. Aquí tienes algunos de los platos fuertes de nuestra programación.

a Por las mañanas empezaremos con un programa informativo en el que os contaremos las primeras noticias del día y el tiempo y dedicaremos un espacio a las noticias del corazón. La reportera Amaya Dintén comentará las noticias de la prensa rosa.
b A partir de las seis, todo el deporte: fútbol, baloncesto, esquí... En directo y sin publicidad y con entrevistas a los mejores deportistas del momento.
c Todos los días, a las ocho, tu cine favorito. En este programa nos visitarán algunas personas famosas. Nos hablarán de sus películas favoritas y después las emitiremos. ¿Sabes cuál es la película favorita de Shakira? Si lo quieres saber, te esperamos este jueves.
d Las mejores series policíacas y comedias inglesas, dramas y telenovelas. ¿Recuerdas "Colombo", "Dallas" o "Falcon Crest"? No te pierdas "Los ricos también lloran". El primer capítulo, este lunes a las diez.
e Esta es nuestra programación. ¿Hay algo que te gusta y no encuentras? ¿Pondrías otra cosa? Escríbenos a opinion@teleset.es con tus ideas y sugerencias. A final de mes elegiremos las 5 mejores sugerencias y recibirán un estupendo premio.

4 Expresión escrita.
Escriba una carta a un/a amigo/-a español/a y mencione tres de estos puntos.

- Hable de la última vez que se vieron y proponga una ocasión para verse de nuevo.
- Usted ha cambiado de trabajo, cuéntele por qué y compare el nuevo trabajo con el antiguo.
- Usted quiere colaborar en un proyecto social. Hable de él.
- Explique algunos de los planes que tiene para el futuro.
- Invite a su amigo/-a a su próxima fiesta de cumpleaños.

Querido/-a...
Un abrazo,

5 a. Expresión oral: conocerse el uno al otro.
¿Puede contar algo sobre sí mismo/-a? El / La examinador/a le va a hacer una o dos preguntas más.

nombre · edad · casado o soltero · hijos · vivienda · trabajo · idiomas · hobbies · gustos

b. Expresión oral: intercambio de informaciones.
Hable con su compañero/-a sobre dos o tres de los siguientes temas. Pregúntele y conteste sus preguntas.

su casa | sus últimas vacaciones | su trabajo | una fiesta | sus gustos sobre televisión | sus planes para el futuro

c. Expresión oral: llegar a un acuerdo.
Usted y su compañero/-a quieren pasar un sábado juntos. ¿Qué le gustaría hacer? Haga propuestas y dé razones. Póngase de acuerdo con su compañero/-a en dos actividades y decidan cuándo quieren hacerlas.

por qué · qué · cuándo

Gramática

Systematische Grammatik

Dieser Anhang enthält die grammatischen Themen, die in *Con gusto A2* behandelt werden.

Grammatische Bezeichnungen

Latein	Spanisch	Deutsch	Beispiel
Adjektiv	adjetivo	Eigenschaftswort	**schön, groß**
Adverb	adverbio	Umstandswort	**gern, heute, oft**
Akkusativobjekt	objeto directo	direktes Objekt *(wen od. was?)*	Er kauft **Brot**.
Artikel	artículo	Geschlechtswort	**der, die, das, ein**
Dativobjekt	objeto indirecto	indirektes Objekt *(wem?)*	Er gibt **Eva** ein Ei.
Demonstrativpronomen	demostrativo	hinweisendes Fürwort	**dieser, diese**
Diphthong	diptongo	Doppellaut	H**au**s, R**ei**se
feminin	femenino	weiblich	sie, eine, Frau
Futur	futuro	Zukunft	Ich **werde gehen**.
Gerundium	gerundio	Verlaufsform	Wir **essen gerade**.
Hilfsverb	verbo auxiliar	Hilfszeitwort	Er **hat** gegessen.
Imperativ	imperativo	Befehlsform	**Sprich!**
Imperfekt	imperfecto	Präteritum	Es **regnete**.
Indefinido	indefinido	historische Vergangenheit	Er **ging weg**.
Indefinitpronomen	pronombre indefinido	unbestimmtes Fürwort	**einige, kein**
Infinitiv	infinitivo	Grundform des Zeitworts	**sprechen, gehen**
Komparativ	comparativo	Steigerungsform	**größer, besser**
Konditional	condicional	Bedingungsform	Er **würde sagen**.
Konjugation	conjugación	Beugung des Verbs	ich **esse**, du **isst**, …
Konsonant	consonante	Mitlaut	**b**, **c**, **d**, **f**, **g**, …
maskulin	masculino	männlich	der, ein, Mann
Objekt	objeto	Satzergänzung	Iss **ein Brötchen**.
Objektpronomen	pronombre de objeto	Fürwort als Satzergänzung	Ich treffe **ihn**.
Partizip Perfekt	participio perfecto	Mittelwort der Vergangenheit	**gesagt, getan**
Perfekt	pretérito perfecto	vollendete Gegenwart	Er **hat gelernt**.
Personalpronomen	pronombre personal	persönliches Fürwort	**ich, du, uns**
Plural	plural	Mehrzahl	**Autos, Häuser**
Plusquamperfekt	pluscuamperfecto	vollendete Vergangenheit	Er **hatte gelernt**.
Possessivpronomen	posesivo	besitzanzeigendes Fürwort	**mein, dein**
Präposition	preposición	Verhältniswort	**in, auf, neben**
Präsens	presente	Gegenwart	Ich **schlafe**.
Reflexivpronomen	pronombre reflexivo	rückbezügliches Fürwort	Ich wasche **mich**.
Singular	singular	Einzahl	**Auto, Maus**
Subjekt	sujeto	Satzgegenstand	**Peter** schläft.
Subjektpronomen	pronombre sujeto	Fürwort als Satzgegenstand	**ich, du, wir**
Substantiv	sustantivo	Hauptwort, Nomen	**Haus, Sprache**
Superlativ	superlativo	höchste Steigerungsstufe	die **größte** Stadt
Verb	verbo	Zeitwort, Tätigkeitswort	**fahren, lesen**
Vokal	vocal	Selbstlaut	**a**, **e**, **i**, **o**, **u**

1. Das Substantiv und seine Begleiter

1.1 Der neutrale Artikel *lo*

Sie kennen den bestimmten und unbestimmten Artikel bereits aus *Con gusto A1* (S. 179–180). Daneben gibt es noch den neutralen Artikel **lo**, der aber nicht wie das deutsche *„das"* bei sächlichen Substantiven steht, sondern eine besondere Funktion hat.

- Der neutrale Artikel **lo** dient zur Substantivierung von Adjektiven und anderen Wortarten:

Lo bonito de este libro son los dibujos.	*Das Schöne an diesem Buch sind die Zeichnungen.*
Lo más difícil son los pronombres.	*Das Schwierigste sind die Pronomen.*
Lo mío es el zapping.	*Zappen ist mein Ding.*

- In der Verbindung **lo que** dient er zur Wiedergabe des Relativpronomens *(das, was):*

Lo que me cuesta es la pronunciación.	*Was mir schwerfällt, ist die Aussprache.*
Leer textos es **lo que** más me gusta.	*Texte zu lesen ist das, was mir am besten gefällt.*

1.2 Verkleinerungsformen

- Verkleinerungsformen können u. a. durch das Anhängen der Endung **-ito**/**-ita** (bei Wörtern auf **-e** oder Konsonant **-cito**/**-cita**) an Substantive, Adjektive oder Adverbien gebildet werden. Nicht immer ist dabei die Verkleinerung wörtlich gemeint, sondern es kann auch eine emotionale Beziehung zum Ausdruck gebracht oder die Wichtigkeit vermindert werden:

Abuelita, te hemos traído una **cosita**.	*Oma, wir haben dir eine Kleinigkeit mitgebracht.*
El chico **gordito** y **bajito** es Fernando.	*Der rundliche kleine Junge ist Fernando.*

casa → cas**ita**	pequeño → pequeñ**ito**	ratón → raton**cito**	poco → po**quito**
abuela → abuel**ita**	bajo → baj**ito**	café → cafe**cito**	cerca → cer**quita**

1.3 Adjektive auf *-or*

Die Bildung und den Gebrauch der Adjektive haben Sie schon in *Con gusto A1* (S. 180–181) gelernt.

- Während die meisten Adjektive, die auf Konsonant enden, in der männlichen und weiblichen Form gleich lauten (ideal, joven), bilden Adjektive auf **-or** (z. B. trabajador, conservador, hablador, ganador) die weibliche Form auf **-ora**.

	Singular	Plural
männlich	un estudiante trabajador	alumnos trabajador**es**
weiblich	una estudiante trabajador**a**	alumnas trabajador**as**

1.4 Stellung und Verkürzung der Adjektive

- In der Regel steht das Adjektiv im Spanischen hinter dem Substantiv, vor allem wenn es unterscheidenden Charakter hat. Immer nachgestellt werden Farben und Nationalitätsbezeichnungen:

Tengo un coche **nuevo**.	*Ich habe ein neues Auto.*
Es un SEAT **rojo**.	*Es ist ein roter SEAT.*

- Steht ein Adjektiv vor dem Substantiv, wird die Eigenschaft als zum Wesen gehörig betrachtet oder besonders hervorgehoben. Vergleichen Sie:
  Eso es sólo un problema **pequeño** (y no grande). — *Das ist nur ein kleines Problem.*
  Tenemos un **pequeño** problema. — *Wir haben ein kleines Problem.*

- **Bueno, malo, primero, tercero** werden vor männlichen Substantiven im Singular verkürzt. **Grande** wird vor männlichen und weiblichen Substantiven im Singular auf **gran** verkürzt:
  Tenemos un **buen** vino. Hace **mal** tiempo. Vivo en el **primer** piso. Es una **gran** sorpresa.

- Bei einigen Adjektiven verändert sich bei Voranstellung die Bedeutung:

un hombre **viejo**	*ein alter Mann (betagt)*	un libro **grande**	*ein großes Buch (Format)*
un **viejo** amigo	*ein alter Freund (langjährig)*	un **gran** libro	*ein großartiges Buch*

1.5 Das Partizip als Adjektiv

- Wie Sie schon aus *Con gusto A1* (S. 190) wissen, dient das Partizip Perfekt zur Bildung des Perfekts. In dieser Funktion steht es immer mit dem Hilfsverb **haber**, endet auf **-o** und ist unveränderlich. Das Partizip Perfekt kann aber auch die Funktion eines Adjektivs haben und mit **estar** stehen:

Partizip als Verbform	Partizip als Adjektiv
¿Has **preparado** el café?	El café está **preparado**.
¿Has **escrito** la carta?	La carta está **escrita**.
¿Has **reservado** los vuelos?	Los vuelos están **reservados**.
¿Has **hecho** las fotocopias?	Las fotocopias están **hechas**.

- **Estar + Partizip Perfekt** drückt das Ergebnis einer Handlung aus. Dabei richtet sich das Partizip wie ein Adjektiv in Geschlecht und Zahl nach dem zugehörigen Substantiv.

2. Steigerung und Vergleich

Vergleiche mit **más / menos... que** *(mehr / weniger ... als)* kennen Sie aus *Con gusto A1* (S. 182).

2.1 Der Komparativ bei Gleichheit: *‚so (viel) ... wie'*

- **tan** + Adjektiv / Adverb + **como**:
  El sueldo no es **tan** importante **como** un buen ambiente de trabajo. — *Das Gehalt ist nicht so wichtig wie ein gutes Arbeitsklima.*

- Verb + **tanto como**:
  Trabajo **tanto como** mis compañeros. — *Ich arbeite so viel wie meine Kollegen.*

- **tanto/-a/-os/-as** + Substantiv + **como**:
  Greenpeace no tiene **tantos** socios **como** la Cruz Roja. — *Greenpeace hat nicht so viele Mitglieder wie das Rote Kreuz.*

- Beachten Sie: **tan** und **más** werden auch ohne Vergleich zur Verstärkung benutzt:
  ¡Qué fiesta **tan / más** divertida! — *Was für ein unterhaltsames Fest!*

- **Tanto... como** bedeutet auch *sowohl ... als auch:*
  La gente viene **tanto** a comprar **como** a charlar un rato. — *Die Leute kommen sowohl, um zu kaufen, als auch, um einen Moment zu plaudern.*

2.2 Der absolute Superlativ auf *-ísimo*

- Adjektive und Adverbien mit der Endung **-ísimo** drücken einen sehr hohen Grad einer Eigenschaft aus, ohne dass ein Bezug oder Vergleich zu einer anderen Sache hergestellt wird. Diese Form entspricht dem deutschen *sehr / äußerst / besonders* oder einer anderen Verstärkung:

muy bueno	buen**ísimo**	Frank me regaló un vino buenísimo. *(ausgezeichnet)*
muy guapa	guap**ísima**	Adriana es una chica guapísima. *(bildschön)*
muy simpáticos	simpatiqu**ísimos**	Eduardo tiene amigos simpatiquísimos. *(äußerst nett)*
muy fáciles	facil**ísimos/-as**	Estos ejercicios son facilísimos. *(kinderleicht)*
muy tarde	tard**ísimo**	Llegamos tardísimo a la fiesta. *(sehr spät)*

- Endet ein Wort auf Konsonant, so hängt man die Endung **-ísimo/-a/-os/-as** an.
  Endet es auf Vokal, so wird dieser durch **-ísimo/-a/-os/-as** ersetzt. Manchmal ergeben sich dabei Änderungen in der Rechtschreibung: rico → ri**qu**ísimo, largo → lar**gu**ísimo.
  Beachten Sie die Ausnahmen: amable → amab**il**ísimo, antiguo → anti**qu**ísimo.

- Adjektive, die schon in ihrer Grundbedeutung einen sehr hohen Grad ausdrücken, wie **enorme, fantástico, excelente**, können weder mit **muy** noch mit **-ísimo** verstärkt werden. Stattdessen kann man sie mit **realmente** verstärken:
  El concierto fue ~~fantastiquísimo~~ **realmente fantástico**.

3. Pronomen und Begleiter

3.1 Die Objektpronomen

Sie kennen die Subjekt- und Objektpronomen bereits aus *Con gusto A1* (S. 183). Hier sehen Sie, was passiert, wenn ein direktes und indirektes Objektpronomen im selben Satz vorkommen.

3.1.1 Zwei Objektpronomen in einem Satz

Subjektpronomen	indirektes Objekt *(wem?)*		direktes Objekt *(wen oder was?)*		zusammen	
yo	**me**	*mir*	**me**	*mich*	me	lo / la / los / las
tú	**te**	*dir*	**te**	*dich*	te	
él / ella / usted	**le**	*ihm, ihr, Ihnen (Sg.)*	**lo, la**	*ihn, es, sie, Sie*	~~le~~ **se**	
nosotros/-as	**nos**	*uns*	**nos**	*uns*	nos	
vosotros/-as	**os**	*euch*	**os**	*euch*	os	
ellos / ellas / ustedes	**les**	*ihnen, Ihnen (Pl.)*	**los, las**	*sie, Sie*	~~les~~ **se**	

- Stehen ein direktes und ein indirektes Objektpronomen im selben Satz, so steht – anders als im Deutschen – das indirekte (Dativ) vor dem direkten (Akkusativ):
  ¿El espejo? **Me lo** he comprado en el Rastro. *Der Spiegel? Ich habe ihn mir auf dem Rastro gekauft.*

- In der 3. Person wird in diesem Fall das Dativpronomen **le / les** zu **se**:
  Mi padre colecciona sellos. Por eso **se los** he regalado. *Mein Vater sammelt Briefmarken. Darum habe ich sie ihm geschenkt.*

- In der 3. Person wird das indirekte Objekt oft durch ein Pronomen angekündigt oder wiederholt:
  ¿Qué haces con la maleta? **Se la** doy **a Amelia**. *Was machst du mit dem Koffer? Ich gebe ihn Amelia.*
- Normalerweise stehen die beiden Pronomen vor dem konjugierten Verb. In Verbindung mit dem Infinitiv oder Gerundium können sie vorgestellt oder angehängt werden:
  ¡Qué vestido más bonito! ¿**Me lo** puedo probar? / ¿Puedo probár**melo**?
  Luis ha encontrado zapatos cómodos. Ahora **se los** está probando. / Ahora está probándo**selos**.
- Beim bejahten Imperativ werden die Pronomen angehängt: Si te gustan los zapatos, ¡cómpra**telos**!
- In verneinten Sätzen steht **no** vor den Pronomen: ¿Por qué **no te los** compras?

3.2 Die Possessivpronomen und -begleiter

Sie kennen bereits die unbetonten Possessivbegleiter (mi, tu, su, nuestro/-a, vuestro/-a, su) aus *Con gusto A1* (S. 185). Sie stehen immer vor einem Substantiv: ¿Cómo se llama **tu** hermana?

3.2.1 Die betonten Possessivpronomen und -begleiter

	Singular männlich	weiblich	Plural männlich	weiblich
yo	mío	mía	míos	mías
tú	tuyo	tuya	tuyos	tuyas
él / ella / usted	suyo	suya	suyos	suyas
nosotros/-as	nuestro	nuestra	nuestros	nuestras
vosotros/-as	vuestro	vuestra	vuestros	vuestras
ellos / ellas / ustedes	suyo	suya	suyos	suyas

- Diese Formen stehen als Pronomen allein oder als Begleiter nach einem Substantiv, mit dem sie in Geschlecht und Zahl übereinstimmen.

- Die betonten Possessivpronomen stehen mit dem bestimmten Artikel, wenn man ein bereits genanntes Substantiv nicht wiederholen will:
  Mi parque tiene una fuente. ¿Y **el tuyo**? *Mein Park hat einen Brunnen. Und **deiner**?*
- Sie stehen ohne Artikel in Verbindung mit **ser**, wenn man über den Besitzer Auskunft gibt:
  ¿De quién es la pelota azul? – Es **mía**. *Wem gehört der blaue Ball? – Das ist **meiner**.*
- Sie stehen mit dem unbestimmten Artikel, wenn eine/r/s von mehreren gemeint ist:
  El chico rubio es **un** nieto **mío**. *Der blonde Junge ist ein Enkel **von mir**.*

3.3 Die Demonstrativpronomen und -begleiter

- Je nach räumlicher oder zeitlicher Entfernung vom Sprecher verwendet man unterschiedliche Demonstrativpronomen oder -begleiter, von denen Sie einige schon aus *Con gusto A1* (S. 185) kennen. Sie richten sich in Geschlecht und Zahl nach dem Substantiv, auf das sie sich beziehen.

nah beim Sprecher	beim Angesprochenen	weiter weg
este banco	**ese** banco	**aquel** banco
esta fuente	**esa** fuente	**aquella** fuente
estos árboles	**esos** árboles	**aquellos** árboles
estas flores	**esas** flores	**aquellas** flores

- **Esto, eso, aquello** beziehen sich auf etwas, das nicht näher bestimmt wird, und sind unveränderlich:
  ¿Qué es **eso**? *Was ist das?*

3.4 Unbestimmte Pronomen (Indefinitpronomen)

3.4.1 Unveränderliche Indefinitpronomen

algo	*etwas*	¿Coleccionas **algo**?
nada	*nichts*	No, **nada**.
todo	*alles*	Me gusta **todo**.
alguien	*jemand*	**Alguien** busca libros antiguos.
nadie	*niemand*	**Nadie** sale con las manos vacías.
cada	*jede/r/s*	**Cada** domingo los madrileños van al Rastro.

- **Algo**, **nada** und **todo** beziehen sich auf Sachen, **alguien** und **nadie** auf Personen. **Cada** kann sich auf Sachen oder Personen beziehen.

3.4.2 Veränderliche Indefinitpronomen

alguno/-a	*irgendein/e/r*	¿Buscas **alguna** lámpara antigua?
algunos/-as	*einige*	**Algunos** clientes regatean.
ninguno/-a/-os/-as	*kein/e/r*	Aquí no tienen **ninguna** maleta.
todo/-a el/la	*der/die ganze*	**Toda la** familia va de compras.
todos/-as los/las	*alle*	**Todos los** madrileños van al Rastro.

- Diese Pronomen beziehen sich immer auf ein Substantiv, auch wenn es nicht im selben Satz genannt wird: ¿Tiene revistas? – Sí, **algunas**.
- **Alguno** und **ninguno** werden vor männlichem Substantiv zu **algún / ningún** verkürzt. Ersetzen sie das Substantiv, erscheint das **-o** wieder: ¿Tiene **algún** mueble antiguo? – No, **ninguno**.
- Steht vor **nada**, **nadie** oder **ninguno** ein Verb, so muss vor diesem Verb **no** stehen: **No** hemos comprado **nada** en el Rastro. *Aber:* **Nadie** vende sellos.

3.4.3 Weitere unbestimmte Pronomen

mucho/-as/-os/-as	*viel/e*	**Muchos** madrileños van al Rastro.
bastante/s	*ziemlich viel/e*	**Bastantes** van después a tomar una copa.
suficiente/s	*genügend*	Hay **suficientes** bares en la Plaza del Cascorro.
demasiado/-a/-os/-as	*zu viel/e*	Antes de las once no hay **demasiada** gente.
otro/-a/-os/-as	*noch ein/e*	¿Hay **otro** mercadillo en la ciudad?

3.5 Der Gebrauch von *mismo*

Begleiter	Verstärkung	
el mism**o** periódico	ahora mismo	*sofort*
la mism**a** información	hoy mismo	*heute noch / erst*
los mism**os** programas	mañana mismo	*gleich morgen*
las mism**as** noticias	aquí mismo	*gleich hier*

- Als Begleiter richtet sich **mismo** nach dem Substantiv. Nach einem Adverb ist es unveränderlich und verstärkt dessen Bedeutung.

- Mit dem Ziel der Verstärkung kann **mismo/-a** auch nach Pronomen oder Substantiven stehen:
  Yo **mismo** voy a elegir el programa. *Ich werde die Sendung höchstpersönlich aussuchen.*
  Tú **misma** me lo has dicho. *Du selbst hast es mir gesagt.*
- Weitere Wendungen: **me da lo mismo** *(es ist mir egal)*, **al mismo tiempo** *(gleichzeitig)*.

4. Das Verb

Das Präsens, das Perfekt, das Gerundium und das *futuro próximo* (**ir a** + Infinitiv) haben Sie schon in *Con gusto A1* (S. 186 – 191) kennen gelernt.

4.1 Das Indefinido

4.1.1 Regelmäßige und unregelmäßige Verben

	-ar	-er	-ir
yo	habl**é**	com**í**	viv**í**
tú	habl**aste**	com**iste**	viv**iste**
él / ella / usted	habl**ó**	com**ió**	viv**ió**
nosotros/-as	habl**amos**	com**imos**	viv**imos**
vosotros/-as	habl**asteis**	com**isteis**	viv**isteis**
ellos / ellas / ustedes	habl**aron**	com**ieron**	viv**ieron**

dar	ver	ser / ir
di	vi	fui
diste	viste	fuiste
dio	vio	fue
dimos	vimos	fuimos
disteis	visteis	fuisteis
dieron	vieron	fueron

- Bei einigen Verben ändert sich in der 1. Person Singular die Schreibweise, damit die Aussprache erhalten bleibt, z. B. bus**c**ar → bus**qu**é, empe**z**ar → empe**c**é, pa**g**ar → pa**gu**é.
- Das Indefinido von **ser** und **ir** ist gleich. Das Indefinido von **hay** lautet **hubo**.

4.1.2 Verben mit Besonderheiten

	pedir	dormir
yo	pedí	dormí
tú	pediste	dormiste
él / ella / usted	p**i**dió	d**u**rmió
nosotros/-as	pedimos	dormimos
vosotros/-as	pedisteis	dormisteis
ellos / ellas / ustedes	p**i**dieron	d**u**rmieron

- Verben auf **-ir**, bei denen sich im Präsens der Stammvokal **e** → **ie** (sentir) oder **e** → **i** (pedir) ändert, haben im Indefinido ein **i** in der 3. Person Singular und Plural: s**i**ntió, p**i**dieron.
  Analog dazu steht bei Verben der Gruppe **o** → **ue** an dieser Stelle ein **u**: morir → m**u**rió, m**u**rieron.
  Die übrigen Formen sind regelmäßig.

4.1.3 Verben mit unregelmäßigem Stamm

- Einige Verben haben im Indefinido einen unregelmäßigen Stamm. Die Endungen sind für alle gleich.

	tener
yo	tuv**e**
tú	tuv**iste**
él / ella / usted	tuv**o**
nosotros/-as	tuv**imos**
vosotros/-as	tuv**isteis**
ellos/-as / ustedes	tuv**ieron**

Infinitiv	Stamm	Endung
tener	**tuv-**	**e**
estar	**estuv-**	**iste**
poder	**pud-**	**o**
poner	**pus-**	**imos**
querer	**quis-**	**isteis**
venir	**vin-**	**ieron**

decir	hacer	traer
dije	hice	traje
dijiste	hiciste	trajiste
dijo	**hizo**	trajo
dijimos	hicimos	trajimos
dijisteis	hicisteis	trajisteis
dijeron	hicieron	**trajeron**

- Beachten Sie: Bei **hacer** ändert sich in der 3. Person Singular die Schreibweise.
  Bei **decir**, **traer** und allen Verben auf **-ducir** entfällt das **i** in der 3. Person Plural: **dij~~i~~eron**.
  Bei einigen Verben auf **-er** und **-ir** wird in der 3. Person das **e** bzw. **i** zu **y**: creer → él cre**y**ó, ellos cre**y**eron.

4.1.4 Der Gebrauch des Indefinido

- Das Indefinido steht für Handlungen und Ereignisse innerhalb eines Zeitraums der Vergangenheit, den der Sprecher als abgeschlossen betrachtet (**ayer, la semana pasada, en 1989**):
  El viernes pasado Paco **fue** al cine. — *Letzten Freitag ging Paco ins Kino.*
- Es dient dazu, vergangene Ereignisse abschließend zu bewerten:
  ¿Qué tal la fiesta? – **Fue** fenomenal. — *Wie war das Fest? – Es war großartig.*
- Wird das Geschehen vom Sprecher noch als aktuell betrachtet oder reichen die Konsequenzen bis in die Gegenwart, so verwendet man das Perfekt. Vergleichen Sie:
  El mes pasado **vendí** mi coche. — *Letzten Monat habe ich mein Auto verkauft.*
  He vendido mi coche y ahora voy en bicicleta al trabajo. — *Ich habe mein Auto verkauft und fahre jetzt mit dem Rad zur Arbeit.*

4.2 Das Imperfekt

4.2.1 Formen

- Die Verben auf **-er** und **-ir** haben im Imperfekt dieselben Endungen. Außer **ser**, **ir** und **ver** folgen alle Verben diesem Modell. Das Imperfekt von **hay** ist **había**.

Regelmäßige Verben

	Verben auf **-ar**	Verben auf **-er / -ir**
yo	busc**aba**	viv**ía**
tú	busc**abas**	viv**ías**
él / ella / usted	busc**aba**	viv**ía**
nosotros/-as	busc**ábamos**	viv**íamos**
vosotros/-as	busc**abais**	viv**íais**
ellos / ellas / ustedes	busc**aban**	viv**ían**

Unregelmäßige Verben

ser	ir	ver
era	iba	veía
eras	ibas	veías
era	iba	veía
éramos	íbamos	veíamos
erais	ibais	veíais
eran	iban	veían

4.2.2 Der Gebrauch des Imperfekts

- Das Imperfekt wird verwendet, um Zustände und Gewohnheiten in der Vergangenheit zu beschreiben, und steht häufig mit Ausdrücken wie **antes** *(früher)*, **entonces** *(damals)*, **siempre** *(immer)*, **todos los días** *(jeden Tag)*:
  Antes los balnearios **eran** lugares exclusivos. — *Früher waren die Bäder exklusive Orte.*
  Los pacientes **bebían** aguas medicinales. — *Die Patienten tranken Heilwasser.*
- Es beschreibt eine Handlung, die gerade im Gange war, als eine andere Handlung eintrat:
  Mientras el ratoncito **paseaba** por la playa, se encontró con una tortuga. — *Während das Mäuschen am Strand spazieren ging, traf es eine Schildkröte.*
- Mit dem Imperfekt einiger Verben kann man auch einen Wunsch höflich formulieren.
  Quería reservar una habitación. — *Ich wollte (= würde gern) ein Zimmer reservieren.*
  Queríamos pedirle un favor. — *Wir möchten Sie um einen Gefallen bitten.*

4.3 Der Gebrauch von Imperfekt und Indefinido

- Innerhalb einer Erzählung in der Vergangenheit beschreibt das Imperfekt den Hintergrund und die Begleitumstände, während das Indefinido den Fortgang der Handlung erzählt.

Imperfekt: Was war schon? (Hintergrund)	**Indefinido:** Was geschah neu? (Handlung, Ereignis)
Un domingo, mientras toda la familia **comía**,	**perdí** un diente.
Cuando **estábamos** en la cama	mi hermana me **pidió** un cuento.
Yo **estaba** todavía **contando** el cuento	cuando mi hermana **se durmió**.

- Einige Zeit- und Häufigkeitsangaben stehen bevorzugt mit dem Imperfekt *(z. B. siempre, mientras, porque)* oder mit dem Indefinido *(z. B. un día, de pronto, enseguida)*. Man kann daraus aber keine feste Regel ableiten, da die persönliche Haltung des Sprechers über den Gebrauch der Zeiten entscheidet. Je nachdem, welchen Aspekt des Geschehens er hervorheben möchte, kann er durch die Wahl der Zeit eine Information sozusagen in den Vordergrund oder in den Hintergrund rücken. Vergleichen Sie:
  Un día el ratoncito **caminaba** por la playa y de pronto **vio** una tortuga.
  Un día el ratoncito **caminó** por la playa porque **necesitaba** aire fresco. Ahí **vio** una tortuga.

4.4 Das Plusquamperfekt

	Imperfekt von haber	Partizip Perfekt
yo	**había**	
tú	**habías**	trabaj**ado**
él / ella / usted	**había**	ten**ido**
nosotros/-as	**habíamos**	escrito
vosotros/-as	**habíais**	
ellos / ellas / ustedes	**habían**	

- Das Plusquamperfekt wird mit dem Imperfekt von **haber** und dem **Partizip Perfekt** gebildet. Dabei ist das Partizip Perfekt unveränderlich.

- Man verwendet das Plusquamperfekt für vergangene Ereignisse und Handlungen, die bereits **vor** einer anderen Handlung in der Vergangenheit abgeschlossen wurden:
  Claudio Blasco creó una revista porque mucha gente se lo **había pedido**. — *Claudio gründete eine Zeitschrift, weil viele Leute ihn darum gebeten hatten.*

- Zeitangaben wie **antes, ya, todavía no, nunca** können einen Satz im Plusquamperfekt einleiten:
  Antes de llegar a Alemania, Claudio **no había aprendido** alemán. — *Bevor er nach Deutschland kam, hatte Claudio kein Deutsch gelernt.*

4.5 Das Futur

4.5.1 Regelmäßige Verben

		Endung	trabajar
yo	Infinitiv +	**-é**	trabajar**é**
tú		**-ás**	trabajar**ás**
él / ella / usted		**-á**	trabajar**á**
nosotros/-as		**-emos**	trabajar**emos**
vosotros/-as		**-éis**	trabajar**éis**
ellos / ellas / ustedes		**-án**	trabajar**án**

- Die für das Futur typischen Endungen werden an den Infinitiv angehängt. Sie sind für alle drei Konjugationsgruppen gleich.

4.5.2 Verben mit unregelmäßigem Stamm

	decir
yo	dir**é**
tú	dir**ás**
él / ella / usted	dir**á**
nosotros/-as	dir**emos**
vosotros/-as	dir**éis**
ellos / ellas / ustedes	dir**án**

Infinitiv	Stamm	Endung
decir	**dir-**	
hacer	**har-**	**é**
saber	**sabr-**	**ás**
poder	**podr-**	**á**
poner	**pondr-**	**emos**
salir	**saldr-**	**éis**
tener	**tendr-**	**án**
venir	**vendr-**	

- Bei einigen Verben ändert sich im Futur der Wortstamm, an den jedoch die regelmäßigen Endungen angehängt werden.
- Das Futur von **hay** ist **habrá**.

4.5.3 Der Gebrauch des Futurs

- Man verwendet das Futur, um Vorhersagen über zukünftige Handlungen und Ereignisse zu treffen:
  Si no estudio, no **realizaré** mis sueños. — *Wenn ich nicht lerne, werde ich meine Träume nicht verwirklichen.*
- Das Futur kann auch Vermutungen über ein gegenwärtiges Geschehen zum Ausdruck bringen:
  ¿Qué es ese ruido? – **Será** un perro. — *Was ist das für ein Geräusch? – Es wird wohl ein Hund sein.*
- In Verbindung mit einer klaren Zeitbestimmung der Zukunft steht die zukünftige Handlung – ebenso wie im Deutschen – häufig im Präsens:
  El concierto **es** el sábado a las ocho. — *Das Konzert ist am Samstag um 20 Uhr.*
  Mañana **tenemos** un examen. — *Morgen haben wir eine Prüfung.*
- Oft wird auch anstelle des Futurs, das als formeller empfunden wird, die Umschreibung mit **ir a + Infinitiv** verwendet, besonders wenn die zukünftige Handlung als offensichtlich angesehen oder eine Absicht zum Ausdruck gebracht wird:
  El tren tiene retraso. **Voy a llegar** más tarde. — *Der Zug hat Verspätung. Ich werde später kommen.*
  ¿Qué **vas a hacer** el fin de semana? — *Was machst du am Wochenende?*

4.6 Das Konditional

4.6.1 Regelmäßige Verben

		Endung	comer
yo	Infinitiv +	**-ía**	comer**ía**
tú		**-ías**	comer**ías**
él / ella / usted		**-ía**	comer**ía**
nosotros/-as		**-íamos**	comer**íamos**
vosotros/-as		**-íais**	comer**íais**
ellos / ellas / ustedes		**-ían**	comer**ían**

- Die für das Konditional typischen Endungen werden an den Infinitiv angehängt. Sie sind für alle drei Konjugationsgruppen gleich.

4.6.2 Verben mit unregelmäßigem Stamm

	decir
yo	di**ría**
tú	di**rías**
él / ella / usted	di**ría**
nosotros/-as	di**ríamos**
vosotros/-as	di**ríais**
ellos / ellas / ustedes	di**rían**

Infinitiv	Stamm	Endung
decir	**dir-**	
hacer	**har-**	**ía**
saber	**sabr-**	**ías**
poder	**podr-**	**ía**
poner	**pondr-**	**íamos**
salir	**saldr-**	**íais**
tener	**tendr-**	**ían**
venir	**vendr-**	

- Der Wortstamm der unregelmäßigen Verben ist derselbe wie beim Futur. An ihn werden die regelmäßigen Endungen angehängt.
- Das Konditional von **hay** ist **habría**.

4.6.3 Der Gebrauch des Konditionals

- Man verwendet das Konditional für höfliche Bitten, Vorschläge und Ratschläge sowie für Dinge, die unter bestimmten Bedingungen realisiert werden könnten:

Höfliche Bitte:	¿**Podrías** hacerme un favor? *Könntest du mir einen Gefallen tun?*
Wunsch:	**Me encantaría** ir tu fiesta, pero… *Ich würde gern zu deinem Fest kommen, aber…*
Vorschlag:	Yo **pondría** más películas y tertulias. *Ich würde mehr Filme und Talkshows senden.*
Bedingung:	Sin la tele **saldríamos** más. *Ohne Fernsehen würden wir öfter ausgehen.*

4.7 Der bejahte Imperativ

Anders als im Deutschen hat der Imperativ der 2. Person (tú, vosotros) unterschiedliche Formen, je nachdem, ob er bejaht oder verneint ist.

4.7.1 Regelmäßige Verben und Verben mit Vokalwechsel

	-ar	-er	-ir
tú	tom**a**	beb**e**	abr**e**
vosotros	toma**d**	bebe**d**	abri**d**
usted	tom**e**	beb**a**	abr**a**
ustedes	tom**en**	beb**an**	abr**an**

e → ie	o → ue	e → i
ci**e**rra	pr**ue**ba	p**i**de
cerrad	probad	pedid
ci**e**rre	pr**ue**be	p**i**da
ci**e**rren	pr**ue**ben	p**i**dan

- Der Imperativ der 2. Person Singular (tú) ist identisch mit der 3. Person Präsens: ¡**Pasa, pasa**, Frank! – Frank **pasa** por el barrio histórico.
- Beim Imperativ der 2. Person Plural (vosotros) wird das **-r** des Infinitivs durch ein **-d** ersetzt. Diese Form wird selten gebraucht, stattdessen verwendet man in der Umgangssprache oft den Infinitiv.
- Der Imperativ der Höflichkeitsform (usted, ustedes) hat die „umgekehrten" Vokale der Infinitivendungen: Verben auf **-ar** haben die Endung **-e**, Verben auf **-er** und **-ir** haben die Endung **-a**. Manchmal ergeben sich Änderungen in der Rechtschreibung: to**c**a → to**qu**e, empie**z**a → empie**c**e, pa**g**a → pa**gu**e.
- Objekt- und Reflexivpronomen werden beim bejahten Imperativ immer an das Verb angehängt: **siéntese, ábrela**. Fällt die Betonung auf die drittletzte Silbe, bekommt diese einen Akzent.

4.7.2 Unregelmäßige Verben

	dar	decir	hacer	ir	poner	salir	ser	tener	venir
tú	**da**	**di**	**haz**	**ve**	**pon**	**sal**	**sé**	**ten**	**ven**
vosotros	dad	decid	haced	id	poned	salid	sed	tened	venid
usted	**dé**	diga	haga	**vaya**	ponga	salga	**sea**	tenga	venga
ustedes	**den**	digan	hagan	**vayan**	pongan	salgan	**sean**	tengan	vengan

4.8 Der verneinte Imperativ

- Alle Formen des verneinten Imperativs haben die „umgekehrten" Vokale ihrer Infinitivendungen: Verben auf **-ar** haben die Endung **-e**, Verben auf **-er** und **-ir** haben die Endung **-a**. In der Höflichkeitsform (usted, ustedes) sind der bejahte und verneinte Imperativ gleich.

4.8.1 Regelmäßige Verben und Verben mit Vokalwechsel

- Der verneinte Imperativ wird von der 1. Person Präsens abgeleitet. Verben mit Vokalwechsel verändern sich in den gleichen Fällen wie im Präsens: yo enc**ie**ndo → no enc**ie**ndas.

	-ar	-er	-ir
tú	no tom**es**	no beb**as**	no abr**as**
vosotros	no tom**éis**	no beb**áis**	no abr**áis**
usted	no tom**e**	no beb**a**	no abr**a**
ustedes	no tom**en**	no beb**an**	no abr**an**

e → ie	o → ue	e → i
no c**ie**rres	no pr**ue**bes	no p**i**das
no cerréis	no probéis	no p**i**dáis
no c**ie**rre	no pr**ue**be	no p**i**da
no c**ie**rren	no pr**ue**ben	no p**i**dan

- Beim verneinten Imperativ werden die Pronomen immer vorangestellt:

¡No **lo** comas! — *Iss es nicht!*
No **se** preocupe. — *Machen Sie sich keine Sorgen.*

4.8.2 Unregelmäßige Verben

	hacer	salir
tú	no hagas	no salgas
vosotros	no hagáis	no salgáis
usted	no haga	no salga
ustedes	no hagan	no salgan

dar	ir	ser
no des	no vayas	no seas
no deis	no vayáis	no seáis
no dé	no vaya	no sea
no den	no vayan	no sean

- Verben mit **-g-** in der 1. Person Präsens (z. B. hacer) leiten den negativen Imperativ hiervon ab:

yo digo → no digas, no digáis…
yo hago → no hagas, no hagáis…
yo pongo → no pongas, no pongáis…

5. Besondere Verben und Verbkonstruktionen

5.1 Der Gebrauch von *ser* und *estar*

- Wie Sie schon in *Con gusto A1* gesehen haben, verwendet man **ser** zur Definition und Identifizierung von Personen und Dingen, zur Angabe von Herkunft und Beruf sowie zum Ausdruck von charakteristischen Eigenschaften. Beachten Sie: **ser** dient auch zur Angabe eines Veranstaltungsortes:
  La fiesta **es** en casa de María. El concierto **fue** en el Teatro Nacional.

- Man verwendet **estar**, um etwas räumlich zu lokalisieren oder anzugeben, in welchem Zustand sich eine Person oder Sache befindet:

estar	cerca / lejos	bien / mal
	abierto / cerrado	triste / alegre
	sentado / de pie	enfermo / sano
	aquí / ahí / allí	de buen / mal humor

5.2 Die Bewegungsverben *ir* und *venir*, *llevar* und *traer*

- Das deutsche *kommen* kann im Spanischen **ir** oder **venir** bedeuten. Welches der beiden Verben verwendet wird, hängt davon ab, wo sich der jeweilige Sprecher befindet. Bewegt sich jemand auf uns zu, verwenden wir **venir** *(her)kommen*. Ansonsten wird **ir** *(hin)kommen* bzw. *-gehen* verwendet. Das Gleiche gilt für **traer** *(hierher mitbringen)*, und **llevar** *(dorthin mitnehmen):*

● María, ¿**vienes** a mi fiesta?	● *María, kommst du zu meiner Feier?*
○ Sí, **voy** con mucho gusto.	○ *Ja, ich komme gern. (wörtlich: ich gehe hin)*
● ¿Y puedes **traer** un postre?	● *Und kannst du einen Nachtisch mitbringen?*
○ Claro, **llevo** un pastel.	○ *Klar, ich bringe (wörtl.: nehme) einen Kuchen mit.*

5.3 Konstruktionen mit Infinitiv und Gerundium (verbale Periphrasen)

- Im Spanischen gibt es viele verbale Konstruktionen mit Infinitiv oder Gerundium. Aus *Con gusto A1* kennen Sie schon **ir a** + Infinitiv, um über die Zukunft zu sprechen, **pensar** + Infinitiv, um eine Absicht zu äußern, und **tener que** / **hay que** + Infinitiv, um eine Notwendigkeit auszudrücken.
  Weiterhin gibt es verbale Periphrasen, die Beginn, Fortsetzung und Veränderung einer Handlung ausdrücken und im Deutschen meistens durch ein Adverb wiedergegeben werden. Sie können in den verschiedenen Zeiten stehen.

5.3.1 Konstruktionen mit Infinitiv

tener que hacer	*tun müssen*	**Tenemos que aprender** algunos verbos nuevos.
ir a hacer	*tun werden*	Para eso **vamos a leer** la biografía de Peret.
empezar a hacer	*anfangen zu tun*	Peret **empieza a cantar** muy joven.
dejar de hacer	*aufhören zu tun*	Después de una crisis **deja de cantar**.
seguir sin hacer	*weiterhin nicht tun*	**Sigue sin cantar** durante muchos años.
volver a hacer	*wieder tun*	En los Juegos Olímpicos de 1992 **vuelve a cantar**.
acabar de hacer	*gerade getan haben*	**Acabamos de escuchar** su canción “Borriquito”.

- Objektpronomen können vor der ganzen Verbkonstruktion stehen oder an den Infinitiv angehängt werden:
  ¿La paella? **La** tengo que preparar. / Tengo que preparar**la**.

5.3.2 Konstruktionen mit Gerundium

estar haciendo	*gerade tun*	¿Con quién **estás hablando**?
seguir haciendo	*weiterhin tun*	**Seguimos estudiando** español.
llevar un año haciendo	*seit einem Jahr tun*	**Llevo dos años tocando** el piano.

- Objektpronomen können vor der ganzen Verbkonstruktion stehen oder an das Gerundium angehängt werden:
  ¿Los ejercicios? **Los** seguimos haciendo. / Seguimos haciéndo**los**.

6. Das Adverb

- Anders als im Deutschen ist die Unterscheidung zwischen Adjektiv und Adverb im Spanischen wichtig. Adjektive dienen zur näheren Bestimmung eines Substantivs und stimmen mit ihm in Geschlecht und Zahl überein. Adverbien bestimmen ein Verb, ein Adjektiv, ein anderes Adverb oder einen ganzen Satz näher und sind unveränderlich.

Adjektiv	Adverb
No me gusta la comida **sana**.	Pero es importante comer **sanamente**.
Pablo es un muy **buen** trompetista.	Pablo toca la trompeta muy **bien**.
Los ejercicios de gramática son **buenos**.	Pero no están **bien** explicados.
Tengo una **mala** noticia: Prudencio está enfermo.	Prudencio tiene fiebre y se siente **mal**.

6.1 Abgeleitete Adverbien auf *-mente*

tranquilo	tranquil**amente**
rápido	rápid**amente**
agradable	agradable**mente**
regular	regular**mente**
normal	normal**mente**

- Viele Adverbien werden von Adjektiven abgeleitet. Dabei hängt man die Endung **-mente** an die weibliche Form des Adjektivs an. Endet das Adjektiv auf **-e** oder auf Konsonant, hängt man die Endung direkt an. Adverbien sind unveränderlich. Adjektive mit Akzent behalten ihn.

- Eine Reihe von Adverbien wie **normalmente, realmente, solamente** kennen Sie schon. Sie haben eine eigene Bedeutung angenommen und werden nicht mehr als abgeleitete Form des entsprechenden Adjektivs wahrgenommen:

Eso es una historia **real**.	*Das ist eine wahre Geschichte. (keine erfundene)*
Esta historia es **realmente** interesante.	*Diese Geschichte ist wirklich interessant. (Verstärkung)*

- Einige Adverbien haben die gleiche Form wie das männliche Adjektiv, z. B. **poco, rápido**. Als Adverbien sind sie unveränderlich:

Comemos demasiado **rápido** / **rápidamente**.	*Wir essen zu schnell.*
Además, comemos cosas **poco** sanas.	*Außerdem essen wir wenig gesunde Dinge.*

6.2 Ursprüngliche Adverbien

Es gibt auch viele Adverbien, die nicht von Adjektiven abgeleitet werden, z. B.:

Ort- und Richtungsangaben:	aquí, cerca, lejos, delante, a la derecha, enfrente, todo recto…
Zeitangaben:	hoy, ayer, mañana, ahora, tarde, primero, después, todavía…
Mengen- und Intensitätsangaben:	muy, mucho, poco, demasiado, bastante, más, menos, casi…
Angaben der Art und Weise:	así, bien, regular, mal, rápido, despacio…
Adverbiale Ausdrücke:	a veces, con gusto, por fin, de memoria, sobre todo…

7. Präpositionen

7.1 Der Gebrauch von *por* und *para*

In *Con gusto A1* (S. 192 – 194) haben Sie schon eine Reihe von Präpositionen kennen gelernt. Besonders **por** und **para** sind für deutschsprachige Lerner nicht leicht auseinanderzuhalten, da beide Präpositionen häufig *für* bedeuten.

7.1.1 Die Präposition *por*

Grund	*für, wegen*	Muchas gracias **por** el regalo. No puedo salir **por** problemas de salud.
ungefähre Zeitangabe	*gegen, um … herum*	Veo las noticias **por** la noche. Vendremos de visita **por** Pascua.
ungefähre Ortsangabe	*an, vorbei, in*	Está **por** aquí.
Durchgangsort	*durch, über*	Damos un paseo virtual **por** el barrio.
Mittel	*per, mit*	El cliente llama **por** teléfono.
Tausch	*für*	No cambiaré mi profesión **por** nada del mundo.
Preis	*für*	He comprado el móvil **por** 20 euros.

7.1.2 Die Präposition *para*

Bestimmung / Zweck	*für, um zu*	Uso internet **para** informarme. La siesta es buena **para** la salud.
Zielort	*nach*	El tren **para** Madrid sale en cinco minutos.
Termin / Frist	*für, bis zu*	El jefe necesita el informe **para** el viernes.
Adressat	*für*	Este regalo es **para** José Antonio.
Standpunkt	*für, nach Meinung von*	**Para** mí, la tele tiene que ser más informativa.

7.2 Zeitliche Beziehungen

7.2.1 Der Gebrauch von *hace*, *desde* und *desde hace*

vor	*seit*
hace + una hora	**desde** + las 5 y media
hace + algunos días	**desde** + 1985
hace + tres meses	**desde** + mi viaje a Perú
hace + varios años	**desde hace** una hora
hace + mucho tiempo	**desde hace** tres meses

- Mit **hac**… zurückl… Anfang… **hace** b… Anfan… sond…

- Mit **hace** *(vor)* bezieht man sich auf einen bestimmten Mom… …e lange er zurückliegt:
  Hace un año José ganó una medalla de oro. — *Vor e…*
  Eva decidió comprar un ordenador **hace 6 meses**. — *Eva … zu kau…*

- Mit **desde** *(seit)* benennt man einen konkreten Zeitpun… …nn, das bis heute andauert:
  Desde 2008 participa en campeonatos. — *S…*
  Eric toca la guitarra **desde el año pasado**.

- Mit **desde hace** *(seit)* bezieht man sich ebenfalls auf… …des konkreten Zeitpunkts gibt man den seitdem vergang…
  Desde hace algunos años gana medallas. — *Seit einigen J…*
  Ana está casada **desde hace varios años**. — *Ana ist seit mehreren Jah…*

7.2.2 Der Gebrauch von *antes de* und *después de*

- Auf **antes de** *(vor)* und **después de** *(nach)* kann ein Substantiv oder Infinitiv folgen. Im Fall des Infinitivs wird die Konstruktion meistens mit einem Nebensatz *(bevor … / nachdem …)* wiedergegeben.

- Mit **antes de** gibt man an, dass ein Ereignis zeitlich vor einem anderen liegt, egal ob man sich auf die Vergangenheit, Gegenwart oder Zukunft bezieht:
  Antes de la cena ponemos la mesa. — *Vor dem Abendessen decken wir den Tisch.*
  Mi hermana me pidió un cuento **antes de dormirse**. — *Meine Schwester bat mich um eine Geschichte, bevor sie einschlief.*

- Mit **después de** gibt man an, dass ein Ereignis zeitlich nach einem anderen liegt, egal ob man sich auf die Vergangenheit, Gegenwart oder Zukunft bezieht:
  Después de algunas frases mi hermana se durmió. — *Nach einigen Sätzen schlief meine Schwester ein.*
  Después de comprar una bicicleta he vendido mi coche. — *Nachdem ich ein Fahrrad gekauft habe, habe ich mein Auto verkauft.*

8. Die Zahlen

Die Grundzahlen, Datums- und Zeitangaben haben Sie schon in *Con gusto A1* (S. 194 – 195) gelernt.

8.1 Die Ordnungszahlen

1° primero	1ª primera
2° segundo	2ª segunda
3° tercero	…
4° cuarto	
5° quinto	
6° sexto	
7° séptimo	
8° octavo	
9° noveno	
10° décimo	

- Ordnungszahlen richten sich in Geschlecht und Zahl nach dem folgenden Substantiv: los primer**os** años, la segund**a** calle. Dabei werden **primero** und **tercero** vor männlichen Substantiven im Singular verkürzt:
  el **primer** / **tercer** piso; aber: la primer**a** / tercer**a** calle.
- Nach Ordnungszahlen steht kein Punkt, sondern die entsprechende Endung: el **1**^{er} capítulo, el **2°** piso, la **3ª** lección.
- Man verwendet die Ordnungszahlen in der Regel nur bis 10. Darüber hinaus werden die Grundzahlen gebraucht: el sigo XX – el siglo veinte.

8.2 Bruchzahlen, Vielfache und Prozente

Bruchzahlen		
½	la mitad	*die Hälfte*
⅓	un tercio	*ein Drittel*
¼	un cuarto	*ein Viertel*
¾	tres cuartos	*drei Viertel*
⅕	la quinta parte	*ein Fünftel*

Vielfache	
el doble	*das Doppelte*
el triple	*das Dreifache*
cinco veces más	*fünf Mal so viel*

- Die Prozentzahlen können mit dem bestimmten oder unbestimmten Artikel stehen. Das Komma wird mitgesprochen:
  Nos dieron **el 20 %** (por ciento) de descuento. *Sie haben uns 20 % Preisnachlass gegeben.*
  Los sueldos suben **un 3,2 %** (tres coma dos por ciento). *Die Gehälter steigen um 3,2 %.*

9. Der Satz

9.1 Der Fragesatz

Die meisten Fragewörter (qué, dónde, cuándo, cuánto, cómo, por qué, quién / quiénes…) kennen Sie bereits aus *Con gusto A1* (S. 197). Die Wortstellung entspricht in der Regel der deutschen:
¿Has comprado algo en el Rastro? *Hast du etwas auf dem Rastro gekauft?*
¿Cuánto cuesta este reloj? *Wie viel kostet diese Uhr?*

- Die Intonation ist jedoch nicht immer wie im Deutschen, sondern nur bei Fragen, die man mit *ja* oder *nein* beantworten kann. Dagegen klingen Fragen mit Fragewort wie ein Aussagesatz, d.h. die Stimme wird am Ende gesenkt. Vergleichen Sie:
  ¿Has comprado algo en el Rastro? ¿Cuánto cuesta este reloj?

9.1.1 Der Gebrauch von *¿qué?* und *¿cuál / cuáles?*

- **Qué** fragt nach Dingen im Allgemeinen oder um zwischen verschiedenen Sachen auszuwählen:
  ¿**Qué** has comprado en el Rastro? — *Was hast du auf dem Flohmarkt gekauft?*
  ¿**Qué** productos compra usted por internet? — *Welche Produkte kaufen Sie per Internet?*
  ¿**Qué** prefiere, mercados o supermercados? — *Was ziehen Sie vor, Märkte oder Supermärkte?*
- **Cuál / cuáles** fragt nach einzelnen Dingen oder Personen aus einer bereits bekannten (oder mit **de** bezeichneten) Gruppe:
  ¿**Cuál** es su color preferido? — *Was ist Ihre Lieblingsfarbe?*
  ¿**Cuáles** son sus motivos para comprar? — *Welche sind Ihre Kaufgründe?*
  ¿**Cuál** de las blusas te gusta más? — *Welche der Blusen gefällt dir am besten?*
- Beachten Sie: **Cuál / cuáles** kann nicht vor Substantiven stehen: ¿Cuál ~~blusa~~ quiere?

9.2 Konnektoren

- Konnektoren sind Verbindungswörter, die eine inhaltliche Beziehung zwischen verschiedenen Satzteilen zum Ausdruck bringen. Es können Konjunktionen, Relativpronomen, Adverbien oder Partikel sein:

así que	*so dass*	Mi hermana se durmió, **así que** tuve que repetir la historia.
aunque	*obwohl*	En el Velorio de la Cruz se baila **aunque** es una fiesta religiosa.
como	*da*	**Como** Paco no tenía mucho tiempo, decidió tomar un taxi.
cuando	*wenn*	**Cuando** me duele la cabeza tomo una aspirina.
cuando	*als*	**Cuando** Claudio llegó a Alemania, no hablaba alemán.
en vez de	*anstatt*	**En vez de** perder el ánimo empezó a aprender alemán.
hasta que	*bis*	Pilar vivía en España **hasta que** se casó con un alemán.
mientras	*während*	**Mientras** el ratoncito paseaba por la playa, encontró un botón.
no … ni	*weder … noch*	**No** tengo tiempo **ni** ganas de ir al cine.
o	*oder*	¿Te devuelvo el viejo ordenador **o** lo puedo tirar?
para	*um zu*	La mejor hora **para** ir al Rastro es a partir de las 11h.
pero	*aber*	Estaba muy cansada, **pero** no podía dormir.
por eso	*deshalb*	Paco no tenía mucho tiempo, **por eso** tomó un taxi para ir al cine.
porque	*weil*	Ponemos la calefacción **porque** hace frío.
que	*dass*	¿Recuerdas **que** tienes todavía mis libros de ciencia ficción?
si	*ob*	¿Sabe usted **si** hay una farmacia por aquí?
si	*wenn, falls*	**Si** buscas libros antiguos, tienes que ir al Rastro.
y	*und*	Pronto me jubilo **y** entonces quiero estudiar chino.

9.3 Verkürzte Nebensätze mit Gerundium

- Das Gerundium kann zur Verkürzung von Nebensätzen verwendet werden. Im Deutschen werden diese Konstruktionen häufig durch *und* oder einen Nebensatz mit *während / wobei* oder *indem* wiedergegeben:

Gleichzeitigkeit	Me ducho cantando. Desayuno leyendo el periódico.	*Ich dusche mich und singe dabei.* *Beim Frühstück lese ich die Zeitung.*
Art und Weise	Apretando este botón enciendes el ordenador. Me relajo viendo la tele.	*Indem du diesen Knopf drückst, schaltest du den Computer ein.* *Ich entspanne mich, indem ich fernsehe.*

Im Folgenden finden Sie zunächst ein Konjugationsmodell der regelmäßigen Verben auf **-ar**, **-er** und **-ir**, danach die wichtigsten unregelmäßigen Verben, die in **Con gusto A2** vorkommen, sowie die Verben mit Vokalwechsel. Verben, bei denen sich nur die Rechtschreibung ändert, damit die Aussprache erhalten bleibt, werden nicht aufgeführt, z. B. empe**z**ar → empe**c**é, pa**g**ar → pa**gu**é, sa**c**ar → sa**qu**é, se**gu**ir → si**g**a.

Infinitiv		Präsens	Indefinido	Imperfekt	Futur	Konditional	Imperativ bejaht	verneint	Partizip Gerundium
tom**ar**	yo	tom**o**	tom**é**	tom**aba**	tomar**é**	tomar**ía**			
	tú	tom**as**	tom**aste**	tom**abas**	tomar**ás**	tomar**ías**	tom**a**	no tom**es**	tom**ado**
	él / ella / usted	tom**a**	tom**ó**	tom**aba**	tomar**á**	tomar**ía**	tom**e**	no tom**e**	
	nosotros/-as	tom**amos**	tom**amos**	tom**ábamos**	tomar**emos**	tomar**íamos**			tom**ando**
	vosotros/-as	tom**áis**	tom**asteis**	tom**abais**	tomar**éis**	tomar**íais**	tom**ad**	no tom**éis**	
	ellos/-as, ustedes	tom**an**	tom**aron**	tom**aban**	tomar**án**	tomar**ían**	tom**en**	no tom**en**	
com**er**	yo	com**o**	com**í**	com**ía**	comer**é**	comer**ía**			
	tú	com**es**	com**iste**	com**ías**	comer**ás**	comer**ías**	com**e**	no com**as**	com**ido**
	él / ella / usted	com**e**	com**ió**	com**ía**	comer**á**	comer**ía**	com**a**	no com**a**	
	nosotros/-as	com**emos**	com**imos**	com**íamos**	comer**emos**	comer**íamos**			com**iendo**
	vosotros/-as	com**éis**	com**isteis**	com**íais**	comer**éis**	comer**íais**	com**ed**	no com**áis**	
	ellos/-as, ustedes	com**en**	com**ieron**	com**ían**	comer**án**	comer**ían**	com**an**	no com**an**	
viv**ir**	yo	viv**o**	viv**í**	viv**ía**	vivir**é**	vivir**ía**			
	tú	viv**es**	viv**iste**	viv**ías**	vivir**ás**	vivir**ías**	viv**e**	no viv**as**	viv**ido**
	él / ella / usted	viv**e**	viv**ió**	viv**ía**	vivir**á**	vivir**ía**	viv**a**	no viv**a**	
	nosotros/-as	viv**imos**	viv**imos**	viv**íamos**	vivir**emos**	vivir**íamos**			viv**iendo**
	vosotros/-as	viv**ís**	viv**isteis**	viv**íais**	vivir**éis**	vivir**íais**	viv**id**	no viv**áis**	
	ellos/-as, ustedes	viv**en**	viv**ieron**	viv**ían**	vivir**án**	vivir**ían**	viv**an**	no viv**an**	

conducir	yo	condu**zc**o	condu**j**e	conducía	conduciré	conduciría			
c → zc	tú	conduces	condu**j**iste	conducías	conducirás	conducirías	conduce	no condu**zc**as	conducido
fahren	él / ella / usted	conduce	condu**j**o	conducía	conducirá	conduciría	condu**zc**a	no condu**zc**a	
	nosotros/-as	conducimos	condu**j**imos	conducíamos	conduciremos	conduciríamos			conduciendo
	vosotros/-as	conducís	condu**j**isteis	conducíais	conduciréis	conduciríais	conducid	no condu**zc**áis	
	ellos/-as, ustedes	conducen	condu**j**eron	conducían	conducirán	conducirían	condu**zc**an	no condu**zc**an	

conocer	yo	cono**zc**o	conocí	conocía	conoceré	conocería			
c → zc	tú	conoces	conociste	conocías	conocerás	conocerías	conoce	no cono**zc**as	conocido
kennen,	él / ella / usted	conoce	conoció	conocía	conocerá	conocería	cono**zc**a	no cono**zc**a	
kennen-	nosotros/-as	conocemos	conocimos	conocíamos	conoceremos	conoceríamos			conociendo
lernen	vosotros/-as	conocéis	conocisteis	conocíais	conoceréis	conoceríais	conoced	no cono**zc**áis	
	ellos/-as, ustedes	conocen	conocieron	conocían	conocerán	conocerían	cono**zc**an	no cono**zc**an	
contar	yo	c**ue**nto	conté	contaba	contaré	contaría			
o → ue	tú	c**ue**ntas	contaste	contabas	contarás	contarías	c**ue**nta	no c**ue**ntes	contado
zählen,	él / ella / usted	c**ue**nta	contó	contaba	contará	contaría	c**ue**nte	no c**ue**nte	
erzählen	nosotros/-as	contamos	contamos	contábamos	contaremos	contaríamos			contando
	vosotros/-as	contáis	contasteis	contabais	contaréis	contaríais	contad	no contéis	
	ellos/-as, ustedes	c**ue**ntan	contaron	contaban	contarán	contarían	c**ue**nten	no c**ue**nten	
creer	yo	creo	creí	creía	creeré	creería			
glauben	tú	crees	cre**í**ste	creías	creerás	creerías	cree	no creas	cre**í**do
	él / ella / usted	cree	cre**y**ó	creía	creerá	creería	crea	no crea	
	nosotros/-as	creemos	cre**í**mos	creíamos	creeremos	creeríamos			cre**y**endo
	vosotros/-as	creéis	cre**í**steis	creíais	creeréis	creeríais	creed	no creáis	
	ellos/-as, ustedes	creen	cre**y**eron	creían	creerán	creerían	crean	no crean	
dar	yo	**doy**	**di**	daba	daré	daría			
geben	tú	das	**diste**	dabas	darás	darías	da	no des	dado
	él / ella / usted	da	**dio**	daba	dará	daría	**dé**	no **dé**	
	nosotros/-as	damos	**dimos**	dábamos	daremos	daríamos			dando
	vosotros/-as	dais	**disteis**	dabais	daréis	daríais	dad	no deis	
	ellos/-as, ustedes	dan	**dieron**	daban	darán	darían	den	no den	
decir	yo	**digo**	**dije**	decía	**diré**	**diría**			
sagen	tú	d**i**ces	**dijiste**	decías	**dirás**	**dirías**	**di**	no **digas**	**dicho**
	él / ella / usted	d**i**ce	**dijo**	decía	**dirá**	**diría**	**diga**	no **diga**	
	nosotros/-as	decimos	**dijimos**	decíamos	**diremos**	**diríamos**			d**i**ciendo
	vosotros/-as	decís	**dijisteis**	decíais	**diréis**	**diríais**	decid	no **digáis**	
	ellos/-as, ustedes	d**i**cen	**dijeron**	decían	**dirán**	**dirían**	**digan**	no **digan**	
dormir	yo	d**ue**rmo	dormí	dormía	dormiré	dormiría			
o → ue	tú	d**ue**rmes	dormiste	dormías	dormirás	dormirías	d**ue**rme	no d**ue**rmas	dormido
schlafen	él / ella / usted	d**ue**rme	d**u**rmió	dormía	dormirá	dormiría	d**ue**rma	no d**ue**rma	
	nosotros/-as	dormimos	dormimos	dormíamos	dormiremos	dormiríamos			d**u**rmiendo
	vosotros/-as	dormís	dormisteis	dormíais	dormiréis	dormiríais	dormid	no d**u**rmáis	
	ellos/-as, ustedes	d**ue**rmen	d**u**rmieron	dormían	dormirán	dormirían	d**ue**rman	no d**ue**rman	

Tabla de verbos

Infinitiv		Präsens	Indefinido	Imperfekt	Futur	Konditional	Imperativ bejaht	verneint	Partizip Gerundium
estar	yo	**estoy**	**estuve**	estaba	estaré	estaría			
sich	tú	**estás**	**estuviste**	estabas	estarás	estarías	**está**	no **estés**	estado
befinden	él / ella / usted	**está**	**estuvo**	estaba	estará	estaría	**esté**	no **esté**	
	nosotros/-as	estamos	**estuvimos**	estábamos	estaremos	estaríamos			estando
	vosotros/-as	estáis	**estuvisteis**	estabais	estaréis	estaríais	estad	no estéis	
	ellos/-as, ustedes	**están**	**estuvieron**	estaban	estarán	estarían	**estén**	no **estén**	
haber	yo	**he**	**hube**	había	**habré**	habría			
haben	tú	**has**	**hubiste**	habías	**habrás**	habrías	**he**	no **hayas**	habido
(Hilfsverb)	él / ella / usted	**ha (hay)**	**hubo**	había	**habrá**	habría	**haya**	no **haya**	
	nosotros/-as	**hemos**	**hubimos**	habíamos	**habremos**	habríamos			habiendo
	vosotros/-as	habéis	**hubisteis**	habíais	**habréis**	habríais	habed	no **hayáis**	
	ellos/-as, ustedes	**han**	**hubieron**	habían	**habrán**	habrían	**hayan**	no **hayan**	
hacer	yo	**hago**	**hice**	hacía	**haré**	haría			
machen	tú	haces	**hiciste**	hacías	**harás**	harías	**haz**	no **hagas**	**hecho**
	él / ella / usted	hace	**hizo**	hacía	**hará**	haría	**haga**	no **haga**	
	nosotros/-as	hacemos	**hicimos**	hacíamos	**haremos**	haríamos			haciendo
	vosotros/-as	hacéis	**hicisteis**	hacíais	**haréis**	haríais	haced	no **hagáis**	
	ellos/-as, ustedes	hacen	**hicieron**	hacían	**harán**	harían	**hagan**	no **hagan**	
incluir	yo	inclu**y**o	incluí	incluía	incluiré	incluiría			
einschlie-	tú	inclu**y**es	incluiste	incluías	incluirás	incluirías	inclu**y**e	no inclu**y**as	incluido
ßen	él / ella / usted	inclu**y**e	inclu**y**ó	incluía	incluirá	incluiría	inclu**y**a	no inclu**y**a	
	nosotros/-as	incluimos	incluimos	incluíamos	incluiremos	incluiríamos			inclu**y**endo
	vosotros/-as	incluís	incluisteis	incluíais	incluiréis	incluiríais	incluid	no inclu**y**áis	
	ellos/-as, ustedes	inclu**y**en	inclu**y**eron	incluían	incluirán	incluirían	inclu**y**an	no inclu**y**an	
ir	yo	**voy**	**fui**	**iba**	iré	iría			
gehen,	tú	**vas**	**fuiste**	**ibas**	irás	irías	**ve**	no **vayas**	**ido**
fahren	él / ella / usted	**va**	**fue**	**iba**	irá	iría	**vaya**	no **vaya**	
	nosotros/-as	**vamos**	**fuimos**	**íbamos**	iremos	iríamos			**yendo**
	vosotros/-as	**vais**	**fuisteis**	**ibais**	iréis	iríais	id	no **vayáis**	
	ellos/-as, ustedes	**van**	**fueron**	**iban**	irán	irían	**vayan**	no **vayan**	

jugar	yo	**jue**go	jugué	jugaba	jugaré	jugaría			
u → ue	tú	**jue**gas	jugaste	jugabas	jugarás	jugarías	**jue**ga	no **jue**gues	jugado
spielen	él / ella / usted	**jue**ga	jugó	jugaba	jugará	jugaría	**jue**gue	no **jue**gue	
	nosotros/-as	jugamos	jugamos	jugábamos	jugaremos	jugaríamos			jugando
	vosotros/-as	jugáis	jugasteis	jugabais	jugaréis	jugaríais	jugad	no juguéis	
	ellos/-as, ustedes	**jue**gan	jugaron	jugaban	jugarán	jugarían	**jue**guen	no **jue**guen	
oír	yo	**oigo**	oí	oía	oiré	oiría			
hören	tú	o**y**es	oíste	oías	oirás	oirías	o**y**e	no oi**g**as	oído
	él / ella / usted	o**y**e	o**y**ó	oía	oirá	oiría	**oiga**	no oi**g**a	
	nosotros/-as	oímos	oímos	oíamos	oiremos	oiríamos			o**y**endo
	vosotros/-as	oís	oísteis	oíais	oiréis	oiríais	oíd	no oi**g**áis	
	ellos/-as, ustedes	o**y**en	o**y**eron	oían	oirán	oirían	**oigan**	no oi**g**an	
pedir	yo	p**i**do	pedí	pedía	pediré	pediría			
e → i	tú	p**i**des	pediste	pedías	pedirás	pedirías	p**i**de	no p**i**das	pedido
bitten	él / ella / usted	p**i**de	p**i**dió	pedía	pedirá	pediría	p**i**da	no p**i**da	
	nosotros/-as	pedimos	pedimos	pedíamos	pediremos	pediríamos			p**i**diendo
	vosotros/-as	pedís	pedisteis	pedíais	pediréis	pediríais	pedid	no p**i**dáis	
	ellos/-as, ustedes	p**i**den	p**i**dieron	pedían	pedirán	pedirían	p**i**dan	no p**i**dan	
pensar	yo	p**ie**nso	pensé	pensaba	pensaré	pensaría			
e → ie	tú	p**ie**nsas	pensaste	pensabas	pensarás	pensarías	p**ie**nsa	no p**ie**nses	pensado
denken	él / ella / usted	p**ie**nsa	pensó	pensaba	pensará	pensaría	p**ie**nse	no p**ie**nse	
	nosotros/-as	pensamos	pensamos	pensábamos	pensaremos	pensaríamos			pensando
	vosotros/-as	pensáis	pensasteis	pensabais	pensaréis	pensaríais	pensad	no penséis	
	ellos/-as, ustedes	p**ie**nsan	pensaron	pensaban	pensarán	pensarían	p**ie**nsen	no p**ie**nsen	
poder	yo	p**ue**do	**pude**	podía	**podré**	**podría**			
können	tú	p**ue**des	**pudiste**	podías	**podrás**	**podrías**	p**ue**de	no p**ue**das	podido
	él / ella / usted	p**ue**de	**pudo**	podía	**podrá**	**podría**	p**ue**da	no p**ue**da	
	nosotros/-as	podemos	**pudimos**	podíamos	**podremos**	**podríamos**			p**u**diendo
	vosotros/-as	podéis	**pudisteis**	podíais	**podréis**	**podríais**	poded	no podáis	
	ellos/-as, ustedes	p**ue**den	**pudieron**	podían	**podrán**	**podrían**	p**ue**dan	no p**ue**dan	
poner	yo	**pongo**	**puse**	ponía	**pondré**	**pondría**			
setzen,	tú	pones	**pusiste**	ponías	**pondrás**	**pondrías**	**pon**	no **pongas**	**puesto**
stellen,	él / ella / usted	pone	**puso**	ponía	**pondrá**	**pondría**	**ponga**	no **ponga**	
legen	nosotros/-as	ponemos	**pusimos**	poníamos	**pondremos**	**pondríamos**			poniendo
	vosotros/-as	ponéis	**pusisteis**	poníais	**pondréis**	**pondríais**	poned	no **pongáis**	
	ellos/-as, ustedes	ponen	**pusieron**	ponían	**pondrán**	**pondrían**	**pongan**	no **pongan**	

Infinitiv		Präsens	Indefinido	Imperfekt	Futur	Konditional	Imperativ bejaht	verneint	Partizip Gerundium
preferir	yo	pref**ie**ro	preferí	prefería	preferiré	preferiría			
e → ie	tú	pref**ie**res	preferiste	preferías	preferirás	preferirías	pref**ie**re	no pref**ie**ras	preferido
bevorzugen	él / ella / usted	pref**ie**re	pref**i**rió	prefería	preferirá	preferiría	pref**ie**ra	no pref**ie**ra	
	nosotros/-as	preferimos	preferimos	preferíamos	preferiremos	preferiríamos			pref**i**riendo
	vosotros/-as	preferís	preferisteis	preferíais	preferiréis	preferiríais	preferid	no pref**i**ráis	
	ellos/-as, ustedes	pref**ie**ren	pref**i**rieron	preferían	preferirán	preferirían	pref**ie**ran	no pref**ie**ran	
querer	yo	qu**ie**ro	**quise**	quería	**querré**	**querría**			
wollen,	tú	qu**ie**res	**quisiste**	querías	**querrás**	**querrías**	qu**ie**re	no qu**ie**ras	querido
mögen	él / ella / usted	qu**ie**re	**quiso**	quería	**querrá**	**querría**	qu**ie**ra	no qu**ie**ra	
	nosotros/-as	queremos	**quisimos**	queríamos	**querremos**	**querríamos**			queriendo
	vosotros/-as	queréis	**quisisteis**	queríais	**querréis**	**querríais**	quered	no queráis	
	ellos/-as, ustedes	qu**ie**ren	**quisieron**	querían	**querrán**	**querrían**	qu**ie**ran	no qu**ie**ran	
saber	yo	**sé**	**supe**	sabía	**sabré**	**sabría**			
wissen	tú	sabes	**supiste**	sabías	**sabrás**	**sabrías**	sabe	no **sepas**	sabido
	él / ella / usted	sabe	**supo**	sabía	**sabrá**	**sabría**	**sepa**	no **sepa**	
	nosotros/-as	sabemos	**supimos**	sabíamos	**sabremos**	**sabríamos**			sabiendo
	vosotros/-as	sabéis	**supisteis**	sabíais	**sabréis**	**sabríais**	sabed	no **sepáis**	
	ellos/-as, ustedes	saben	**supieron**	sabían	**sabrán**	**sabrían**	**sepan**	no **sepan**	
salir	yo	**salgo**	salí	salía	**saldré**	**saldría**			
weggehen	tú	sales	saliste	salías	**saldrás**	**saldrías**	**sal**	no **salgas**	salido
	él / ella / usted	sale	salió	salía	**saldrá**	**saldría**	**salga**	no **salga**	
	nosotros/-as	salimos	salimos	salíamos	**saldremos**	**saldríamos**			saliendo
	vosotros/-as	salís	salisteis	salíais	**saldréis**	**saldríais**	salid	no **salgáis**	
	ellos/-as, ustedes	salen	salieron	salían	**saldrán**	**saldrían**	**salgan**	no **salgan**	
sentir	yo	s**ie**nto	sentí	sentía	sentiré	sentiría			
e → ie	tú	s**ie**ntes	sentiste	sentías	sentirás	sentirías	s**ie**nte	no s**ie**ntas	sentido
fühlen	él / ella / usted	s**ie**nte	s**i**ntió	sentía	sentirá	sentiría	s**ie**nta	no s**ie**nta	
	nosotros/-as	sentimos	sentimos	sentíamos	sentiremos	sentiríamos			s**i**ntiendo
	vosotros/-as	sentís	sentisteis	sentíais	sentiréis	sentiríais	sentid	no s**i**ntáis	
	ellos/-as, ustedes	s**ie**nten	s**i**ntieron	sentían	sentirán	sentirían	s**ie**ntan	no s**ie**ntan	

ser	yo	**soy**	**fui**	**era**	seré	sería			
sein	tú	**eres**	**fuiste**	**eras**	serás	serías	**sé**	no **seas**	**sido**
	él / ella / usted	**es**	**fue**	**era**	será	sería	**sea**	no **sea**	
	nosotros/-as	**somos**	**fuimos**	**éramos**	seremos	seríamos			**siendo**
	vosotros/-as	**sois**	**fuisteis**	**erais**	seréis	seríais	sed	no **seáis**	
	ellos/-as, ustedes	**son**	**fueron**	**eran**	serán	serían	**sean**	no **sean**	
tener	yo	**tengo**	**tuve**	tenía	**tendré**	**tendría**			
haben	tú	t**ie**nes	**tuviste**	tenías	**tendrás**	**tendrías**	**ten**	no **tengas**	tenido
	él / ella / usted	t**ie**ne	**tuvo**	tenía	**tendrá**	**tendría**	**tenga**	no **tenga**	
	nosotros/-as	tenemos	**tuvimos**	teníamos	**tendremos**	**tendríamos**			teniendo
	vosotros/-as	tenéis	**tuvisteis**	teníais	**tendréis**	**tendríais**	tened	no **tengáis**	
	ellos/-as, ustedes	t**ie**nen	**tuvieron**	tenían	**tendrán**	**tendrían**	**tengan**	no **tengan**	
traer	yo	**traigo**	**traje**	traía	traeré	traería			
(her)	tú	traes	**trajiste**	traías	traerás	traerías	trae	no **traigas**	traído
bringen	él / ella / usted	trae	**trajo**	traía	traerá	traería	**traiga**	no **traiga**	
	nosotros/-as	traemos	**trajimos**	traíamos	traeremos	traeríamos			tra**y**endo
	vosotros/-as	traéis	**trajisteis**	traíais	traeréis	traeríais	traed	no **traigáis**	
	ellos/-as, ustedes	traen	**trajeron**	traían	traerán	traerían	**traigan**	no **traigan**	
venir	yo	**vengo**	**vine**	venía	**vendré**	**vendría**			
kommen	tú	v**ie**nes	**viniste**	venías	**vendrás**	**vendrías**	**ven**	no **vengas**	venido
	él / ella / usted	v**ie**ne	**vino**	venía	**vendrá**	**vendría**	**venga**	no **venga**	
	nosotros/-as	venimos	**vinimos**	veníamos	**vendremos**	**vendríamos**			v**i**niendo
	vosotros/-as	venís	**vinisteis**	veníais	**vendréis**	**vendríais**	venid	no **vengáis**	
	ellos/-as, ustedes	v**ie**nen	**vinieron**	venían	**vendrán**	**vendrían**	**vengan**	no **vengan**	
ver	yo	**veo**	**vi**	**veía**	veré	vería			
sehen	tú	ves	**viste**	**veías**	verás	verías	**ve**	no **veas**	**visto**
	él / ella / usted	ve	**vio**	**veía**	verá	vería	**vea**	no **vea**	
	nosotros/-as	vemos	**vimos**	**veíamos**	veremos	veríamos			**viendo**
	vosotros/-as	veis	**visteis**	**veíais**	veréis	veríais	ved	no **veáis**	
	ellos/-as, ustedes	ven	**vieron**	**veían**	verán	verían	**vean**	no **vean**	
volver	yo	v**ue**lvo	volví	volvía	volveré	volvería			
o → ue	tú	v**ue**lves	volviste	volvías	volverás	volverías	v**ue**lve	no v**ue**lvas	**vuelto**
zurück-	él / ella / usted	v**ue**lve	volvió	volvía	volverá	volvería	v**ue**lva	no v**ue**lva	
kehren	nosotros/-as	volvemos	volvimos	volvíamos	volveremos	volveríamos			volviendo
	vosotros/-as	volvéis	volvisteis	volvíais	volveréis	volveríais	volved	no volváis	
	ellos/-as, ustedes	v**ue**lven	volvieron	volvían	volverán	volverían	v**ue**lvan	no v**ue**lvan	

Lecciones

1 Mi equipaje

6 a. ⏭ 1–3

1. ¿Cómo es mi escritorio? Pues… perfecto. Soy una persona muy ordenada. Y mi escritorio es como yo. Exactamente así: a la izquierda los papeles; a la derecha el material para escribir, siempre ordenado. Enfrente, los libros de consulta. En el centro, una foto de mis hijos. Guapos, ¿verdad?
   Soy muy sistemático y no soporto el desorden. Así puedo trabajar de manera efectiva. Lo importante no es trabajar mucho, lo importante es trabajar bien. Sí, soy perfeccionista. ¿Cómo lo ha notado?

2. ¿Dónde estudio? Normalmente en la cocina. Como me gusta cocinar, estudiar en la cocina me relaja. Tengo una mesa grande con vista a la calle. Me gusta mucho trabajar allí, tomar una taza de té, a veces un poco de chocolate. Hago mis deberes con tranquilidad. Soy una persona tranquila y necesito tranquilidad para trabajar. Creo que soy bastante creativa, pero ser creativa no significa ser caótica. Soy creativa y ordenada. También muy disciplinada. Hago siempre mis deberes, pero todo muy tranquilo, sin estrés.

3. ¿Mi escritorio? Bueno, mi mesa es muy pequeña, tengo poco espacio, y la verdad es que no soy muy ordenada. Y mi escritorio tampoco. Papeles, libros, bolígrafos, lápices… Cuando estudio, me gusta tener todas las cosas cerca, a mano: el papel, el diccionario, el libro de gramática, el marcador… Si necesito una cosa, ¡zas!, ahí está, no tengo que buscarla. Es un desorden, pero un desorden que funciona.

10 a. ⏭ 5–7

1. Nunca me interesó, pero hace cinco años vi un partido en la tele y pensé: este deporte me gusta. Una amiga me dio las primeras lecciones y después tomé algunas clases particulares con un entrenador en un club deportivo. Desde ese momento fue mi pasión. Sobre todo, porque el entrenador me gustó mucho. Ahora es mi marido, ¿sabe usted? Nos casamos un año después y ahora jugamos juntos en campeonatos de tenis.

2. Empecé cuando cambié de trabajo y por fin tuve un poco de tiempo libre, tiempo para mí. Empecé en 2009, solo en casa, con un libro y un CD, pero después, un año más tarde, decidí ir a una escuela de música para perfeccionar mi técnica. Cada día me gusta más.

3. Primero pensé: con 72 años ya eres muy mayor para aprender estas cosas modernas. Pero es que soy una persona curiosa, por eso hace seis meses decidí aprenderlo. Primero me ayudó mi hijo, después una amiga y yo hicimos un curso en una academia. Ahora mi amiga y yo chateamos todas las noches.

2 ¡Qué descanso!

4 b. ⏭ 8

- Buenas tardes.
- ○ Buenas tardes. ¿En qué puedo servirle?
- Necesito algo para el dolor de cabeza. Es que me duele mucho y muchas veces. ¡Ay, qué dolor!
- ○ ¿Le van bien aspirinas?
- No, no es suficiente. ¿No tiene algo más fuerte? Es que es una tortura.
- ○ Sí, pero para eso se necesita receta.
- Entonces aspirinas. De todos modos tengo que ir al médico. Estoy fatal, ¿sabe usted? Bueno, también necesito algo para mi botiquín. Necesito… tiritas, gasas y yodo.
- ○ Aquí tiene las gasas, las tiritas y ¿qué más?
- Yodo para desinfectar.
- ○ Aquí tiene la tintura de yodo. ¿Algo más?
- ¿Tiene algo para el dolor de garganta? Es que me duele a menudo, ¿sabe usted? No sé qué enfermedad tengo, pero seguro que es grave, gravísima.
- ○ Para el dolor de garganta puede tomar este jarabe…
- También necesito algo por si me duele la espalda y ya que estoy aquí, me llevo…

8 a. ⏭ 9

- Buenas tardes, queridos radioyentes. En el programa de hoy tenemos a Rial Hernández, el actual director del balneario de Mondariz. Conoce muy bien la historia del balneario y nos va a contar cómo han cambiado las cosas desde la fundación hasta hoy.
  Señor Rial Hernández, ¿cuál es en su opinión la diferencia más importante entre el balneario actual y el balneario en el pasado?
- ○ Bueno, han cambiado muchas cosas, pero yo creo que la diferencia más clara es que antes venía sólo gente con dinero y actualmente el público es más variado, viene gente de todas las clases sociales.
- ¿Son diferentes las terapias y los servicios que ofrecen?
- ○ Algunas cosas sí, otras no. Por ejemplo, las aguas. Los pacientes venían por el agua, bebían aguas medicinales y tomaban baños, como hoy. Las aguas medicinales también son hoy en día el principal atractivo de Mondariz. Pero antes la gente no buscaba actividades deportivas como las que ofrecemos actualmente, por ejemplo golf, paseos en bicicleta e incluso deportes de aventura. También hay un programa de actividades para el público moderno: visitas a bodegas, excursiones en barco o a caballo… Se pueden hacer muchas cosas mientras se hace una cura de aguas medicinales.
- También los tratamientos son diferentes, ¿verdad?
- ○ Es que las enfermedades son también diferentes. Cada tiempo tiene sus enfermedades. Antes teníamos más pacientes con enfermedades de estómago. Hoy tenemos muchos pacientes con dolores de espalda, una consecuencia de nuestra forma de vida moderna. Pero la constante son los dolores de cabeza. Las formas de vida cambian, pero los problemas, de salud o de otra cosa, siempre provocan dolor de cabeza, antes y hoy en día.

- También había mucha gente que venía sólo a descansar, ¿no?
- ○ Sí, como ahora. Sólo que antes no existía la palabra "estrés".
- Claro.

3 ¿Te acuerdas?

2 a. ⏭ 10

Cuando éramos pequeñas, mi hermana menor y yo dormíamos en la misma habitación. Era una habitación grande, con dos ventanas que daban a un patio. No había muchos muebles, sólo las dos camas, un armario muy grande y una mesita de noche entre las dos camas.
Recuerdo que una noche mi hermana, que tenía entonces siete años, me pidió un cuento para poder dormirse. Le gustaba mucho escuchar historias y a mí me encantaba contarlas. Así que empecé a contar un cuento. Era una historia nueva que yo inventaba al contarla, por eso no sabía cómo era el final. Después de algunas frases mi hermana se durmió. Pero yo seguí con el cuento hasta el final. Es que era una historia bonita, de aventuras con piratas. Al terminar el cuento yo también me dormí. Ya era bastante tarde.
Al día siguiente yo estaba muy cansada. Mi hermana tenía mucha curiosidad y me preguntó: "¿Cómo terminó la historia?" Mientras íbamos a la escuela, repetí otra vez el cuento. Ese día me dormí en la escuela, me dormí en clase de música, me dormí en la cena… Pero por la noche mi hermana me preguntó otra vez: "¿Me cuentas un cuento?"

6 b. ⏭ 11–12

1.

- Yolanda, ¿te acuerdas de cómo te enteraste que los Reyes Magos no existen?
- ○ Ah, sí. ¡Qué pena me dio! Creo que yo tenía ocho años. Estábamos mi madre, mi hermano mayor y yo en la cocina, porque ella estaba haciendo la comida y mi hermano preguntó: "¿Es verdad que los Reyes no existen?" Entonces mi madre dijo: "Bueno, creo que ya sois mayores y podéis saber la verdad." Y nos explicó que en realidad los regalos los traían los padres. Primero no lo creí y le pregunté: "¿Y el agua para los camellos?" "Nos la bebíamos papá y yo." "¿Y qué pasaba con la comida que dejábamos para los Reyes?" Mi madre me respondió: "Nos la comíamos papá y yo." Entonces recordé que la noche antes de los Reyes mis padres nunca cenaban con nosotros. Total que entendí que decía la verdad. Para mí fue un momento triste porque me gustaban los Reyes.

2.

- ¿Y tú, Miguel? ¿Cómo te enteraste?
- ○ Pues a mí me lo contó un amigo en el colegio cuando yo tenía diez años. Primero no lo creí. Pero cuando llegó el Día de Reyes, tenía tanta curiosidad que no me dormí, y mientras mis hermanos pequeños dormían, escuché algo en el comedor. Me levanté y me fui al comedor. Tenía mucho miedo, pero tenía todavía más curiosidad. Llegué al comedor y vi cómo mis padres ponían los regalos al lado de nuestros zapatos. Volví a mi habitación. Al día siguiente no dije nada porque me sentía muy mayor. Ya sabía guardar secretos.

9 a. ⏭ 13

- Hola, Irene.
- ○ Hola, Marta, ¿qué tal? Pareces cansada.
- Es que ayer me acosté muy tarde. Tuve una noche emocionante.
- ○ ¿Ah, sí? Cuenta, cuenta.
- Pues ayer fui al cine con unas amigas.
- ○ No me parece muy emocionante…
- Espera, que no he terminado. Después del cine, mis amigas fueron a tomar una copa, pero yo estaba muy cansada y decidí volver a casa. Era muy tarde y ya no había metro, así que volví a pie. Llegué a mi casa a la una de la noche y entonces descubrí que no tenía las llaves de casa en el bolso.
- ○ ¿Y qué hiciste?
- Miré las ventanas y vi que había luz en el primer piso. Toqué el timbre, el vecino abrió la puerta. ¡Qué chico más guapo! Y entonces…
- ○ No tan rápido. ¿Cómo era?
- Alto, moreno, muy simpático y joven, ¿sabes, no?
- ○ Sí, sí. ¿Y qué más pasó?
- Yo le expliqué mi situación y él me invitó a entrar.
- ○ Uy, uy, uy.
- Y justo en ese momento encontré las llaves en el bolsillo de la chaqueta. Así que me fui a mi casa.
- ○ ¿Cómo? ¿Nada más? ¿Y el vecino? ¿De verdad que no pasó nada más?
- Quizás.
- ○ Pero ¿qué?
- No te lo voy a contar.

4 Mirador

1 b. ⏭ 14

- Muchos de nuestros alumnos aprenden en sus clases que en España no sólo se habla castellano o español, sino también otras lenguas oficiales como el catalán, el vasco o el gallego. Miguel, tú eres gallego, ¿verdad?
- ○ Sí.
- ¿Y hablas gallego también?
- ○ Sí sí, también hablo gallego.
- ¿Y cómo es la situación del gallego en Galicia?
- ○ Pues, el gallego es el idioma oficial como el español y se aprende en las escuelas, hay clases en gallego, en los colegios y también en la universidad. Y en las oficinas públicas, pues, también se habla en gallego.
- Y si un alumno de español va a Galicia, ¿va a tener problemas para entenderse con otras personas en español?
- ○ No, no, no, no. Es decir, todo el mundo habla español y lo entiende perfectamente. Y te hablan en español si hablas en español.
- ¿Quiere decir que el gallego es un dialecto?

- ○ No, no, no. El gallego es una lengua. Tiene su literatura, su historia, la gramática es distinta al castellano. Es una lengua.
- ● ¿Y hay periódicos también en gallego?
- ○ Sí, sí, tenemos periódico, también tenemos televisión en gallego y también hay radio, claro.
- ● Ajá. ¿Y cómo suena el gallego? ¿Suena muy diferente al castellano?
- ○ Un poquito.
- ● ¿Y me puedes decir una frase en gallego?
- ○ "Eu chámome Miguel e traballo nunha escola."
- ● Hm, ¿y eso qué quiere decir?
- ○ Pues que me llamo Miguel y que trabajo en una escuela.
- ● Muy bien, muchas gracias. Pilar, ¿cómo es la situación en Perú?
- ■ En Perú el castellano es la lengua oficial y también el quechua y el aymara. El quechua se habla sobre todo en la región andina al igual que el aymara. Hace muchos años se hablaba en las escuelas, se enseñaba, pero ahora ya no es tanto. Pero en las universidades lo puedes aprender también.
- ● Ajá. ¿Y cómo suena el quechua?
- ■ Es muy bonito. Por ejemplo sé decir "manakaxchu".
- ● ¿Y eso? ¿Qué significa?
- ■ "¡No!"
- ● Y María, ¿cómo es la situación en Bolivia?
- □ Bueno, en Bolivia la lengua oficial es el castellano, pero también se aprenden el aymara y el quechua en las escuelas. Por ejemplo, en La Paz se aprende el aymara y en Oruro se aprende el quechua. Son obligatorias en la escuela.
- ● Muchas gracias por estar aquí y responder a nuestras preguntas.
- ■ Igualmente, gracias.
- □ De nada.

3 a. ⏭ 15 – 16

1. ¿Qué forma de trabajo en clase le gusta más?
2. ¿Y qué tal la pronunciación? ¿Le parece difícil?
3. ¿Tienes algún problema especial con la gramática?
4. ¿Qué prefiere, hacer juegos o ejercicios?

5. ¿Te gustaría aprender algo nuevo, una lengua, un instrumento, un deporte?
6. ¿Cómo aprende la gramática?
7. ¿No cree que su manera de aprender es un poco desordenada?
8. Mañana tenemos un examen. ¿Estás nerviosa?

5 Lo quiero todo

1 b. ⏭ 17 – 18

1.

- ● ¿Me puedo probar el sombrero rojo?
- ○ Claro.
- ● ¿Dónde hay un espejo?
- ○ Aquí, al lado de las faldas.
- ● Es bonito, y me queda bien. ¿Lo tiene también en color azul?
- ○ Creo que sí. Un momento. Lo tengo en azul y también en naranja.
- ● ¿Cuánto cuesta?
- ○ 20 euros, pero si se lleva dos, se los dejo por 30.
- ● Ajá, está muy bien. Pero ¿cuáles me llevo? El rojo es muy bonito y el azul es elegante, pero el naranja es muy alegre, ideal para el verano.
- ○ Si se lleva los tres, se los dejo por 45 euros.
- ● No sé si necesito tres sombreros, pero...
- ○ Es una gran oferta.
- ● Hm, vale. Me los llevo.

2.

- ● ¿Cuánto cuesta este reloj?
- ○ 70 euros.
- ● Un poco caro. ¿Qué tiene de especial?
- ○ Es antiguo y es bonito y además funciona.
- ● Me parece demasiado caro.
- ○ Se lo rebajo a 65 euros.
- ● ¿Sólo cinco euros menos? ¡No vale la pena!
- ○ ¿Qué precio quiere pagar usted?
- ● 50 euros y ni un euro más.
- ○ 55 y es para usted.
- ● Bueno. Tome, aquí tiene.
- ○ Tengo también una lámpara de la misma época. Muy bonita. ¿Quiere verla?
- ● Es que...
- ○ Está de oferta. Mire.
- ● ¿Y cuánto cuesta?

3 a. ⏭ 19 – 22

1.

- ● ¿Pero qué es esto? Ya tenemos uno grande en el baño.
- ○ Sí, pero este es para el pasillo y es realmente bonito. Me lo he comprado esta mañana en el Rastro. Hace mucho tiempo que quería uno así, de bronce y de estilo barroco.
- ● Bueno. La verdad es que es muy bonito. Si lo ponemos en el pasillo, podemos saber si estamos guapos antes de salir de casa.
- ○ ¿Dónde lo pongo? ¿Aquí?

2.

- ● ¿Tienes un nuevo hobby? No sabía que eres filatelista.
- ○ No, no son para mí. Desde que está jubilado, mi papá los colecciona. Por eso se los he comprado.
- ● ¿De qué países son?
- ○ Estos son de Argentina y estos son peruanos.
- ● ¿Y estos?
- ○ De Australia.

3.

- ● ¿Otra? ¿Dónde quieres ponerla? ¡Con tanta luz esta casa parece un aeropuerto!
- ○ ¡Qué exagerado! Además, no es para nosotros. La he comprado yo, pero voy a regalársela a Malena para su comedor. ¿Verdad que es bonita?
- ● Es muy bonita y muy original.
- ○ ¿Verdad que sí? Y da una luz muy agradable.

- ¿De verdad se la vas a regalar a Malena? Ahí queda muy bien.
- ¡Eh! ¿No decías que la casa parece un aeropuerto?

4.
- ¿Has comprado algo?
- Sí, mira.
- ¿Quieres abrir una tienda? Tres iguales, ¿no te parece un poco exagerado?
- No son todas para mí. Unas son para Ana y otras para Mónica. Las tenían en oferta. Pagabas dos pares y te llevabas tres. Quería regalarles algo. Como sé que les van a gustar, se las he comprado. Son preciosas. Perfectas para el verano.
- Pero, ¿las tres iguales? Va a parecer que lleváis uniforme.

6 b. 24–25

1.
- ¡Mira qué zapatos! ¡Y son de tu número!
- Ajá.
- ¿Qué? ¿Por qué no te los pruebas?
- Uf… es que no tengo ganas.
- Tú nunca tienes ganas.
- Pues no.
- Ahora que estamos aquí, tenemos que aprovechar la oportunidad. Además, están rebajados. Tienen un 40% de descuento.
- Bueno, me los voy a probar. … Mire, por favor, quería probarme estos zapatos.
- ■ Sí, claro, cómo no. ¿Qué número calza?
- El 43.
- ■ Estos zapatos los tenemos en negro y en marrón, ¿cuáles prefiere?
- Los negros.
- ■ Ahora mismo… Aquí tiene.
- ¿Qué tal?
- Tenías razón. Me gustan mucho y son muy cómodos. ¿Puedes preguntar a la vendedora si podemos pagar con tarjeta de crédito?
- No es necesario. Llevamos suficiente dinero.
- No creo. Porque me voy a comprar cuatro pares.
- ¿Cuatro pares?
- Sí. Dos pares en negro y dos pares en marrón. Así tengo zapatos para los próximos años. ¿No te parece una idea genial?

2.
- Buenos días. ¿Qué desea?
- Mire, es que ayer compré este jersey para mi hija y no le gusta el rojo. ¿Lo tiene en otro color?
- Sí. Este modelo lo tenemos en cinco colores.
- ¿Lo puedo cambiar?
- Por supuesto. ¿Tiene el ticket de compra?
- Claro… Aquí.
- Perfecto. Entonces, quiere el mismo jersey, pero de color violeta.
- ¿Cómo lo sabe?
- Es el color de moda y usted es la tercera persona que viene a cambiar algo por otra cosa de color violeta.

6 ¡Qué amable!

1 b. 26–28

1.
- ¿Diga?
- ¿Hablamos con Jordi Sants?
- Sí, soy yo.
- Hola. Llamamos de Radio Canal, del programa "¿A quién felicitamos hoy?" Llamamos de parte de tu amiga Laura para felicitarte por el día de tu santo. ¡Felicidades!
- ¡Hombre! Muchas gracias.
- ¿Qué vas a hacer hoy?
- Pues lo normal en este día. Voy a comprar un libro y una rosa.
- ¿Y a quién le vas a regalar la rosa del día de Sant Jordi? ¿O es una pregunta muy indiscreta?
- Bueno, un poco. Pero te lo digo: se la voy a regalar a Laura, que es mi novia.
- Pues tu novia te dedica esta canción. "Dos gardenias para ti"…

2.
- Un momento… A ver, señor Piñeiro, ¿se acerca por favor?
- Sí, sí, aquí estoy.
- Buenas noches y bienvenidos a todos. Quería agradecer a todos los invitados su presencia aquí esta noche. Delta Construcciones cumple 100 años llenos de éxito. Propongo un brindis en honor al Sr. Piñeiro, hijo del fundador. ¡Mucho éxito! y ¡A su salud!

3.
- ¿Diga?
- ¿Marcelita?
- ¡Hola, abuela! ¡Qué sorpresa!
- ¡Felicitaciones, querida, en tu día!
- ¡Muchas gracias, abuelita! ¡Qué alegría me das!
- Aquí a mi lado está tu abuelo que también quiere felicitarte, te lo paso.
- Vale. Un abrazo y hasta pronto.
- □ Felicidades, mi niña. ¿Ya has abierto el regalo? ¿Qué tal lo estás pasando…?

2 c. 29–31

1.
- ¿Diga?
- Hola, Adriana, soy Cristina.
- ¡Hola, Cristina! ¿Qué tal?
- Pues bien, pero con mucho trabajo. Por eso te llamo. Es que he recibido tu invitación y…
- Y no puedes venir.
- Es que no lo sé.
- ¿Por qué?
- Es que el sábado tengo que trabajar y no sé a qué hora voy a terminar.
- No importa. También puedes venir más tarde.
- Entonces, si de verdad no es un problema…
- Que no, mujer.
- Pues entonces, entre las diez y las diez y media puedo estar en tu casa.

- Fantástico. Te esperamos para el postre.
- ○ Muy bien.

2.
- ¿Diga?
- ○ ¿Está Adriana?
- Soy yo.
- ○ Uy, no te he reconocido. Hola, soy María.
- Hola, María. ¿Qué? ¿Vas a venir el sábado?
- ○ ¡Vaya pregunta! ¡Pues claro que voy!
- ¡Qué bien! Va a venir todo el mundo.
- ○ Oye, tengo sólo una pregunta. ¿Hay que llevar algo?
- ¿Puedes traer unos cedés con música para bailar?
- ○ Ningún problema. ¿Y llevo también algo de comida? ¿Un pastel?
- No, nada. Ya lo tengo todo preparado.
- ○ ¿De verdad que no necesitas nada?
- De verdad. Ya lo tengo todo.
- ○ Bueno, pues si ves que te falta algo, me llamas, ¿vale?
- Claro. Gracias y hasta el sábado, guapa.
- ○ Nos vemos.

3.
- ¿Diga?
- ○ Hola, Adriana. Soy María otra vez. Es que olvidé preguntarte una cosa.
- Dime.
- ○ Es que tengo un amigo de visita en casa.
- Ajá…
- ○ No, es sólo un amigo. Pero quería preguntarte si puede ir también a la fiesta.
- Si es guapo y sabe bailar… Es broma. Pues, claro que puedes traerlo.
- ○ ¡Qué bien! Además, para tu información, no sólo es guapo, también sabe preparar cócteles buenísimos y contar chistes.
- ¡Es perfecto! Tráelo.
- ○ Sí, señora. Hasta el sábado.

4 a. ⏭ 32 – 36

1.
- Toma, esto es para ti.
- ○ Muchas gracias, ¡qué detalle! Pero ¿por qué te has molestado? ¿No quieres entrar? Pasa, pasa.

2.
- ¿Conoces a Frank?
- ○ No, no lo conozco.
- Mira, Cristina, este es Frank, un amigo de Eduardo.
- ○ Hola, ¿qué tal?

3.
- ¿Por qué no pruebas las patatas, Frank?
- ○ Gracias, ¡qué amable! Pero no puedo más. Ya he comido mucho.
- Venga, hombre. Toma un poquito más. Las patatas bravas están buenísimas.
- ○ Bueno, si insistes.

4.
- Uff, ¡qué calor hace! ¿Puedo abrir la ventana?
- ○ Ningún problema. ¡Ábrela, ábrela!

5.
- Adiós, Adriana, y muchísimas gracias por la invitación. Lo he pasado fenomenal.
- ○ Adiós, Frank, y gracias por haber venido.

9 d. ⏭ 38
- ¿Dígame?
- ○ Hola, Frank, soy Eduardo. ¿Qué tal?
- ¡Hola, Eduardo! ¿Cómo estás?
- ○ Bien, bien, gracias. Oye, quería preguntarte si lo pasaste bien ayer en la fiesta.
- Sí, sí, lo pasé genial. ¡Fue una fiesta muy divertida!
- ○ ¿Seguro? Es que como te fuiste tan rápido, pues pensamos que te pasaba algo.
- ¿Pasarme algo a mí? No, no. Yo dije "¡Adiós!" y me fui. Así es como lo hacemos en mi país. Creo que aquí es diferente, ¿verdad?
- ○ Sí, aquí decimos que nos vamos, pero hasta que realmente nos vamos, puede pasar media hora.
- Ah, ahora lo entiendo. Mira, tengo una pregunta de este tipo. Cuando le regalas un vino a alguien, ¿se abre enseguida?
- ○ ¿Lo dices por la botella de vino que le regalaste a Adriana?
- Sí, exactamente.
- ○ Es que aquí los regalos de comer o beber se abren y se ofrecen a los demás. Eso es normal. ¿En tu país es diferente?
- Sí, es diferente. Un regalo no se abre, se guarda.
- ○ Ajá. Oye, hablando de vino, ¿te apetece quedar para comer?
- ¿Comer? ¡Uf, todavía estoy lleno de la fiesta! Es que todo el mundo me decía: "¡Come, come!, ¡ponte, ponte!" Y claro, yo quería ser cortés y comí y comí…
- ○ ¡Pero hombre! Eso es la cortesía española que obliga a ofrecer e insistir. Pero tú puedes excusarte y decir que no puedes más. ¿Y si quedamos para tomar un café?
- Mejor. ¿Dónde quedamos?
- ○ ¿Qué tal en la cafetería "El rico pastelito"?

7 Vamos al parque

4 a. ⏭ 39
- Parque Nacional de Doñana, ¿dígame?
- ○ Buenos días. Quería información sobre las visitas al parque. Somos un grupo de seis personas y queríamos visitarlo este fin de semana. ¿Es posible?
- Lo siento, pero para este fin de semana ya no quedan plazas libres.
- ○ ¿No quedan plazas libres? ¡Vaya! ¡Qué pena! ¿Y para el fin de semana siguiente?
- Un momentito… Sí, hay plazas libres para el sábado día cuatro de junio por la tarde y el domingo día cinco por la tarde.

- ○ Entonces... para el sábado por la tarde, para seis personas. Oiga, y ¿cuánto dura el recorrido?
- ● El recorrido dura cuatro horas, en un todoterreno y con guía-conductor.
- ○ ¿El guía es el conductor?
- ● Eso es. Durante las cuatro horas se ven todos los ecosistemas del parque, las marismas, las dunas y el bosque.
- ○ Hm, qué bien. Pues quiero hacer la reserva. ¿Qué datos necesita?
- ● Sólo su nombre completo.
- ○ Mi nombre completo, sí. Es Rafael Piedra Alonso. Ah, otra cosa, ¿cuánto cuesta la visita?
- ● 26 euros por persona.
- ○ 26 euros, de acuerdo. Entonces ya está hecha la reserva, ¿no?
- ● Sí, señor. Hasta la próxima semana.
- ○ Muchas gracias. Adiós, adiós.

5 a. ⏭ 40–42

1.
- ● Arquitectos Asociados, ¿dígame?
- ○ Buenos días, ¿puedo hablar con Isabel Mora, por favor?
- ● ¿De parte de quién?
- ○ De Rafael Piedra.
- ● Un momento, por favor. Ahora mismo le paso.
- ■ ¡Rafael! ¿Qué tal? ¿Cómo estamos?
- ○ Pues muy bien, Isa. Mira, que sólo llamo para decirte que ya he hecho la reserva para la visita a Doñana.
- ■ ¡Estupendo! ¿Este sábado?
- ○ No, sólo era posible la semana que viene. El sábado por la tarde de la próxima semana.
- ■ Sin problema, me va bien también. Me alegro mucho, me hace mucha ilusión.
- ○ Pues ya nos llamamos y quedamos, ¿vale?
- ■ Estupendo. Hasta luego.
- ○ Adiós, adiós.

2.
- ● ¿Dígame?
- ○ Hola, ¿está Mariluz?
- ● No, en este momento no está. Ha salido. ¿Quiere dejarle algún recado?
- ○ Sí. Le dice que ha llamado Rafael. Y que ya he hecho las reservas para Doñana. He reservado para el sábado de la próxima semana.
- ● ¡Qué bien! Yo se lo digo.
- ○ Muchas gracias. Adiós.

3.
- ● ¡Hola, Rafael!
- ○ Hola, Enrique, ¿qué tal?
- ● Bien, aquí, corrigiendo deberes de los alumnos.
- ○ Hm, ¡qué divertido! Oye, ¿te acuerdas de la excursión a Donaña?
- ● Sí, claro. ¿Cuándo es?
- ○ Por eso te llamo. Ya tengo la reserva, es para el sábado de la próxima semana.
- ● ¡El sábado! ¡No! ¡Qué mala suerte! Este sábado no puedo. Es que tenemos una excursión con los alumnos.
- ○ Vaya. ¡Qué pena!
- ● No te preocupes. La próxima vez será. ¡Hasta luego!
- ○ Chao.

9 a. ⏭ 43
- ● Buenas tardes, queridos radioyentes. Hoy, en nuestro programa "Parques de nuestro país" vamos a hablar con Pilar, una limeña muy muy de Lima. Pilar, háblanos de tu ciudad y de tu parque preferido.
- ○ A mí es que me encanta Lima. Soy de aquí y me encanta vivir en mi ciudad, pero toda la contaminación, los autos, la gente. ¡Uf! Por suerte, Lima tiene muchos parques. ¡Qué hermosos! Son los pulmones de la ciudad. ¿Mi favorito? Es difícil elegir uno. Me gusta mucho el Parque del Amor, al sur, frente al Océano Pacífico, con una vista impresionante al mar. Está en el distrito de Miraflores, que es uno de los más lindos de la ciudad. Es un parque pequeño y no es antiguo, es del año 1993. No tiene muchos árboles, pero un césped muy cuidado y muy verde. Es un parque tranquilo, limpio y muy romántico. En el centro hay una estatua muy famosa que se llama "El beso". Representa a una pareja de enamorados. Alrededor de la estatua hay muchos bancos de cerámica, que recuerdan los bancos de Antoni Gaudí en el Parque Güell de Barcelona. En estos bancos se pueden leer frases y poemas sobre el amor. Allí se encuentran los enamorados. Y allí iba con mi esposo cuando éramos novios. ¡Qué lindos recuerdos!

12 a. ⏭ 48

Cierre los ojos. Usted entra en el parque. Hace buen tiempo y usted está feliz. A la entrada del parque hay una estatua y unos bancos. ¿Cómo es la estatua? ¿Grande o pequeña? ¿Antigua o moderna? Y los bancos, ¿cómo son? ¿De metal o de madera?
Seguimos paseando. Delante de nosotros hay un árbol. ¿Cómo es? ¿Grande o pequeño? ¿Tiene frutos? ¿Hay muchos árboles en el parque? ¿Cómo son? Seguimos caminando. ¿Hay mucha gente en el parque? ¿Qué hace la gente? ¿Descansa? ¿Lee? ¿Come? ¿Juega?
Oímos ruido de agua. ¿Es una fuente o un río? Usted se acerca al agua. ¿Cómo está? ¿Fría? ¿Limpia?
Ahora usted quiere descansar un poco. ¿Se sienta en un banco? ¿O se sienta en la hierba verde y fresca? ¿Cierra los ojos o mira a su alrededor?
Es el momento de volver a casa. ¿Camina usted rápidamente o lentamente? Salimos del parque y volvemos a la clase. Ahora abra los ojos. ¿Ha disfrutado el paseo?

8 Mirador

1 b. ⏭ 49
- ● Vamos a hablar hoy de un tema un poco delicado: la cortesía. Todos tenemos unas normas, pero qué es cortés o no cortés no es igual en todos los países. Por ejemplo: si alguien está invitado a una fiesta y lleva un regalo, ¿se abre el regalo enseguida?
- ○ En Bolivia, no. Los regalos se abren cuando la gente se va.

- ¿Y si es algo de comida o algo para beber o algo para comer?
- ○ Tampoco.
- Tampoco.
- ○ No.
- Hm. Y en España, Miguel, ¿cómo es?
- ■ En España normalmente abres los regalos enseguida y si es algo para comer, también lo abres y ofreces. Si es una botella de vino, la abres, o si es una caja de bombones, pues la abres y ofreces un bombón.
- ¿Aunque sea un regalo muy caro, por ejemplo una botella de vino carísima?
- ■ Normalmente sí.
- Hm. ¿Y en Argentina cómo es, Ernesto?
- □ En Argentina es lo mismo.
- Igual.
- □ Sí, sí, como en España, sí.
- Hm. Y ahora nos ponemos en otra situación. Alguien te dice: "¡Qué guapa estás!" ¿Cómo lo tomas?
- ○ Claro, agradezco y sonrío y le agradezco a la persona que me dijo eso.
- ¿Pero piensas que esa persona quiere algo de ti o simplemente quiere ser amable?
- ○ No, no. Cuando uno se encuentra con amigos, siempre se les dicen muchas cosas lindas así: "¡Oh qué guapa estás", "¡Qué lindo te queda el vestido!" Es normal.
- Hm, es una forma de ser cortés.
- ○ Ya, bueno, es así, es ser cortés.
- Hm. Y en España, Miguel, ¿cómo es?
- ■ En España es parecido también.
- Hm. Ernesto…
- □ En Argentina también, en Argentina también, pero nos hacemos un poco los humildes, ¿no?
- Ajá.
- □ "Ah, no exageres", o cosas así.
- ¡Ajá! Y otra pregunta también interesante: si alguien te cuenta algo, ¿es importante escuchar atentamente sin decir nada? ¿Es cortés?
- □ No, no es cortés.
- ¿No?
- □ No, no, hay que reaccionar y decir algo, interrumpir de alguna manera.
- ¿Por qué?
- □ Bueno, porque si… si escuchas así como una momia sin responder nada, eh… no sé, queda demasiado automático todo, queda desagradable…
- Ajá.
- □ … por lo menos para nosotros es así.
- Ajá, ¿y en España, Miguel?
- ■ En España es igual, también tienes que mostrar que estás prestando atención, dices frases como "¿Qué me dices?", "¿Sí?", "¡Anda!" y cosas así.
- Ajá, estás mostrando tu interés.
- ■ Claro.
- ○ Sí, en Bolivia es igual, tenemos unas expresiones típicas: "¡No me digas!" u "¡Oh, qué lindo!" y… eso es normal.
- Y otra pregunta también interesante: estás es una fiesta y el anfitrión te dice: "Vuelve cuando quieras, esta es tu casa." ¿Cómo interpretas esta frase?
- □ Bueno, yo interpreto esa frase como generosidad, cortesía, pero yo personalmente no volvería en cualquier momento.
- ¿Y tú, Miguel?
- ■ En España es igual.
- Sí. Y María, ¿para ti?
- ○ Sí, claro, en Bolivia también. Y siempre nos despedimos: "Que te vaya bien, hasta pronto.", pero eso no quiere decir que nos vamos a ver pronto, pero lo decimos.
- Es una forma cortés.
- ○ Cortés, sí.
- Y bueno, pues entonces: hasta pronto, nos veremos. Y muchas gracias por responder otra vez a nuestras preguntas.

Todos: Nada. Igualmente, gracias.

3 ⏭ 50 – 51

1. ¿Cuánto cuesta la excursión por persona?
2. Perdone, ¿de parte de quién?
3. ¿Hay posibilidades de hacer la excursión con guía?
4. ¿Se puede hacer la reserva por internet?

5. Dígame, ¿quedan plazas libres para el 2 y 3 de agosto?
6. ¿De dónde sale el autobús para la excursión de nuestro departamento?
7. ¿Me puede comunicar con la señora Mabel Bajo?
8. ¿Cuánto tiempo dura la excursión?

9 Proyectos con futuro

5 ⏭ 52 – 55

1.
- Paco, ¿te acuerdas de que hoy es el concierto de la Orquesta Simón Bolívar en el Auditorio Nacional?
- ○ Ah, sí… es verdad. ¿Tú vas?
- Yo sí, ya tengo la entrada.
- ○ Yo no sé si iré o me quedaré en casa, es que estoy muy cansado.

2.
- ¿Te pones ese vestido de verano para el concierto?
- ○ Sí. ¿Por qué?
- Porque en la tele han dicho que va a llover esta noche.
- ○ ¿Seguro?
- El locutor ha dicho: "Lloverá esta noche y bajarán las temperaturas."
- ○ Gracias por avisarme, me llevaré el abrigo.

3.
- ¿Vamos a la fiesta de Isabel después del concierto?
- ○ Sí, ¿por qué? ¿No tienes ganas?
- Es que el concierto termina tarde. Y recuerda que mañana tenemos otra invitación, cenamos en casa de tus padres.
- ○ Venga, vamos, es el cumpleaños de Isabel. Lo pasaremos muy bien, ya lo verás.
- Si tú lo dices…

4.
- • En cinco minutos empieza el concierto y Raúl todavía no ha llegado. ¿Donde estará?
- ○ No sé, con Raúl nunca sabes qué pasa. Estará aparcando el coche.
- • Quizás. Tendremos que entrar ya, el concierto va a empezar.
- ○ Mira, ¿no es ese Raúl?
- • Sí, ¡por fin! ¡Míralo qué tranquilo! ¡Este Raúl!

13 a. ⏭ 60 - 61

1. En nuestro grupo cada voluntario se ocupa de cuatro personas mayores. Muchos no pueden salir de casa, así que les hacemos la compra, arreglamos cosas en la casa y además les hacemos compañía. Los llamo todos los días para ver cómo están, y dos veces a la semana voy a verlos. ¿Por qué lo hago? Siempre quería hacer algo por los demás y con este trabajo he aprendido a ser más comprensiva. Claro que necesitas mucha paciencia y tienes que ser capaz de escuchar. Pero a mí me aporta mucho. Ya sé que con eso no voy a cambiar el mundo, pero quería poner mi granito de arena.

2. Antes de jubilarme leí en el periódico sobre el proyecto "Lectores para futuros lectores" de la biblioteca de Cáceres. Yo buscaba una actividad para hacer algo útil, pero también divertido. La idea de transmitir mi pasión por los libros a niños y jóvenes me entusiasmó enseguida. Además, el intercambio entre las generaciones me pareció un aspecto interesante. Soy el único hombre en el grupo, pero no importa.
Desde hace seis años voy cada lunes a la biblioteca y leo unas dos horas en varios grupos. Los niños que vienen tienen entre 3 y 6 años y me esperan con impaciencia. Nos reímos mucho en un ambiente relajado.
Para participar en el proyecto no se necesita ninguna formación especial, sólo amor por los libros y por los niños. Pero tenemos el apoyo de la biblioteca, que organiza intercambios y seminarios. Me emociona la confianza de los niños y ver cómo crece en ellos el deseo de saber leer para entrar en el reino de las imágenes y de la fantasía.

10 Muy informados

6 b. ⏭ 62

- • ¿Viste ayer "Los hombres de Paco" en la tele?
- ○ No, es que yo no tengo televisor.
- • ¿Y eso? ¿Por qué no?
- ○ Porque la tele es una actividad pasiva.
- • Bueno, depende. La televisión ofrece también mucha información interesante: programas culturales, conciertos, documentales sobre historia, naturaleza y otros temas.
- ○ Es verdad, pero muchos, la mayoría de los programas tiene muy poco nivel.
- • Estoy de acuerdo, pero la solución es muy fácil: no los mires. Siempre se puede cambiar de canal y elegir los programas buenos.
- ○ Tienes razón, pero no me convences del todo. Pienso que la tele impide la comunicación. Por ejemplo, en las comidas las familias comen con la tele encendida y nadie habla. Con la tele no hay comunicación en las familias.
- • Eso no es verdad. También se habla.
- ○ Claro, se habla del programa de la tele.
- • Bueno, sí, es también un tema importante de conversación. ... Oh, perdona. Me tengo que ir. He quedado con unos amigos para ver el fútbol en mi casa. Y como tengo una tele grande, de esas de plasma...
- ○ ¿Es hoy el partido? ¿El Barça - Real Madrid?
- • Sí. Dentro de una hora.
- ○ ¿Puedo ir?
- • ¿Quieres venir a ver la tele a mi casa? ¿Pero no decías que es pasivo, de poco nivel y que impide la comunicación?
- ○ Es que... Venga, yo compro las patatas fritas, ¿vale?

11 ¡Buen trabajo!

2 c. ⏭ 70

Yo soy médico, es mi profesión. Tengo que trabajar muchas horas al día y a veces tomar decisiones difíciles. Cuando tengo guardia, trabajo todo el día y toda la noche. Entonces estoy muy cansado y el riesgo de hacer errores es muy alto. Además, hay poco personal y tenemos poco tiempo para los pacientes. Pero todo eso nadie lo ve. Muchas veces sólo encuentras incomprensión y críticas: de los pacientes, de los familiares, del director... La verdad es que sólo sigo por el dinero que recibo a fin de mes. Es triste, pero es la realidad.

4 b. ⏭ 71

- • Bienvenidos a "Charla de dos", el magazine del mediodía. Hoy nos acompaña el psicólogo Juan Arias, especialista en psicología del trabajo. Con él vamos a comentar los resultados de una encuesta sobre un tema importante para todos nosotros: la satisfacción en el trabajo. Señor Arias, ¿qué necesitamos para ser felices en el trabajo? ¿Un buen sueldo?
- ○ Un buen sueldo es importante, pero lo principal es tener un trabajo interesante. Es lo que dice el 28,9% de las personas entrevistadas. Después, muy cerca, un buen ambiente de trabajo.
- • Claro, es lógico, un buen ambiente significa también calidad de vida. Igual que el horario, ¿no? Veo que un 9,8% dice que el horario es importante.
- ○ Sí, es más importante que la seguridad. Un puesto seguro es lo fundamental para el 6% de los entrevistados. Después viene la promoción, la posibilidad de hacer carrera en la empresa.
- • Ajá. Pero me parece que falta un aspecto fundamental.
- ○ ¿Cuál?
- • Nadie ha hablado de las vacaciones.
- ○ Pues sí, es cierto. En otros países, sobre todo en el norte de Europa, es uno de los factores más importantes. Hay otros factores que no están en la encuesta, por ejemplo el reconocimiento, es decir, saber que los demás valoran tu trabajo, o el sentirse útil.

- Ya lo han oído, queridos radioyentes, el reconocimiento y la utilidad en la empresa son factores que todavía no importan a los españoles. ¿Hasta cuándo? Nos lo dirán las próximas encuestas.

11 b. ⏭ 72–77

1.
- Julia, necesito las nuevas listas de precios para la reunión de esta tarde. ¿Ya has hecho las fotocopias?
- ○ Sí, están en tu escritorio, en la carpeta azul.

2.
- Julia, ¿puedes preparar, por favor, el café para la reunión con los colegas del márketing?
- ○ Lo siento, es que la máquina de café no funciona, está rota. ¿Qué tal si lo voy a buscar al bar de la esquina?

3.
- Teresa, ¿tienes la llave para la sala de reuniones? Es que quiero preparar todo para la visita de los clientes a las once, pero no puedo entrar.
- ○ Pregúntale a la secretaria. Ella te va a abir la puerta.

4.
- La reunión empezará en pocos minutos y la directora no quiere recibir llamadas. Hay que desconectar el teléfono. Julia, ¿lo puedes hacer tú?
- ○ Ya está.

5.
- Julia, ¡no encuentro las reservas de los vuelos a Lima!
- ○ Tranquilo. La secretaria de la directora los ha reservado esta mañana y ha dejado los papeles en su mesa.
- Gracias. Eres un tesoro.

6.
- Julia, ¿has escrito la carta de reclamación que te pedí?
- ○ Sí, claro. Está en la mesa de la directora. Tiene que firmarla.
- Fantástico, gracias.

12 Mirador

1 b. ⏭ 78

- Vamos a hablar del trabajo y de las normas que hay en el trabajo. Por ejemplo, en nuestros países, ¿los colegas son sólo colegas de trabajo o es normal o habitual salir con ellos después del trabajo, hacer otras cosas? Miguel, ¿cómo es en tu país?
- ○ Normalmente son como amigos, sales con ellos a tomar algo después de trabajar o cuando haces la pausa…
- ¿Los invitas a casa también?
- ○ Puedes invitarlos a casa. No es tan normal invitar a casa en España, pero podrías.
- ¿Y en los otros países? En…
- ■ Pues en mi país por ejemplo, sí, son compañeros y son amigos. Los fines de semana incluso puedes salir con ellos o vas a bodas, a cumpleaños, o puedes invitar a tu jefe…
- María, en Bolivia…
- □ Bueno, sí, en Bolivia no hay ese contacto con los colegas, no se los invita los fines de semana y solamente de vez en cuando sí se sale con alguien a tomar algo después del trabajo, pero no se nos invita a la casa.
- Y otro aspecto: ¿se habla en el trabajo de cosas privadas con los colegas?
- ○ Sí, también.
- ¿En España sí?
- ○ Sí, sí.
- ■ En Perú también.
- □ Sí, en Bolivia también, todos los colegas saben la vida privada de nosotros, de todo…
- Vamos a hablar de otro tema y es: ¿cómo vamos vestidos al trabajo en nuestros países? ¿Hay que ir muy formal? ¿Miguel?
- ○ Depende de tu trabajo. Si trabajas en un banco, pues normalmente llevas traje y corbata, y si tienes otro trabajo, yo qué sé, en una escuela, pues es un poco diferente. Pero tampoco vas vestido de forma deportiva, no llevas tenis ni camiseta, vas con una camisa, pantalón largo, así…
- Pantalón vaquero también…
- ○ Pantalón vaquero, sí.
- ¿Y cómo es en Perú, Pilar?
- ■ Pues sí, te vas bien vestida y las mujeres no dejan sus zapatos con tacones, eso es muy normal, las faldas… En los bancos tienen uniforme y como decía Miguel, bueno, depende del trabajo, pero uno le presta mucha atención a la ropa.
- Hm. ¿Y en Bolivia?
- □ Sí, en Bolivia también, especialmente las mujeres se ponen ropa muy elegante y gastan mucho dinero en ropa.
- Ajá.
- ■ Y se maquillan también, se van muy bien pintadas, pero media hora, cuarenta minutos utilizas cada mañana para ponerte bien.
- ¿Sí? ¿Ajá?
- ■ Es así, es muy importante la parte exterior.
- Y tú, Miguel, ¿sabes si esto es así en España?
- ○ Las mujeres normalmente también suelen ir maquilladas y mejor vestidas, sí.
- Muy bien. Entonces hablamos de un tema un poco diferente y es… Llegan a vuestra empresa unos invitados, unos clientes, por ejemplo. ¿Los podéis llevar al comedor de la empresa, a la cantina o a comer un bocadillo?
- ○ No. Normalmente vas con ellos a comer a un restaurante, fuera.
- Un restaurante…
- ○ Un restaurante normalmente algo elegante.
- □ En Bolivia es así también. A los invitados se los invita a un restaurante y claro, uno de los mejores.
- Y un último tema, un último punto: en vuestros trabajos, ¿cómo es la comunicación normalmente? Si tenemos algo que pedir a un colega, ¿le escribimos un correo? ¿Lo llamamos por teléfono? ¿O vamos a su mesa, a su despacho a hablar con él?

- ▫ Bueno, en Bolivia se lo llama por teléfono, también se va a su despacho…
- ○ En España normalmente se hace de forma directa. Lo mejor es levantarse e ir a hablar con esa persona.
- • Hm.
- ▪ Sí, bueno, en Perú es un poco de todo, ya sea por correo electrónico, pero por lo general uno va directamente y no se pierde ese contacto con la persona, y se acerca, "Mira, me puedes hacer este favor" o "¿Qué te parece esto?" Se trata de comunicarse.
- • Lo importante es el contacto personal.
- ▪ Sí. Eso, que no se pierda.
- • Muy bien. Pues, muchas gracias otra vez por responder a nuestras preguntas y adiós.

Todos: Adiós. Venga.

3 ⏭ 79 – 80

1. ¿Sabes la edad de la nueva secretaria?
2. ¿Estás preparada para la entrevista de trabajo?
3. ¿Qué le parece el último candidato?
4. En tu nuevo trabajo ya no ganas tanto como antes, ¿verdad?
5. ¿Está todo preparado para la visita a la feria de Barcelona?
6. Ayer encontré a Silvia Moreno en una reunión. Es una chica muy agradable, ¿no?
7. ¿Qué tal en el nuevo departamento?
8. ¿Cuándo puede venir la chica holandesa que quería hacer unas prácticas?

Ejercicios

1 Mi equipaje

2 **c.** ⏭ 1

- • Bueno, ya he mirado las encuestas y me gustaría comentarlas un poco. Creo que podemos encontrar soluciones y así vamos a practicar en clase lo que más os cuesta y lo que os parece difícil.
- ○ Y lo que más nos gusta hacer…
- • Sí, claro, lo que más os gusta hacer también.
- ▪ Bueno, es que a mí, después de dos años, los artículos "der, die, das" todavía me parecen muy difíciles.
- ▫ Difícil, no imposible, como muchas otras cosas.
- ○ Pues yo, ahora, cada palabra que aprendo, la aprendo con el artículo. No aprendo que dinero se dice "Geld", sino "DAS Geld". Y así, pues parece que me va mejor, pero me equivoco también.
- ▫ Para mí, lo más difícil es entender. Cuando pones el cedé, yo no entiendo nada. Siempre tengo que leer después lo que hemos escuchado.
- ▪ Pero si lo lees siempre, al final nunca vas a entender.
- ○ Pues yo, a ver, la pronunciación. Pilar, tú nos entiendes, creo que porque te imaginas ya lo que vamos a decir… Pero yo cuando estuve este verano en Múnich y pedí "Apfelstrudel", lo pedí tres veces y hasta que no le enseñé al camarero la palabra escrita en el diccionario, no me entendió.
- ▪ ¡Qué exagerado!
- ○ Fue así.
- • Bueno, pues tomo nota de las cosas que os gustaría practicar más y empezamos a trabajar ahora mismo.
- ○ Pero también vamos a hacer las cosas que nos gustan, ¿no?

13 **a.** ⏭ 2

- • Hola, buenos días, soy Manuel Campos, el jefe de personal de la empresa.
- ○ Encantada. Soy Marta Pérez Blanco.
- • Su currículum me ha parecido muy interesante, sobre todo porque tiene buenos conocimientos de idiomas y por eso la hemos llamado. Vamos a ver, aquí lo tengo… Marta Pérez Blanco, nacida en Zaragoza el 13 de septiembre de 1986.
- ○ Eso es.
- • Con un nivel muy alto de inglés. Aquí escribe que tiene un nivel C1 en escuchar, leer y hablar y un nivel B2 en escribir. ¿Me puede contar un poco cómo aprendió inglés?
- ○ Bueno, después del instituto estudié un año en Oxford. Además hice un examen, el "Proficiency" de la Universidad de Cambridge.
- • Vaya, muy bien. Aquí utilizamos mucho el inglés porque tenemos muchos clientes de Estados Unidos. Bueno y el francés… también lo habla bastante bien, ¿no?
- ○ Sí. Pero no tan bien como el inglés. Tengo un nivel B2 en escuchar, leer y hablar y un B1 en escribir.
- • ¿Cuándo aprendió francés?

○ Estudié tres años en la Escuela Oficial de Idiomas y, bueno, el verano pasado hice unas prácticas de tres meses en una empresa en Niza.
• Excelente. Muchas gracias. Mañana tengo una reunión con el director de la empresa. El jueves o el viernes vamos a llamarla para comunicarle la decisión.
○ Muchas gracias. Adiós.
• Adiós.

2 ¡Qué descanso!

2 b. 4

• Bueno, ¿y por qué ha venido el señor González otra vez? Ayer ya estuvo aquí y la semana pasada también…
○ Usted también lo conoce ya, Margarita. Ayer vino por el dolor de cabeza. Sus nietos estaban de visita y él dice que por eso tenía dolor de cabeza, así que le receté unas aspirinas. Hoy tiene diarrea. Y fiebre. Dice que esta mañana ha tenido treinta y ocho y medio.
• Uy, ¡pobre! ¡Qué mala suerte!
○ Es que ayer cenó ensaladilla rusa… y ya sabes con la mayonesa…
• Pues yo creo que mañana viene otra vez.
○ Bueno, si llama mañana le dice que tiene que esperar un día más, que se tome las pastillas para la diarrea y que coma sólo yogur.

11 b. 5

cha**qu**eta, **gu**itarra, hi**z**o, venta**j**a, ti**j**eras, **c**uarenta, practi**qué**, **c**entral, traba**jó**, **z**apato, lle**gué**, co**c**ina, empe**cé**, a**g**encia

3 ¿Te acuerdas?

9 b. 6

• Bueno, ¿y vosotros cómo os conocisteis?
○ Pues nada original ni emocionante, en el trabajo.
• Pero si no trabajáis en el mismo sitio. ¿O es que antes era así?
■ No, no. Yo soy profesora de francés en un instituto, pero trabajé una vez para la empresa de Luis. Tenían que ir a una feria de coches a París y nadie hablaba francés, así que me contrataron a mí.
• Así que os conocisteis en Francia…
○ Bueno, ya en el aeropuerto nos presentaron y hablamos un buen rato. En el avión yo estaba sentado a su lado.
• ¿Y qué año fue eso?
■ El 2009. Y ese mismo año nos fuimos a vivir juntos.
• ¡Qué rapidez!
○ Pues sí, más o menos tres meses después de la feria me fui a vivir a su casa. Ella ya tenía su propia casa, pero yo vivía con mis padres.
■ Tus padres estaban contentísimos…
• … porque por fin se fue…
■ Exacto.
○ Muy graciosa. Pues no, mira, Alicia tuvo la suerte de que se pudo comprar su propia casa enseguida, pero yo no.
■ Sí, sí, hace ya cinco años, pero me ayudaron mis padres, ¿sabes? Si no, es que es imposible. Bueno y también tuve que pedir un crédito al banco y todavía estoy pagándolo.

4 Mirador

2 9 – 13

1. Si no estás relajado, es porque no quieres. Esta semana en el centro de belleza y salud "Paraíso" te regalamos un masaje de pies gratis si pruebas nuestros nuevos tratamientos con piedras calientes o con chocolate. ¡Te esperamos!

2. Y ahora, la receta de hoy que nos envía María: si tienes dolor de garganta, el mejor remedio casero es preparar un té, añadir el zumo de medio limón y dejarlo reposar cinco minutos. Antes de tomarlo hay que añadir una cucharada de miel. ¡Y funciona!

3. Bueno y ya empezaron ayer martes día 9. Toda Ávila está de fiesta hasta el día 15 de octubre. Si no conocen ustedes las maravillosas fiestas de Santa Teresa, ¿por qué no nos hacen una visita?

4. Atención, cambio de horario. El curso de inglés de nivel B2 de la profesora Caroline Jenkins va a ser los martes y jueves de 17:30 a 19:30, en el aula B26.

5. Consulta del doctor Martínez. Ha llamado usted fuera de nuestro horario de atención. Puede pedirnos una cita de lunes a viernes de 9 a 12 de la mañana, martes y jueves de 2 a 5 de la tarde.

5 Lo quiero todo

6 b. 14 – 19

1.
• Oye, ¿puedo coger tu coche? Es que tengo una cita y llego tarde.
○ Bueno, te lo presto, pero tienes que cuidarlo bien, ¿eh?

2.
• ¿Me puedes prestar veinte euros? Es que me he dejado el monedero en casa.
○ Pues espera… No sé si tengo suficiente. Lo siento, pero no te los puedo prestar porque sólo tengo cinco euros y los necesito.

3.
• Oye, yo te dejé mi mochila hace tres meses, ¿no?
○ Sí. ¿La necesitas?
• Sí, es que voy a hacer una excursión a la montaña este fin de semana.
○ Pues resulta que se la presté a Malena y ella todavía no me la ha devuelto.

4.
- He engordado tanto que no me puedo poner ningún pantalón.
- ¿Tampoco esos rojos tan bonitos?
- Tampoco… Te gustan mucho, ¿verdad? ¡Toma, te los doy! Pero te los tienes que poner mucho, ¿eh?
- Muchas gracias. Me los voy a poner esta misma noche.

5.
- ¿Y ese cedé de tangos?
- Es un regalo para Laura. Tengo que hacer un paquete y llevarlo a Correos.
- Claro, la semana que viene es su cumpleaños…
- Creo que le va a gustar mucho.

6.
- Me encanta esta chaqueta, pero mira lo que cuesta, es carísima.
- Ay, es bastante cara. ¿Y si esperas las rebajas?
- Si espero, seguro que mi talla ya no queda. Me voy a hacer un regalito a mí misma.

6 ¡Qué amable!

7 a. 21
- ¿Anabel? ¿Eres tú?
- Santi, ¿cuándo vienes? Están ya casi todos aquí.
- Ay, perdón por el retraso. Estoy en camino, pero no sé exactamente cómo llegar.
- ¿Dónde estás? ¿Has venido en metro?
- Sí, pero no hasta la parada de Islas Filipinas. He bajado en Moncloa.
- En Moncloa… Bueno, pues desde ahí también es fácil llegar. Se tarda un poco más, pero no hay problema. Mira, al final de la calle hay un arco grande, ¿lo ves?
- Sí, sí, estoy muy cerca.
- Es el Arco de la Victoria. Ve hasta el arco y toma la primera calle a la derecha.
- ¿Es la calle Fernández de los Ríos?
- Sí, eso es. Después sigue por esa calle hasta encontrar la calle Andrés Mellado y gira a la izquierda.
- ¿Está muy lejos?
- A ver, déjame pensar… es la tercera… no, la cuarta calle a la izquierda. Ahí busca el número 58 y ya estás en mi casa.
- Bueno, pues hasta ahora.
- Hasta ahora. Si tienes problemas, llámame otra vez.

12 b. 22
1. Trabaj**o** en una empresa de exportación.
2. Tom**é** el tren de las ocho a Barcelona.
3. Invit**ó** a todos los compañeros de trabajo a su fiesta.
4. Pas**e** unas vacaciones inolvidables con Euroviajes.
5. A la fiesta llev**ó** una tarta y una botella de cava.
6. Pagu**e** con tarjeta de crédito en todas nuestras tiendas

7 Vamos al parque

2 b. 23
- ¿Dígame?
- Hola, buenos días. Soy Arturo Díaz de la agencia de viajes Megatours. ¿Puedo hablar con el señor Toscano?
- Mi marido no está. ¿De qué se trata?
- Su marido hizo la semana pasada una reserva para una excursión el 7 de septiembre a los Picos de Europa.
- Sí. ¿Hay algún problema?
- Pues sí, como no hay suficientes interesados, no es posible hacerla, pero hemos tenido algunas cancelaciones para el día 4 y ahora tenemos plazas libres. ¿Quieren ustedes ir el día 4? Si no pueden, les devolvemos el dinero.
- No, está bien. Apúntenos para el día 4.
- Muy bien, entonces les envío por correo la confirmación.

4 24 – 27

1.
- Construcciones Miró. Buenos días.
- ¿Puedo hablar con el señor Esteve?
- Ahora mismo le paso.

2.
- Escuela Oficial de Idiomas. ¿Dígame?
- Hola, ¿está la señora Márquez?
- En este momento no está. ¿Quiere dejarle algún recado?
- No, gracias. Llamo más tarde.

3.
- ¿Sí?
- Hola, ¿está Andrea?
- Lo siento, se ha equivocado de número.
- Uy, perdone. Adiós.

4.
- ¿Dígame?
- Hola. ¿Puedo hablar con Sofía?
- ¿De parte de quién?
- Soy Antonio.
- Un momento, ahora se pone.
- Gracias.

13 28 – 30

1.
- Caja Mediterráneo. ¿En qué puedo ayudarle?
- Hola, buenos días. ¿Puedo hablar con el señor Marco?
- Un momento… El señor Marco está hablando ahora mismo por la otra línea. ¿Quiere dejar un recado?
- Sí, dígale que ha llamado la señora Paredes. Se trata de la tarjeta de crédito.
- Muy bien. Le dejo una nota.
- Gracias.
- De nada.
- Adiós.

2.
- ¿Dígame?
- Hola, ¿está Alejandra?

- ¿De parte de quién?
- ○ Soy Samuel.
- Un momento, Samuel. ¡Alejandra, Alejandra, teléfono! Es Samuel.

3.
- ¿Sí?
- ○ Buenas tardes. ¿Puedo hablar con la señora Martín?
- ¿Martín? Lo siento, se ha equivocado de número.
- ○ Perdone. Adiós.

14 **b.** ⏭ 31
No bebas agua fría.
Dame el teléfono.
¿Qué es esto?
Este es un amigo mío.
¿Dónde estás ahora?
Voy con una amiga.
No vayas en autobús.
¿Conoces a mis abuelos?
Nos encanta trabajar en el jardín.

8 Mirador

2 ⏭ 32 – 36

1. En el hotel intentamos ahorrar agua. Por ejemplo, pedimos a los clientes que vuelvan a utilizar las toallas, si es posible, para así no tener que lavarlas todos los días.

2. Antes siempre iba en coche sola a la universidad, pero este año he conocido a un compañero que vive cerca de mi casa y ahora vamos normalmente juntos, o en mi coche o en el suyo.

3. Bueno, en España todavía falta mucho por hacer, pero hemos mejorado mucho. Un 80% de los jóvenes dice que separa siempre la basura.

4. En nuestro edificio la calefacción central se enciende el 1 de noviembre. Normalmente, en las casas no hace frío antes de esa fecha y así ahorramos energía y dinero.

5. A veces tenemos que lavar la ropa todos los días, pero la lavadora siempre está muy llena y lavamos con agua fría.

9 Proyectos con futuro

8 **c.** ⏭ 37
Intermón Oxfam, buenas tardes. … Sí, por supuesto. En nuestra organización puedes participar como voluntario y claro, siempre necesitamos gente para trabajar. … Pues primero necesito saber si eres socio de Intermón Oxfam. … ¡Ah! Muy bien. ¿Tu nombre, por favor? … Alfonso Carrasco… Ah, sí. Eres socio desde 2006. ¿Sigues viviendo en Oviedo? … ¿Tienes preferencia por alguna actividad en concreto? … Bien. Ahora dime, ¿cuánto tiempo te gustaría dedicar a la semana? … ¡Qué bien! Cinco horas a la semana es suficiente. ¡Qué casualidad! Precisamente ahora en la tienda de Comercio Justo de Oviedo necesitamos voluntarios. ¿Te interesa? … Muy bien. Entonces puedes ponerte directamente en contacto con Leticia Montenegro en la tienda de Oviedo y ella te informará sobre el trabajo que puedes hacer. … ¡Qué bien! Entonces seguro que te gustará participar en el trabajo de la tienda. ¿Quieres tomar nota del teléfono de Leticia? … Está bien. Es cierto. Si hablas personalmente con ella, es mejor. … Entonces, Alfonso, ¡te deseo mucha suerte! … Gracias, gracias. Adiós.

10 Muy informados

10 ⏭ 40 – 43
1.
- Cuando decido hacer un viaje, voy primero a una agencia de viajes para comparar los precios. Creo que es la forma más práctica.
- ○ Yo creo que no, porque con internet ya no necesitas ir a una agencia de viajes. Puedes ver todas las ofertas en la pantalla y en tu casa.

2.
- Me gusta viajar sola, porque así conozco a gente nueva. A mí a veces me gusta estar sola, pero también me gusta compartir momentos con gente que acabo de conocer. Es una manera de disfrutar de las dos cosas.
- ○ Tienes razón. El año pasado viajé por primera vez sola y realmente lo disfruté mucho. Fue una experiencia muy buena.

3.
- Las vacaciones son para leer, descansar, no pensar en nada y solamente disfrutar.
- ○ No estoy de acuerdo contigo. Las vacaciones son para muchas cosas más. Hay gente que aprovecha las vacaciones para viajar, conocer gente, aprender sobre la cultura, la historia. No sé… Cada uno tiene sus preferencias.

4.
- Yo, en las vacaciones, siempre voy al mismo lugar. Allí lo conozco todo y estoy en un ambiente familiar. Es lo mejor, ¿verdad?
- ○ Sí, es verdad, pero en algún momento es como estar en tu casa, ¿no crees? De vez en cuando me gusta también visitar o recorrer otros lugares.

11 ¡Buen trabajo!

9 **b.** ⏭ 45
- Bueno, Roberto, ¿qué tal la búsqueda de trabajo?
- ○ Pues mira, sigo buscando y es que no es tan fácil. A veces hay ofertas interesantes, pero muchas veces piden requisitos que yo no tengo.
- Hoy en el periódico he encontrado unas ofertas y quizá alguna de ellas podría interesarte.
- ○ ¿A ver?
- Mira, por ejemplo esta es interesante.

- ○ Sí, pero yo sólo hablo inglés y aquí se necesita hablar inglés y francés.
- ● Vaya, tienes razón. ¿Y esta otra?
- ○ Sí, no está mal, pero de momento no me interesa. Quiero trabajar a tiempo completo. Trabajar como autónomo no me convence, porque tengo que pagar yo mismo la seguridad social y es muy caro.
- ● Bueno, pero si trabajas en casa, te puedes organizar tú mismo el horario y puede ser muy cómodo.
- ○ Sí, pero ahora para mí lo más importante es tener un buen sueldo, porque me quiero comprar una casa. El horario de trabajo no me parece tan importante en este momento.
- ● Mira, aquí hay otra más.
- ○ Vaya, esta suena muy bien porque ofrecen un contrato fijo. Creo que voy a enviar el currículum.

13 b. 46

1. ¿Te apetece tomar una **c**erve**z**a?
2. **C**elia tiene do**c**e o tre**c**e años.
3. **C**esar na**c**ió en **Z**arago**z**a.
4. Ne**c**esito unos **z**apatos a**z**ules.
5. Muchas ve**c**es **c**eno pan con chori**z**o.

13 c. 47

1. Me **ll**amo Gui**ll**ermo y he **ll**egado tarde.
2. Mi profesora de **y**oga se **ll**ama **Y**olanda.
3. En ma**y**o vamos a Va**ll**adolid.
4. ¡E**ll**a se ha **ll**evado la **ll**ave!
5. Hemos pedido po**ll**o al aji**ll**o.

12 Mirador

2 a. 48 – 51

1. Yo pondría acceso a internet gratis en todas las casas. Los gobiernos deberían ayudar a todas las familias que no tienen ordenador ni acceso a internet en casa, porque hoy en día es algo imprescindible.

2. Yo utilizo internet sobre todo para estar en contacto con mis hijos, porque no viven en España. Nos enviamos correos electrónicos regularmente y es mucho más barato que llamarlos al móvil.

3. Mis hijos me regalaron una computadora portátil por mi cumpleaños y acabo de hacer un curso sobre el uso de internet en el centro de jubilados. Ahora ya no me compro el periódico porque lo leo en internet.

4. Yo cada vez hago más cosas por internet. Por ejemplo, desde hace cuatro o cinco años ya no voy a una agencia de viajes, porque es muy práctico reservar los vuelos y los hoteles por internet.

2 b. 52 – 53

1. Hola, buenos días, soy Víctor Piñero del Banco de Santander. Este es un mensaje para la señora Cremades. Usted olvidó ayer su tarjeta en el cajero automático de la calle Sagasta y una persona la entregó en esta oficina. Por favor llámenos al 96 345 23 64 para pasar a recogerla.

2. Parque temático Portaventura. ¡Esta semana oferta especial! Por la compra de una entrada familiar recibirán ustedes un vale de descuento para todos los restaurantes del parque.

2 c. 54 – 57

1. Centro Comercial Puerta del Mar. ¿Todavía no has comprado tu regalo para el día de la madre? No hay problema. Estamos abiertos el próximo domingo de 12 a 20 horas.

2. Señores telespectadores, les recordamos que esta tarde, a las 20 horas, es la retransmisión en directo del partido de la Eurocopa Real Madrid - Bayern de Múnich. Por eso emitiremos el documental "La Panamericana, una ruta única" el próximo martes a las 21 horas.

3. Este domingo hay un concierto del Coro Santa Cecilia a beneficio del proyecto "Escuela para todos". Todo el dinero de las entradas está destinado a ayudar a este importante proyecto social. ¡Te esperamos!

4. Hola, buenos días. Soy Juan Carlos Delgado, de la empresa Oficemen. Señora Montero, hemos recibido su currículum y estamos interesados en conocerla. Por favor, llámeme al teléfono 93 356 78 52 para concertar una cita.

Vokabular nach Lektionen

Hier finden Sie die neuen Wörter in der Reihenfolge ihres Vorkommens. Die deutsche Übersetzung gibt die Bedeutung im jeweiligen Zusammenhang wieder.

Der Lernwortschatz ist **fett** gedruckt.

Wörter der CD sind nur dann angegeben, wenn sie für die Lösung der Aufgabe benötigt werden.
Nicht aufgeführt sind Länder und Eigennamen, soweit sie mit der deutschen Schreibweise identisch sind.
Informationen zu Personen und Orten finden Sie auf der Internetseite www.klett-sprachen.de/congusto.

Beachten Sie die Schreibweise der Endungen: señor/a bedeutet, dass die weibliche Endung **a** an die männliche Form angehängt wird; amigo/-a bedeutet, dass die weibliche Endung **a** die männliche ersetzt.

Zu Verben mit unregelmäßigen Präsensformen findet sich ein Hinweis: *(i), (í), (ie), (ú), (ue), (y), (zc)*. Bei konjugierten Verben ist der Infinitiv angegeben.

Abkürzungen:
f = feminin, weiblich
inf = Infinitiv
LA = lateinamerikanische Variante
m = maskulin, männlich
pl = Plural

1 Mi equipaje

1 a	**estadounidense**	US-amerikanisch
	el / la filósofo/-a	Philosoph/in
	el / la director/a de cine	Regisseur/in
b	**creer**	glauben
	sonar *(ue)*	klingen
	el colegio	Schule
	tener la oportunidad	die Gelegenheit haben
	la oportunidad	Gelegenheit
	sensacional	sensationell
	aquel / aquella	jene/r/s
	amar	lieben
	el / la latino/-a	*Person spanischer oder lateinamerik. Herkunft*
	en general	im Allgemeinen
	América Latina	Lateinamerika
	cariñoso/-a	liebevoll
	la naturalidad	Natürlichkeit
	el saber vivir	Lebensart
	adaptado/-a	angepasst
2 a	**más**	am meisten / die meisten
	EE. UU. (Estados Unidos) *(mpl)*	USA (Vereinigte Staaten)
	Brasil	Brasilien
	el valor	Wert; *hier:* Bedeutung
	ocupar	einnehmen
	como	als
	cuarto/-a	vierte/r/s
	el chino	Chinesisch
	el hindi	Hindi
	seguir *(i)*	folgen
	el / la alumno/-a	Schüler/in
	la lengua extranjera	Fremdsprache
	comprensible	verständlich
	el vehículo	*hier:* Mittel
	el patrimonio cultural	Kulturgut
	la enciclopedia	Enzyklopädie
	el Instituto Cervantes	*spanisches Kulturinstitut*
b	las matemáticas	Mathematik
3 a	**traer** *(yo traigo)*	mitbringen
	practicar	praktizieren, üben
4 a	**el movimiento**	Bewegung
	el cedé (CD)	CD
b	**la dificultad**	Schwierigkeit
	aburrir	langweilen
	costar *(ue)*	schwerfallen
5 a	dime *(decir)*	sag mir
	ponga *(poner)*	setzen Sie
	correspondiente	entsprechend
	el bolígrafo	Kugelschreiber
	el lápiz	Bleistift
	el marcador	Textmarker
	el clip	Büroklammer
	las tijeras	Schere
	la goma de borrar	Radiergummi
	la hoja de papel	Blatt Papier
b	**el plástico**	Plastik
	la madera	Holz
	borrar	(aus)radieren, löschen, streichen
d	imaginarse	sich vorstellen
6 a	**CD soportar**	ertragen, dulden
	el desorden	Unordnung
b	caótico/-a	chaotisch
	creativo/-a	kreativ
	desordenado/-a	unordentlich
	disciplinado/-a	diszipliniert
	hablador/a	gesprächig, geschwätzig
	ordenado/-a	ordentlich
	sistemático/-a	systematisch
	paciente	geduldig
	perfeccionista	perfektionistisch
	trabajador/a	arbeitsam, fleißig
	reservado/-a	zurückhaltend
c	**el tipo de estudiante**	Lernertyp
	marcar con una cruz	ankreuzen
	impaciente	ungeduldig
7 a	**el lugar** de estudio	Lernort
b	**el éxito**	Erfolg
	mágico/-a	magisch
	sí	doch
	el ingrediente	Zutat
	el porcentaje	Prozentsatz
	hay que	man muss
	la diversión	Spaß, Vergnügen
	la paciencia	Geduld
	la motivación	Motivation

	¡ya está!	fertig!
8 a	el desamor	Lieblosigkeit, Liebesentzug
b	**desde el primer día**	vom ersten Tag an
	apasionarse	sich begeistern
	venir a ver	besuchen, zu jdm gehen
	reírse *(i)* de	auslachen
	seguir *(i)*	weitermachen
	tener miedo (a)	Angst haben (vor)
	el miedo	Angst
	el pasado	Vergangenheit
	comprender	verstehen
	ya no	nicht mehr
	conseguir *(i)*	erreichen, schaffen
e	verbal	verbal
	poner *(g)* **la mesa**	den Tisch decken
10 a	**hace poco tiempo**	vor Kurzem
CD	**curioso/-a**	neugierig
	la academia	Akademie
	chatear	chatten
	perfeccionar	vervollkommnen
c	subraye *(subrayar)*	unterstreichen Sie
	desde hace	seit *(+ Zeitraum)*
	el / la entrenador/a	Trainer/in
	desde	seit *(+ Zeitpunkt)*
d	**me gustaría** + *inf*	ich würde gerne
	la infancia	Kindheit
	de adulto/-a	als Erwachsene/r
11 a	a los 30 años	mit 30 Jahren
	ganar	gewinnen
	la medalla	Medaille
	el / la bombero/-a	Feuerwehrmann/-frau
	un gran deportista	ein großartiger Sportler
	el campeonato mundial	Weltmeisterschaft
	el campeonato	Wettkampf
	los bomberos	Feuerwehr
	la natación	Schwimmen
	estar en forma	fit sein
	curiosamente	erstaunlicherweise
	cuando	als
	¡No me digas!	Was du nicht sagst! Sag bloß!
	superar el miedo	die Angst überwinden
	la vergüenza	Scham(gefühl)
	sentirse *(ie)*	sich fühlen
	orgulloso/-a	stolz
	entrenarse	trainieren
	Australia	Australien
	Canadá	Kanada
	como	da, weil
	extraño/-a	seltsam
	Afganistán	Afghanistan
	el diario	Tageszeitung
	vasco/-a	baskisch
	por primera vez	zum ersten Mal
	el mundial	Weltmeisterschaft
	Inglaterra	England
b	**es decir**	das heißt
c	motivar	motivieren
12	el aprendizaje	Lernen

Tf	el perfil	Profil
	exponer *(g)*	ausstellen
	el aula *(f)*	Klassenraum
C	la clave	Schlüssel, Code
	el capítulo	Kapitel
	aclarar	(auf-, er)klären
	el misterio	Geheimnis
	el / la detective (privado/-a)	(Privat-)Detektiv/in
	la agencia de detectives	Detektivbüro
	la ciencia	Wissenschaft
	el robo	Raub
	valioso/-a	wertvoll
	el detalle	Einzelheit
	la fórmula	Formel
	¡Qué horror!	Wie entsetzlich!
	terrible	schrecklich
	complicado/-a	kompliziert
	el currículum	Lebenslauf
F	festivo/-a	feierlich
	decorar	schmücken
	el belén	Krippe
	la alegría	Freude
	navideño/-a	weihnachtlich, Weihnachts-
	la posada	Herberge; Herbergssuche *(Mexiko)*
	simbolizar	symbolisieren
	la peregrinación	Pilgerfahrt
	Belén	Bethlehem
	San José	Heiliger Josef
	la Virgen María	Jungfrau Maria
	en realidad	in Wirklichkeit, eigentlich
	la fecha	Datum
	coincidir	übereinstimmen
	la celebración	Feier
	azteca	aztekisch
	en honor a	zu Ehren von
	el honor	Ehre
	cristianizar	christianisieren
	el / la dueño/-a	Besitzer/in
	la hospitalidad	Gastfreundschaft
	los Reyes Magos	Heilige Drei Könige
	tradicionalmente	traditionell, traditionsgemäß
	Melchor, Gaspar, Baltasar	Kaspar, Melchior, Balthasar
	el día de Reyes	Dreikönigstag
	la cabalgata	(Reiter-)Umzug
	el desfile	Umzug
	recibir	empfangen
	el camello	Kamel
	de verdad	wirklich, *hier:* echt
	emocionado/-a	gerührt, bewegt, aufgeregt
	entregar	übergeben, überreichen
	desear	wünschen
	bueno/-a	*hier:* brav
	la puerta	Tür
	intentar + *inf*	versuchen (zu)
	la ilusión	Vorfreude
	la Nochevieja	Silvester

2 ¡Qué descanso!

	el descanso	Erholung
1 a	**en buenas manos**	in guten Händen
	subrayar	unterstreichen
	la parte del cuerpo	Körperteil
	el centro de salud	Gesundheitszentrum
	la belleza	Schönheit
	el tratamiento	Behandlung
	la piedra	Stein
	el masaje	Massage
	la espalda	Rücken
	la acupuntura	Akupunktur
	la oreja	Ohr
	efectivo/-a	effektiv, wirksam
	la sesión	Sitzung
	suficiente	genügend, genug
	la piel	Haut
	engordar	dick machen / werden
	la pierna	Bein
	profesional	beruflich, Berufs-
	el / la aficionado/-a	Liebhaber/in, Fan
	el / la maratón	Marathon
	la cara	Gesicht
	la máscara	Maske
	el estrés	Stress
	la reflexoterapia	Reflex(zonen)therapie
	activar	aktivieren
2 a	**doler** *(ue)*	schmerzen, wehtun
	la cabeza	Kopf
	el diente	Zahn
	la nariz	Nase
	la boca	Mund
	el ojo	Auge
	el dedo	Finger
	el brazo	Arm
	el pecho	Brust
	la barriga	Bauch
	la rodilla	Knie
b	señalar	zeigen auf
	lo más rápido posible	so schnell wie möglich
3 a	el / la hipocondríaco/-a	Hypochonder
	sin remedio	unheilbar, hoffnungslos
	el síntoma de enfermedad	Krankheitssymptom
	la enfermedad	Krankheit
	estar mal	sich schlecht fühlen
	la fiebre	Fieber
	el resfriado	Erkältung
	grave	ernst, schlimm
	Ay, ay, ay.	Aua.
	la garganta	Hals, Rachen
	la tos	Husten
	el estómago	Magen
	moverse *(ue)*	sich bewegen
	estar fatal	sich elend fühlen
	curarse	genesen, gesund werden
	preocupar	beunruhigen
	la consulta	Praxis
	pedir *(i)* hora	einen Termin vereinbaren
	el balneario	Kurort
	el / la paciente	Patient/in
b	**la salud**	Gesundheit
	¿Qué te / le pasa?	Was fehlt dir / Ihnen?
	Que te mejores / se mejore.	Gute Besserung.
	la gripe	Grippe
	la diarrea	Durchfall
	alergia (a)	Allergie (gegen)
	enfermo/-a	krank
	resfriado/-a	erkältet
	nervioso/-a	nervös
	estar bien	sich wohl fühlen
4 a	Sana, sana, colita de rana	*Redewendung: „Heile, heile Gänschen"*
	sano/-a	gesund
	la colita	Schwänzchen
	la rana	Frosch
	la infusión de hierbas	Kräutertee
	la cebolla	Zwiebel
b	**la farmacia** en línea	Online-Apotheke
	el inicio	Start; *hier:* Home
	el comprimido	Tablette
	el jarabe	Sirup, Saft
	la tintura	Tinktur
	el yodo	Jod
	la crema	Salbe
	la tirita	Pflaster
	la unidad	Einheit; *hier:* Stück
	la gasa	Mullbinde
	la gota	Tropfen
	el colirio	Augentropfen
CD	el botiquín	Hausapotheke, Verbandskasten
	a menudo	häufig
c	**el dolor de cabeza**	Kopfschmerz(en)
	algo más fuerte	etwas Stärkeres
	la pastilla	Tablette, Dragee
	para eso	dafür, dazu
d	el / la naturista	Naturheilkundler/in
5 a	añada *(añadir)*	fügen Sie hinzu
b	el factor	Faktor
6 a	el secreto	Geheimnis
	la balanza	Waage
	agradable	angenehm
	con prisa	in Eile
	diariamente	täglich
b	**el cuadro**	*hier:* Tabelle, Kasten
	el adverbio	Adverb
c	**la costumbre**	Brauch
	relajante	entspannend
	tache *(tachar)*	streichen Sie durch
	la fama	Ruf, Ruhm
	productivo/-a	produktiv
	demostrar *(ue)*	beweisen
	científico/-a	wissenschaftlich
	el estudio	Studie
	mejorar	verbessern
	la productividad	Produktivität
	el sillón	Sessel

	bastar	genügen
	alguno/-a	irgendein/e/r
7 a	**antes**	früher
b	encontrarse *(ue)*	sich befinden
	la fuente	Quelle
	los minerales	Mineralien
	la riqueza	Reichtum
	la razón	Grund
	la fundación	Gründung
	el agua *(f)* medicinal	Heilwasser
	medicinal	medizinisch
	en esa época	damals
	el lujo	Luxus
	la cura	Kur(aufenthalt)
	hacer ejercicio	Sport treiben
	el ejercicio	*hier:* Sport, Gymnastik
	bañarse	baden
	las aguas termales	Thermalwasser, -quelle
	alojarse	übernachten
	combinar	verbinden, kombinieren
c	el paraíso	Paradies
	el relax	Entspannung
9	**el siglo**	Jahrhundert
	hacer surf	surfen
10 a	**la motocicleta**	Motorrad
	el mamut	Mammut
	de piel(es)	aus Pelz, Fell
	la piel	Haut, Leder, Pelz, Fell
	la canalización	Kanalisation
	el Imperio Romano	Römisches Reich
	la Edad de Piedra	Steinzeit
	los años cincuenta	fünfziger Jahre
11 a	en cursiva	kursiv, in Kursivschrift
	transformar	um-, verwandeln
	el gas	Gas
	el vapor	Dampf
	anterior a	vor
	la llegada	Ankunft
	la planta aromática	Gewürzpflanze
	aromático/-a	aromatisch
	la planta medicinal	Heilpflanze
	compensar	kompensieren
	el baño de temazcal	*traditionelles Dampfbad in Mittelamerika*
	el uso	Gebrauch, Verwendung
	terapéutico/-a	therapeutisch
	estético/-a	ästhetisch
	el baño de vapor	Dampfbad
	aromatizar	aromatisieren
	las hierbas	Kräuter
	hidratar	den Wasserverlust ausgleichen
	tratar	behandeln
	el dolor muscular	Muskelschmerz
	embarazada	schwanger
	la separación	Trennung
Tf	**el remedio** casero	Hausmittel
	el remedio	Heilmittel
	casero/-a	hausgemacht, häuslich
	la miel	Honig

	recoger información	Informationen einholen
	vuelvan *(volver)*	kehren Sie zurück
	original	ursprünglich
	eficaz	wirksam
C	**desaparecer** *(zc)*	verschwinden
	el / la ladrón/-ona	Dieb/in
	desconectar	ausschalten
	la alarma	Alarm(anlage)
	la vitrina	Vitrine
	robar	stehlen
	descubrir	entdecken
	aproximado/-a	ungefähr
	marcharse	weggehen
	controlar	kontrollieren
	investigar	untersuchen
	justo	genau, gerade
	la grabadora	Aufnahmegerät
	la pila	Batterie
	el protocolo	Protokoll
F	el carnaval	Karneval
	el / la boliviano/-a	Bolivianer/in
	Patrimonio de la Humanidad	Weltkulturerbe
	la fusión	Verschmelzung
	la creencia	Glaube
	cristiano/-a	christlich
	el peligro	Gefahr
	la mina	Bergwerk, Mine
	el / la participante	Teilnehmer/in
	el disfraz	Verkleidung
	la coreografía	Choreografie
	la Candelaria	Mariä Lichtmess
	el festejo	Fest(akt)
	importantísimo/-a	sehr wichtig
	la Diablada	*bolivianischer Karnevalstanz*
	la lucha	Kampf
	el bien	das Gute
	el mal	das Böse
	el / la bailarín/-ina	Tänzer/in
	vestido/-a de rojo	rot gekleidet
	en la puntita	ganz an der Spitze
	la península	Halbinsel
	anterior	vorig, vorherig
	serio/-a	ernst(haft)
	la chirigota	*Karnevals-Musikgruppe*
	crítico/-a	kritisch
	satírico/-a	satirisch
	componer *(g)*	komponieren
	competir *(i)*	wetteifern, konkurrieren
	el concurso	Wettbewerb
	el / la pirata	Pirat/in
	la princesa	Prinzessin
	disfrazarse	sich verkleiden
	el "pescaíto" frito	*kleiner gebratener Fisch*
	a todas horas	jederzeit
	el / la gaditano/-a	*Einwohner/in von Cádiz*
	por naturaleza	von Natur aus
	cualquier/a	irgendeine/r/s, beliebige/r/s

3 ¿Te acuerdas?

1	**el programa de tele**	Fernsehsendung
	la nostalgia	Nostalgie
	saltar a la cuerda	Seil springen
	Cola Cao	*Schokoladengetränk*
	el caballo	Pferd
	Vicky el Vikingo	*Wickie und die starken Männer*
	el vikingo	Wikinger
	el cómic	Comic
	los dibujos animados	Zeichentrickfilm
	la abeja	Biene
	llorar	weinen
	emocionarse	gerührt werden
	Barrio Sésamo	Sesamstraße
	el cubo de Rubik	Zauberwürfel
	el "comecocos"	Pacman *(Computerspiel)*
	¡Qué suerte!	Was für ein Glück!
	la suerte	Glück
2 a	el cuento	Erzählung, Märchen
	dormirse *(ue)*	einschlafen
	menor	jünger, kleiner
	así que	so dass
CD	**el patio**	(Innen-)Hof, Hinterhof
c	**el acontecimiento**	Ereignis
3 a	individualista	individualistisch
	el príncipe	Prinz
	contar *(ue)*	zählen
	el rey / la reina	König/in
	el pájaro	Vogel
	el perro	Hund
	la vaca	Kuh
	el león	Löwe
	la oveja	Schaf
	el toro	Stier
b	el / la protagonista	Hauptfigur
	el ratón	Maus
	el ratoncito	kleine Maus
	Había una vez…	Es war einmal …
	la ostra	Auster
	triste	traurig
	el fondo del mar	Meeresgrund
	responder	antworten
	duro/-a	hart
	brillante	glänzend
	prometer	versprechen
	encontrarse *(ue)* **con**	treffen, sich treffen mit
	la tortuga	Schildkröte
	el botón	Knopf
	la moneda	Münze
	la plata	Silber
	frustrado/-a	frustriert
	la mesa de noche	Nachttisch
	tocar	berühren
	cambiar (por)	(aus)tauschen (gegen)
	ponerse + *Adjektiv*	… werden
	parecido/-a (a)	ähnlich
	el sitio	Platz
	notar	(be)merken
	desde entonces	seitdem
	el diente de leche	Milchzahn
	la almohada	Kopfkissen
	venir a buscar	(ab)holen
c	pequeñito/-a	sehr klein
5 a	**mientras**	während
b	tener sueño	müde sein
c	**el / la voluntario/-a**	Freiwillige/r
d	la versión	Version, Fassung
	invente *(inventar)*	erfinden Sie
6 a	a cambio	dafür, im Austausch
	curioso/-a	neugierig
	de pronto	plötzlich
	quedar	übrig sein
	listo/-a	schlau
	total que	kurzum, schließlich
b	enterarse de	erfahren
	la opción	Option, Möglichkeit
CD	**la curiosidad**	Neugierde
d	el Niño Jesús	Christkind
	el conejo de Pascua	Osterhase
7 a	**la circunstancia**	Begleitumstand
	el acontecimiento	Ereignis
	la manifestación	Demonstration
	enamorarse	sich verlieben
b	cuenten *(contar)*	erzählen Sie
	el / la conductor/a	Fahrer/in
	no importa	es macht nichts
	importar	*hier:* etwas ausmachen
8 a	el conector	Verbindungswort
	estructurar	strukturieren
b	despertarse *(ie)*	aufwachen
	imposible	unmöglich
	resfriarse *(í)*	sich erkälten
9 b	emocionante	aufregend, spannend
	tocar el timbre	klingeln
	el bolsillo	(Jacken-)Tasche
Tf	**colectivo/-a**	gemeinschaftlich
	convertirse *(ie)* **en**	sich verwandeln in
	la hoja en blanco	leeres Blatt
	el aula *(f)*	Klassenraum
C	el escenario	Schauplatz
	el crimen	Verbrechen
	observar	beobachten
	la investigación	Untersuchung
F	las Fallas de Valencia	*Frühlingsfest in Valencia*
	el fuego	Feuer
	el cartón	Pappe
	la falla	*riesige Skulptur aus Pappfiguren*
	generalmente	im Allgemeinen
	de actualidad	aktuell
	reunirse *(ú)*	sich versammeln
	la asociación	Verein
	la esquina	Ecke
	quemar	verbrennen
	loco/-a	verrückt
	ganador/a	gewinnend, Sieger-
	la explosión	Explosion
	el petardo	Feuerwerkskörper

la "mascletá"	*Melodie aus Knallkörpern*
la melodía	Melodie
el / la valenciano/-a	Einwohner/in von Valencia
numeroso/-a	zahlreich
el puesto	Stand
la medianoche	Mitternacht
los fuegos artificiales	Feuerwerk
pasarlo bien	sich amüsieren
de nuevo	erneut, wieder
la quema	Verbrennung
despertar *(ie)*	aufwecken
sin igual	ohnegleichen

4 Mirador

	reflexionar	reflektieren
1 a	el cuestionario	Fragebogen
	el castellano	Spanisch *(Sprache)*
	el gallego	Galicisch *(Sprache)*
	el dialecto	Dialekt
	el vasco	Baskisch *(Sprache)*
	la lengua oficial	Amtssprache
	románico/-a	romanisch
	el quechua	Ketschua *(indian. Sprache Südamerikas)*
	el aymara	*indian. Sprache Südamerikas*
	imaginar	sich vorstellen
	el catalán	Katalanisch *(Sprache)*
	la Comunidad Valenciana	Region Valencia
	geográfico/-a	geografisch
	el océano Atlántico	Atlantischer Ozean
2	**seguro/-a**	sicher
	el / la farmacéutico/-a	Apotheker/in
	ser alérgico/-a (a)	allergisch sein (gegen)
CD	**dejar**	überlassen
3 a	el desorden	Unordnung
5 a	el agradecimiento	Dankbarkeit
	la ortografía	Rechtschreibung
	la concordancia	Übereinstimmung
	el tiempo verbal	Zeit
	la preposición	Präposition
	divertido/-a	lustig, unterhaltsam
	en resumen	kurzum, alles in allem
b	**la decisión**	Entscheidung
	reescribir	neu schreiben
6 a	dar que hablar	von sich reden machen
b	**la pelota**	Ball
	alguien	jemand
	la reinterpretación	Neu-Interpretation
	la menina	Hofdame, Edelfräulein
7 a	**el / la especialista**	Spezialist/in, Fachmann/-frau
	la inteligencia	Intelligenz
	desarrollado/-a	entwickelt
	dominante	dominant, beherrschend
	corporal	körperlich
	la escena	Szene
	visual	visuell
	el plano de rutas	(Straßen-)Karte
	el crucigrama	Kreuzworträtsel
	el puzle	Puzzle
	la lógica	Logik
	la analogía	Analogie
	resolver *(ue)*	lösen
	el cálculo	(Be-)Rechnung
	analizar	analysieren
	intrapersonal	nach innen gewandt
	la responsabilidad	Verantwortung
	naturalista	naturalistisch
	coleccionar	sammeln
	la flor	Blume
	musical	musikalisch
b	**inteligente**	intelligent
	específico/-a	spezifisch
c	coincidir	übereinstimmen
	No se preocupe. *(preocuparse)*	Machen Sie sich keine Sorgen.
	seguramente	sicherlich

5 Lo quiero todo

1 a	el mercadillo	(Floh-)Markt
	regatear	feilschen, Preis verhandeln
c	la zapatería	Schuhgeschäft
	la carnicería	Metzgerei
	la verdulería	Gemüseladen
	la papelería	Schreibwarengeschäft
	la librería	Buchhandlung
	la tienda de ropa	Bekleidungsgeschäft
	la tienda de antigüedades	Antiquitätengeschäft
2 a	el Rastro	*Flohmarkt in Madrid*
	el (día) festivo	Feiertag
	el / la madrileño/-a	*Einwohner/in von Madrid*
	de todo	alles mögliche
	de segunda mano	aus zweiter Hand, gebraucht
	vacío/-a	leer
	negociar	(ver)handeln
b	el pronombre indefinido	unbestimmtes Pronomen
	alguien	jemand
	ninguno/-a	keine/r/s
	toda la gente	alle
c	la pipa	Pfeife
	el cristal	Glas *(Material)*
	el bronce	Bronze
3 a	virtual	virtuell
CD	el pasillo	Gang, Flur
b	el extracto	Auszug, Ausschnitt
	el estilo barroco	Barockstil
	el par	Paar
c	el pronombre directo	direktes Pronomen
	el pronombre indirecto	indirektes Pronomen
4	**el sótano**	Keller
	la corrección	Korrektur
	eliminar	beseitigen

	devolver *(ue)*	zurückgeben
	tirar	(weg)werfen
	la caja	Kiste
	la ciencia ficción	Science-Fiction
	de cuero	aus Leder
	prestar	(aus)leihen
	el / la consumista	Konsumabhängige/r
	la seda	Seide
	la lana	Wolle
	el algodón	Baumwolle
5 a	el cocodrilo	Krokodil
	el oso (de peluche)	(Teddy-)Bär
	el póster	Plakat
	el libro de cocina	Kochbuch
	chino/-a	chinesisch
	el insecto	Insekt
b	inútil	nutzlos
6 a	**gastar**	ausgeben
	el vestido	Kleid
	perdone *(perdonar)*	entschuldigen Sie
	probarse *(ue)*	anprobieren
	el probador	Umkleidekabine
	quedar	passen, stehen *(Kleidung)*
	estrecho/-a	eng
	seguro que	sicher
	la talla	Größe *(Kleidung)*
	el recurso	*hier:* Redemittel, Ausdruck
	cambiar	umtauschen
	¿Qué número calza?	Welche Schuhgröße haben Sie?
	calzar	tragen *(Schuhe)*
	rebajado/-a	heruntergesetzt
	en efectivo	bar
	ancho/-a	breit, weit
	corto/-a	kurz
b	**tener lugar**	stattfinden
	el descuento	Preisnachlass
	el ticket (de compra)	Kassenbeleg
c	el minitexto	Minitext
	el violeta	Violett *(Farbe)*
7 a	la empresa de venta por internet	Internetfirma
	el hábito	Gewohnheit
	la tendencia	Tendenz
	la colaboración	Mitwirkung, Zusammenarbeit
c	la tienda de bricolaje	Bastelgeschäft, Baumarkt
8	**estar dispuesto/-a (a)**	bereit sein (zu)
	el doble	das Doppelte
9 a	**valer** *(g)*	wert sein
	el borriquito	kleiner Esel
	la rumba	*kubanischer Tanz*
	el éxito	Erfolg
	la ida y vuelta	Hin und Her
	la comunidad	Gemeinde
	real	wirklich
	gitano/-a	Zigeuner-
	seguir *(i) + Gerundium*	etwas weiterhin tun
	animar	anregen, animieren
	el tablao flamenco	Flamencolokal
	dejar de *+ inf*	aufhören zu

	dedicarse a	sich … widmen
	a finales de	am Ende von
	ganar	verdienen
	el / la favorito/-a	Liebling
	representar	vertreten
	Holanda	Holland
	sufrir una crisis	eine Krise erleiden
	la crisis	Krise
	abandonar	aufgeben
	la carrera	Laufbahn
	completamente	voll und ganz
	la Iglesia Evangélica	Evangelische Kirche
	el pastor	Pfarrer, Pastor
	el / la predicador/a	Prediger/in
	la satisfacción	Zufriedenheit
	el mundo del espectáculo	Showgeschäft
	durante años	jahrelang
	seguir *(i)* sin *+ inf*	etwas weiterhin nicht tun
	en público	in der Öffentlichkeit
	volver *(ue)* **a** *+ inf*	etwas wieder tun
	grabar un disco	eine Platte aufnehmen
	el modelo	Modell, Vorbild
c	la perífrasis verbal	verbale Umschreibung
d	el interrogativo	Fragewort
10	**por lo menos**	mindestens
	el ensayo	Probe
	en vez de	anstatt (zu)
11 b	**cambiar su vida**	sein Leben verändern
	el propósito	Absicht, Vorsatz
Tf	el guión	Drehbuch
	inspirarse	sich inspirieren lassen
	la transcripción	Transkription
	la boutique	Boutique
	la tienda de muebles	Möbelgeschäft
	el objeto de decoración	Einrichtungsgegenstand
	la decoración	Dekoration, Einrichtung
	los muebles de diseño	Designer-Möbel
	el diseño	Design
	la representación	Darstellung, Aufführung
	aplaudir	applaudieren, klatschen
C	**el / la testigo**	Zeuge/-in
	el paso	Schritt
	el / la vigilante	(Nacht-)Wächter/in
	sucio/-a	schmutzig
	el barro	Schlamm
	la máquina de café	Kaffeemaschine
	el uniforme	Uniform
	la ronda de control	Kontrollgang
	la pantalla	Bildschirm
	la cámara de vigilancia	Überwachungskamera
	roto/-a	kaputt
	desde fuera	von außen
	dentro (de)	innerhalb (von)
	mentir *(ie)*	lügen
	atentamente	aufmerksam
	el testimonio	Zeugenaussage
	la contradicción	Widerspruch
F	el / la sevillano/-a	aus Sevilla
	la pasión	*hier:* Leiden

la muerte	Tod
Jesucristo	Jesus Christus
la Pascua	Ostern
la intensidad	Intensität
la cofradía	Laienbruderschaft
la procesión	Prozession
el paso	*hier:* Passionsfigur
Cristo	Christus
el Viernes Santo	Karfreitag
el costalero	*Träger einer Passionsfigur*
a hombros	auf den Schultern
el hombro	Schulter
pesar	wiegen
la tonelada	Tonne
parar(se)	anhalten
tomar fuerza	Kraft schöpfen
levantar	hochheben
romper el silencio	das Schweigen brechen
el aplauso	Beifall
el grito	Schrei
la saeta	Klagelied
el canto	Gesang
improvisado/-a	improvisiert
el / la nazareno/-a	Büßer/in
acompañar	begleiten
la capucha	Kapuze
cubrir	(be-, ab)decken
menos	außer
la capa	Umhang
descalzo/-a	barfuß
el Domingo de Pascua	Ostersonntag

6 ¡Qué amable!

1 a	**cumplir 100 años**	100 Jahre alt werden
	cordialmente	herzlich
	el centenario	Hundertjahrfeier
	la piñata	*Pappfigur mit Süßigkeiten für Kinder*
	muchísimas gracias por	herzlichen Dank für
	hermoso/-a	wunderschön
	alegrarse	sich freuen
	los papás *(familiär)*	Eltern
	el día de la madre	Muttertag
	la rosa	Rose
	el día de Sant Jordi	*Tag des heiligen Georgs*
b	**Feliz Navidad**	Frohe Weihnachten
	el santo	Namenstag
	Feliz cumpleaños	Alles Gute zum Geburtstag
	Próspero Año Nuevo	Frohes neues Jahr
	igualmente	gleichfalls
	Felices fiestas	Frohes Fest
	(A su) salud.	Auf Ihr Wohl. / Prost.
	¡Que lo pases bien!	Viel Spaß!
CD	el brindis	Umtrunk
c	**enviar** *(í)*	schicken
2 b	**estar invitado/-a**	eingeladen sein
	depender de	abhängen von
	confirmar	bestätigen
c	**llevar**	mitnehmen, mitbringen
3 b	por escrito	schriftlich
	¿Te apetece venir?	Hast du Lust zu kommen?
	Voy con mucho gusto.	Ich komme gerne.
	¿Llevo algo para comer?	Soll ich etwas zu essen mitbringen?
	me encantaría	ich würde gerne
4 a	toma *(tomar)*	nimm
	la cosita	Kleinigkeit
	Pero si no hacía falta.	Das wäre doch nicht nötig gewesen.
	hacer falta	nötig sein
	¿Por qué te has molestado?	Das wäre doch nicht nötig gewesen.
	molestarse	sich Umstände machen
	Pasa, pasa. *(pasar)*	Komm herein.
	poner *(g)*	*hier:* geben, auflegen
	estoy lleno/-a	ich bin satt
	Venga.	*hier:* Los. Komm schon.
	un poquito	ein bisschen
	buenísimo/-a	sehr gut
	insistir	darauf bestehen
	ábrela *(abrir)*	öffne es *(das Fenster)*
	Gracias por haber venido.	Danke fürs Kommen.
CD	Qué detalle.	Wie aufmerksam.
	fenomenal	großartig
b	**entregar**	übergeben, überreichen
	pedir *(i)* permiso	um Erlaubnis bitten
	la tarjeta de felicitación	Glückwunschkarte
5 a	el / la anfitrión/-ona	Gastgeber/in
	felicitar	gratulieren
b	la conversación social	*hier:* Smalltalk
	estar permitido	erlaubt sein
	consultar	konsultieren, zu Hilfe nehmen
	caer en una casilla	auf ein Feld kommen
	¿Falta mucho para llegar a …?	Ist es noch weit bis …?
	déselo *(dar)*	geben Sie es ihm / ihr
	el mensaje	Mitteilung; *hier:* SMS
	la explicación	Erklärung
	la meta	Ziel
	dominar	beherrschen
6 a	ponte *(ponerse)*	greif zu, bedien dich
	brindar	anstoßen
	el amanecer	Tagesanbruch, Morgengrauen
	acabarse	zu Ende gehen
b	**intentar** + *inf*	versuchen zu
	memorizar	sich einprägen, auswendig lernen
c	reconstruir *(y)*	rekonstruieren
7 a	el imperativo	Befehlsform
c	el robot	Roboter
	la orden	Befehl
	cruzar las piernas	die Beine übereinander-schlagen
	dejar	*hier:* geben, leihen

	conjugar	konjugieren
	ser "pan comido"	ein Kinderspiel sein
8 a	ponerse *(g)*	*hier:* nehmen
	bajar el volumen (de)	leiser stellen
	sucio/-a	schmutzig
b	**tener calor**	jdm. warm sein
	la sed	Durst
	único/-a	einzige/r/s
	el trozo	Stück
	tener frío	jdm. kalt sein
9 a	**el malentendido**	Missverständnis
	la impresión	Eindruck
	la perspectiva	Blickwinkel, Perspektive
	el superlativo	Superlativ
	muchísimo/-a	sehr viel
	estar de visita	zu Besuch sein
	servir *(i)*	servieren
	comerse	aufessen
	tanto	so viel
	extrañarse	sich wundern
	así, sin más	einfach so
	enfadado/-a	verärgert
	la manera de actuar	Verhalten(sweise)
	la manera	Art und Weise
	actuar *(ú)*	handeln
	deber	müssen
	generoso/-a	großzügig
	necesitar	*hier:* müssen
b	**la palabra** clave	Schlüsselwort
c	**sorprenderse**	sich wundern, erstaunt sein
d	**la norma**	Norm
10	**estar de mal humor**	schlecht gelaunt sein
	el humor	Humor; Laune
Tf	cortés	höflich
	puntual	pünktlich
	el sueldo	Gehalt
	vestirse *(i)*	sich kleiden, anziehen
	quitarse los zapatos	die Schuhe ausziehen
	el manual	Handbuch
	la supervivencia	Überleben
C	la confesión	Geständnis
	la banda	Bande
	el / la monolingüe	Einsprachige/r
	pertenecer *(zc)* **a**	gehören zu
	el / la fanático/-a	Fanatiker/in
	el objetivo	Ziel
	boicotear	boykottieren
	clavarse en	treffen, eindringen in
	contener *(g)*	enthalten
	la droga	Droge
	la conjugación	Konjugation
	el pasado	Vergangenheit(szeit)
	la memoria	Gedächtnis
	el efecto	Wirkung
	inmediato/-a	unmittelbar, sofort
	el / la apasionado/-a	Begeisterte/r, Liebhaber/in
	traumático/-a	traumatisch
	arrancar	(her)ausreißen
	el golpe	Coup, Schlag
	disparar	(ab)schießen

F	el velorio	(Toten-)Wache
	el / la venezolano/-a	Venezolaner/in; venezolanisch
	aunque	obwohl
	unir	verbinden, vereinen
	la leyenda	Legende
	la época de lluvias	Regenzeit
	el culto	Kult
	el dios	Gott
	el altar	Altar
	la sábana	Bettlaken
	el cielo	Himmel
	la vela	Kerze
	público/-a	öffentlich
	la ofrenda	Gabe
	profano/-a	profan, weltlich
	el caldo (de gallina)	(Hühner-)Brühe
	el bollo / bollito	Brötchen, Gebäck
	el queso blanco	Weißkäse
	mantenerse *(g)* despierto/-a	wach bleiben
	alcohólico/-a	alkoholisch
	convertirse *(ie)* **(en)**	sich verwandeln (in)
	el tambor	Trommel
	las ganas	Lust
	perderse *(ie)*	verloren gehen

7 Vamos al parque

1 b	**la publicidad**	Werbung
	compañía aérea	Fluggesellschaft
2 a	la variedad	Vielfalt
	natural	Natur-
	el todoterreno	Geländewagen, Jeep
	el barco	Schiff, Boot
	impresionante	eindrucksvoll
	la reserva ecológica	Naturschutzgebiet
	la especie	Art
	el pez *(pl peces)*	Fisch *(lebend)*
	la emigración	Auswanderung; *hier:* Vogelzug
	cubierto/-a	bedeckt
	el flamenco	Flamingo
	el pino	Pinie
	la duna	Düne
	la arena	Sand
	el desierto	Wüste
	el agua *(f)* salada	Salzwasser
	la marisma	sumpfiges Küstenland, Watt
	el agua *(f)* dulce	Süßwasser
	el lince	Luchs
	bello/-a	schön
	ibérico/-a	iberisch
	por desgracia	leider, unglücklicherweise
	estar en peligro de extinción	vom Aussterben bedroht sein
	el ejemplar	Exemplar
	proteger	(be)schützen

	el deseo	Wunsch
	el patrimonio	Erbe
3	**la hoja**	Blatt
	el animal de compañía	Haustier
	el acuario	Aquarium
	el elefante	Elefant
	africano/-a	afrikanisch
	indio/-a	indisch
	el zoo(lógico)	Zoo
	el jardín botánico	botanischer Garten
4 a	telefónico/-a	telefonisch
CD	el ecosistema	Ökosystem
b	el cañón	Cañon, Graben
	el mono	Affe
	en libertad	frei, in freier Wildbahn
	la libertad	Freiheit
	la salida	Abfahrt
	diario/-a	täglich
5 a	**la alegría**	Freude
	la tristeza	Trauer
	¡Cuánto me alegro!	Wie sehr ich mich freue!
	¡Me hace mucha ilusión!	Ich freue mich darauf!
	hacer ilusión	Freude bereiten
	¡Estupendo!	Großartig!
	¡(Qué) lástima!	Schade!
	¡Qué mala suerte!	So ein Pech!
b	**la traducción**	Übersetzung
	¿De parte de quién?	Wer ist am Apparat?
	¿Quiere dejar un recado?	Möchten Sie eine Nachricht hinterlassen?
	el recado	Nachricht
	Ahora mismo le paso.	Ich verbinde Sie gleich.
	Se ha equivocado de número.	Sie haben sich verwählt.
	equivocarse	sich irren; *hier:* sich verwählen
	el contestador automático	Anrufbeantworter
	contestar al teléfono	den Hörer abnehmen
c	la instrucción	Anweisung
	ponerse de espaldas	sich Rücken an Rücken setzen
6 a	la excusa	Ausrede
	la agencia de publicidad	Werbeagentur
	la campaña	Kampagne
	la sensibilización	Sensibilisierung
	la costumbre	Gewohnheit
	ahorrar	sparen
	encender *(ie)*	einschalten
	la basura	Müll, Abfall
	en exceso	übermäßig, maßlos
	el ministerio	Ministerium
	el medio ambiente	Umwelt
	gastar	verbrauchen
	contaminar	verunreinigen
	egoísta	egoistisch
	el universo	Universum, Weltall
	la asociación	Verein

7 a	**negativo/-a**	negativ, verneinend
	afirmativo/-a	bejahend, positiv
c	**el cartel**	Schild, Plakat
	dar de comer (a)	füttern
	coger	(weg)nehmen; *hier:* pflücken
9 a	el pulmón	Lunge
	la fuente	Brunnen
	el estanque	Teich
	el césped	Rasen
	la estatua	Statue
10 a	**el máximo**	Maximum
11 a	**indicar**	angeben, anzeigen
	la posesión	Besitz
	el / la mío/-a	meine/r/s
	ponerse *(g)* las gafas	die Brille aufsetzen
	el / la tuyo/-a	deine/r/s
	el / la suyo/-a	Ihre/r/s
	el / la enamorado/-a	Verliebte/r/s
	allá *(LA)*	da, dort
b	el (pronombre) posesivo	Possessivpronomen
d	**la distancia**	Entfernung
	acá *(LA)*	hier
12 a	imaginario/-a	imaginär, Fantasie-
	concretamente	konkret
CD	**limpio/-a**	sauber
	la hierba	Gras
b	**oír** *(yo oigo)*	hören
Tf	diseñar	entwerfen
	la papelera	Papierkorb
	el eslogan	Slogan
	estar prohibido	verboten sein
	no hay que	man darf nicht
C	el guante	Handschuh
	drogar	Drogen verabreichen
	por suerte	zum Glück
	alcanzar	erreichen
	quitar	(ab-, weg)nehmen, entfernen
	meter	(hinein)stecken, (hinein)legen
	introducir *(zc)*	einführen
	lograr	erreichen
	el orden	Ordnung
	el caos	Chaos
F	la noche de San Juan	Johannisnacht
	antiquísimo/-a	sehr alt
	la hoguera	Lagerfeuer, *hier:* Johannisfeuer
	iluminar	be-, erleuchten
	mi tierra	meine Heimat
	la superstición	Aberglaube
	el demonio	Dämon, Teufel
	la meiga *(Galicisch)*	Hexe
	la bruja	Hexe
	encender *(ie)*	anzünden
	por todas partes	überall
	el / la enfermo/-a	Kranke/r
	comenzar *(ie)*	beginnen
	recoger	sammeln
	el ramo	Strauß

	folclórico/-a	folkloristisch
	la banda de música	Musikkapelle
	la gaita	Dudelsack
	la sardiñada	gegrillte Sardinen
	el olor	Geruch
	respirar	atmen
	alrededor de	um … herum
	valiente	tapfer, mutig
	por encima de	über
	gritar	schreien
	¡Meigas fora! *(Galic.)*	Hexen raus!
	alejar	vertreiben
	los malos espíritus	böse Geister
	pedir *(i)* un deseo	sich etwas wünschen
	la propiedad	Eigenschaft
	por si acaso	vorsichtshalber

8 Mirador

1 a	la alternativa	Alternative
	ligar con	anbändeln mit
	interrumpir	unterbrechen
	descortés	unhöflich
	¿Y eso?	Wieso das?
	sin avisar	unangemeldet
	avisar	benachrichtigen
	la fórmula de cortesía	Höflichkeitsfloskel
	comportarse	sich verhalten
	¡Qué bien te veo!	Wie gut du aussiehst!
	mentir *(ie)*	lügen
	pronto	früh
	de esta forma	auf diese Art
	temprano	früh
	cuando quieras	wann du willst
	llevar a malentendidos	zu Missverständnissen führen
	tomarlo literalmente	es wörtlich nehmen
	simplemente	einfach, nur
b	**CD agradecer** *(zc)*	danken
2	la chaqueta de caballero	Herrenjacke
	el caballero	Herr
3	**incluir** *(y)*	beinhalten
CD	**comunicar (con)**	verbinden (mit) *(Telefon)*
4	**reconocer** *(zc)*	wiedererkennen
5	**la confirmación**	Bestätigung
	la asistencia	Anwesenheit, Teilnahme
6 a	visible	sichtbar
	invisible	unsichtbar
	estimado/-a	sehr geehrte/r
	el / la ex-novio/-a	Ex-Freund/in
	olvidarse (de)	vergessen
	atentamente	mit freundlichen Grüßen, hochachtungsvoll
7 a	el merengue	*lateinamerikanischer Tanz*
8 a	el aspecto exterior	Äußeres, Aussehen
	la predicción	Vorhersage, Prognose
	el contenido	Inhalt
	automático/-a	automatisch
	el entrenamiento	Training
b	la lectura	Lektüre, Lesen
	la cooperativa	Genossenschaft
	al alcance	in Reichweite, erreichbar
	el alcance	Reichweite
	crecer *(zc)*	wachsen
	el / la consumidor/a	Konsument/in
	de vez en cuando	ab und zu
	estar relacionado/-a con	in Zusammenhang stehen mit
	unirse	sich zusammenschließen
	similar (a)	ähnlich
	convencional	herkömmlich, konventionell
	calcular	rechnen
	crear	schaffen, ins Leben rufen
	aumentar	zunehmen
	el / la socio/-a	Mitglied, Teilhaber/in
	el consumo	Verbrauch, Konsum
	absorber	absorbieren, in Anspruch nehmen
	cultivar	anbauen
	la vuelta	Rückkehr
	el fenómeno	Phänomen
	absoluto/-a	absolut
	la página web	Website
	el pedido	Bestellung
c	básico/-a	grundlegend
d	**general**	allgemein

9 Proyectos con futuro

1 a	el índice	Index, Inhaltsübersicht
	el / la economista	Wirtschaftswissenschaftler/in
	Renania	Rheinland
	colaborar	mitwirken, zusammenarbeiten
	entusiasmo	Begeisterung
	el número	*hier:* Ausgabe
	la pistola	Pistole
	la visión	Vision
	juvenil	jugendlich
	infantil	Kinder-
	marginal	Rand-
	la educación	Ausbildung
	llegar a ser	werden
	el sueño	Traum
	el / la voluntario/-a	Freiwillige/r
	dedicar	widmen
	no… ni	weder … noch
	el servicio social	sozialer Dienst
	el estado	*hier:* Staat
	dirigirse a	sich wenden an
	la asociación de hermanamiento	Partnerschaftsverein
	el hermanamiento	(Städte-)Partnerschaft
	la ciudad hermana	Partnerstadt

	nicaragüense	nicaraguanisch
	la filosofía	Philosophie
	la autoayuda	Selbsthilfe
	la donación	Spende
	reunir *(ú)*	sammeln
2 a	**acompañar**	begleiten
	el / la trompetista	Trompeter/in
	dirigir	dirigieren
	el / la director/a de orquesta	Dirigent/in
	estar de buen humor	gut gelaunt sein
	el violín	Geige
3	**la economía**	Wirtschaft
	convencido/-a	überzeugt
	el barrio pobre	Armenviertel
	el concepto	Konzept
	respetarse	sich respektieren
	el núcleo	*hier:* Gruppe
4 a	de mayor	als Erwachsene/r
	el / la violinista	Geiger/in
	curar	heilen
5	**a tiempo**	rechtzeitig
CD	el abrigo	Mantel
6 a	formarse	sich (aus)bilden, ausgebildet werden
	sentir *(ie)*	fühlen, spüren
	convertir *(ie)* **en**	verwandeln in
	la potencia	Kraft, Macht
	el cambio	Veränderung
	aportar	beitragen
	el límite	Grenze
	la emoción	Emotion, Gefühl
	cambiar	(sich) verändern
	consciente (de)	bewusst
c	el conservatorio	Konservatorium, Musikhochschule
	el premio	Preis
7 a	el entorno	Umgebung, Umfeld
8 a	a partir de	*hier:* anhand, ausgehend von
b	el fragmento	Stück, Fragment
	hacer pensar en	… ins Gedächtnis rufen
	poner *(g)* **triste**	traurig machen
	dar ganas (de)	Lust machen (zu)
9 a	la ONG (organización no gubernamental)	Nichtregierungsorganisation (NGO)
	defender *(ie)*	verteidigen
	los derechos humanos	Menschenrechte
	humanitario/-a	humanitär
	luchar	kämpfen
	la pobreza	Armut
	apoyar	unterstützen
	el comercio justo	fairer Handel
	los ingresos	Einnahmen
	los gastos	Ausgaben
	la gestión	Verwaltung
	Amnistía Internacional	Amnesty International
	la Cruz Roja	Rotes Kreuz
10 a	**la administración**	Verwaltung
11 a	hacer suposiciones	Vermutungen anstellen
	la suposición	Vermutung
	suponer *(g)*	vermuten
b	**de repente**	plötzlich
	el taichi	Tai chi
	llenar	füllen
	el hueco	Lücke, Loch
	la necesidad	Bedürfnis, Notwendigkeit
	los electrodomésticos	Haushaltsgeräte
	el juguete	Spielzeug
	el reciclaje	Recycling
	los vaqueros	Jeans
	el abrigo	Mantel
	la sociedad	Gesellschaft
	el / la musulmán/-ana	Muslim/e
	el velo	Schleier
	tanto … como	sowohl … als auch
	el rato	Weile
	la clase media	Mittelschicht
	la ropa "vintage"	*Kleidung im Retrolook*
	extremo/-a	extrem
	a pesar de todo	trotz allem
	la dignidad	Würde
12	sensible	sensibel
	responsable	verantwortlich
	flexible	flexibel
	tolerante	tolerant
	la disciplina	Disziplin
	ser capaz de	fähig sein zu, können
	trabajar en equipo	im Team arbeiten
	improvisar	improvisieren
	la obligación	Pflicht, Verpflichtung
	se debe *(deber)*	man muss
13 a	**CD** el reino	(König-)Reich
b	**los demás**	die anderen, die Übrigen
	aportar	jdm etwas bringen
	poner su granito de arena	sein Scherflein beitragen
	el granito de arena	Sandkörnchen
	comprensivo/-a	verständnisvoll
	dar pena	leidtun
	emocionar	rühren, bewegen
14 a	la lectura	*hier:* Lesung
	destruido/-a	zerstört
	la guerra	Krieg
	reconstruir *(y)*	wiederaufbauen
b	el concurso (de lectura)	(Lese-)Wettbewerb
	la novela	Roman
	el jurado	Jury
Tf	**el público**	*hier:* Zielgruppe
	disponible	verfügbar
C	el / la confidente	Vertrauensperson
	últimamente	in letzter Zeit
	enseñar	zeigen
	la multiplicación	Multiplikation
	¡Qué lío!	Was für ein Durcheinander!
	el lío	Durcheinander
	reformular	umformulieren
F	la verbena	Kirmes, Jahrmarkt
	vaya	na so was
	la fiesta popular	Volksfest

el santo patrón / la santa patrona	Schutzheilige/r
el puesto	Stand
la tómbola	Tombola
el churro	*in Öl gebackener Kringel*
la caloría	Kalorie
el barquillo	Waffelröllchen
el tubo	Rohr, Röhre, Tube
la masa	Teig
la harina	Mehl
el / la barquillero/-a	Waffelverkäufer/in
el traje	Anzug; *hier:* Tracht
la ruleta	Roulette(spiel)
probar *(ue)* la suerte	sein Glück versuchen
el verso	Vers
el / la nene/-a *(familiär)*	Junge / Mädchen
el coco	Kokosnuss
la menta	Minze
madrileño/-a	aus Madrid
el "chulo"	*Madrider in typischer Tracht*
la gorra	Mütze
el pañuelo	(Hals-)Tuch
la "chulapa"	*Madriderin in typischer Tracht*
el mantón	Schultertuch
el clavel	Nelke
el pelo	Haar
el chotis	*Madrider Volkstanz*
escocés/-esa	schottisch
Escocia	Schottland
Bohemia	Böhmen
el privilegio	Privileg
bajar	herunterholen
la carroza	Karosse, Wagen
pasear	spazieren fahren

10 Muy informados

	informar(se)	(sich) informieren
1 a	las Canarias	Kanarische Inseln
	las noticias	Nachrichten
	aprovechar	(aus)nutzen
	conectarse a internet	ins Internet gehen
	la conexión	Verbindung
	el cupón	Coupon, Abschnitt
	el / la lector/a	Leser/in
	la hora	*hier:* Termin
	la peluquería	Friseur(salon)
	cortarse el pelo	sich die Haare schneiden lassen
	las revistas del corazón	Regenbogenpresse
	el corazón	Herz
	la familia real	königliche Familie
	el telediario	(Fernseh-)Nachrichten
	subir	(an)steigen
2 a	los medios (de información)	(Informations-)Medien
	el titular	Überschrift, Schlagzeile
	la sección	Teil, Abschnitt
	la bolsa	Börse
	el reportaje	Bericht
	me da lo mismo	das ist mir egal
	lo mío	mein Ding
	el zapping	Zappen
	el canal	Kanal, Sender, (Fernseh-) Programm
	el teletexto	Teletext
c	**aquí mismo**	gleich hier
	hoy mismo	noch heute
	yo mismo/-a	ich selbst
d	la zapatilla de deporte	Turnschuh
3 a	la programación	Vorschau, Programm
	la serie	Serie
	el documental	Dokumentarfilm
	la telenovela	Seifenoper
	la tertulia	Gesprächsrunde, Talkshow
	la crónica	Chronik
	los tiempos revueltos	bewegte Zeiten
	el collar	(Hals-)Kette, Kollier
	el espacio	Raum
	valiente	tapfer, mutig
	el diario	Journal
	el / la muerto/-a	Tote/r
	la redacción	Redaktion
	la retransmisión (en directo)	(Direkt-, Live-)Übertragung
	el informativo	Nachrichtensendung
	el bricolaje	Basteln, Heimwerken
	la alcachofa	Artischocke
	gratinado/-a	überbacken
	el planeta	Planet
	el / la candidato/-a	Kandidat/in, Bewerber/in
	la semifinal	Halbfinale
	deportivo/-a	Sport-
	la previsión meteorológica	Wettervorhersage
	el cáncer	Krebs
	el falso amigo	falscher Freund
c	raramente	selten
4 a	**el partido (de fútbol)**	(Fußball-)Spiel
	la televisión pública	öffentlich-rechtliches Fernsehen
	educativo/-a	erzieherisch
	el programa infantil	Kindersendung
	el contenido	Inhalt
	la violencia	Gewalt
	el entretenimiento	Unterhaltung
	reducir *(zc)*	reduzieren, verringern
	aburrido/-a	langweilig
	la discusión	Diskussion, Streitgespräch
	distinto/-a	verschieden
	el punto de vista	Gesichtspunkt, Betrachtungsweise
	la forma verbal	Verbform
b	el condicional	Konditional
5 a	**el análisis**	Analyse
6 a	la viñeta	Cartoon, Comic
	vaciar *(í)*	(aus-, ent)leeren
	por completo	vollständig

c	**a favor (de)**	(da)für
	en contra (de)	(da)gegen
	pasivo/-a	passiv
d	sucesivamente	nacheinander, nach und nach
	el acuerdo	Einverständnis, Übereinstimmung
	la duda	Zweifel
	el desacuerdo	Uneinigkeit
	cierto	gewiss, wahr, richtig
	tener razón	Recht haben
	depende	es kommt darauf an
	probable	wahrscheinlich
	en absoluto	überhaupt nicht
8 a	sesenta y pico	60+, über sechzig
	apagar	ausschalten
	la pantalla	Bildschirm
	el ratón	Maus *(auch Computer)*
	hacer clic (en)	(an)klicken
	el buscador	Suchmaschine
	imprimir	drucken
	copiar	kopieren
	el documento	Dokument, Datei
	guardar	speichern *(Computer)*
	la carpeta	Ordner, Dossier
	la tercera edad	Rentenalter, Senioren
	la impresora	Drucker
	el enlace	Link *(Computer)*
	navegar por internet	im Internet surfen
b	hora tras hora	Stunde für Stunde
d	**derecho/-a**	rechte/r/s
	izquierdo/-a	linke/r/s
	la computadora *(LA)*	Computer
	prender *(LA)*	einschalten
9	**planchar**	bügeln
10 a	chatear	chatten
	decidirse (por)	sich entscheiden (für)
	bajar	herunterladen *(Computer)*
	la rapidez	Schnelligkeit
	comodidad	Bequemlichkeit
Tf	**la prensa**	Presse
	el / la entrevistador/a	Interviewer/in
C	el retrato robot	Phantombild
	el bloque	Block
	la novela policíaca	Krimi(nalroman)
	serio/-a	seriös
	el traje	Anzug
	la corbata	Krawatte
	el / la quiosquero/-a	Kioskbesitzer/in
	¿Qué aspecto tiene?	Wie sieht er aus?
	es una lástima	es ist schade
	la barba	Bart
	el bigote	Schnurrbart
	el / la librero/-a	Buchhändler/in
	el pendiente	Ohrring
F	la vendimia	Weinlese
	conocido/-a	bekannt
	el mundo entero	die ganze Welt
	magnífico/-a	großartig, herrlich
	la denominación de origen calificada	*höchste Herkunftsbezeichnung spanischer Weine*
	el certificado de calidad (D.O.C.)	Qualitätszertifikat
	crianza	*Qualitätsbezeichnung für spanische Weine*
	(gran) reserva	*Qualitätsbezeichnung für spanische Weine*
	la categoría	Kategorie
	definir	bestimmen, definieren
	el barril	Fass
	fundamental	grundlegend
	marcar	kennzeichnen, prägen
	la viña	Weinberg
	cambiar de color	sich verfärben
	recoger	*hier:* ernten, lesen
	la uva	Weintraube
	la feria	Messe
	gastronómico/-a	gastronomisch, Gastronomie-
	la ofrenda	Gabe
	el mosto	Most, Traubensaft
	la cuba	Kübel, Bütte
	pisar	zertreten
	a la riojana	nach Rioja-Art

11 ¡Buen trabajo!

1 a	**el sonido**	Laut, Klang
c	atender *(ie)*	bedienen
	reparar	reparieren
	transportar	transportieren
2 a	**¿A qué te dedicas?** *(dedicarse)*	Was machst du (beruflich)?
	la vocación	Berufung
	el hospital clínico universitario	Universitätsklinik
	simple	einfach
	el turno de noche	Nachtschicht
	la sensación	Gefühl
	por nada del mundo	um nichts in der Welt
3	**la condición**	Bedingung
	autónomo/-a	selbstständig; Selbstständige/r
	trabajar a tiempo completo	ganztags arbeiten
	a tiempo parcial	Teilzeit
	el horario fijo	feste Arbeitszeit
	trabajar por turnos	Schicht arbeiten
	el trabajo manual	Handarbeit; körperliche Arbeit
	satisfecho/-a	zufrieden
4 a	la misión	Mission, Auftrag
	el trabajador/a	Arbeiter/in
	sorprendente	überraschend
	la seguridad	Sicherheit
	la promoción	Beförderung
	el desarrollo	Entwicklung
c	el prestigio	Prestige
	el reconocimiento	Anerkennung
5 a	coordinar	koordinieren

	hacer contactos	Kontakte knüpfen
	el informe	Bericht
	calcular	berechnen, kalkulieren
	archivar	abheften, ablegen
	la factura	Rechnung
	asistir (a)	teilnehmen (an)
	la reunión	Besprechung, Versammlung
	el porcentaje	Prozentsatz
	el tercio	Drittel
b	**encargarse de**	sich kümmern um, zuständig sein für
6 b	el evento	Ereignis, Veranstaltung
	darse cuenta (de)	bemerken
	el / la abogado/-a	Rechtsanwalt/-anwältin
	el consulado	Konsulat
	la tirada	Auflage(nhöhe)
	el / la colaborador/a	Mitarbeiter/in
	el calendario de eventos	Veranstaltungskalender
	la imagen	*hier:* Image
	las Ciencias Económicas	Wirtschaftswissenschaft
	el / la traductor/a	Übersetzer/in
	el / la editor/a	Herausgeber/in
	la curiosidad	Kuriosum
	los negocios	Geschäfte, Geschäftsleben
7 b	el pluscuamperfecto	Plusquamperfekt, vollendete Vergangenheit
8 a	**la entrevista** de trabajo	Vorstellungsgespräch
	la cita	Termin, Verabredung
	el CV (currículum vitae)	Lebenslauf
	la (carta de) solicitud	Bewerbung(sschreiben)
	hacerse fotos	Fotos von sich machen lassen
9	**el aumento de sueldo**	Gehaltserhöhung
	hacer unas prácticas	ein Praktikum machen
	el puesto de prácticas	Praktikumsplatz
	el puesto de pasante *(LA)*	Praktikumsplatz
10 a	irse de prácticas	ein Praktikum machen
	el Año Santo	Heiliges Jahr
	el requisito	Anforderung
	el don de gentes	guter Umgang mit Menschen
	la remuneración	Vergütung, Bezahlung
	diplomado/-a	diplomiert
	mínimo/-a	Mindest-
	a nivel de usuario	auf Benutzerebene
	el / la usuario/-a	Benutzer/in
	el paquete Office	Office-Paket
	el contrato	(Arbeits-)Vertrag
	el departamento financiero	Finanzabteilung
	se requiere *(requerir)*	es wird gefordert / vorausgesetzt
	básico/-a	Basis-, Grund-
	la presencia	Erscheinungsbild
	el asunto	Betreff
	Estimados señores	Sehr geehrte Damen und Herren
	publicar	veröffentlichen
	solicitar un puesto	sich um eine Stelle bewerben
	quinto/-a	fünfte/r/s
	el intercambio	Austausch
	la experiencia laboral	Berufserfahrung
	el sector	Bereich, Sektor
	la hostelería	Hotel- und Gaststättengewerbe
	agradecer *(zc)*	(sich be)danken (für)
	estar a su (entera) disposición	(ganz) zu Ihrer Verfügung stehen
	la disposición	Verfügung
	a la espera de	in Erwartung …
	favorable	günstig, positiv
	PD	PS
	adjuntar	beilegen, beifügen
	el certificado	Zertifikat, Zeugnis
	académico/-a	Hochschul-, akademisch
	el número ordinal	Ordnungszahl
	sexto/-a	sechste/r/s
	séptimo/-a	siebte/r/s
	octavo/-a	achte/r/s
	noveno/-a	neunte/r/s
	décimo/-a	zehnte/r/s
b	**el / la jefe/-a de personal**	Personalchef/in
	la disponibilidad	Verfügbarkeit
11 a	**romperse**	kaputt gehen
b	desconectado/-a	nicht angeschlossen
	la (carta de) reclamación	Reklamation
12	tres en raya	Mühle(spiel)
	por turnos	abwechselnd
	vertical	senkrecht
	horizontal	waag(e)recht
	diagonal	diagonal
	nombrar	nennen
	conseguir *(i)*	*hier:* bekommen
Tf	la bolsa de intercambio	Tauschbörse
	la oferta de trabajo	Stellenangebot
	estricto/-a	streng
C	inconsciente	unbewusst
	vivo/-a	lebendig; *hier:* leuchtend
	el / la guitarrista	Gitarrenspieler/in
	la portada	Titelseite
	el / la cómplice	Komplize/-in
	confesar *(ie)*	gestehen
	esconder	verstecken
	radical	radikal
	destruir *(y)*	zerstören
	inmediatamente	sofort
F	el Día de los Muertos	Allerseelen
	el esqueleto	Skelett
	enseñar	lehren, unterrichten
	el tabú	Tabu
	la ironía	Ironie
	la transición	Übergang
	vivo/-a	lebend(ig)
	instalar	installieren, aufstellen
	muerto/-a	tot
	ante	vor
	dar la bienvenida	willkommen heißen

la bienvenida	Willkommen
la calavera	Totenkopf
la pastelería	Konditorei
el "pan de muerto"	*traditionelles Gebäck zu Allerseelen*
el cementerio	Friedhof
la caléndula	Ringelblume
el aroma	Duft, Aroma
la antigüedad	Alter(tümlichkeit)
declarar	erklären (zu)
el Día de Todos los Santos	Allerheiligen
enumerar	aufzählen, nennen

12 Mirador

1 a	**la vida privada**	Privatleben
	el aspecto exterior	Äußeres, Aussehen
	maquillarse	sich schminken
	dar igual	egal sein
	la cantina	Kantine
	comunicarse	kommunizieren, sich verständigen
	el despacho	Büro, Arbeitszimmer
c	el trato	Umgang
	emplear	ver-, aufwenden
	envidiar	beneiden
	la afición	Vorliebe, Hobby
2	los medios de comunicación	Kommunikationsmittel
	dudar	(be)zweifeln
	el acceso a internet	Internetzugang
	totalmente	total, völlig
4	solucionar	lösen
5 a	la interferencia	Störung, Verwechslung
	la lengua materna	Muttersprache
	el perfume	Parfüm
	el secador	Föhn
6 a	la mecanización	Technisierung
7	asegurarse	sichergehen, sich vergewissern
	al escuchar	beim Hören
	fijarse en	achten auf, beachten
	perder *(ie)* el hilo	den Faden verlieren
8 a	adaptar (a)	anpassen (an)
b	con frecuencia	häufig
	gesticular	gestikulieren
	¿Qué cuentas? *(contar)*	Was gibt's Neues?
	desde luego	selbstverständlich

Alphabetische Wortliste

Um Ihnen das Nachschlagen zu erleichtern, enthält diese Liste das komplette Vokabular aus **Con gusto A1** und **A2**.

Die **fett** gedruckten Wörter gehören zur Wortliste des **Europäischen Sprachenzertifikats**.

Im Interesse der Übersichtlichkeit wurde auf die Angabe des Artikels verzichtet. Substantive, deren Geschlecht nicht an der typischen Endung (**o** = männlich, **a** = weiblich) zu erkennen ist, tragen den Hinweis *(m)* für maskulin, *(f)* für feminin.

Zu Verben mit unregelmäßigen Präsensformen findet sich ein Hinweis: *(i), (í), (ie), (ú), (ue), (y), (zc)*. Sie können sie in der Verbtabelle auf Seite 192 nachschlagen.

Hinweise zur Benutzung:
I = Band 1
1 2 a = Lektion 1, Aufgabe 2 a
Tf = Tarea final (Abschlussaufgabe)
C = La clave está en el pasado (Fortsetzungskrimi)
F = De fiesta
Ü = Übungsteil

Weitere Abkürzungen:
f = feminin, weiblich
inf = Infinitiv
LA = lateinamerikanische Variante
m = maskulin, männlich
pl = Plural

A

a nach, zu I
a cambio dafür, im Austausch 3 6 a
a favor (de) (da)für 10 6 c
a finales de am Ende von 5 9 a
a la derecha rechts I
a la espera de in Erwartung … 11 10 a
a la izquierda links I
a la plancha gegrillt I
a la riojana nach Rioja-Art 10 F
a la romana in Eihülle gebacken I
a la vez gleichzeitig I
a las… um … Uhr I
a menudo häufig 2 4 b
a partir de… ab …; anhand, ausgehend von I; 9 8 a
a pesar de todo trotz allem 9 11 b
a pie zu Fuß I
a rayas gestreift I
a ti dir / dich I
a tiempo rechtzeitig 9 5
a tiempo completo ganztags I 11 3
a tiempo parcial Teilzeit 11 3
a todas horas jederzeit 2 F
a través de quer über, durch I
a veces manchmal I
a ver mal sehen I
abajo unten I
abandonar aufgeben 5 9 a
abeja Biene 3 1
abogado/-a Rechtsanwalt/-anwältin 11 6 b
abrazar(se) (sich) umarmen I
abrazo Umarmung I
abrigo Mantel 9 11 b
abril *(m)* April I
abrir öffnen I
absoluto/-a absolut 8 8 b
absorber absorbieren, in Anspruch nehmen 8 8 b
abuelo/-a Großvater/-mutter I
aburrido/-a langweilig 10 4 a
aburrir(se) (sich) langweilen I; 1 4 b
acá *(LA)* hier 7 11 d
acabar(se) enden, zu Ende gehen 6 6 a
academia Akademie 1 10 a
académico/-a Hochschul-, akademisch 11 10 a
acceso Zugang 12 2
accidente *(m)* Unfall Ü
acción *(f)* Aktion, Handlung I
aceite *(m)* **(de oliva)** (Oliven-)Öl I
aceituna Olive I
acento Akzent I
acentuación *(f)* Betonung I
acentuar *(ú)* betonen I
aceptar annehmen I
aclarar (auf-, er)klären 1 C
acompañar begleiten 9 2 a
acontecimiento Ereignis 3 2 c
acordarse *(ue)* **(de)** sich erinnern (an) I
acostarse *(ue)* sich hinlegen, ins Bett gehen I
acostumbrarse (a) sich gewöhnen (an) I
activar aktivieren 2 1 a
actividad *(f)* Aktivität, Tätigkeit I
activo/-a aktiv I
actor / actriz Schauspieler/in I
actual derzeitig, aktuell I
actualidad *(f)* Aktualität I
actualmente zurzeit I
actuar *(ú)* handeln 6 9 a
acuario Aquarium 7 3
acuerdo Einverständnis, Übereinstimmung 10 6 d
acupuntura Akupunktur 2 1 a
adaptar(se) (a) (sich) anpassen (an) I; 12 8 a
adecuado/-a angemessen I
además (de) außerdem, zusätzlich (zu) I
adiós auf Wiedersehen, tschüs I
adivinanza Rätsel I
adivinar (er)raten I
adjetivo Adjektiv I
adjuntar beilegen, beifügen 11 10 a
administración *(m)* Verwaltung 9 10 a
administrativo/-a Verwaltungsangestellte/r Ü
adónde wohin I
adulto/-a Erwachsene/r 1 10 d
adverbio Adverb 2 6 b
aeropuerto Flughafen I
afición *(f)* Vorliebe, Hobby 12 1 c
aficionado/-a Liebhaber/in, Fan 2 1 a
afirmativo/-a bejahend, positiv 7 7 a
África Afrika I
africano/-a afrikanisch 7 3
afueras *(fpl)* Vorort, Umgebung I
agencia de detectives Detektivbüro 1 C
agencia de publicidad Werbeagentur 7 6 a
agencia de viajes Reisebüro I
agenda Terminkalender I
agosto August I
agradable angenehm 2 6 a
agradecer *(zc)* (sich be)danken (für) 11 10 a
agradecimiento Dankbarkeit 4 5 a
agua *(f)* Wasser I
agua *(f)* **mineral** Mineralwasser I
agua *(f)* dulce Süßwasser 7 2 a
agua *(f)* medicinal Heilwasser 2 7 b
agua *(f)* salada Salzwasser 7 2 a
aguas *(fpl)* **termales** Thermalwasser, -quelle 2 7 b
ahí dort I
ahora jetzt I
ahora mismo sofort I
ahorrar sparen 7 6 a
aire *(m)* Luft I
aire *(m)* **acondicionado** Klimaanlage I
ajedrez *(m)* Schach I
ajo Knoblauch I
al aire libre im Freien I
al ajillo in Knoblauchsoße I
al final zum Schluss I
al horno gebacken, gebraten I
al lado (de) (da)neben I
al revés umgekehrt I
alabar loben I
alarma Alarm(anlage) 2 C
albergue *(m)* Herberge I
albóndiga Fleischbällchen I

alcachofa Artischocke 10 3a
alcance *(m)* Reichweite 8 8b
alcanzar erreichen 7 C
alcohol *(m)* Alkohol I
alcohólico/-a alkoholisch 6 F
alegrarse sich freuen 6 1a
alegre fröhlich I
alegría Freude 7 5a
alejar vertreiben 7 F
alemán/-ana deutsch; Deutsche/r I
Alemania Deutschland I
alergia (a) Allergie (gegen) 2 3b
alérgico/-a (a) allergisch (gegen) 4 2
alfabeto Alphabet I
algo etwas I
algodón *(m)* Baumwolle 5 4
alguien jemand 5 2b
alguna vez irgendwann I
alguno/-a irgendein/e/r I
algunos/-as einige I
alimentarse sich ernähren I
alimento Lebensmittel I
allá *(LA)* da, dort 7 11a
allí dort I
almohada Kopfkissen 3 3b
almorzar *(ue)* zu Mittag essen I
almuerzo Mittagessen I
alojamiento Unterkunft I
alojarse übernachten 2 7b
alquilar mieten; vermieten I
alquiler *(m)* Miete I
alrededor de um … herum 7 F
altar *(m)* Altar 6 F
alternativa Alternative 8 1a
alternativo/-a alternativ Ü
alto/-a groß, hoch I
altura Höhe I
alumno/-a Schüler/in 1 2a
ama *(f)* de casa Hausfrau I
amable liebenswürdig I
amanecer *(m)* Tagesanbruch, Morgengrauen 6 6a
amante *(m/f)* Liebhaber/in I
amar lieben 1 1b
amargo/-a bitter I
amarillo/-a gelb I
ambiente *(m)* Atmosphäre, Stimmung I
América Amerika I
América Latina Lateinamerika 1 1b
americano/-a amerikanisch I
amigo/-a Freund/in I
Amnistía Internacional Amnesty International 9 9a
amor *(m)* Liebe I
ampliar *(í)* erweitern I
amueblar möblieren I
añadir hinzufügen I
análisis *(m)* Analyse 10 5a
analizar analysieren 4 7a

analogía Analogie 4 7a
ancho/-a breit, weit 5 6a
Andalucía Andalusien I
andaluz/a andalusisch I
Andes *(mpl)* Anden I
anécdota Anekdote I
anfitrión/-ona Gastgeber/in 6 5a
animación *(f)* Animation I
animal *(m)* **(de compañía)** (Haus-)Tier I; 7 3
animar anregen, animieren 5 9a
año Jahr I
anorak *(m)* Anorak I
ante vor 11 F
antepasados *(mpl)* Vorfahren I
anterior vorig, vorherig 2 F
anterior a vor 2 11a
antes zuerst, vorher, früher I; 2 7a
antes de vor, bevor I
antigüedad *(f)* Antiquität; Alter(tümlichkeit) 5 1c; 11 F
antiguo/-a alt I
antipático/-a unsympathisch I
antiquísimo/-a sehr alt 7 F
antropología Anthropologie I
anual jährlich Ü
anunciar ankündigen, verkünden I
anuncio Annonce, Anzeige I
apagar ausschalten 10 8a
aparato (eléctrico) (elektrisches) Gerät Ü
aparcamiento Parkplatz I
aparecer *(zc)* erscheinen I
apartamento Appartement I
apasionado/-a Begeisterte/r, Liebhaber/in 6 C
apasionarse sich begeistern 1 8b
apellido Nachname I
aperitivo Aperitiv I
apetecer *(zc)* zusagen, gefallen I
aplaudir applaudieren, klatschen 5 Tf
aplauso Beifall 5 F
aportar beitragen; jdm etwas bringen 9 6a; 9 13b
Apóstol *(m)* **Santiago** Apostel Jakob I
apoyar unterstützen 9 9a
aprender (de memoria) (auswendig) lernen I
aprendizaje *(m)* Lernen 1 12
aprovechar (aus)nutzen 10 1a
aproximado/-a ungefähr 2 C
apuntar aufschreiben I
aquel / aquella jene/r/s 1 1b
aquí (mismo) (gleich) hier 10 2c
árabe *(m/f)* arabisch I
árbol *(m)* Baum I
archivar abheften, ablegen 11 5a
arena Sand 7 2a
Argentina Argentinien I

argentino/-a argentinisch; Argentinier/in I
armario Schrank I
aroma *(m)* Duft, Aroma 11 F
aromático/-a aromatisch 2 11a
aromatizar aromatisieren 2 11a
arqueológico/-a archäologisch I
arquitecto/-a Architekt/in I
arquitectura Architektur I
arrancar (her)ausreißen 6 C
arriba oben I
arroba @, Klammeraffe I
arroz *(m)* Reis I
arte *(m)* Kunst I
artículo Artikel I
artista *(m/f)* Künstler/in I
artístico/-a künstlerisch Ü
asado/-a gebraten I
ascensor *(m)* Aufzug I
asegurarse sichergehen, sich vergewissern 12 7
así so, auf diese Weise I
así que so dass 3 2a
Asia Asien I
asistencia Anwesenheit, Teilnahme 8 5
asistente *(m/f)* Assistent/in I
asistir (a) teilnehmen (an) 11 5a
asociación *(f)* Verein 7 6a
asociar verbinden I
aspecto Aspekt I
aspecto (exterior / físico) Äußeres, Aussehen I; 12 1a
aspirina Aspirin I
asunto Betreff 11 10a
asuntos *(mpl)* **legales** Rechtsangelegenheiten I
atender *(ie)* bedienen 11 1c
atentamente aufmerksam; mit freundlichen Grüßen 5 C; 8 6a
Atlántico Atlantik 4 1a
atracción *(f)* Attraktion I
atractivo/-a attraktiv I
atrás zurück I
atún *(m)* Thunfisch I
aula *(f)* Klassenraum 1 Tf
aumentar zunehmen 8 8b
aumento Erhöhung 11 9
aunque obwohl 6 F
Australia Australien 1 11a
austríaco/-a österreichisch I
autoayuda Selbsthilfe 9 1a
autobús *(m)* Bus I
autoescuela Fahrschule Ü
autoevaluación *(f)* Selbsteinschätzung Ü
automático/-a automatisch 8 8a
autónomo/-a selbstständig; Selbstständige/r 11 3
autor/a Autor/in I
autoritario/-a autoritär I

autorizado/-a befugt, autorisiert I
avanzado/-a fortgeschritten Ü
avanzar weitergehen, vorrücken I
ave *(f)* Vogel I
avenida Allee, breite Straße I
aventura Abenteuer I
avión *(m)* Flugzeug I
avisar benachrichtigen 8 1a
ayer gestern I
aymara *(m)* *indian. Sprache Südamerikas* 4 1a
ayuda Hilfe I
ayudar helfen I
azteca *(m/f)* aztekisch; Azteke/-in I; 1 F
azúcar *(m)* Zucker I
azul blau I

B

bacalao Kabeljau I
bailar tanzen I
bailarín/-ina Tänzer/in 2 F
baile *(m)* Tanz I
bajar sinken; aussteigen; senken, verringern; herunterholen, herunterladen *(Computer)* I; 6 8a; 9 F; 10 10a
bajito/-a (eher) klein, untersetzt I
bajo niedrig; unter I
balance *(m)* Bilanz I
balanza Waage 2 6a
balcón *(m)* Balkon I
Baleares *(fpl)* Balearen I
ballena Wal I
ballet *(m)* Ballett I
balneario Bade-, Kurort 2 3a
baloncesto Basketball Ü
bañador *(m)* Badehose, -anzug I
bañarse baden 2 7b
banco Bank I
banda Bande; Kapelle 6 C; 7 F
bañera Badewanne I
baño (completo) Bad *(mit Wanne)* I
baño de temazcal *traditionelles Dampfbad in Mittelamerika* 2 11a
bar *(m)* Bar, Kneipe I
barato/-a billig I
barba Bart 10 C
barca Boot I
barco Boot, Schiff 7 2a
barquillero/-a Waffelverkäufer/in 9 F
barquillo Waffelröllchen 9 F
barra Theke I
barriga Bauch 2 2a
barril *(m)* Fass 10 F
barrio Stadtviertel I
Barrio Sésamo *Sesamstraße* 3 1
barro Schlamm 5 C
barroco Barock 5 3b
base *(f)* Grundlage, Basis I

básico/-a grundlegend, Grund- 8 8c; 11 10a
bastante ziemlich (viel) I
bastar genügen 2 6c
basura Müll, Abfall 7 6a
bebé *(m)* Baby I
beber trinken I
bebida Getränk I
Belén Bethlehem 1 F
belén *(m)* Krippe 1 F
Bellas Artes *(fpl)* Schöne Künste I
belleza Schönheit 2 1a
bello/-a schön 7 2a
besar(se) (sich) küssen I
beso Kuss I
biblioteca Bibliothek I
bicicleta Fahrrad I
bien gut I
bien *(m)* das Gute 2 F
bienvenida Willkommen 11 F
bienvenido/-a willkommen I
bigote *(m)* Schnurrbart 10 C
billete *(m)* Fahrkarte, Flugticket I
biografía Biografie I
biológico/-a biologisch I
blanco/-a weiß I
bloque *(m)* Block 10 C
blusa Bluse I
boca Mund 2 2a
bocadillo belegtes Brötchen I
boda Hochzeit Ü
bodega Weinstube I
Bohemia Böhmen 9 F
boicotear boykottieren 6 C
bola Kugel Ü
bolero *spanischer Paartanz* I
bolígrafo Kugelschreiber 1 5a
boliviano/-a bolivianisch; Bolivianer/in 2 F
bollo / bollito Brötchen, Gebäck 6 F
bolsa Börse 10 2a
bolsillo (Jacken-)Tasche 3 9b
bomba Bombe I
bombero/-a Feuerwehrmann/-frau 1 11a
bombón *(m)* Praline I
bonito/-a schön I
borrar (aus)radieren, löschen, streichen 1 5b
borriquito kleiner Esel 5 9a
bosque *(m)* Wald I
bota Stiefel; Wanderschuh Ü
botánico/-a botanisch; Botaniker/in I; 7 3
botella Flasche I
botiquín *(m)* Hausapotheke, Verbandskasten 2 4b
botón *(m)* Knopf 3 3b
boutique *(f)* Boutique 5 Tf
Brasil Brasilien 1 2a

brazo Arm 2 2a
bricolaje *(m)* Basteln, Heimwerken 10 3a
brillante glänzend 3 3b
brindar anstoßen 6 6a
brindis *(m)* Umtrunk 6 1b
bronce *(m)* Bronze 5 2c
bruja Hexe 7 F
bucear tauchen I
buenísimo/-a sehr gut 6 4a
bueno/-a gut; brav I; 1 F
buscador *(m)* Suchmaschine 10 8a
buscar suchen I
buseta *Privatbus in Bogotá* I

C

cabalgata (Reiter-)Umzug 1 F
caballero Herr 8 2
caballo Pferd 3 1
cabeza Kopf 2 2a
cabina de teléfonos Telefonzelle I
cacao Kakao I
cactus *(m)* Kaktus I
cada (uno/-a) jede/r/s I
cadena Kette I
caer *(g)* fallen 6 5b; Ü
café *(m)* Kaffee I
café *(m)* **irlandés** Irish Coffee I
cafetería Café I
caimán *(m)* Kaiman, Alligator I
caja Schachtel; Kiste I; 5 4
calamar *(m)* Tintenfisch I
calavera Totenkopf 11 F
calcular (be)rechnen, kalkulieren 8 8b; 11 5a
cálculo (Be-)Rechnung 4 7a
caldo Brühe 6 F
calefacción *(f)* Heizung I
calendario Kalender 11 6b
caléndula Ringelblume 11 F
calidad *(f)* Qualität I
caliente warm, heiß I
calle *(f)* Straße I
calor *(m)* Wärme, Hitze I
caloría Kalorie 9 F
calzar tragen *(Schuhe)* 5 6a
cama Bett I
cámara (fotográfica) (Foto-)Kamera I
camarero/-a Kellner/in I
cambiar wechseln; (sich) verändern; (aus-, um)tauschen; umsteigen I; 3 3b; 5 6a; 9 6a
cambio Wechsel; Veränderung I; 9 6a
camello Kamel 1 F
caminar gehen, wandern I
camino Weg I
camión *(m)* Lastwagen I
camisa Hemd I

camisería Hemdengeschäft Ü
camiseta T-Shirt I
campaña Kampagne 7 6a
campeonato Wettkampf, Meisterschaft I; 1 11a
campo Land; Feld I
campo de golf Golfplatz I
Canadá Kanada 1 11a
canal *(m)* Kanal, Sender, (Fernseh-) Programm 10 2a
canalización Kanalisation 2 10a
Canarias *(fpl)* Kanarische Inseln 10 1a
cancelar absagen, annullieren I
cáncer *(m)* Krebs 10 3a
canción *(f)* Lied I
Candelaria Mariä Lichtmess 2 F
candidato/-a Kandidat/in, Bewerber/in 10 3a
canela Zimt I
cañón *(m)* Cañon, Graben 7 4b
cansado/-a müde I
cansarse müde werden I
cantante *(m/f)* Sänger/in I
cantar singen I
cantidad *(f)* Menge I
cantina Kantine 12 1a
canto Gesang 5 F
caos *(m)* Chaos 7 C
caótico/-a chaotisch 1 6b
capa Umhang 5 F
capacidad *(f)* Fähigkeit I
capaz de fähig zu 9 12
capital *(f)* Hauptstadt I
capitolio Kapitol I
capítulo Kapitel 1 C
capucha Kapuze 5 F
cara Gesicht; Kopf *(Münze)* I; 2 1a
carácter *(m)* Charakter I
característica Merkmal I
caracterizar charakterisieren I
caramelo Bonbon I
Caribe *(m)* Karibik I
cariñoso/-a liebevoll 1 1b
carnaval *(m)* Karneval 2 F
carne *(f)* Fleisch I
carnet *(m)* **de estudiante** Studentenausweis I
carnicería Metzgerei 5 1c
caro/-a teuer I
carpeta Mappe; Ordner; Dossier I; 10 8a
carrera Laufbahn; Straße, Allee *(LA)* I; 5 9a
carretera (Land-)Straße I
carroza Karosse, Wagen 9 F
carta Brief; (Spiel-)Karte I
cartel *(m)* Schild, Plakat 7 7c
cartón *(m)* Pappe 3 F
casa Haus I
casado/-a verheiratet I
casarse heiraten I
casero/-a hausgemacht, häuslich 2 Tf
casi fast I
casilla Kästchen, Feld I
caso Fall I
castellano Spanisch 4 1a
castillo Schloss I
catalán/-ana katalanisch; Katalane/-in I; 4 1a
catálogo Katalog I
Cataluña Katalonien I
catedral *(f)* Kathedrale I
categoría Kategorie 10 F
cava *(m)* Sekt I
cebolla Zwiebel 2 4a
cedé *(m)* CD 1 4a
celebración *(f)* Feier 1 F
celebrar feiern, abhalten I
celular *(m) (LA)* Handy I
cementerio Friedhof 11 F
cena Abendessen I
cenar zu Abend essen I
centenario Hundertjahrfeier 6 1a
central zentral Ü
central *(f)* Zentrale, Hauptstelle I
centro Mitte, Zentrum I
centro comercial Einkaufszentrum I
Centroamérica Mittelamerika I
cerámica Keramik I
cerca (de) in der Nähe (von) I
cerdo Schwein I
cerrar *(ie)* schließen I
certificado Zertifikat, Zeugnis 11 10a
cerveza Bier I
césped *(m)* Rasen 7 9a
cesta Korb I
champán *(m)* Champagner I
champiñón *(m)* Champignon I
champú *(m)* Shampoo I
chao *(LA)* ciao, tschüs I
chaqueta Jacke I
charlar plaudern I
chatear chatten 10 10a
cheque *(m)* Scheck I
chico/-a Junge / Mädchen I
chile *(m)* Chili I
chileno/-a chilenisch; Chilene/-in I
chino/-a chinesisch; Chinese/-in 5 5a; 1 2a
chirigota *Karnevals-Musikgruppe* 2 F
chiste *(m)* Witz I
chocolate *(m)* Schokolade I
chocolatería Schokoladengeschäft I
chocolatero/-a Schokoladenmeister/in I
chorizo *Paprikawurst* I
chotis *(m)* *Madrider Volkstanz* 9 F
"chulapa" *Madriderin in typ. Tracht* 9 F
chuleta Kotelett I
"chulo" *Madrider in typischer Tracht* 9 F
churro *in Öl gebackener Kringel* 9 F
cielo Himmel 6 F
ciencia Wissenschaft 1 C
ciencia ficción Science-Fiction 5 4
Ciencias *(fpl)* Económicas Wirtschaftswissenschaft 11 6b
científico/-a wissenschaftlich 2 6c
cierto gewiss, wahr, richtig 10 6d
cifra Ziffer, Zahl I
cigarrillo Zigarette I
cine *(m)* Kino I
círculo Kreis I
circunstancia Begleitumstand 3 7a
cita Verabredung; Termin I; 11 8a
ciudad *(f)* Stadt I
ciudad *(f)* **hermana** Partnerstadt 9 1a
ciudadano/-a Bürger/in I
civilización *(f)* Kultur, Zivilisation I
clan *(m)* Klan, Stammesverband I
claro klar, natürlich I
clase *(f)* Klasse; Unterricht I
clase *(f)* media Mittelschicht 9 11b
clásico/-a klassisch I
clasificación *(f)* Klassifizierung I
clasificar klassifizieren I
clavarse en treffen, eindringen in 6 C
clave *(f)* Schlüssel, Code 1 C
clavel *(m)* Nelke 9 F
cliente/-a Kunde/-in I
clima *(m)* Klima I
clip *(m)* Büroklammer 1 5a
club *(m)* Klub I
coche *(m)* Auto, Wagen I
cocina Küche; Herd I
cocinar kochen I
cocinero/-a Koch / Köchin I
coco Kokosnuss 9 F
cocodrilo Krokodil 5 5a
cóctel *(m)* Cocktail I
código postal Postleitzahl Ü
cofradía Laienbruderschaft 5 F
coger (weg)nehmen; pflücken 7 7c
coincidir übereinstimmen 1 F
colaboración *(f)* Mitwirkung, Zusammenarbeit 5 7a
colaborador/a Mitarbeiter/in 11 6b
colaborar mitwirken, zusammenarbeiten 9 1a
Cola Cao *Schokoladengetränk* 3 1
colección *(f)* Sammlung I
coleccionar sammeln 4 7a
colectivo *Bus in Buenos Aires* I
colectivo/-a gemeinschaftlich 3 Tf
colega *(m/f)* Kollege/-in I
colegio Schule 1 1b
colirio Augentropfen 2 4b
collar *(m)* (Hals-)Kette, Kollier 10 3a
Colombia Kolumbien I
colombiano/-a kolumbianisch; Kolumbianer/in I

colonia Kolonie I
Colonia Köln I
colonial Kolonial- I
color *(m)* Farbe I
columna Spalte I
combinación *(f)* Kombination I
combinar verbinden, kombinieren 2 7b
"comecocos" *(m)* Pacman *(Computerspiel)* 3 1
comedia Komödie Ü
comedor *(m)* Esszimmer; Speisesaal I; Ü
comentar sagen, anmerken I
comentario Kommentar I
comenzar *(ie)* beginnen 7 F
comer essen I
comercial Handels- I
comercio justo fairer Handel 9 9a
comerse aufessen 6 9a
cómic *(m)* Comic 3 1
comida Essen I
como wie; als; da, weil I; 1 2a; 1 11a
comodidad *(f)* Bequemlichkeit; Komfort I; 10 10a
cómodo/-a bequem I
compañero/-a Kamerad/in; Kollege/-in I
compañía (aérea) (Flug-)Gesellschaft I; 7 1b
comparación *(f)* Vergleich I
comparar vergleichen I
compartir teilen I
compartir piso zusammen wohnen I
compensar kompensieren 2 11a
competente kompetent I
competir *(i)* wetteifern, konkurrieren 2 F
completamente voll und ganz 5 9a
completar vervollständigen, ausfüllen I
completo/-a vollständig, komplett I
complicado/-a kompliziert 1 C
cómplice *(m/f)* Komplize/-in 11 C
componer *(g)* komponieren 2 F
comportarse sich verhalten 8 1a
compra Einkauf I
comprar kaufen I
comprender verstehen 1 8b
comprensible verständlich 1 2a
comprensión *(f)* **auditiva** Hörverstehen I
comprensión *(f)* **lectora** Leseverstehen I
comprensivo/-a verständnisvoll 9 13b
comprimido Tablette 2 4b
comprobar *(ue)* überprüfen I
computadora *(LA)* Computer 10 8d
común gemeinsam I
comunicación *(f)* Kommunikation I
comunicar (con) verbinden (mit) *(Telefon)* 8 3
comunicarse kommunizieren, sich verständigen 12 1a
comunicativo/-a mitteilsam I
comunidad *(f)* Gemeinde; *autonome Region Spaniens* I; 5 9a
Comunidad *(f)* Valenciana Region Valencia 4 1a
con mit I
con frecuencia häufig 12 8b
con gusto gerne, mit Freude I
concentrarse (en) sich konzentrieren (auf) I
concepto Konzept 9 3
concierto Konzert I
conclusión *(f)* Schlussfolgerung I
concordancia Übereinstimmung 4 5a
concreto/-a konkret 7 12a
concurso Wettbewerb 2 F
condición *(f)* Bedingung 11 3
condicional *(m)* Konditional 10 4b
cóndor *(m)* Kondor I
conducir *(zc)* fahren *(Fahrzeug)* I
conductor/a Fahrer/in 3 7b
conectar verbinden I
conectarse a internet ins Internet gehen 10 1a
conector *(m)* Verbindungswort 3 8a
conejo de Pascua Osterhase 3 6d
conexión *(f)* Verbindung 10 1a
confesar *(ie)* gestehen 11 C
confesión *(f)* Geständnis 6 C
confidente *(m/f)* Vertrauensperson 9 C
confirmación *(f)* Bestätigung 8 5
confirmar bestätigen 6 2b
confitería Süßwarengeschäft I
congreso Kongress I
conjugación *(f)* Konjugation 6 C
conjugar konjugieren 6 7c
conmigo mit mir I
conocer *(zc)* kennen (lernen) I
conocido/-a bekannt 10 F
conocimiento Kenntnis I
consciente (de) bewusst 9 6a
conseguir *(i)* erreichen, schaffen; bekommen 1 8b; 11 12
consejo Ratschlag I
conservar beibehalten, erhalten I
conservatorio Konservatorium, Musikhochschule 9 6c
consonante *(f)* Konsonant Ü
construcción *(f)* Konstruktion I
construir *(y)* konstruieren, bilden I
consulado Konsulat 11 6b
consulta Praxis 2 3a
consultar konsultieren, zu Hilfe nehmen 6 5b
consumidor/a Konsument/in 8 8b
consumir verbrauchen I
consumista *(m/f)* Konsumabhängige/r 5 4
consumo Verbrauch, Konsum 8 8b
contabilidad *(f)* Buchhaltung I
contacto Kontakt I
contaminar verunreinigen 7 6a
contar *(ue)* (er)zählen I; 3 3a
contener *(g)* enthalten 6 C
contenido Inhalt 10 4a
contento/-a froh, zufrieden I
contestador *(m)* **automático** Anrufbeantworter 7 5b
contestar (be)antworten; sich melden *(Telefon)* I
contigo mit dir I
continente *(m)* Kontinent I
continuar *(ú)* fortsetzen; fortfahren; weitergehen I; 3 Tf
contra gegen I
contradicción *(f)* Widerspruch 5 C
contrario Gegenteil I
contrato (Arbeits-)Vertrag 11 10a
controlar kontrollieren 2 C
convencido/-a überzeugt 9 3
convencional herkömmlich, konventionell 8 8b
convenir *(ie)* angemessen sein I
convento Kloster I
conversación *(f)* Gespräch I
convertir(se) *(ie)* **en** (sich) verwandeln in 3 Tf; 9 6a
cooperativa Genossenschaft 8 8b
coordinación *(f)* Koordination I
coordinar koordinieren 11 5a
copa (Stiel-)Glas; Cup, Pokal I
copiar kopieren 10 8a
corazón *(m)* Herz 10 1a
corbata Krawatte 10 C
cordial(mente) herzlich I; 6 1a
coreografía Choreografie 2 F
coro Chor I
corporal körperlich 4 7a
corrección *(f)* Korrektur 5 4
correcto/-a richtig I
corregir *(i)* korrigieren I
correo electrónico E-Mail I
Correos *(m)* Post(amt) I
correr laufen, joggen I
corresponder (a) entsprechen I
correspondiente entsprechend 1 5a
cortar schneiden I
cortés höflich 6 Tf
cortesía Höflichkeit I
corto/-a kurz 5 6a
cosa Ding, Sache I
cosita Kleinigkeit 6 4a
cosmética Kosmetik Ü
cosmopolita kosmopolitisch I
costa Küste I
costalero *Träger einer Passionsfigur* 5 F

costar *(ue)* kosten; schwerfallen I; 14b
costumbre *(f)* Sitte, Brauch; Gewohnheit I; 76a
cotidiano/-a täglich I
cráter *(m)* Krater I
creación *(f)* Kreation I
crear schaffen, ins Leben rufen I; 88b
creatividad *(f)* Kreativität Ü
creativo/-a kreativ 16b
crecer *(zc)* wachsen 88b
crédito Kredit I
creencia Glaube 2F
creer glauben 11b
crema Creme, Salbe I; 24b
crianza *Qualitätsbezeichnung für spanische Weine* 10F
crimen *(m)* Verbrechen 3C
crisis *(f)* Krise 59a
cristal *(m)* Glas *(Material)* 52c
cristianizar christianisieren 1F
cristiano/-a christlich 2F
Cristo Christus 5F
criterio Kriterium I
crítico/-a kritisch 2F
crónica Chronik 103a
crucero Kreuzfahrt I
crucigrama *(m)* Kreuzworträtsel 47a
cruz *(f)* Kreuz; Zahl *(Münze)* I
Cruz Roja *(f)* Rotes Kreuz 99a
cruzar überqueren; kreuzen I; 67c
cuaderno Heft I
cuadro Bild, Gemälde; Tabelle, Kasten I; 26b
cuál welche/r/s I
cualidad *(f)* Eigenschaft I
cualquier/a irgendeine/r/s, beliebige/r/s 2F
cuando wenn; als I; 111a
cuánto wie viel / sehr I; 75a
cuarto/-a Viertel; vierte/r/s I; 12a
cuba Kübel, Bütte 10F
cubano/-a kubanisch; Kubaner/in I
cubierto/-a bedeckt 72a
cubo Würfel 31
cubrir (be-, ab)decken 5F
cuchara Löffel I
cuchillo Messer I
cuenta Rechnung I
cuento Erzählung, Märchen 32a
cuerda Seil, Kordel 31
cuero Leder 54
cuerpo Körper I
cuestionario Fragebogen 41a
cuidado Achtung, Vorsicht I
cuidar pflegen I
cultivar anbauen 88b
culto Kult 6F
cultura Kultur I
cultural Kultur-, kulturell I
cumbia *kolumbianischer Musikstil* I

cumpleaños *(m)* Geburtstag I
Cumpleaños feliz. Alles Gute zum Geburtstag. I
cumplir... años ... Jahre alt werden 61a
cupón *(m)* Coupon, Abschnitt 101a
cura Kur(aufenthalt) 27b
curar heilen 94a
curarse genesen, gesund werden 23a
curiosamente erstaunlicherweise 111a
curiosidad *(f)* Neugierde; Kuriosum 36b; 116b
curioso/-a neugierig 36a
currículum vitae *(m)* (CV) Lebenslauf 1C; 118a
curso Kurs I
curva Kurve Ü

D

danés/-esa dänisch I
dar *(yo doy)* geben I
dar a la calle zur Straße liegen I
dar de comer füttern 77c
dar ganas Lust machen 98b
dar igual egal sein 121a
dar la bienvenida willkommen heißen 11F
dar las gracias danken I
dar lo mismo egal sein 102a
dar pena leidtun 913b
dar que hablar von sich reden machen 46a
dar un paseo einen Spaziergang machen I
darse cuenta (de) bemerken 116b
dato Angabe I
datos *(mpl)* **biográficos** biografische Angaben I
de von, aus I
de actualidad aktuell 3F
de acuerdo einverstanden I
de esta forma auf diese Art 81a
de mayor als Erwachsene/r 94a
de nuevo erneut, wieder 3F
¿De parte de quién? Wer ist am Apparat? 75b
de pronto plötzlich 36a
de repente plötzlich 911b
de segunda mano aus zweiter Hand, gebraucht 52a
de todo alles mögliche 52a
de verdad wirklich, echt I; 1F
de vez en cuando ab und zu 88b
debajo de unter I
debate *(m)* Gespräch, Debatte I
deber müssen 69a
deberes *(mpl)* Hausaufgaben I

decidir entscheiden, beschließen I
decidirse (por) sich entscheiden (für) 1010a
décimo/-a zehnte/r/s 1110a
decir *(g)* sagen I
decisión *(f)* Entscheidung 45b
declarar erklären (zu) 11F
decoración *(f)* Dekoration, Einrichtung 5Tf
decorar schmücken 1F
dedicar widmen 91a
dedicarse a sich ... widmen; beruflich machen 59a; 112a
dedo Finger 22a
deducir *(zc)* ableiten I
defender *(ie)* verteidigen 99a
definición *(f)* Definition I
definir bestimmen, definieren 10F
definitivo/-a endgültig I
dejar (ver-, über)lassen; geben, leihen I; 42; 67c
dejar de + *inf* aufhören zu 59a
delante (de) (da)vor I
delfín *(m)* Delfin I
delgado/-a schlank I
delicioso/-a köstlich I
los demás die anderen, die Übrigen 913b
demasiado/-a zuviel I
demonio Dämon, Teufel 7F
demostrar *(ue)* beweisen 26c
denominación *(f)* de origen (calificada) *(höchste) Herkunftsbezeichnung spanischer Weine* 10F
dentista *(m/f)* Zahnarzt/-ärztin I
dentro (de) innerhalb (von) 5C
departamento Abteilung I
depende es kommt darauf an 106d
depender de abhängen von 62b
deporte *(m)* Sport I
deportista *(m/f)* sportlich; Sportler/in I
deportivo/-a Sport- 103a
derecha rechte Seite I
derecho/-a rechte/r/s 108d
derechos *(mpl)* **humanos** Menschenrechte 99a
desacuerdo Uneinigkeit 106d
desamor *(m)* Lieblosigkeit, Liebesentzug 18a
desaparecer *(zc)* verschwinden 2C
desarrollado/-a entwickelt 47a
desarrollo Entwicklung 114a
desastre *(m)* Desaster, Unglück I
desayunar frühstücken I
desayuno (continental) (kontinentales) Frühstück I
descalzo/-a barfuß 5F
descansar sich ausruhen I
descanso Erholung 2

desconectado/-a nicht angeschlossen 11 11b
desconectar ausschalten 2 C
descortés unhöflich 8 1a
describir beschreiben I
descripción *(f)* Beschreibung I
descubrir entdecken 2 C
descuento Preisnachlass 5 6b
desde von; seit *(+ Zeitpunkt)* I; 1 10c
desde entonces seitdem 3 3b
desde hace seit *(+ Zeitraum)* 1 10c
desde luego selbstverständlich 12 8b
desear wünschen 1 F
deseo Wunsch 7 2a
desfile *(m)* Umzug 1 F
desierto Wüste 7 2a
desorden *(m)* Unordnung 4 3a
desordenado/-a unordentlich 1 6b
despacho Büro, Arbeitszimmer 12 1a
despacio langsam I
despedida Abschied(sgruß) I
despedirse *(i)* sich verabschieden I
despertar *(ie)* aufwecken 3 F
despertarse *(ie)* aufwachen 3 8b
despierto/-a wach 6 F
después danach I
después de nach, nachdem I
destino Ziel I
destruir *(y)* zerstören 11 C
detallado/-a detailliert I
detalle *(m)* Einzelheit; Aufmerksamkeit 1 C; 6 4a
detective *(m/f)* Detektiv/in 1 C
detrás (de) (da)hinter I
devolver *(ue)* zurückgeben 5 4
día *(m)* Tag I
Día *(m)* de los Muertos Allerseelen 11 F
Diablada *bolivian. Karnevalstanz* 2 F
diagonal diagonal 11 12
diagrama *(m)* Schaubild I
dialecto Dialekt 4 1a
diálogo Dialog I
diario Tagebuch; Tageszeitung; Journal I; 1 11a; 10 3a
diario/-a täglich 2 6a; 7 4b
diarrea Durchfall 2 3b
dibujante *(m/f)* Zeichner/in I
dibujar zeichnen I
dibujo Zeichnung I
dibujos *(mpl)* animados Zeichentrickfilm 3 1
diccionario Wörterbuch I
diciembre *(m)* Dezember I
diente *(m)* (de leche) (Milch-)Zahn 2 2a; 3 3b
diéresis *(f)* Umlaut I
diferencia Unterschied I
diferente unterschiedlich, anders I
difícil schwierig I
dificultad *(f)* Schwierigkeit 1 4b

Dígame. Ja bitte? I
dignidad *(f)* Würde 9 11b
diminutivo Verkleinerungsform Ü
dinámico/-a dynamisch I
dinero Geld I
dios *(m)* Gott 6 F
diplomado/-a diplomiert 11 10a
dirección *(f)* Adresse; Leitung I
director/a Direktor/in, Leiter/in I
director/a (de cine) Regisseur/in I; 1 1a
director/a de orquesta Dirigent/in 9 2a
dirigir dirigieren; leiten 9 2a; Ü
dirigirse a sich wenden an 9 1a
disciplina Disziplin 9 12
disciplinado/-a diszipliniert 1 6b
disco (Schall-)Platte I
discoteca Diskothek I
disculpa Entschuldigung I
disculpar(se) (sich) entschuldigen I
discusión *(f)* Diskussion, Streitgespräch 10 4a
diseñador/a Designer/in I
diseñar entwerfen 7 Tf
diseño Design, Gestaltung 5 Tf
disfraz *(m)* Verkleidung 2 F
disfrazarse sich verkleiden 2 F
disfrutar de … genießen I
disparar (ab)schießen 6 C
disponibilidad *(f)* Verfügbarkeit 11 10b
disponible verfügbar 9 Tf
disposición *(f)* Verfügung, Bereitschaft 11 10a
dispuesto/-a (a) bereit (zu) 5 8
distancia Entfernung 7 11d
distinto/-a verschieden 10 4a
diversión *(f)* Spaß, Vergnügen 1 7b
divertido/-a lustig, unterhaltsam 4 5a
dividir (auf)teilen I
divisas *(fpl)* Devisen I
divorciado/-a geschieden I
doble doppelt I
doble *(m)* (das) Doppelte 5 8
documental Dokumentar- I
documental *(m)* Dokumentarfilm 10 3a
documento Dokument; Datei I; 10 8a
doler *(ue)* schmerzen, wehtun 2 2a
dolor *(m)* Schmerz 2 4c
dominante dominant, beherrschend 4 7a
dominar beherrschen 6 5b
domingo Sonntag I
Domingo de Pascua Ostersonntag 5 F
dominó *(m)* Domino(spiel) I
don *(m)* **de gentes** guter Umgang mit Menschen 11 10a
don / doña Herr / Frau *(vor Vornamen)* I
donación *(f)* Spende 9 1a
donde wo I
dormir(se) *(ue)* (ein)schlafen I; 3 2a

dormitorio Schlafzimmer I
drama *(m)* Drama Ü
droga Droge 6 C
drogar Drogen verabreichen 7 C
ducha Dusche I
ducharse (sich) duschen I
duda Zweifel 10 6d
dudar (be)zweifeln 12 2
dueño/-a Besitzer/in 1 F
dulce süß I
dulce *(m)* Süßigkeit I
duna Düne 7 2a
duración *(f)* Dauer I
durante während I
durar dauern I
duro/-a hart 3 3b

E

e *(vor i-, hi-)* und I
ecológico/-a ökologisch 7 6a
economía Wirtschaft 9 3
económico/-a preiswert; wirtschaftlich I
economista *(m/f)* Betriebswirt/in, Wirtschaftswissenschaftler/in I; 9 1a
ecosistema *(m)* Ökosystem 7 4a
ecuador *(m)* Äquator I
ecuatoriano/-a ecuadorianisch; Ecuadorianer/in I
edad *(f)* Alter I
Edad *(f)* de Piedra Steinzeit 2 10a
edificio Gebäude I
editor/a Herausgeber/in 11 6b
educación *(f)* (Aus-)Bildung I; 9 1a
educativo/-a erzieherisch 10 4a
EE. UU. (Estados Unidos) *(mpl)* USA (Vereinigte Staaten) 1 2a
efectivo/-a effektiv, wirksam 2 1a
efecto Wirkung 6 C
eficaz wirksam 2 Tf
egoísta egoistisch 7 6a
ejemplar *(m)* Exemplar 7 2a
ejemplo Beispiel I
ejercicio Übung; Sport I; 2 7b
él er I
elaborar ausarbeiten, erstellen I
eléctrico/-a elektrisch I
electrodomésticos *(mpl)* Haushaltsgeräte 9 11b
elefante *(m)* Elefant 7 3
elegante elegant I
elegir *(i)* auswählen I
elemento Element I
eliminar beseitigen 5 4
ella sie I
ellos / ellas sie *(Plural)* I
embajada Botschaft Ü
embarazada schwanger 2 11a

emigración *(f)* (Aus-)Wanderung 7 2a
emitir ausstrahlen, senden Ü
emoción *(f)* Emotion, Gefühl 9 6a
emocionado/-a bewegt, aufgeregt 1 F
emocionante aufregend 3 9b
emocionar rühren, bewegen 9 13b
emocionarse gerührt werden 3 1
empezar *(ie)* **(a)** beginnen (zu) I
empleado/-a Angestellte/r I
emplear ver-, aufwenden 12 1c
empresa Firma, Unternehmen I
en in I
en absoluto überhaupt nicht 10 6d
en común gemeinsam I
en contra (de) (da)gegen 10 6c
en cursiva kursiv, in Kursivschrift 2 11a
en dirección a in Richtung … I
en directo direkt, live 10 3a
en efectivo bar 5 6a
en exceso übermäßig, maßlos 7 6a
en general im Allgemeinen 1 1b
en honor a zu Ehren von 1 F
en la actualidad heutzutage I
en línea online 2 4b
en lugar de anstelle (von) I
en negrita fett, in Fettschrift Ü
en parejas zu zweit I
… en punto genau / Punkt … I
en realidad in Wirklichkeit, eigentlich 1 F
en resumen kurzum 4 5a
en silencio schweigend I
en total insgesamt I
en vez de anstatt (zu) 5 10
en voz alta laut I
enamorado/-a verliebt; Verliebte/r/s 7 11a
enamorarse sich verlieben 3 7a
encantado/-a sehr erfreut I
encantar sehr gefallen I
encargarse de sich kümmern um, zuständig sein für 11 5b
encender *(ie)* einschalten; anzünden 7 6a; 7 F
enciclopedia Enzyklopädie 1 2a
encima (de) auf, (dar)über I
encontrar *(ue)* (vor)finden I
encontrarse *(ue)* sich befinden; (sich) treffen I; 2 7b; 3 3b
encuentro Treffen, Begegnung I
encuesta Umfrage, Befragung I
energía Energie I
enero Januar I
enfadado/-a verärgert 6 9a
enfermedad *(f)* Krankheit 2 3a
enfermero/-a Krankenpfleger/-schwester I
enfermo/-a krank; Kranke/r 2 3b; 7 F
enfrente (de) gegenüber (von) I
engordar dick machen / werden 2 1a
¡**Enhorabuena!** Glückwunsch! I
enlace *(m)* Link *(Computer)* 10 8a
enlace *(m)* **matrimonial** Vermählung Ü
enorme riesig I
ensaimada *Blätterteiggebäck* I
ensalada Salat I
ensaladilla rusa russischer Salat I
ensayo Probe 5 10
enseguida sofort I
enseñar zeigen; lehren 9 C; 11 F
entender *(ie)* verstehen I
enterarse de erfahren 3 6b
entero/-a ganz 11 10a
entonación *(f)* Intonation Ü
entonces dann I
entorno Umgebung, Umfeld 9 7a
entrada Eingang; Eintrittskarte I
entrar (en) eintreten (in) I
entrar en contacto in Kontakt treten I
entre zwischen I
entre todos alle zusammen I
entregar übergeben, überreichen 6 4b
entrenador/a Trainer/in 1 10c
entrenamiento Training 8 8a
entrenarse trainieren 1 11a
entretenimiento Unterhaltung 10 4a
entrevista Interview I
entrevista de trabajo Vorstellungsgespräch 11 8a
entrevistador/a Interviewer/in 10 Tf
entrevistar interviewen, befragen I
entusiasmo Begeisterung 9 1a
enumerar aufzählen, nennen 11 F
envase *(m)* Verpackung I
enviar *(i)* schicken 6 1c
envidiar beneiden 12 1c
época Zeitalter; Jahreszeit I
época de lluvias Regenzeit 6 F
equipaje *(m)* Gepäck I
equipo Mannschaft, Team I; 9 12
equivocarse (de número) sich irren; sich verwählen 7 5b
erótico/-a erotisch I
error *(m)* Fehler, Versehen I
es decir das heißt 1 11b
es que nämlich I
es verdad es stimmt, es ist wahr I
escena Szene 4 7a
escenario Schauplatz 3 C
escocés/-esa schottisch 9 F
Escocia Schottland 9 F
esconder verstecken 11 C
escribir schreiben I
escritor/a Schriftsteller/in I
escritorio Schreibtisch I
escuchar (zu)hören I
escuela (secundaria) (weiterführende) Schule I; Ü
escultor/a Bildhauer/in I
escultura Skulptur I
ese/-a diese/r/s, jene/r/s I
eslogan *(m)* Slogan 7 Tf
eso das I
espacio Raum, Platz 10 3a
espaguetis *(mpl)* Spaghetti I
espalda Rücken 2 1a
España Spanien I
español/a spanisch; Spanier/in I
espárrago Spargel I
especial speziell, Sonder- I
especialidad *(f)* Spezialität I
especialista *(m/f)* Spezialist/in, Fachmann/-frau 4 7a
especialmente besonders I
especie *(f)* Art 7 2a
específico/-a spezifisch 4 7b
espectacular spektakulär I
espectáculo Veranstaltung, Aufführung; Spektakel I
espejo Spiegel I
espera Erwartung 11 10a
esperar (er)warten I
espontáneo/-a spontan I
esposo/-a *(LA)* Ehemann/-frau I
esqueleto Skelett 11 F
esquiar *(i)* Ski fahren I
esquina Ecke 3 F
estación *(f)* Bahnhof, Haltestelle I
estación *(f)* **del año** Jahreszeit I
estadio Stadion I
estado Zustand; Staat 9 1a
estado civil Familienstand Ü
Estados Unidos *(mpl)* Vereinigte Staaten, USA I
estadounidense US-amerikanisch 1 1a
estanco Tabakladen I
estanque *(m)* Teich 7 9a
estantería Regal I
estar *(yo estoy)* sein, sich befinden I
estar bien sich wohl fühlen 2 3b
estar de buen humor gut gelaunt sein 9 2a
estatua Statue 7 9a
este *(m)* Osten I
este/-a diese/r/s I
estético/-a ästhetisch 2 11a
estilo Stil 5 3b
estimado/-a sehr geehrte/r 8 6a
esto das (da) I
estómago Magen 2 3a
estrategia Strategie I
estrecho/-a eng 5 6a
estrella Stern I
estrés *(m)* Stress 2 1a
estricto/-a streng 11 Tf
estructura Struktur I
estructurar strukturieren 3 8a
estudiante *(m/f)* Student/in, Lerner/in I
estudiar lernen; studieren I

estudio Studium; Studie; Studio 1 7a; 2 6c; Ü
estudios *(mpl)* **universitarios** (Universitäts-)Studium I; Ü
estupendo großartig 7 5a
etapa Etappe I
europeo/-a europäisch; Europäer/in I
evangélico/-a evangelisch 5 9a
evento Ereignis, Veranstaltung 11 6b
evitar vermeiden I
examen *(m)* Prüfung I
examinador/a Prüfer/in Ü
excelente ausgezeichnet I
exclusivo/-a exklusiv I
excursión *(f)* Ausflug I
excusa Ausrede 7 6a
existir existieren, bestehen I
éxito Erfolg 5 9a
ex-novio/-a Ex-Freund/in 8 6a
exótico/-a exotisch I
expansión *(f)* Ausdehnung I
experiencia Erfahrung I
experimento Experiment I
experto/-a Experte/-in I
explicación *(f)* Erklärung 6 5b
explicar erklären I
explosión *(f)* Explosion 3 F
exponer *(g)* ausstellen 1 Tf
exportación *(f)* Export, Ausfuhr I
exportar exportieren I
exposición *(f)* Ausstellung I
expresar ausdrücken I
expresión *(f)* Ausdruck I
exquisito/-a auserlesen I
extenderse *(ie)* sich ausbreiten I
exterior äußere/r/s I
extinción *(f)* Aussterben 7 2a
extra extra, zusätzlich I
extracto Auszug, Ausschnitt 5 3b
extrañarse sich wundern 6 9a
extraño/-a seltsam 1 11a
extraordinario/-a außergewöhnlich I
extremo Extrem I
extremo/-a extrem 9 11b

F

fábrica Fabrik I
fabricación *(f)* Herstellung I
fabricar herstellen I
fabuloso/-a fabelhaft I
fachada Fassade Ü
fácil leicht, einfach I
factor *(m)* Faktor 2 5b
factura Rechnung 11 5a
falda Rock I
falla *gr. Skulptur aus Pappfiguren* 3 F
falso/-a falsch I
faltar fehlen I
fama Ruf, Ruhm 2 6c
familia Familie I
familiar Familien- I
familiar *(m/f)* Familienangehörige/r I
famoso/-a berühmt I
fanático/-a Fanatiker/in 6 C
fantástico/-a fantastisch I
farmacéutico/-a Apotheker/in 4 2
farmacia Apotheke I
fascinante faszinierend I
fascinar faszinieren I
fatal elend 2 3a
favorable günstig, positiv 11 10a
favorito/-a Liebling; Lieblings- I; 5 9a
febrero Februar I
fecha Datum 1 F
fecha de vencimiento Fälligkeits-, Verfallsdatum Ü
Felicidades. Herzlichen Glückwunsch. I
felicitar gratulieren 6 5a
feliz froh, glücklich I
Feliz cumpleaños. Alles Gute zum Geburtstag. 6 1b
femenino/-a weiblich I
fenomenal großartig 6 4a
fenómeno Phänomen 8 8b
feo/-a hässlich I
feria Volksfest; Messe I; 10 F
festejo Fest(akt) 2 F
festival *(m)* Festspiele I
festivo Feiertag 5 2a
festivo/-a feierlich 1 F
ficha Karteikarte; Spielfigur I
fiebre *(f)* Fieber 2 3a
fiesta (popular) (Volks-)Fest I; 9 F
figura Figur I
fijarse en achten auf, beachten 12 7
fijo/-a fest I
filete *(m)* Schnitzel I
Filipinas *(fpl)* Philippinen I
filosofía Philosophie 9 1a
filósofo/-a Philosoph/in 1 1a
fin *(m)* **de semana** Wochenende I
final Schluss- I
final *(m)* Ende, Schluss I
finalmente schließlich I
financiero/-a finanziell, Finanz- I
finca Landhaus I
finlandés/-esa finnisch I
Finlandia Finnland I
fiordo Fjord I
física Physik I
flamenco *span. Musik und Tanz;* Flamingo I; 7 2a
flan *(m)* *Art Karamellpudding* I
flecha Pfeil I
flexible flexibel 9 12
flor *(f)* Blume 4 7a
florero Vase I
folclórico/-a folkloristisch 7 F
folleto Prospekt I
fondo del mar Meeresgrund 3 3b
fontanero/-a Klempner/in I
forma Form I
formación *(f)* Aus-, Fortbildung I
formación *(f)* continua Weiterbildung Ü
formal förmlich I
formar(se) (sich) bilden I; 9 6a
formar parte de zu … gehören I
fórmula Formel 1 C
formular formulieren I
formulario Formular I
foto *(f)* Foto I
fotocopia Kopie I
fotocopiadora Fotokopierer I
fotocopiar fotokopieren I
fragmento Stück, Fragment 9 8b
francés/-esa französisch; Franzose / Französin I
Francia Frankreich I
frase *(f)* Satz I
frecuencia Häufigkeit I
frecuente häufig I
freír *(í)* braten Ü
fresco/-a frisch I
frijol *(m)* Bohne I
frío Kälte I
frío/-a kalt I
frito/-a frittiert, gebacken I
frustrado/-a frustriert 3 3b
fruta Obst, Frucht I
frutería Obstladen I
fuego Feuer 3 F
fuegos *(mpl)* artificiales Feuerwerk 3 F
fuente *(f)* Quelle; Brunnen 2 7b; 7 9a
fuerte stark 2 4c
fuera (de) außerhalb (von) I
fuerza Kraft 5 F
fumador/a Raucher/in I
fumar rauchen I
función *(f)* Funktion, Aufgabe I
funcionar funktionieren I
fundación *(f)* Gründung; Stiftung I; 2 7b
fundamental grundlegend 10 F
fundar gründen, errichten I
fusión *(f)* Verschmelzung 2 F
fútbol *(m)* Fußball I
futbolista *(m/f)* Fußballspieler/in Ü
futuro Zukunft I
futuro/-a (zu)künftig Ü

G

gaditano/-a *Einwohner/in von Cádiz* 2 F
gafas *(fpl)* **(de sol)** (Sonnen-)Brille I
gaita Dudelsack 7 F
galería de arte Kunstgalerie I
Galicia Galicien I

gallego/-a galicisch 4 1a
gallina Huhn 6 F
gamba Krabbe, Garnele I
gana(s) Lust I
ganador/a gewinnend, Sieger- 3 F
ganar gewinnen; verdienen 1 11a; 5 9a
ganas *(fpl)* Lust 6 F
garaje *(m)* Garage I
garantía Garantie I
garganta Hals, Rachen 2 3a
gas *(m)* Gas; Kohlensäure I; 2 11a
gasa Mullbinde 2 4b
gastar ausgeben; verbrauchen 5 6a; 7 6a
gasto Ausgabe 9 9a
gastronomía Gastronomie I
gastronómico/-a gastronomisch, Gastronomie- 10 F
gato Katze I
gaucho *südamerikan. Viehhirt* I
gazpacho *kalte Gemüsesuppe* I
generación *(f)* Generation I
general General-, allgemein I; 8 8d
generalmente im Allgemeinen 3 F
generoso/-a großzügig 6 9a
genial genial I
gente *(f)* Leute I
geografía Geografie, Erdkunde I
geográfico/-a geografisch 4 1a
gesticular gestikulieren 12 8b
gestión *(f)* Verwaltung 9 9a
gimnasia Gymnastik I
gimnasio Fitnessraum, -studio I
girar abbiegen I
gitano/-a Zigeuner- 5 9a
glaciar *(m)* Gletscher I
golf *(m)* Golf I
golpe *(m)* Coup, Schlag 6 C
goma de borrar Radiergummi 1 5a
gordito/-a pummelig I
gordo/-a dick I
gorra Mütze 9 F
gota Tropfen 2 4b
gótico/-a gotisch I
grabadora Aufnahmegerät 2 C
grabar aufnehmen, -zeichnen 5 9a
gracias danke I
gracias *(fpl)* Dank I
gracias a ... dank ... I
grado Grad I
gramática Grammatik I
gramatical grammatisch I
gramo Gramm I
grande groß I
grandes almacenes *(mpl)* Kaufhaus Ü
grano de arena Sandkorn 9 13b
gratinado/-a überbacken 10 3a
gratis kostenlos I
grave ernst, schlimm 2 3a
griego/-a griechisch I
grifo Wasserhahn Ü
gripe *(f)* Grippe 2 3b
gris grau I
gritar schreien 7 F
grito Schrei 5 F
grupo Gruppe I
guacamole *(m)* Avocadocreme I
guagua *(LA)* Bus I
guante *(m)* Handschuh 7 C
guapo/-a hübsch I
guardar aufbewahren; speichern *(Computer)* I; 10 8a
guatemalteco/-a aus Guatemala I
guerra Krieg 9 14a
guerra civil Bürgerkrieg Ü
guía *(m/f)* (Reise-)Führer/in I
guía (turística) Reiseführer *(Buch)* I
guindilla Peperoni Ü
guión *(m)* Bindestrich; Drehbuch I; 5 Tf
guión *(m)* bajo Unterstrich I
guitarra Gitarre I
guitarrista *(m/f)* Gitarrenspieler/in 11 C
gustar gefallen I
gusto Geschmack, Vorliebe I

H

habitación *(f)* Zimmer I
habitante *(m/f)* Einwohner/in I
hábito Gewohnheit 5 7a
hablador/a gesprächig 1 6b
hablar sprechen I
hablar de tú duzen I
hablar por teléfono telefonieren I
hace vor *(Zeit)* I
hace calor es ist warm I
hace frío es ist kalt I
hace sol die Sonne scheint I
hace viento es ist windig I
hacer *(g)* machen I
hacer clic (en) (an)klicken 10 8a
hacer ejercicio Sport treiben 2 7b
hacer falta nötig sein 6 4a
hacer ilusión Freude bereiten 7 5a
hacer la maleta Koffer packen I
hacer pensar en ... ins Gedächtnis rufen 9 8b
hacer preguntas Fragen stellen I
hacer surf surfen 2 9
hacienda Landgut I
hambre *(f)* Hunger I
hamburguesa Hamburger I
harina Mehl 9 F
hasta bis (zu) I
hasta la próxima bis zum nächsten Mal I
hay *(haber)* es gibt I
hay que man muss 1 7b
helado Eis I
hemisferio Hemisphäre, Halbkugel I
hermanamiento Partnerschaft 9 1a
hermano/-a Bruder / Schwester I
hermoso/-a wunderschön 6 1a
hidratar den Wasserverlust ausgleichen 2 11a
hierba(s) Gras; Kräuter 2 11a; 7 12a
hijo/-a Sohn / Tochter; Kind I
hilo Faden 12 7
hindi *(m)* Hindi 1 2a
hiperactivo/-a hyperaktiv I
hipocondríaco/-a Hypochonder 2 3a
hispano/-a spanischsprachig I
hispanohablante spanischsprachig; Spanischsprecher/in I
historia Geschichte I
histórico/-a historisch I
hobby *(m)* Hobby I
hoguera (Lager-)Feuer 7 F
hoja Blatt 1 5a; 7 3
hola hallo I
Holanda Holland 5 9a
holandés/-esa holländisch I
hombre *(m)* Mann I
hombro Schulter 5 F
honor *(m)* Ehre 1 F
hora Stunde; Uhrzeit; Termin I; 10 1a
horario Öffnungs-, Uhrzeit; Zeitplan I
horario fijo feste Arbeitszeit 11 3
horizontal waag(e)recht 11 12
horóscopo Horoskop Ü
horrible schrecklich I
horror *(m)* Entsetzen 1 C
hospital *(m)* Krankenhaus I
hospitalidad *(f)* Gastfreundschaft 1 F
hostelería Hotel- und Gaststättengewerbe 11 10a
hotel *(m)* Hotel I
hotelero/-a Hotelbesitzer/in I
hoy heute I
hoy en día heutzutage I
hoy mismo noch heute 10 2c
hueco Lücke, Loch 9 11b
huevo Ei I
humanidad *(f)* Menschheit I
humanitario/-a humanitär 9 9a
humor *(m)* Humor; Laune I; 6 10

I

ibérico/-a iberisch 7 2a
ida Hinfahrt I
ida y vuelta Hin- und Rückfahrt; Hin und Her I; 5 9a
idea Idee I
ideal ideal I
identidad *(f)* Identität I
identificación *(f)* Identifizierung Ü
identificar identifizieren I

idioma *(m)* Sprache I
iglesia Kirche I
igual gleich I
igual que genauso wie I
igualmente gleichfalls 6 1b
iguana Leguan I
iluminar be-, erleuchten 7 F
ilusión *(f)* (Vor-)Freude I; 1 F
imagen *(f)* Bild; Image I; 11 6b
imaginar(se) sich vorstellen 1 5d; 4 1a
imaginario/-a imaginär, Fantasie- 7 12a
imitar imitieren, nachmachen I
impaciente ungeduldig 1 6c
imperativo Befehlsform 6 7a
imperio Reich I
importancia Bedeutung I
importante wichtig, bedeutend I
importar importieren; etwas ausmachen 3 7b
importe *(m)* Betrag Ü
imposible unmöglich 3 8b
impresión *(f)* Eindruck 6 9a
impresionante eindrucksvoll 7 2a
impresionar beeindrucken I
impresora Drucker 10 8a
imprimir drucken 10 8a
improvisar improvisieren 9 12
impulsivo/-a impulsiv I
inauguración *(f)* Eröffnung, Einweihung Ü
inca *(m/f)* Inka I
incluido/-a inbegriffen, inklusive I
incluir *(y)* beinhalten 8 3
incluso sogar I
inconsciente unbewusst 11 C
inconveniente *(m)* Nachteil I
incorporación *(f)* Eingliederung Ü
incorrecto/-a falsch I
increíble unglaublich Ü
indefinido/-a unbestimmt 5 2b
indicar angeben, anzeigen 7 11a
índice *(m)* Index, Inhaltsübersicht 9 1a
indígena *(m/f)* eingeboren; Ureinwohner/in I
indio/-a indisch 7 3
individual Einzel- I
individualista individualistisch 3 3a
industria Industrie I
industrial industriell I
infancia Kindheit 1 10d
infantil Kinder- 9 1a
infinitivo Infinitiv I
influencia Einfluss I
información *(f)* Information I
informal vertraut I
informar(se) (sich) informieren I; 10
informática Informatik I
informático/-a Informatik-; Informatiker/in I
informativo Nachrichtensendung 10 3a
informativo/-a informativ, Informations- I
informe *(m)* Bericht 11 5a
infusión *(f)* (Kräuter-)Tee 2 4a
ingeniería Ingenieurwesen Ü
ingeniero/-a Ingenieur/in I
Inglaterra England 1 11a
inglés/-esa englisch I
ingrediente *(m)* Zutat 1 7b
ingresos *(mpl)* Einnahmen 9 9a
inicio Start; Home *(Computer)* 2 4b
inmediatamente sofort 11 C
inmediato/-a unmittelbar, sofort 6 C
inmobiliaria Immobilienbüro I
innecesario/-a unnötig Ü
inolvidable unvergesslich I
insecto Insekt 5 5a
inseguro/-a unsicher Ü
insistir darauf bestehen 6 4a
inspirarse sich inspirieren lassen 5 Tf
instalar installieren, aufstellen 11 F
Instituto Cervantes *spanisches Kulturinstitut* 1 2a
instrucción *(f)* Anweisung 7 5c
instrumento Instrument I
integración *(f)* Integration I
inteligencia Intelligenz 4 7a
inteligente intelligent 4 7b
intensidad *(f)* Intensität 5 F
intensivo/-a intensiv I
intenso/-a intensiv, eindringlich I
intentar + *inf* versuchen (zu) 1 F
intento Versuch I
interactivo/-a interaktiv Ü
intercambiar austauschen I
intercambio Austausch 11 10a
intercultural interkulturell I
interés *(m)* Interesse I
interesante interessant I
interesar interessieren I
interferencia Störung, Verwechslung 12 5a
interior innere/r/s I
intermedio/-a mittlere/r/s Ü
internacional international I
internet *(m)* Internet I
interrogativo Fragewort 5 9d
interrumpir unterbrechen 8 1a
intrapersonal nach innen gewandt 4 7a
introducir *(zc)* einführen 7 C
inútil nutzlos 5 5b
inventar erfinden 3 5d
investigación *(f)* Untersuchung, Forschung 3 C
investigar untersuchen 2 C
invierno Winter I
invisible unsichtbar 8 6a
invitación *(f)* Einladung I
invitado/-a Gast I
invitar einladen I
ir gehen, fahren I
ir a + *inf* … tun werden I
ir de compras einkaufen gehen I
ir de viaje auf Reisen gehen I
irlandés/-esa irisch I
ironía Ironie 11 F
irregular unregelmäßig I
irse (weg)gehen I
isla Insel I
Italia Italien I
italiano/-a italienisch; Italiener/in I
izquierda linke Seite I
izquierdo/-a linke/r/s 10 8d

J

jamón *(m)* Schinken I
jamón *(m)* **serrano** *luftgetr. Schinken* I
japonés/-esa japanisch I
jarabe *(m)* Sirup, Saft 2 4b
jardín *(m)* Garten I
jardinero/-a Gärtner/in I
jefe/-a Chef/in I
jeroglífico Hieroglyphe Ü
jersey *(m)* Pullover I
Jesucristo Jesus Christus 5 F
jornada Tag I
joven *(m/f)* jung; Jugendliche/r I
jubilado/-a pensioniert; Rentner/in I
judío/-a jüdisch I
juego Spiel I
Juegos *(mpl)* Olímpicos Olympische Spiele I
jueves *(m)* Donnerstag I
jugar *(ue)* spielen I
jugo *(LA)* Saft I
juguete *(m)* Spielzeug 9 11b
julio Juli I
junio Juni I
junto a an, neben I
juntos/-as zusammen I
jurado Jury 9 14b
jurídico/-a Rechts- I
justo genau, gerade 2 C
justo/-a fair, gerecht 9 9a
juvenil jugendlich 9 1a

K

kilo Kilo I
kilómetro Kilometer I

L

La Habana Havanna I
laboral Arbeits-, Berufs- I
lado Seite I

ladrón/-ona Dieb/in 2 C
lago See I
lamentablemente leider Ü
lámpara Lampe I
lana Wolle 5 4
lápiz *(m)* Bleistift 1 5 a
largo/-a lang I
lástima schade 7 5 a
lata Dose I
latín *(m)* Latein I
latino/-a aus Lateinamerika I; 1 1 b
Latinoamérica Lateinamerika I
latinoamericano/-a lateinamerikanisch I
lavadora Waschmaschine I
lavaplatos *(m)* Spülmaschine I
lavar(se) (sich) waschen I
le ihm / ihn; ihr / sie; Ihnen / Sie I
lección *(f)* Lektion I
leche *(f)* Milch I
lechuga Kopfsalat I
lector/a Leser/in 10 1 a
lectura Lektüre, Lesen, Lesung 8 8 b; 9 14 a
leer lesen I
legal rechtlich, rechtmäßig I
lejos weit weg I
lengua Sprache I
lengua extranjera Fremdsprache 1 2 a
lengua materna Muttersprache 12 5 a
lengua oficial Amtssprache 4 1 a
lenguaje *(m)* Sprache, Sprechweise Ü
lento/-a langsam I
Leo Löwe *(Sternzeichen)* Ü
león *(m)* Löwe 3 3 a
les ihnen / sie; Ihnen / Sie I
letra Buchstabe I
levantar hochheben 5 F
levantarse aufstehen I
leyenda Legende 6 F
libertad *(f)* Freiheit 7 4 b
Libra Waage *(Sternzeichen)* Ü
libre frei I
librería Buchhandlung 5 1 c
librero/-a Buchhändler/in 10 C
libro Buch I
líder *(m/f)* Führer/in I
ligar (con) anbändeln (mit) 8 1 a
ligero/-a leicht I
límite *(m)* Grenze 9 6 a
limón *(m)* Zitrone I
limpio/-a sauber 7 12 a
lince *(m)* Luchs 7 2 a
lindo/-a *(LA)* schön I
línea Linie I
lingüístico/-a sprachlich Ü
lío Durcheinander 9 C
lista Liste I
listo/-a fertig; schlau 3 6 a
literal(mente) wörtlich 8 1 a
literario/-a literarisch I
literatura Literatur I
litro Liter I
llamada (telefónica) (Telefon-)Anruf I
llamar (por teléfono) (an)rufen I
llamarse heißen I
llave *(f)* Schlüssel I
llegada Ankunft 2 11 a
llegar (an)kommen I
llegar (a) gelangen (zu), erreichen I
llegar a ser werden 9 1 a
llegar de visita zu Besuch kommen I
llenar füllen 9 11 b
lleno/-a voll; satt I; 6 4 a
llevar tragen, (bei sich) führen; mitnehmen I; 6 2 b
llevarse mitnehmen I
llorar weinen 3 1
llover *(ue)* regnen I
lluvia Regen I
lo mismo dasselbe I
lo que das, was I
lo siento es tut mir leid I
local örtlich I
local *(m)* Lokal Ü
loco/-a verrückt 3 F
lógica Logik 4 7 a
lógico/-a logisch I
lograr erreichen 7 C
longitud *(f)* Länge I
lucha Kampf 2 F
luchar kämpfen 9 9 a
luego später, dann, danach I
lugar *(m)* Ort I
lugar *(m)* de nacimiento Geburtsort I
lugar *(m)* **de residencia** Wohnort I
lujo Luxus 2 7 b
luna Mond I
lunes *(m)* Montag I
luz *(f)* Licht I

M

macedonia (de frutas) Obstsalat I
madera Holz 1 5 b
madre *(f)* Mutter I
madrileño/-a aus Madrid 5 2 a; 9 F
maestro/-a Meister/in I
mágico/-a magisch 1 7 b
magnífico/-a großartig, herrlich 10 F
maíz *(m)* Mais I
mal schlecht I
mal *(m)* Krankheit; das Böse I; 2 F
mala suerte *(f)* Pech 7 5 a
malentendido Missverständnis 6 9 a
maleta Koffer I
mallorquín/-ina aus Mallorca I
malo/-a schlecht I
malos espíritus *(mpl)* böse Geister 7 F
mamut *(m)* Mammut 2 10 a
mañana morgen; Morgen I
mandarina Mandarine I
manera Art und Weise 6 9 a
manifestación *(f)* Demonstration 3 7 a
mano *(f)* Hand I
mantenerse *(g)* despierto/-a wach bleiben 6 F
mantequilla Butter I
mantón *(m)* Schultertuch 9 F
manual *(m)* Hand-, Lehrbuch 6 Tf; Ü
manzana Apfel I
mapa *(m)* Landkarte I
mapa *(m)* asociativo Mind-map I
maquillarse sich schminken 12 1 a
máquina Maschine 5 C
mar *(m)* Meer I
maratón *(m/f)* Marathon 2 1 a
maravilla Wunder I
maravilloso/-a wunderbar I
marca Marke I
marcador *(m)* Textmarker 1 5 a
marcador *(m)* de tiempo Zeitangabe I
marcar markieren, ankreuzen; kennzeichnen I; 16 c; 10 F
marcharse weggehen 2 C
marginal Rand- 9 1 a
mariachis *(mpl)* *mexik. Musikgruppe* I
marido Ehemann I
marinero Seemann I
marisma sumpfiges Küstenland 7 2 a
marrón braun I
martes *(m)* Dienstag I
marzo März I
más am meisten / die meisten 1 2 a
más de / que mehr als I
masa Teig 9 F
masaje *(m)* Massage 2 1 a
máscara Maske 2 1 a
mascota Maskottchen I
masculino/-a männlich I
mate *(m)* Mate(-Tee) I
matemáticas *(fpl)* Mathematik I
material *(m)* Material I
máximo Maximum 7 10 a
maya *(m/f)* Maya I
mayo Mai I
mayonesa Mayonnaise I
mayor älter; größer, größte/r/s I
mayoría Mehrheit I
mayúscula Großbuchstabe I
me mir / mich I
mecanización *(f)* Technisierung 12 6 a
medalla Medaille 1 11 a
medianoche *(f)* Mitternacht 3 F
medicamento Medikament I
medicina Medizin I
medicinal medizinisch 2 7 b
médico/-a Arzt / Ärztin I
medio/-a halb I

medio *(m)* ambiente Umwelt 7 6a
medio de transporte Verkehrsmittel I
mediodía *(m)* Mittag I
medios *(mpl)* Medien 10 2a
Mediterráneo Mittelmeer I
mejor besser, beste/r/s I
mejorar verbessern 2 6c
mejorarse gesund werden 2 3b
melancolía Melancholie Ü
melancólico/-a melancholisch Ü
melodía Melodie 3 F
melón *(m)* (Honig-)Melone I
memoria Gedächtnis 6 C
memorizar auswendig lernen 6 6b
mencionar erwähnen I
menina Hofdame, Edelfräulein 4 6b
menor jünger, jüngste/r/s; kleiner I; 3 2a
menos weniger, am wenigsten; außer I; 5 F
mensaje *(m)* Mitteilung; SMS 6 5b
mensual monatlich Ü
menta Minze 9 F
mentir *(ie)* lügen 5 C
mentira Lüge I
menú *(m)* Menü; Speisekarte I
mercadillo (Floh-)Markt 5 1a
mercado Markt I
merengue *(m)* *lateinamerik. Tanz* 8 7a
meridiano Meridian I
merluza Seehecht I
mes *(m)* Monat I
mesa Tisch I
meta Ziel 6 5b
metal *(m)* Metall I
meter (hinein)stecken, -legen 7 C
metro U-Bahn; Meter I
metro cuadrado Quadratmeter I
metrópolis *(f)* Weltstadt I
mexicano/-a mexikanisch; Mexikaner/in I
México, D.F. (Distrito Federal) Mexiko-Stadt I
mezclar mischen I
mezquita Moschee I
mi mein/e I
microondas *(m)* Mikrowelle I
miedo Angst 1 8b
miel *(f)* Honig 2 Tf
miembro Mitglied I
mientras während 3 5a
miércoles *(m)* Mittwoch I
migrante *(m/f)* Migrant/in Ü
mil tausend I
milenario/-a tausendjährig I
millón *(m)* Million I
mímica Mimik I
mina Bergwerk, Mine 2 F
minerales *(mpl)* Mineralien 2 7b
minibar *(m)* Minibar I
mínimo/-a Mindest- 11 10a
ministerio Ministerium 7 6a
ministro/-a Minister/in Ü
minitexto Minitext 5 6c
minúscula kleiner Buchstabe I
minuto Minute I
mío/-a meine/r/s 7 11a
lo mío mein Ding 10 2a
mirador *(m)* Aussichtspunkt I
mirar (an)schauen, betrachten I
misión *(f)* Mission, Auftrag 11 4a
mismo/-a derselbe / dieselbe I
misterio Geheimnis 1 C
misterioso/-a geheimnisvoll I
mitad *(f)* Hälfte I
mito Mythos I
mixto/-a gemischt I
mochila Rucksack I
moda Mode I
modelo Modell, Vorbild I; 5 9a
modernizar modernisieren I
moderno/-a modern I
molestar stören I
molestarse sich die Mühe / Umstände machen 6 4a
molestia Unannehmlichkeit I
momento Augenblick I
monasterio Kloster I
moneda Geld(stück); Währung I; 3 3b
mono Affe 7 4b
monolingüe *(m/f)* Einsprachige/r 6 C
monstruo Monster I
montaña Berg, Gebirge I
monumento Monument I
moreno/-a dunkel(haarig) I
morir *(ue)* sterben Ü
mosquito Stechmücke I
mosto Most, Traubensaft 10 F
mostrar *(ue)* zeigen I
motivación *(f)* Motivation 1 7b
motivar motivieren 1 11c
motivo Grund I
moto(cicleta) *(f)* Motorrad I; 2 10a
mover(se) *(ue)* (sich) bewegen 2 3a
móvil *(m)* Handy, Mobiltelefon I
movimiento Bewegung 1 4a
muchacho/-a Junge / Mädchen Ü
mucho viel, sehr; oft I
mucho gusto sehr erfreut I
mudanza Umzug I
mudarse umziehen I
mueble *(m)* Möbel(stück) I
muerte *(f)* Tod 5 F
muerto/-a tot; Tote/r 10 3a; 11 F
mujer *(f)* (Ehe-)Frau I
multiplicación *(f)* Multiplikation 9 C
mundial Welt-, weltweit I
mundial *(m)* Weltmeisterschaft 1 11a
mundo Welt I
mundo del espectáculo Showgeschäft 5 9a
Múnich München I
muro Mauer I
muscular Muskel- 2 11a
museo Museum I
música Musik- I
musical musikalisch, Musik- 4 7a
músico/-a Musiker/in I
musulmán/-ana Muslim/e 9 11b
muy sehr I
muy hecho/-a durchgebraten I

N

nacer *(zc)* geboren werden I
nacimiento Geburt I
nacional national, staatlich I
nacionalidad *(f)* Nationalität I
nada nichts I
nadar schwimmen I
nadie niemand I
náhuatl *(m)* *Sprache der Azteken* I
naranja orange; Orange I
naranjo Orangenbaum I
nariz *(f)* Nase 2 2a
natación *(f)* Schwimmen 1 11a
natural natürlich, Natur- I
naturaleza Natur I
naturalidad *(f)* Natürlichkeit 1 1b
naturalista naturalistisch 4 7a
naturista *(m/f)* Naturheilkundler/in 2 4d
navegar (por internet) (im Internet) surfen I; 10 8a
Navidad *(f)* Weihnachten I
navideño/-a weihnachtlich, Weihnachts- 1 F
nazareno/-a Büßer/in 5 F
necesario nötig I
necesidad *(f)* Notwendigkeit, Bedürfnis 9 11b
necesitado/-a bedürftig Ü
necesitar brauchen, benötigen; müssen I; 6 9a
negativo/-a negativ, verneinend 7 7a
negociar (ver)handeln 5 2a
negocio(s) Geschäft(sleben) 11 6b
negro/-a schwarz I
nene/-a *(familiär)* Junge / Mädchen 9 F
nervioso/-a nervös 2 3b
nevar *(ie)* schneien I
nevera Kühlschrank I
ni idea keine Ahnung Ü
nicaragüense nicaraguanisch 9 1a
niebla Nebel I
nieto/-a Enkel/in I
ninguno/-a keine/r/s 5 2b
niño/-a Junge / Mädchen; Kind I

Niño *(m)* Jesús Christkind 3 6d
nivel *(m)* Niveau, Stufe I
no nein; nicht; kein/e I
no hay que man darf nicht 7 Tf
No me digas. Sag bloß. 1 11a
No pasa nada. Macht nichts. I
no ... nada überhaupt nicht I
no ... ni weder ... noch 9 1a
noche *(f)* Nacht I
noche de San Juan Johannisnacht 7 F
Nochevieja Silvester 1 F
nocturno/-a nächtlich, Nacht- I
nombrar nennen 11 12
nombre *(m)* (Vor-)Name I
noreste *(m)* Nordosten I
norma Norm 6 9d
normal(mente) normal(erweise) I
norte *(m)* Norden I
Noruega Norwegen I
noruego/-a norwegisch I
nos uns I
nosotras/-os wir I
nostalgia Nostalgie 3 1
nostálgico/-a nostalgisch I
nota Notiz I
notar (be)merken 3 3b
noticia Nachricht I
noticias *(fpl)* Nachrichten 10 1a
novela (policíaca) (Kriminal-)Roman 9 14b; 10 C
noveno/-a neunte/r/s 11 10a
noviembre *(m)* November I
novio/-a (feste/r) Freund/in 8 6a
nublado bewölkt I
núcleo Kern, Zentrum; Gruppe 9 3
nuestro/-a unser/e I
nuevo/-a neu I
número (An-)Zahl, Nummer I
número ordinal Ordnungszahl 11 10a
numeroso/-a zahlreich 3 F
nunca (noch) nie I

O

o oder I
objetivo Ziel 6 C
objeto Gegenstand I
obligación *(f)* Pflicht, Verpflichtung 9 12
obligatorio/-a verpflichtend I
obra Werk I
observar beobachten 3 C
observatorio Sternwarte I
ocasión *(f)* Gelegenheit I
océano Ozean I
octavo/-a achte/r/s 11 10a
octubre *(m)* Oktober I
ocupar einnehmen 1 2a
odiar hassen I
oeste *(m)* Westen I
oferta (de trabajo) (Stellen-)Angebot I; 11 Tf
oficial offiziell I
oficina Büro I
oficina de Correos Postamt I
oficina de turismo Touristeninformation I
ofrecer *(zc)* (an)bieten I
ofrecimiento Angebot I
ofrenda Gabe 6 F
Oiga. *(oír)* Hören Sie. I
oír *(g)* hören 7 12b
ojo Auge 2 2a
olivo Olivenbaum I
olor *(m)* Geruch 7 F
olvidar vergessen I
olvidarse (de) vergessen 8 6a
ONG *(f)* Nichtregierungsorganisation (NGO) 9 9a
opción *(f)* Option, Möglichkeit 3 6b
ópera Oper I
operario/-a Arbeiter/in I
opinión *(f)* Meinung I
oportunidad *(f)* Gelegenheit 1 1b
óptica Optikergeschäft Ü
optimista optimistisch I
oral mündlich I
orden *(f)* Befehl 6 7c
orden *(m)* Reihenfolge; Ordnung I; 7 C
ordenado/-a geordnet; ordentlich I; 1 6b
ordenador *(m)* Computer I
ordenar ordnen I
oreja Ohr 2 1a
organización *(f)* Organisation I
organizador/a Organisator/in, Veranstalter/in I
organizar organisieren I
orgulloso/-a (de) stolz (auf) 1 11a
origen *(m)* Ursprung, Herkunft I
original originell; ursprünglich I; 2 Tf
oro Gold I
orquesta Orchester I
orquídea Orchidee I
ortografía Rechtschreibung 4 5a
os euch I
oscuro/-a dunkel I
oso Bär 5 5a
ostra Auster 3 3b
otoño Herbst I
otra vez nochmals I
otro/-a andere/r/s I
oveja Schaf 3 3a
Oye. *(oír)* Hör mal. I

P

paciencia Geduld 1 7b
paciente *(m/f)* geduldig; Patient/in 1 6b; 2 3a
Pacífico Pazifik I
padre *(m)* Vater; *pl* Eltern I
paella *spanisches Reisgericht* I
pagar (be)zahlen I
página Seite I
página web Website 8 8b
pago Zahlung Ü
país *(m)* Land I
País *(m)* **Vasco** Baskenland I
paisaje *(m)* Landschaft I
pájaro Vogel 3 3a
palabra (clave) (Schlüssel-)Wort I; 6 9b
palacio Palast I
pampa *südamerikan. Grassteppe* I
pan *(m)* Brot I
ser "pan comido" ein Kinderspiel sein 6 7c
panadería Bäckerei I
Panamericana *Straße von Alaska bis Feuerland* I
pantalla Bildschirm 10 8a
pantalón/-ones *(m)* Hose I
pantera Panther Ü
pañuelo (Hals-, Taschen-)Tuch 9 F
papás *(mpl) (familiär)* Eltern 6 1a
papel *(m)* Papier, Zettel I
papel *(m)* **higiénico** Toilettenpapier I
papelera Papierkorb 7 Tf
papelería Schreibwarengeschäft 5 1c
paquete *(m)* Päckchen, Paket I; 11 10a
par *(m)* Paar; paar 5 3b
para für, um zu I
para eso dafür, dazu 2 4c
para qué wozu I
parada Haltestelle I
parador *(m)* *staatl. span. Hotel* Ü
paraíso Paradies 2 7c
parar(se) anhalten 5 F
parcial teilweise, Teil- 11 3
parecer *(zc)* scheinen I
parecido/-a ähnlich 3 3b
pared *(f)* Wand I
pareja Partner/in; Paar I
parque *(m)* Park I
párrafo Abschnitt, Absatz I
parte *(f)* **(del cuerpo)** (Körper-)Teil I; 2 1a
participante *(m/f)* Teilnehmer/in 2 F
participar (en) teilnehmen (an) I
partido (de fútbol) (Fußball-)Spiel I
pasado Vergangenheit 1 8b
pasado/-a vergangen I
pasajero/-a Passagier/in I
pasante *(m/f) (LA)* Praktikant/in 11 9
pasaporte *(m)* (Reise-)Pass I

pasaporte *(m)* **de lenguas** Sprachenpass Ü
pasar verbringen; passieren, stattfinden; vorbeikommen; vergehen; (hinüber)reichen; verbinden *(Telefon)* I; 7 5b
pasarlo bien sich amüsieren 3 F
Pascua Ostern 5 F
pasear spazieren gehen / fahren I; 9 F
paseo Spaziergang I
pasillo Gang, Flur 5 3a
pasión *(f)* Leidenschaft; Leiden I; 5 F
pasivo/-a passiv 10 6c
paso Schritt; Passionsfigur I; 5 F
pasta Nudeln, Teigwaren I
pastel *(m)* Kuchen I
pastelería Konditorei 11 F
pastilla Tablette, Dragee 2 4c
pastor *(m)* Pfarrer, Pastor 5 9a
Patagonia Patagonien I
patata Kartoffel I
patatas bravas „wilde Kartoffeln" I
patatas fritas Pommes frites I
patio (Innen-)Hof, Hinterhof 3 2a
patrimonio Erbe 1 2a; 7 2a
patrón/-ona Schutzheilige/r 9 F
pausa Pause I
PD PS 11 10a
pecho Brust 2 2a
pedido Bestellung 8 8b
pedir *(i)* bestellen; erbitten I
pedir *(i)* hora einen Termin vereinbaren 2 3a
pedir *(i)* un deseo sich etwas wünschen 7 F
pegar kleben I
pelar schälen Ü
película Film I
peligro Gefahr 7 2a
pelo Haar 9 F
pelota Ball 4 6b
peluche *(m)* Plüsch 5 5a
peluquería Friseur(salon) 10 1a
pendiente *(m)* Ohrring 10 C
península Halbinsel 2 F
pensar *(ie)* **(en)** denken (an) I
pensión *(f)* Pension I
peor schlechter, schlechteste/r/s I
pequeño/-a klein I
perder *(ie)* verlieren I
perderse *(ie)* verloren gehen; sich ... entgehen lassen 6 F; Ü
Perdón. Entschuldigung. I
perdonar entschuldigen I
peregrinación *(f)* Pilgerfahrt 1 F
peregrino/-a Pilger/in I
perfección *(f)* Perfektion Ü
perfeccionamiento Perfektionierung Ü
perfeccionar vervollkommnen 1 10a
perfeccionista perfektionistisch 1 6b
perfecto/-a perfekt I
perfil *(m)* Profil 1 Tf
perfume *(m)* Parfüm 12 5a
perfumería Parfümerie I
perífrasis *(f)* verbal verbale Umschreibung 5 9c
periódico Zeitung I
perla Perle I
permiso Erlaubnis 6 4b
permitido erlaubt 6 5b
pero aber I
perro Hund 3 3a
persona Person I
personal persönlich I
personal *(m)* Personal I
personalidad *(f)* Persönlichkeit I
perspectiva Perspektive 6 9a
pertenecer *(zc)* **a** gehören zu 6 C
peruano/-a peruanisch; Peruaner/in I
pesar wiegen 5 F
pescado Fisch(gericht) I
pescaíto frito *kl. gebratener Fisch* 2 F
pescar angeln I
pesimista pessimistisch I
peso Gewicht; *argentin. Währung* I
petardo Feuerwerkskörper 3 F
petición *(f)* Anfrage I
pez *(m)* *(pl peces)* Fisch *(lebend)* 7 2a
pianista *(m/f)* Pianist/in I
piano Klavier I
picante scharf I
picar eine Kleinigkeit essen I
pie *(m)* Fuß I
piedra Stein 2 1a
piel *(f)* Haut, Leder, Pelz, Fell 2 1a; 2 10a
pierna Bein 2 1a
pieza Stück I
pila Batterie 2 C
piñata *Pappfigur mit Süßigkeiten für Kinder* 6 1a
pingüino Pinguin I
pino Pinie 7 2a
pintar malen I
pintor/a Maler/in I
pintura Malerei I
pipa Pfeife 5 2c
pirámide *(f)* Pyramide I
pirata *(m/f)* Pirat/in 2 F
pisar zertreten 10 F
piscina Schwimmbad I
piso Wohnung; Etage I
piso alquilado Mietwohnung I
piso compartido Wohngemeinschaft I
pista Spur I
pistola Pistole 9 1a
pizarra Tafel I
placer *(m)* Vergnügen I
plan *(m)* Plan I
planchar bügeln 10 9
planeta *(m)* Planet 10 3a
planificar planen I
plano Plan; Grundriss I
plano de rutas (Straßen-)Karte 4 7a
planta Pflanze; Etage I
planta baja Erdgeschoss I
planta medicinal Heilpflanze 2 11a
plástico Plastik 1 5b
plata Silber 3 3b
plátano Banane I
plato Speise; Teller; Gang I
playa Strand I
plaza Platz I
plural *(m)* Mehrzahl I
pluscuamperfecto Plusquamperfekt, vollendete Vergangenheit 11 7b
población *(f)* Bevölkerung I
pobre arm I
pobreza Armut 9 9a
poco/-a wenig I
poco a poco nach und nach I
poder *(ue)* können I
poema *(m)* Gedicht I
poesía Poesie, Dichtung I
poeta / poetisa Dichter/in I
policía *(m/f)* Polizist/in I
política Politik I
político/-a politisch I
pollo Hähnchen I
poner *(g)* setzen, stellen, legen, hängen, hineintun I
poner la mesa den Tisch decken 1 8e
ponerse sich ... anziehen; nehmen I; 6 6a
ponerse + *Adj.* ... werden 3 3b
ponerse de acuerdo sich einigen Ü
popular populär, beliebt I
por für; durch I
por ciento Prozent I
por desgracia unglücklicherweise 7 2a
por ejemplo zum Beispiel I
por encima de über 7 F
por escrito schriftlich 6 3b
por eso deshalb I
por favor bitte I
por fin endlich I
por lo menos mindestens 5 10
por naturaleza von Natur aus 2 F
por primera vez zum ersten Mal 1 11a
por qué warum I
por si acaso vorsichtshalber 7 F
por suerte zum Glück 7 C
por supuesto selbstverständlich I
por todas partes überall 7 F
por turnos abwechselnd; schichtweise 11 3; 11 12
porcentaje *(m)* Prozentsatz 1 7b
porción *(f)* Portion I
porque weil I
portada Titelseite 11 C

porteño/-a *aus Buenos Aires* I
portugués/-esa portugiesisch I
posada Herberge; Herbergssuche 1 F
posesión *(f)* Besitz 7 11 a
posibilidad *(f)* Möglichkeit I
posible möglich I
positivo/-a positiv I
postal Post- Ü
postal *(f)* Ansichtskarte I
póster *(m)* Plakat 5 5 a
postre *(m)* Nachtisch I
potencia Kraft, Macht 9 6 a
practicar praktizieren, üben 1 3 a
practicar deporte Sport treiben I
prácticas *(fpl)* Praktikum 11 9
práctico/-a praktisch I
precio Preis I
precio de venta al público (PVP) Ladenpreis Ü
precioso/-a wunderschön I
predicador/a Prediger/in 5 9 a
predicción *(f)* Vorhersage 8 8 a
preferencia Vorliebe I
preferido/-a Lieblings- I
preferir *(ie)* bevorzugen I
pregunta Frage I
preguntar (por) fragen (nach) I
prehispánico/-a präkolumbisch I
premio Preis 9 6 c
Premio Nobel de Literatura Literaturnobelpreis(träger) I
prenda de ropa Kleidungsstück I
prender *(LA)* einschalten 10 8 d
prensa Presse 10 Tf
prensa rosa Regenbogenpresse Ü
preocupar beunruhigen 2 3 a
preocuparse sich Sorgen machen 4 7 c
preparación *(f)* Vorbereitung I
preparado/-a bereit I
preparar (vor-, zu)bereiten I
preparativo Vorbereitung I
preposición *(f)* Präposition 4 5 a
presencia Erscheinungsbild 11 10 a
presentación *(f)* Präsentation I
presentar(se) (sich) vorstellen I
presidente/-a Präsident/in I
prestar (aus)leihen 5 4
prestigio Prestige 11 4 c
previsión *(f)* **meteorológica** Wettervorhersage 10 3 a
primavera Frühjahr I
primer plato Vorspeise I
primero zuerst I
primero/-a erste/r/s I
primo/-a Cousin/e I
princesa Prinzessin 2 F
principal wesentlich; Haupt- I
principalmente hauptsächlich Ü
príncipe *(m)* Prinz 3 3 a
principio Anfang I

prioridad *(f)* Priorität I
prisa Eile I
prisión *(f)* Gefängnis Ü
privado/-a privat 1 C
privilegio Privileg 9 F
probable(mente) wahrscheinlich I; 10 6 d
probador *(m)* Umkleidekabine 5 6 a
probar *(ue)* (aus)probieren; beweisen I; Ü
probarse *(ue)* anprobieren 5 6 a
problema *(m)* Problem I
procesión *(f)* Prozession 5 F
producción *(f)* Herstellung I
producir *(zc)* herstellen I
productividad *(f)* Produktivität 2 6 c
productivo/-a produktiv 2 6 c
producto Produkt I
productor/a Hersteller/in; Erzeuger/in I
profano/-a profan, weltlich 6 F
profesión *(f)* Beruf I
profesional beruflich, Berufs- I
profesor/a Lehrer/in I
programa *(m)* Programm; Sendung I
programación *(f)* Vorschau, Programm 10 3 a
programador/a Programmierer/in I
prohibido verboten 7 Tf
prometer versprechen 3 3 b
promoción *(f)* Beförderung 11 4 a
pronombre *(m)* **indefinido** unbestimmtes Pronomen 5 2 b
pronombre *(m)* **posesivo** Possessivpronomen 7 11 b
pronóstico del tiempo Wettervorhersage I
pronto bald; früh I; 8 1 a
pronunciación *(f)* Aussprache I
pronunciar aussprechen I
propiedad *(f)* Besitz; Eigenschaft I; 7 F
propietario/-a Besitzer/in I
propina Trinkgeld I
propio/-a eigene/r/s I
proponer *(g)* vorschlagen I
propósito Absicht, Vorsatz 5 11 b
propuesta Vorschlag I
prospecto Prospekt I
Próspero Año Nuevo Frohes neues Jahr 6 1 b
protagonista *(m/f)* Hauptfigur 3 3 b
proteger (be)schützen 7 2 a
protestar protestieren I
protocolo Protokoll 2 C
provincia Provinz I
próximo/-a nächste/r/s I
proyecto Projekt I
publicar veröffentlichen 11 10 a
publicidad *(f)* Werbung 7 1 b
publicitario/-a Werbe- I
público Publikum; Öffentlichkeit I; 5 9 a

público/-a öffentlich 6 F
pueblo Dorf; Volk I
puerta Tür 1 F
puerto Hafen I
pues nun, also I
puesto Posten, Arbeitsplatz; Stand I; 3 F
pulmón *(m)* Lunge 7 9 a
pulpo Tintenfisch I
punta Spitze 2 F
punto Punkt I
punto de encuentro Treffpunkt I
punto de vista Gesichtspunkt 10 4 a
puntual pünktlich 6 Tf
puro/-a rein I
puzle *(m)* Puzzle 4 7 a

Q

que der / die / das *(Relativpron.)* I
¿qué? was? welche/r/s …? I
¡qué…! wie …! was für ein/e …! I
¡Que lo pases bien! Viel Spaß! 6 1 b
¡Qué pena! Wie schade! I
¿Qué tal? Wie geht's? Wie schmeckt es? Wie war …? I
Que te mejores. Gute Besserung. 2 3 b
¿Qué te pasa? Was fehlt dir? 2 3 b
¡Qué va! Ach was! I
quechua *(m)* Ketschua *(indian. Sprache Südamerikas)* 4 1 a
quedar sich verabreden; übrig sein; passen, stehen *(Kleidung)* I; 3 6 a; 5 6 a
quedarse bleiben I
quema Verbrennung 3 F
quemar verbrennen 3 F
querer *(ie)* wollen, mögen I
querido/-a liebe/r/s I
queso Käse I
¿quién(es)? wer? I
quinto/-a fünfte/r/s 11 10 a
quiosco Kiosk I
quiosquero/-a Kioskbesitzer/in 10 C
quitar (ab-, weg)nehmen 7 C
quitarse ausziehen *(Kleidung)* 6 Tf
quizá(s) vielleicht I

R

ración *(f)* Portion I
radical radikal 11 C
radio *(f)* Radio I
ramo Strauß 7 F
rana Frosch 2 4 a
rapidez *(f)* Schnelligkeit 10 10 a
rápido/-a schnell I
raramente selten 10 3 c
Rastro *Flohmarkt in Madrid* 5 2 a

rato Weile 9 11b
ratón *(m)* Maus *(auch Computer)* 3 3b; 10 8a
ratoncito kleine Maus 3 3b
razón *(f)* Grund; Recht 2 7b; 10 6d
reacción *(f)* Reaktion I
reaccionar reagieren I
realizar verwirklichen I
real wirklich; königlich 5 9a; 10 1a
realmente wirklich I
rebaja Rabatt Ü
rebajado/-a heruntergesetzt 5 6a
recado Nachricht 7 5b
recepción *(f)* Empfang I
recepcionista Empfangschef/-dame I
receta Rezept I
recetar verschreiben Ü
rechazar ablehnen I
recibir bekommen; empfangen I; 1 F
reciclaje *(m)* Recycling 9 11b
reclamación *(f)* Reklamation 11 11b
reclamar reklamieren I
recoger (ein)sammeln; abholen; ernten I; 2 Tf; 10 F
recomendación *(f)* Empfehlung I
recomendar *(ie)* empfehlen I
reconocer *(zc)* wiedererkennen 8 4
reconocimiento Anerkennung 11 4c
reconstruir *(y)* rekonstruieren; wiederaufbauen 6 6c; 9 14a
recordar *(ue)* behalten, (sich) erinnern (an) I
recorrer bereisen, begehen I
recorrido (Weg-)Strecke I
recuerdo Erinnerung, Andenken I
recurso Redemittel, Ausdruck 5 6a
recursos *(mpl)* **humanos** Personal I
redacción *(f)* Redaktion 10 3a
redactor/a Redakteur/in Ü
reducir *(zc)* reduzieren, verringern 10 4a
reescribir neu schreiben 4 5b
referirse *(ie)* **a** sich beziehen auf I
reflexionar reflektieren 4 1a
reflexoterapia Reflextherapie 2 1a
reformular umformulieren 9 C
regalar schenken I
regalo Geschenk I
regatear feilschen 5 1a
región *(f)* Region I
regla Regel I
regular regelmäßig; mittelmäßig I
reino (König-)Reich 9 13a
reinterpretación *(f)* Neu-Interpretation 4 6b
reírse *(í)* **de** auslachen 1 8b
relación *(f)* Beziehung I
relacionar verbinden I
relaciones *(fpl)* **públicas** Öffentlichkeitsarbeit I
relajante entspannend 2 6c
relajarse sich entspannen I
relax *(m)* Entspannung 2 7c
relevante relevant I
religioso/-a religiös I
reloj *(m)* Uhr I
relojería Uhrengeschäft Ü
remedio Heilmittel 2 Tf
remuneración *(f)* Vergütung 11 10a
Renania Rheinland 9 1a
renovado/-a renoviert I
reparar reparieren 11 1c
repartir austeilen I
repetir *(i)* wiederholen I
reportaje *(m)* Bericht 10 2a
representación *(f)* Darstellung, Aufführung 5 Tf
representante *(m/f)* Vertreter/in I
representar vertreten; aufführen, darstellen I; 5 9a
reptil *(m)* Reptil I
República Dominicana Dominikanische Republik I
reputación *(f)* Ruf I
requerir *(ie)* erfordern 11 10a
requisito Anforderung 11 10a
reserva Reservierung; *Qualitätsbezeichnung für span. Weine* I; 10 F
reserva natural Naturschutzgebiet I
reservado/-a zurückhaltend 1 6b
reservar reservieren I
resfriado Erkältung 2 3a
resfriado/-a erkältet 2 3b
resfriarse *(í)* sich erkälten 3 8b
residencia Wohnsitz; Wohnheim I
resolver *(ue)* lösen 4 7a
respetar(se) (sich) respektieren 9 3
respirar atmen 7 F
responder antworten 3 3b
responsabilidad *(f)* Verantwortung 4 7a
responsable verantwortlich 9 12
respuesta Antwort I
restaurante *(m)* Restaurant I
restaurar restaurieren I
resto Rest I
resultado Ergebnis I
resumen *(m)* Zusammenfassung I
resumir zusammenfassen I
retransmisión *(f)* Übertragung 10 3a
retrato robot Phantombild 10 C
reunión *(f)* Besprechung, Versammlung 11 5a
reunir(se) *(ú)* sammeln; sich versammeln 3 F; 9 1a
revista Zeitschrift I
revistas *(fpl)* **del corazón** Regenbogenpresse 10 1a
revuelto/-a unruhig, bewegt 10 3a
rey / reina König/in 3 3a
Reyes *(mpl)* Magos Heilige Drei Könige 1 F
rico/-a lecker; reich I
riesgo Risiko I
rima Reim I
río Fluss I
riqueza Reichtum 2 7b
ritmo Rhythmus I
ritual *(m)* Ritual I
robar stehlen 2 C
robo Raub 1 C
robot *(m)* Roboter 6 7c
rodilla Knie 2 2a
rogar *(ue)* bitten (um) Ü
rojo/-a rot I
románico/-a romanisch 4 1a
romano/-a römisch 2 10a
romántico/-a romantisch I
romper (zer)brechen 5 F
romperse kaputt gehen 11 11a
ron *(m)* Rum I
ronda de control Kontrollgang 5 C
ropa Kleidung I
ropa interior Unterwäsche Ü
ropa "vintage" *Kleidung im Retrolook* 9 11b
rosa rosa; Rose I; 6 1a
roto/-a kaputt 5 C
rubio/-a blond I
ruido Lärm I
ruidoso/-a laut, geräuschvoll I
ruina Ruine I
ruleta Roulette(spiel) 9 F
rumba *kubanischer Tanz* 5 9a
rural ländlich I
ruso/-a russisch I
ruta Route, Strecke I
rutina Routine I

S

sábado Samstag I
sábana Bettlaken 6 F
saber *(m)* vivir Lebensart 1 1b
saber *(yo sé)* wissen; können; erfahren I
sacar herausholen I
saeta Klagelied 5 F
sal *(f)* Salz I
sala Saal, Raum I
salado/-a gesalzen, salzig I
salida Abflug; Abfahrt; Start I; 7 4b
salir *(g)* (hinaus)gehen; abfahren; aufgehen *(Sonne)* I
salón *(m)* Wohnzimmer I
salsa Soße; *lateinamerik. Tanz* I
saltar (a la cuerda) (Seil) springen 3 1
salud *(f)* Gesundheit; Prost 2 3b; 6 1b
saludar (be)grüßen I

saludo Gruß, Begrüßung I
San José Heiliger Josef 1 F
sandalia Sandale I
sangría *spanische Rotweinbowle* I
sano/-a gesund 2 4 a
santo Namenstag 6 1 b
santo/-a heilig 11 10 a
sardina Sardine I
sardiñada gegrillte Sardinen 7 F
satélite *(m)* Satellit I
satírico/-a satirisch 2 F
satisfacción *(f)* Zufriedenheit 5 9 a
satisfecho/-a zufrieden 11 3
secador *(m)* Föhn 12 5 a
sección *(f)* Teil, Abschnitt 10 2 a
seco/-a trocken I
secretariado Sekretariat Ü
secretario/-a Sekretär/in I
secreto Geheimnis 2 6 a
sector *(m)* Bereich, Sektor 11 10 a
sed *(f)* Durst 6 8 b
seda Seide 5 4
seguir *(i)* weitergehen; folgen; weitermachen I; 1 2 a; 1 8 b
seguir *(i)* + *Gerundium* etwas weiterhin tun 5 9 a
seguir *(i)* sin + *inf* etwas weiterhin nicht tun 5 9 a
según gemäß, nach I
segundo/-a zweite/r/s I
segundo (plato) Hauptspeise I
seguramente sicherlich 4 7 c
seguridad *(f)* Sicherheit 11 4 a
seguro/-a sicher 4 2
seguro que sicher 5 6 a
seleccionar auswählen Ü
selectivo/-a selektiv I
sello Briefmarke I
selva (tropical) Regenwald I
selva amazónica Amazonas-Regenwald I
semáforo Ampel I
semana Woche I
Semana Santa Karwoche I
semestral halbjährlich Ü
semestre *(m)* Semester I
semifinal *(f)* Halbfinale 10 3 a
seminario Seminar I
señalar zeigen auf 2 2 b
sencillo/-a einfach I
senderismo Wandern I
señor/a Herr / Dame I
señores *(mpl)* meine Herrschaften I
señorita Fräulein I
sensación *(f)* Gefühl 11 2 a
sensacional sensationell 1 1 b
sensibilización *(f)* Sensibilisierung 7 6 a
sensible sensibel 9 12
sentarse *(ie)* sich setzen I
sentir *(ie)* bedauern, leidtun; fühlen, spüren I; 9 6 a
sentirse *(ie)* sich fühlen 1 11 a
separación *(f)* Trennung 2 11 a
separar(se) (sich) trennen I
septiembre *(m)* September I
séptimo/-a siebte/r/s 11 10 a
ser sein I
ser de . . . . . . gehören I
serie *(f)* Serie; Reihe I; 10 3 a
serio/-a ernst(haft); seriös 2 F; 10 C
servicio Service, Dienst(leistung) I
servicio social sozialer Dienst 9 1 a
servicios *(mpl)* Toiletten I
servilleta Serviette I
servir *(i)* dienen; servieren I; 6 9 a
sesión *(f)* Sitzung 2 1 a
sevillano/-a aus Sevilla 5 F
sexto/-a sechste/r/s 11 10 a
si ob; wenn I
sí ja; doch I; 1 7 b
siempre immer I
sierra Gebirgszug I
siesta Mittagsschlaf I
siglo Jahrhundert 2 9
significado Bedeutung I
significar bedeuten I
siguiente folgende/r/s I
sílaba Silbe I
silencio Ruhe, Schweigen I
silla Stuhl I
sillón *(m)* Sessel 2 6 c
simbólico/-a symbolisch I
simbolizar symbolisieren 1 F
símbolo Symbol I
similar ähnlich 8 8 b
simpático/-a sympathisch I
simple(mente) einfach 8 1 a; 11 2 a
sin ohne (zu) I
sin igual ohnegleichen 3 F
sin remedio hoffnungslos 2 3 a
singular *(m)* Einzahl I
sino sondern I
síntoma *(m)* Symptom 2 3 a
sistema *(m)* System I
sistemático/-a systematisch 16 b
sitio Platz 3 3 b
situación *(f)* Lage; Situation I
sobre über I
sobre todo vor allem I
sobremesa *Beisammensitzen nach dem Essen* I
sobrino/-a Neffe / Nichte I
social sozial; gesellschaftlich I
sociedad *(f)* Gesellschaft 9 11 b
socio/-a Mitglied, Teilhaber/in 8 8 b
sofá *(m)* Sofa I
sofá-cama *(m)* Schlafcouch I
sofisticado/-a hoch entwickelt I
sol *(m)* Sonne I
solamente nur I
solicitar un puesto sich um eine Stelle bewerben 11 10 a
solicitud *(f)* Bewerbung 11 8 a
solidaridad *(f)* Solidarität I
solidario/-a solidarisch Ü
sólo nur I
solo/-a alleine I
soltero/-a ledig; Junggeselle/-in I
solución *(f)* Lösung I
solucionar lösen 12 4
sombrero Hut I
sonar *(ue)* klingen; klingeln *(Telefon)* 1 1 b; Ü
sonido Laut, Klang 11 1 a
sopa Suppe I
soportar ertragen, dulden 1 6 a
soroche *(m) (LA)* Höhenkrankheit I
sorprendente überraschend 11 4 a
sorprenderse überrascht sein 6 9 c
sorpresa Überraschung I
sótano Keller 5 4
su sein/e, ihr/e, Ihr/e I
subir (an)steigen; hinaufgehen I; 10 1 a
subrayar unterstreichen 1 10 c
subtítulo Untertitel I
sucesivamente nacheinander, nach und nach 10 6 d
sucio/-a schmutzig 6 8 a
sueco/-a schwedisch I
sueldo Gehalt 6 Tf
sueño Traum 9 1 a
suerte *(f)* Glück 3 1
suficiente genügend, genug 2 1 a
sufrir (er)leiden 5 9 a
sugerencia Anregung I
Suiza Schweiz I
suizo/-a schweizerisch I
superar überwinden 1 11 a
superlativo Superlativ 6 9 a
supermercado Supermarkt I
superstición *(f)* Aberglaube 7 F
supervivencia Überleben 6 Tf
suponer *(g)* vermuten 9 11 a
suposición *(f)* Vermutung 9 11 a
sur *(m)* Süden I
sustantivo Hauptwort, Nomen I
sustituir *(y)* ersetzen Ü
suyo/-a seine/r/s, ihre/r/s, Ihre/r/s 7 11 a

T

tabaco Tabak I
tabasco *scharfe Würzsoße* I
tabla Tabelle I
tablao flamenco Flamencolokal 5 9 a
tableta Tafel I
tabú *(m)* Tabu 11 F

tachar durchstreichen 2 6c
taco *gefüllter Maisfladen (Mexiko)* I
taichi *(m)* Tai chi 9 11b
talla Größe *(Kleidung)* 5 6a
también auch I
tambor *(m)* Trommel 6 F
tampoco auch nicht I
tan ... como (genau)so ... wie I
tanto so viel, so sehr 6 9a
tanto ... como sowohl ... als auch 9 11b
tapa Appetithäppchen I
tarde (zu) spät I
tarde *(f)* Nachmittag, Abend I
tarea (final) (Abschluss-)Aufgabe I
tarjeta (de visita) (Visiten-)Karte I
tarta Kuchen, Torte I
tarta vienesa Sachertorte I
taxi *(m)* Taxi I
taxista *(m/f)* Taxifahrer/in I
taza Tasse I
te dir / dich I
té *(m)* Tee I
teatro Theater I
técnica Technik I
técnico/-a Techniker/in I
tecnología Technologie I
tele *(f)* Fernsehen/-seher I
telediario (Fernseh-)Nachrichten 10 1a
telefónico/-a telefonisch 7 4a
teléfono Telefon(nummer) I
teléfono fijo Festnetztelefon Ü
telenovela Seifenoper 10 3a
teletexto Teletext 10 2a
televisión *(f)* **(vía satélite)** (Satelliten-)Fernsehen I; 10 4a
televisor *(m)* Fernsehgerät I
tema *(m)* Thema I
temperatura Temperatur I
templo Tempel I
temprano früh 8 1a
tendencia Tendenz 5 7a
tenedor *(m)* Gabel I
tener *(g)* haben I
tener ... años ... Jahre alt sein I
tener calor jdm. warm sein 6 8b
tener en cuenta berücksichtigen I
tener ganas (de) Lust haben (zu) I
tener lugar stattfinden 5 6b
tener prisa es eilig haben I
tener que müssen I
tener sueño müde sein 3 5b
Tenerife Teneriffa I
tenis *(m)* Tennis I
terapéutico/-a therapeutisch 2 11a
terapia Therapie I
tercera edad *(f)* Rentenalter 10 8a
tercero/-a dritte/r/s I
tercio Drittel 11 5a
terminar (be)enden I
ternera Kalb(fleisch) I
terraza Terrasse I
terrible schrecklich 1 C
territorio Gebiet I
tertulia Gesprächsrunde, Talkshow 10 3a
tesoro Schatz I
testigo Zeuge/-in 5 C
testimonio Zeugenaussage 5 C
texto Text I
ticket *(m)* **(de compra)** Kassenbeleg 5 6b
tiempo Zeit; Wetter I
tiempo libre Freizeit I
tienda Geschäft, Laden I
tierra Erde; Land; Heimat I; 7 F
tijeras *(fpl)* Schere 1 5a
timbre *(m)* Klingel 3 9b
tímido/-a schüchtern I
tinto Rotwein I
tintura Tinktur 2 4b
tío/-a Onkel / Tante I
típico/-a typisch I
tipo Art, Typ I
tirada Auflage(nhöhe) 11 6b
tirar (weg)werfen 5 4
tirita Pflaster 2 4b
titular *(m)* Schlagzeile 10 2a
título Titel, Überschrift I
tocar berühren 3 3b
tocar el piano Klavier spielen I
tocar el timbre klingeln 3 9b
todavía noch I
todo alles I
todo/-a ganz I
todo el día den ganzen Tag I
todo recto geradeaus I
todos/-as alle I
Todos los Santos Allerheiligen 11 F
todoterreno Geländewagen, Jeep 7 2a
tolerante tolerant 9 12
tomar nehmen; trinken; essen I
tomar el sol sich sonnen I
tomar nota de zur Kenntnis nehmen I
tomar notas Notizen machen I
tomate *(m)* Tomate I
tómbola Tombola 9 F
tomo Band I
tonelada Tonne 5 F
tono Ton I
toro Stier 3 3a
torre *(f)* Turm I
tortilla Kartoffelomelett *(Spanien)*; Fladen *(Mexiko)* I
tortilla francesa Omelett I
tortuga Schildkröte 3 3b
tos *(f)* Husten 2 3a
tostada Toast I
total Gesamt- I
total que kurzum, schließlich 3 6a
totalmente total, völlig 12 2
tóxico/-a giftig I
trabajador/a arbeitsam, fleißig; Arbeiter/in 1 6b; 11 4a
trabajar arbeiten I
trabajo Arbeit I
trabajo manual Handarbeit; körperliche Arbeit 11 3
trabalenguas *(m)* Zungenbrecher I
tradición *(f)* Tradition I
tradicional traditionell I
traducción *(f)* Übersetzung 7 5b
traducir *(zc)* übersetzen I
traductor/a Übersetzer/in 11 6b
traer *(g)* tragen, (mit)bringen I
tráfico Verkehr I
traje *(m)* Anzug; Tracht 9 F; 10 C
tranquilidad *(f)* Ruhe I
tranquilo/-a ruhig I
transcripción *(f)* Transkription 5 Tf
transformar um-, verwandeln 2 11a
transición *(f)* Übergang 11 F
transmilenio *Bussystem in Bogotá* I
transportar transportieren 11 1c
transporte *(m)* Transport I
tras nach, hinter 10 8b
tratamiento Behandlung 2 1a
tratar behandeln 2 11a
tratarse de sich handeln um I
trato Umgang 12 1c
traumático/-a traumatisch 6 C
tren *(m)* Zug I
tres en raya Mühle(spiel) 11 12
triste traurig 3 3b
tristeza Trauer 7 5a
trompetista *(m/f)* Trompeter/in 9 2a
tropical tropisch I
trozo Stück 6 8b
truco Trick I
tu dein/e I
tú du I
tubo Rohr, Röhre, Tube 9 F
tumba Grab I
turco/-a türkisch I
turismo Tourismus I
turista *(m/f)* Tourist/in I
turístico/-a touristisch I
turno (de noche) (Nacht-)Schicht 11 2a
turrón *(m)* *Weihnachtssüßigkeit* I
tutear(se) (sich) duzen I
tuyo/-a deine/r/s 7 11a

U

u *(vor o-, ho-)* oder I
últimamente in letzter Zeit 9 C
último/-a letzte/r/s I
un / una ein/e I
un abrazo herzliche Grüße I

un par de ein paar I
un poco ein bisschen, etwas I
único/-a einmalige/r/s; einzige/r/s I; 6 8b
unidad *(f)* Einheit; Stück I; 2 4b
uniforme *(m)* Uniform 5 C
unir verbinden, vereinen 6 F
unirse sich zusammenschließen 8 8b
universidad *(f)* Universität I
universidad *(f)* popular Volkshochschule I
universitario/-a Universitäts- Ü
universo Universum, Weltall 7 6a
unos/-as einige; ungefähr I
urbano/-a städtisch, Stadt- I
usar benutzen I
uso Gebrauch, Verwendung 2 11a
usted(es) Sie *(höfl. Anrede)* I
usual üblich I
usuario/-a Benutzer/in 11 10a
útil nützlich I
utilizar benutzen I
uva Weintraube 10 F

V

vaca Kuh 3 3a
vacaciones *(fpl)* Urlaub, Ferien I
vaciar *(i)* (aus-, ent)leeren 10 6a
vacío/-a leer 5 2a
vainilla Vanille I
vale o.k., einverstanden I
valenciano/-a aus Valencia I; 3 F
valer *(g)* wert sein 5 9a
valer *(g)* **la pena** sich lohnen I
valiente tapfer, mutig 7 F; 10 3a
valioso/-a wertvoll 1 C
valle *(m)* Tal I
valor *(m)* Wert 1 2a
valorar bewerten I
vapor *(m)* Dampf 2 11a
vaqueros *(mpl)* Jeans 9 11b
variado/-a verschieden(artig) I
variante *(f)* Variante I
variedad *(f)* Vielfalt I
varios/-as verschiedene, mehrere I
vasco/-a baskisch 1 11a
vaso (Wasser-)Glas I
vaya na so was 9 F
vecino/-a Nachbar/in I
vegetariano/-a Vegetarier/in I
vehículo Fahrzeug; Mittel 1 2a
vela Kerze 6 F
velo Schleier 9 11b
velorio (Toten-)Wache 6 F
vencimiento Fälligkeit, Laufzeit Ü
vendedor/a Verkäufer/in I
vender verkaufen I
vendimia Weinlese 10 F
venezolano/-a venezolanisch; Venezolaner/in 6 F
venga los, komm schon 6 4a
venir *(g)* kommen I
venir a buscar (ab)holen 3 3b
venir a ver besuchen 1 8b
venta Verkauf I
ventaja Vorteil I
ventana Fenster I
ver sehen I
ver la tele fernsehen I
verano Sommer I
verbal verbal 1 8e
verbena Kirmes, Jahrmarkt 9 F
verbo Verb, Tätigkeitswort I
verbo reflexivo reflexives Verb I
verdad *(f)* Wahrheit I
la verdad wirklich I
¿verdad? nicht wahr? I
verdadero/-a wahr, richtig I
verde grün I
verdulería Gemüseladen 5 1c
verdura Gemüse I
vergüenza Scham(gefühl) 1 11a
versión *(f)* Version, Fassung 3 5d
verso Vers 9 F
vertical senkrecht 11 12
vestido Kleid 5 6a
vestido/-a gekleidet 2 F
vestirse *(i)* sich kleiden, anziehen 6 Tf
veterinario/-a Tierarzt/-ärztin I
vez *(f) (pl veces)* Mal I
viajar reisen I
viajar en avión fliegen I
viaje *(m)* Reise I
viajero/-a Reisende/r I
vida Leben I
vida cotidiana Alltag I
vidrio Glas *(Material)* Ü
viejo/-a alt I
Viena Wien I
vienés/-esa aus Wien I
viento Wind I
viernes *(m)* Freitag I
Viernes *(m)* Santo Karfreitag 5 F
vigilancia Überwachung 5 C
vigilante *(m/f)* (Nacht-)Wächter/in 5 C
vikingo Wikinger 3 1
viña Weinberg 10 F
vinagre *(m)* Essig Ü
viñeta Cartoon, Comic 10 6a
vino (tinto) (Rot-)Wein I
violencia Gewalt 10 4a
violeta *(m)* Violett 5 6c
violín *(m)* Geige 9 2a
violinista *(m/f)* Geiger/in 9 4a
virgen *(f)* Jungfrau 1 F
Virgo Jungfrau *(Sternzeichen)* Ü
virtual virtuell 5 3a
visado Visum Ü
visible sichtbar 8 6a
visión *(f)* Vision 9 1a
visita Besuch I
visita guiada Führung I
visitante *(m/f)* Besucher/in I
visitar besuchen, besichtigen I
vista Aussicht I
vistas *(fpl)* **al mar** Meeresblick I
visual visuell 4 7a
vitamina Vitamin I
vitrina Vitrine 2 C
vivienda Wohnung I
vivir leben, wohnen I
vivo/-a lebend(ig) 11 C; 11 F
vocabulario Vokabular I
vocación *(f)* Berufung 11 2a
volar *(ue)* fliegen I
volcán *(m)* Vulkan I
volumen *(m)* Lautstärke 6 8a
voluntariado Voluntariat Ü
voluntario/-a freiwillig; Freiwillige/r 9 1a
volver *(ue)* zurückkehren I
volver *(ue)* **a** + *inf* … wieder tun 5 9a
vosotros/-as ihr I
vuelo Flug I
vuelta Rückfahrt; Rückkehr I; 8 8b
vuestro/-a euer/e I

W

windsurf *(m)* Surfen I

Y

y und I
y pico und etwas mehr 10 8a
ya schon I
¡ya está! fertig! 1 7b
ya no nicht mehr 1 8b
yo ich I
yo mismo/-a ich selbst 10 2c
yodo Jod 2 4b
yoga *(m)* Yoga I
yogur *(m)* Joghurt I

Z

zapatería Schuhgeschäft 5 1c
zapatilla de deporte Turnschuh 10 2d
zapato Schuh I
zapping *(m)* Zappen 10 2a
zona Zone, Gegend I
zona climática Klimazone I
zona peatonal Fußgängerzone I
zoo(lógico) Zoo 7 3
zumo Saft I

Bildquellennachweis

age fotostock Spain S.L., Barcelona: **43.1;** (JTB Photo), **68;** (Miguel Rosan), **37;** Agencia NOPHOTO, Madrid, **82;** Aguas de Mondariz, Mondariz, **23.3;** Avenue Images GmbH RF, Hamburg: (age fotostock), **53.1, 53.2, 92.1, 95.5;** (image source), **14.3;** (Image Source), **58.2;** Cobelo, Luis, Leipzig, **77.1, 78, 80;** Consorcio Turismo de Sevilla, Sevilla, **51.1;** Corbis, Düsseldorf: (Alessandra Benedetti), **9.1;** (Beth A. Keiser), **9.2;** (cultura), **29.1;** (DANIEL AGUILAR/Reuters), **105.2;** (Lindsay Hebberd), **105.1;** (Reuters), **27.1;** (SUSANA VERA/Reuters), **85.2;** (Vittoriano Rastelli), **27.4;** Departamento de Comunicación, Mondariz Balneario, **23.1, 23.2, 24;** Departamento de Documentación del Diario Vasco, San Sebastián, **15;** Diario Información, Alicante, **89.1;** Erlich, Bernardo, San Miguel de Tucumán, **91;** f1 online digitale Bildagentur (agefotostock), Frankfurt, **71.1;** Fotolia LLC (alejandro dans), New York, **140.3;** Fundación Bigott, Caracas, **61;** Geoatlas, Hendaye, **81;** Getty Images, München: (ROBYN BECK/AFP), **151;** (The Image Bank), **U1;** Google Inc., Mountain View, CA 94043, **140;** Greenpeace, Hamburg, **81.3;** Imago, Berlin, **17.5;** iStockphoto, Calgary, Alberta: (A-Digit), **57;** (Alan Merrigan), **30.4;** (Aldo Murillo), **126.1;** (Alessandro Oliva), **145.2;** (Alexey Sokolov), **89.3;** (Ameng Wu), **143.1;** (Andresr), **90.3;** (ayzek), **53.5;** (Ben Blankenburg), **19.2;** (Bob Beale), **30.9;** (Carmen Martínez Banús), **126.2, 134;** (Claude Dagenais), **133;** (Cristian Lazzari), **113;** (daniel rodríguez), **58;** (Daniela Jovanovska-Hristovska), **114;** (Darryl Montreuil), **71.5;** (david franklin), **12.2;** (David Gunn), **132.3;** (Deanna Bean), **157.1;** (DIGIcal), **140.2;** (digitalskillet), **132.4;** (Dmitriy Shironosov), **97.2;** (Dmitry Remesov), **53.6;** (Dominik Pabis), **26;** (doram), **19.4;** (Eduardo José Bernardino), **157.2;** (eva serrabassa), **97.9;** (Harry Frank), **65.2;** (Helle Bro Clemmensen), **48.2;** (hemmo), **21, 118;** (Hshen Lim), **19.7;** (Iurii Timashov), **92.2, 160.1;** (Jacob Wackerhausen), **97.7, 132.6;** (james steidl), **10;** (Jill Chen), **97.3;** (Jitalia17), **97.8;** (José Antonio Revidiego Pavon), **97.10;** (José Antonio Sánchez Reyes), **17.4;** (José Girarte), **152.2;** (Joshua Hodge Photography), **112, 127;** (Julie Marshall), **14.1;** (JurgaR), **43.3;** (Keith Bishop), **71.4;** (KEMAL BAS), **97.5;** (kemie), **53.3;** (koksharov dmitry), **132.7;** (Lee Torrens), **30.6;** (Linda & Colin McKie), **140.4;** (LittleLion), **53.4;** (Luca Francesco Giovanni Bertolli), **30.2;** (manuel velasco), **143.2;** (Marcela Barsse), **19.1, 34, 105.3;** (Marcus Lindström), **131;** (medobear), **161.2;** (Michal Krakowiak), **30.3;** (Milos Luzanin), **145.1;** (Murat Giray Kaya), **132.5;** (muratkoc), **19.5;** (naphtalina), **95.2;** (nicholas belton), **44.4, 123;** (Nicolas Loran), **135;** (Nikada), **89.2;** (nyul), **90.4;** (ollo), **44.2;** (Petrea Alexandru), **97.6;** (photooiasson), **129;** (quavondo), **87.5;** (Reinhold Tscherwitschke), **21.6, 118.6;** (Robyn Roper), **22;** (Roel Smart), **20;** (Ronald Hudson), **14.2;** (Scholz), **30.8;** (Sean Locke), **19.6;** (Silvia Jansen), **140.1;** (Stéphan Dupont), **30.1;** (Steve Cole), **98;** (Tracy Whiteside), **132.2;** (Vassili Koretski), **64.3;** (vm), **43.5, 71.2;** (william schultz), **147;** (Yanik Chauvin), **19.3;** (zilli), **97.1;** Klett-Archiv, Stuttgart: **90.2, 95.1, 101, 118.2, 118.3, 118.4, 118.5, 118.7, 118.8, 118.9;** (Aparicio, Javier) **17.3;** (Barrio de Alarcón, Carmen), **27.3;** (Merino de Finger, Blanca Alicia), **105;** (Klewin, Pilar) **27.1;** Krammer, Alexandra, Stuttgart, Karten **U2, U3;** (Martínez, Eva),**37.1;** (Ribas, Rosa), **32;** (Sáenz, Begoña) **95.1;** (Schauf, Susanne), **21.1, 21.2, 21.3, 21.4, 21.5, 21.7, 21.8, 21.9, 37.2, 43.2, 43.4, 44.1, 71.3, 100, 118.1, 132.1;** (Simón Serrano, Florencio), **90.1;** (Torres Calderón, Charo), **51.4;** (Valencia, Belinda), **90.2;** (Welss, Nina), **77.2, 83, 155;** La Rioja Turismo, Logroño, **95.4;** laif (Christian Heeb), Köln, **65.3;** Logo, Stuttgart, **81, 89.1, 89.2, 89.3, 146.1;** LOOK GmbH (Hauke Dressler), München, **37.4;** LORO PARQUE, Puerto de la Cruz. Tenerife, **146.2, 146.3, 146.4;** Marqués de Cáceres, Cenicero, **95.3;** Mauritius Images, Mittenwald: **29.2;** (age fotostock), **51.2, 64.1, 65.1, 85.3, 88;** (imagebroker), **51.3;** MEV Verlag GmbH, Augsburg, **59, 102.2;** Morillo, José, Santo Domingo, **75;** Museo de Arte abstracto, Palma de Mallorca, **41;** Picture Window Press, Mankato, MN, **124;** Picture-Alliance, Frankfurt: (dpa), **9.3;** (KP), **48.1;** Rall, Manfred Robert (Manfred Rall), Frankfurt, **85;** Secretaría general de turismo, Madrid, **63;** shutterstock, New York, NY: (Andresr), **102.1;** (Birute Vijeikiene), **97.11;** (Evgeny Litvinov), **97.4;** (godrick), **64.2;** (Margo Harrison), **44.5;** (Monkey Business Images), **87.4;** (Natalia Barsukova), **44.3;** (wrangler), **97.12;** The Associated Press GmbH (Leslie Mazoch), Frankfurt am Main, **61;** Thinkstock, München: (iStockphoto), **30.5, 67.5, 137, 152.1;** (Jack Hollingsworth), **172.5;** (Jupiterimages), **172.4;** , **30.7;** (Brand X Pictures), **158;** (Comstock), **161.1, 172.1;** (Comstock Images), **67.3;** (Creatas), **67.2;** (Felipe Dupouy), **76;** (George Doyle), **33, 172.2, 172.6;** (Hemera), **160.2, 167;** (iStockphoto), **67.4, 153.2, 153.3, 154.2, 165, 172.2;** (liquidlibrary), **154.1;** (Photodisc/Digital Vision), **139;** (Photos.com), **166;** (Stockbyte), **153.1;** Ullstein Bild (Granger Collection), Berlin/VG Bild-Kunst 2010, Bonn, **109;** Ullstein Bild GmbH, Berlin, **120;** El Corte Inglés, **165.2;** VISUM Foto GmbH (Andreas Sterzing), Hamburg, **17.1;** Wiener, Bibiana, Bochum, **11, 17.2, 29.3, 61, 85.1, 87.1, 87.2, 87.3;** Wikimedia Foundation Inc. (PD), St. Petersburg FL, **25**